신인간지성론
1

Nouveaux Essais sur l'entendement humain
Gottfried Wilhelm Leibniz

Published by Acanet, Korea, 2020

한국연구재단총서 Academic Library of NRF   학술명저번역   626

신인간지성론
1

Nouveaux Essais sur l'entendement humain

고트프리트 빌헬름 라이프니츠 지음 | **이상명** 옮김

아카넷

차례

이 책의 번역에 관하여 ｜ 7

서문 ｜ 17

1부 본유 개념에 관하여

1장 인간의 정신에 본유 원리가 있는지 ｜ 55
2장 본유적 실천 원리는 없는지 ｜ 86
3장 사변에 관계될 뿐만 아니라 실천에도 속하는 본유 원리에
　　관한 다른 고찰 ｜ 105

2부 관념에 관하여

1장 관념 일반에 관하여 그리고 인간의 영혼이 항상 생각하는
　　지에 대한 시험 ｜ 117
2장 단순 관념에 관하여 ｜ 133
3장 단 하나의 감관을 통해서 우리에게 주어지는 관념에 관하여
　　｜ 135
4장 고체성에 관하여 ｜ 137
5장 다양한 감관에서 나온 단순 관념에 관하여 ｜ 146
6장 반성에서 나온 단순 관념에 관하여 ｜ 147
7장 감각과 반성에서 나온 관념에 관하여 ｜ 148
8장 단순 관념에 관한 그 밖의 고찰 ｜ 149

9장 지각에 관하여 | 156

10장 보유에 관하여 | 166

11장 식별 혹은 관념을 구별하는 능력에 관하여 | 168

12장 복합 관념에 관하여 | 174

13장 단순 양태 그리고 첫째, 공간의 단순 양태에 관하여 | 177

14장 지속과 지속의 단순 양태에 관하여 | 186

15장 함께 고찰되는 지속과 확장에 관하여 | 191

16장 수에 관하여 | 194

17장 무한에 관하여 | 197

18장 몇몇 다른 단순 양태에 관하여 | 202

19장 생각에 관한 양태에 관하여 | 203

20장 쾌락과 고통의 양태에 관하여 | 208

21장 힘과 자유에 관하여 | 218

22장 혼합 양태에 관하여 | 282

23장 실체에 대한 우리의 복합 관념에 관하여 | 288

24장 실체의 집합 관념에 관하여 | 303

25장 관계에 관하여 | 304

26장 원인과 결과 그리고 어떤 다른 관계에 관하여 | 307

27장 동일성 혹은 상이성이 무엇인지 | 309

28장 어떤 다른 관계들, 특히 도덕적 관계에 관하여 | 335

29장 명확한 관념과 모호한 관념, 구별되는 관념과 혼란스러운 관념 | 346

30장 실재 관념과 공상 관념에 관하여 | 360

31장 완전 관념과 불완전 관념에 관하여 | 365

32장 참인 관념과 거짓인 관념에 관하여 | 369

33장 관념의 연합에 관하여 | 371

찾아보기 | 377

일러두기

1. 이 번역은 고트프리트 빌헬름 라이프니츠의 Nouveaux Essais sur l'entendement humain 아카데미판을 대본으로 번역한 것이다. 서지사항과 참고 번역서는 '이 책의 번역에 관하여'를 참고하기 바란다.
2. 주는 대본으로 삼은 아카데미판의 편집자 주이고, 필요한 경우 역자가 [옮긴이 주]로 따로 표기하고 주를 추가했다.
3. **진하게** 강조한 것은 라이프니츠의 강조이다.
4. 각주에서 약자를 사용해 다른 저작을 지시하는 경우는 다음을 가리킨다.

   A: *Sämtliche Schriften und Briefe*, Preusischen (Deutschen) Akademie der Wissenschaften zu Berlin; Berlin-Brandenburgische Akademie der Wissenschaften 편, Reihe I–VII, Darmstadt, Leipzig, Berlin, 1923ff. (A VI(철학 저작), 권, 쪽수)로 표기.

   GP: *Die Philosophischen Schriften von Gottfried Wilhelm Leibniz*, C. I. Gerhardt 편, 7권, Berlin, 1875~1890. (GP 권, 쪽수)로 표기.

   GM: *G. W. Leibniz Mathematische Schriften*, C. I. Gerhardt 편, 7권, Berlin, 1849~1863. (GM 권, 쪽수)로 표기.

   Dutens: *Leibnitii Opera omnia*, Ludovico Dutens 편, 6권, Genf., 1768. (Dutens 권, 쪽수)로 표기.

   A.T.: Rene Descartes, *Œuvres*, C. Adam & P. Tannery 편, Paris, 1897~1913. (A.T. 권, 쪽수)로 표기.

이 책의 번역에 관하여

1. 번역 대본과 참고 번역서

번역 대본으로 삼은 원본은 베를린-브란덴부르크 학술원과 괴팅겐 학술원에서 편집한 *Sämtliche Schriften und Briefe*의 6번째 철학 저작 시리즈 중 뮌스터 대학교 라이프니츠 연구소에서 편집하고 아카데미 출판사에서 출판한 6권 *Nouveaux Essais*에서 『신인간지성론』이 수록되어 있는 43쪽부터 527쪽까지이다. 이 6권의 편집책임자는 쿠르트 뮐러(Kurt Müller)이고, 편집 작업은 현재는 라이프니츠 철학 연구에서 영향력이 큰 전문가인 앙드레 로비네(André Robinet)와 하인리히 셰퍼스(Heinrich Schepers)가 맡았다. 이 책의 초판 출판 연도는 1962년이고, 이번 번역에 사용한 책은 보통 아카데미판이라고 부르는 2006년 재판본이다.

번역에는 두 권의 독일어 번역서와 한 권의 영어 번역서, 그리고 프랑스에서 출판된 한 권의 단행본을 참고했다. 독일어 번역본과 영어 번역본은 원본과 거의 일일이 대조하면서 번역했고, 프랑스어 단행본은 라이프니츠의 17세기 프랑스어 표기를 모두 현대적 표기로 바꿔 출판해서 도움이 되었다. 이 책들의 서지사항은 다음과 같다.

독일어본1: *Neue Abhandlungen über den menschlichen Verstand*, Ernst Cassirer, Hamburg, Meiner, 1996(초판: 1915).

독일어본2: *Neue Abhandlungen über den menschlichen Verstand*, Wolf von Engelhardt & Hans Heinz Holz, 2권, Darmstadt, Wissenschaftliche Buchgesellschaft, 1959~1961.(프랑스어-독일어 대역본)

영어본: *New Essays on Human Understanding*, Peter Remnant & Jonathan Bennet, Cambridge UP, 1981.

프랑스어 단행본: *Nouveaux essais sur l'entendement humain*, introd., Jacques Brunschwig, Flammarion, 1993.

2. 필라레테스 부분의 번역과 참고 도서

로크의 입장을 대변하는 필라레테스 부분은 로크의 『인간지성론』을 코스테가 프랑스어로 번역하여 1700년에 출판한 *Essai philosophique concernant l'entendement humain*(Amsterdam)의 일부를 라이프니츠가 직접 인용하거나 변형한 것이다. 대본인 아카데미판에서는 로크의 책에서 해당 부분의 위치를 가리키는 "§. 00." 표시와 함께 이탤릭체로 표기했지만 이 번역에서는 우리말 관례에 따라 이탤릭체 부분을 큰따옴표(" ") 안에

넣었다. 필라레테스 부분에서 큰따옴표가 붙지 않은 부분은 라이프니츠가 로크의 책에 근거를 두지 않고 자신이 쓴 것이다.

필라레테스 부분을 번역하기 위해서는 로크의 『인간지성론』을 참고해야할 뿐만 아니라 라이프니츠가 읽었던 코스테의 프랑스어본도 참고할 필요가 있었다. 이 과정에서 『인간지성론』 우리말 번역을 참고해 내용 이해와 번역어 등에서 도움을 받았고 번역에 반영하기도 하였으나 그대로 옮기지는 않았다. 코스테의 번역서에서 가져온 라이프니츠의 인용 문장들이 로크 책의 우리말 번역서에서 그대로 옮길 만큼 일치하지 않기 때문이다. 로크의 『인간지성론』은 다음의 책과 번역서를 참고했다.

존 로크, 『인간지성론 1, 2』, 정병훈, 이재영, 양선숙 옮김, 한길사, 2014.
John Locke, *An Essay Concerning Human Understanding*, ed. Peter H. Nidditch, OUP, 1998.
John Locke, *Essai philosophique concernant l'entendement humain*, trad. Pierre Coste, Paris, 2009.

3. 편집자 주와 옮긴이 주

아카데미판에서 『신인간지성론』의 각주는 라이프니츠의 주석이 아니라 아카데미판 편집자인 로비네와 셰퍼스의 주석이다. 라이프니츠는 『신인간지성론』에서 상당히 많은 인물과 저작을 언급한다. 그 저작과 인물 중에는 현재 우리에게 익히 알려져 있는 것들도 있지만 해외의 전문 백과사전에서 찾아야 하거나 그곳에서도 찾지 못하는 것들도 많다. 그리고 몇몇 저작들

의 경우는 해외 아주 큰 도서관에서 겨우 흔적을 찾을 수 있거나 그런 곳
에도 남아 있지 않은 것들도 있다. 그런 점에서 편집자 주가 비록 서지정
보만 알려주는 경우도 많지만, 그런 문헌이 있었다는 것만으로도 유용한
정보라 할 수 있다. 그래서 아주 불필요하다고 판단되는 극소수의 경우를
제외하고는 편집자 주를 다른 표기 없이 모두 번역했다.

　[옮긴이 주]는 편집자 주에는 없지만 역자가 필요하다고 판단되는 경우
독자의 이해를 돕기 위해 추가한 것이다. [옮긴이 주]는 보통 다음의 경우
에 필요하다고 판단했다. 첫째, 번역 대본인 아카데미판에 인물과 저작들
에 대한 주석이 없는 경우, 참고한 독일어, 영어 번역서의 주석을 참고하
거나 여러 경로로 사전류와 자료를 조사해 추가했다. 둘째, 몇몇 번역어에
대해서 해설할 필요가 있는 경우 해설을 추가했다. 셋째, 라이프니츠 철학
에서 낯선 개념이나 용어에 대해서 독자의 이해를 돕기 위해 해설하거나
간단한 정보를 제공할 필요가 있는 경우 주석을 추가했다.

　『신인간지성론』을 읽고 이해하는 데 필요한 객관적 자료나 정보를 기초
적인 수준에서 제공하려고 했지만 라이프니츠 철학의 특정 개념이나 주장,
이론 등에 대해서 나의 주관적 이해와 해석이 포함된 해설은 하지 않았다.
그런 주해는 독자의 이해를 방해할 수도 있고 독자가 스스로 읽고 이해하
고 해석하는 데 선입견을 제공할 수도 있기 때문이다. 물론 완전히 다른
언어인 우리말로 번역할 때, 번역어 자체가 역자의 주관적 이해를 암암리
에 함축할 수 있지만 그 정도는 피할 수 없는 일이라고 생각한다.

4. 번역 원칙과 몇몇 개념의 번역어 해설

철학 원전 번역에서 가장 중요한 것은 그 철학자가 사용하는 용어나 개념, 문장의 의미와 표현을 정확하게 번역하는 것이다. 흔히 1차 문헌이라고 불리는 책은 철학 연구에서 가장 토대가 되는 자료로 사용되는데 개념이 구별되지 않거나 의미가 정확하게 전달되지 않으면 그 역할을 할 수 없기 때문이다. 그래서 우선 원문의 개념과 문장에 충실하게 또 그런 한에서 우리말로 잘 읽을 수 있도록 번역하려고 노력했다. 최근 가독성에 대한 요구가 커지면서 쉽게 읽을 수 있는 번역을 좋게 평가하지만 철학 원전을 그 목적으로만 번역한다면, 상당한 원문 훼손을 감수해야 하고 원전의 가치도 떨어지게 된다. 더구나 『신인간지성론』은 원문 자체의 가독성도 높지 않은 저작이다. 대화체로 쓰였지만 진정한 의미에서, 적어도 플라톤의 대화편이나 라이프니츠의 다른 대화체 저작들에서 기대할 수 있을 정도의 대화체 저작이라고 보기 어렵다. 라이프니츠 자신도 인정하듯이 단지 대화의 형식만 이용했을 뿐이다. 또한 라이프니츠는 콜론(:)과 세미콜론(;)을 사용해 문장을 길게 쓰는 경우가 많다. 이 기호들도 문장 간의 의미연관을 나타내기 때문에, 그것을 고려해 문장을 나누어 번역했고, 가급적 문장의 순서가 유지될 수 있도록 했다.

철학적으로 중요한 개념의 경우 연구자들에게 구별되게 보이기 위해서 번역어를 통일할 필요가 있다. 그런 용어의 경우 일관되게 한 번역어를 사용했다. 그렇지 않은 경우까지 원어와 우리말을 일대일 대응으로 번역하거나 하나의 번역어를 고집할 경우 어색한 번역문이 되는 경우가 많기 때문에, 중요 개념 외에는 원문의 의미가 전달되는 한 읽기 편하게 번역하려고 노력했다. 이런 의도와 노력에도 불구하고, 도달하지 못한 부분은 전적으로 나의 능력이 부족한 탓이다.

　나는 몇몇 개념을 가급적 일반적으로 사용하는 우리말에 가깝게 번역하려고 했다. 그래서 관념이나 인식의 종류를 가리키는 표현 중에 'clair'를 '명확한'으로, 'distinct'를 '구별되는'으로, 'obscur'를 '모호한'으로, 'confus'를 '혼란스러운' 혹은 '혼란한'으로, 그리고 'adequat'를 '적합한'으로 번역했다. 이 말들은 근대 인식론의 주요 개념이고 기존에 어느 정도 굳어진 번역어가 있다. '명석한', '판명한', '애매한', '모호한', '충전적'이 그것이다. 하지만 이 번역어들은 일반 독자들에게 익숙하거나 철학 외에 다른 분야에서도 같은 의미로 사용되는 말이 아니다. 오히려 이 번역어들이 유독 철학에만 사용되는 고유한 전문용어인 것처럼 인식된다면, 일반 독자들에게 철학은 더욱더 고립된 학문으로 여겨질 것이다. 좀 더 원어의 의미에 적합하고 일반적으로 사용하는 우리말에 가깝게 번역하는 것이 필요하다. 참고로 로크의 『인간지성론』 우리말 번역에서는 이것을 '뚜렷한', '구별되는', '불명료한', '혼란스러운'이라고 번역했다. 그리고 '적합한'이라고 번역한 'adequat'는 라틴어 'adaequátus'의 번역어이고, 영어와 독일어도 이 라틴어의 형태를 그대로 쓰고 있다. 이 말이 본래 '같게 만들다/동등하게 하다'라는 의미를 가진 라틴어 동사 'adǽquo'에서 유래한다는 것을 고려하면, 관념과 대상의 일치 혹은 상응이라는 의미를 갖는다고 이해할 수 있고, 이런 관점에서 '일치하는'이라고 번역할 수도 있다. 하지만 'adequat'를 '일치하는'이라고 번역하는 것은 매우 낯설어 보이고, 또 다른 원어와도 혼동될 수 있다. 그래서 대상이 무엇이든 그 대상과 일치하거나 상응하는 관념이라는 의미를 지닐 수 있는 '적합한'이라는 말로 번역했다. 그리고 '적합한'이라는 번역어뿐만 아니라 '명확한', '구별되는', '모호한', '혼란스러운'이라는 번역어가 이 말들이 술어로 사용될 경우에도 자연스럽다.

다음은 이 책 제목 번역에 관한 것이다. 'entendement'을 '지성'이 아니라 '오성'으로 번역하는 경우가 있다. 이것은 'entendement'의 독일어 번역이 'Verstand'이고, 이 'Verstand'는 칸트 철학에서 '오성'으로 번역하기도 해서 그에 따른 것으로 보이는데, 우선 라이프니츠는 칸트 이전의 철학자이기 때문에, 영향의 방향을 역으로 보는 것은 적절하지 않다고 생각했다. 또한 두 용어의 개념적 의미가 같지 않다. 라이프니츠의 지성 개념이 적용 범위가 더 넓다. 그리고 라이프니츠는 자신이 사용하는 'entendement'이 라틴어 'intellectus'에 해당한다고 밝히고 있고(2부 21장 5절), 로크의 'understanding'도 라틴어 'intellectus'에 해당한다는 것이 『인간지성론』의 라틴어 전작에서도 나타난다. 따라서 '오성'보다는 '지성'이 더 정확한 번역어라고 판단했다.

끝으로 'aperception'의 번역어에 관한 것이다. 보통 'aperception'이 『모나드론』에 처음 등장하는 개념으로 알려져 있는데, 그렇지 않다. 라이프니츠의 인식론 저작인 『신인간지성론』에서 'aperception'과 이것의 동사형 'apercevoir/s'apercevoir'는 매우 빈번하게 사용되며, 또한 다른 저작에서와 달리 그 의미를 구별해야 할 필요성도 나타난다. 라이프니츠 철학 저작 번역서에서 'aperception'은 보통 '통각(統覺)'으로 번역하고, 'apercevoir/s'apercevoir'는 '의식하다'로 번역한다. 역자도 전에는 그저 그렇게 번역했다. 그것은 아마도 'aperception' 개념이 주로 칸트 철학을 통해서 알려졌고 칸트 철학에서 'apperzeption'을 '통각'으로 번역하기 때문일 것이다. 그런데 이 말에 특정한 인식론적 의미를 부여한 것은 라이프니츠가 처음이고, 칸트는 라이프니츠보다 더 특수한 의미를 부여해 자신의 인식론에서 감각에 주어진 지각들을 '통일'하는 의식 작용으로 사용한 것이다. 하지만 라이프니츠에서 'aperception'은 '통일하는 의식 작용'의 의미를 갖지 않는다. 오히려 반성적 인식의 의미가 더 주요하다. 『모나드론』과 『자연과 은총의 원리』에서 라이프니츠는 이것을 '의식(conscience)' 혹은 모나드의 내적 상태에 대한 '반성적 인식(connaissance reflexive)'이라고 말한다.(『모나드론』, 14절; 『자연과 은총의 원리』, 4절) 그리고 『신인간지성론』에서는 반성적 지각, 구별되는 지각과 같은 의미로 사용하고, 또 단순히 '통각'으로 번역하기 어려운 다른 많은 이론과 주장이 등장한다. 예를 들면 미세 지각 이론이나 인간과 동물의 구별 같은 것이다. 더구나 명사형 '통각'에 맞추어 'apercevoir/s'apercevoir'를 우리말에서 사용하지 않는 '통각하다'로 번역할 수도 없는 노릇이다. 그래서 라이프니츠 철학적 주장에 어울리는 다른 더 정확한 번역어를 찾는 일이 필요했다.

번역어를 결정하는 과정에서 주목하게 된 것은, 로크의 견해를 쓰는 필라레테스 부분에서 로크가 쓴 'perception'과 'perceive'를 코스테는 프랑스어로 'aperception' 그리고 주로 동사형으로 'apercevoir'로 번역했다는 것이다. 예를 들어 2부 21장 5절 부분에서 로크가 'the power of perception'이라고 쓴 것을 코스테는 'la puissance d'apercevoir'라고 번역했다. 그럼 왜 이렇게 번역했을까? 17세기에 라틴어 'perceptio(n)/percipere(v)'와 영어 'perception(n)/perceive(v)'를 프랑스어로 번역할 때, 동사의 의미에서 차이가 있었다. 즉 명사형 'perceptio/perception'은 프랑스어 'perception'으로 옮겨도 의미가 같았지만, 동사형 'percipere/perceive'는 'percevoir'로 옮길 수 없었다. 당시 'percevoir'는 인식론적 의미로 사용되지 않고, 주로 금전이나 영수증을 '받다' 혹은 세금을 '징수하다'라는 의미로 사용되었다. 그래서 'percipere/perceive'의 프랑스어 동사는 'apercevoir'가 사용되었다. 이것은 라틴어와 프랑스어로 저작을 남긴 데카르트에서도 확인되는 사실이다.(데카르트는 라틴어 명사형 'perceptio'는 프랑스어로 'perception'이라고 썼지만 동사형은 'percevoir'가 아니라 'apercevoir'를 썼다. 『정념론』, 1부 19절) 그리고 『신인간지성론』에서도 'perception'은 등장하지만 'percevoir'라는 동사는 전혀 등장하지 않는다. 모두 확인해보지는 못했지만 아마도 라이프니츠 프랑스어 저작에서 'percevoir'는 사용되지 않았을 것으로 추정된다.

이와 더불어 주목해야 할 부분은 라이프니츠가 'apercevoir/perception'과 's'apercevoir/aperception'을 다른 의미로 또 다른 맥락에서 사용한다는 것이다. 이것은 그가 'perception'과 's'apercevoir'를 구별하는 것으로 알 수 있다.(2부 9장 4절) 'perception'은 정신 내부에 있으나 외부 사물에 대한 표상이고, 'aperception'은 정신 내부에 있는 지각으로 향하는 반성적 인식이다. (『자연과 은총의 원리』, 4절) 따라서 'aperception'은 정신 안에 있는 것에 대한 반성적 지각이다. 그래서 나는 'perception'을 '지각'으로 번역하는 것과 구별하여 'aperception'을 '자각'으로 번역하는 것이 적절하다고 생각했다.

정리하자면 프랑스어로 'perception(지각)'의 동사형은 'apercevoir(지각하다)'가 쓰이고, 'aperception(자각)'의 동사형은 's'apercevoir(자각하다)'가 쓰였다고 할 수 있다. 그리고 명사형 'aperception'도 'apercevoir(지각하다)'의 명사형인 경우가 있을 것이고 이 경우 지각하는 활동의 명사형으로 보아 '지각작용'으로 번역하고, 's'apercevoir(자각하다)'의 명사형인 경우가 있을 것인데, 이 경우는 '자각'으로 번역했다. 그래서 라이프니츠가 주장하는 미세 지각들에 대한 의식은 이미 정신 안에 있는 지각들에 대한 반성적 인식이기 때문에, 『신인간지성론』에서 미세 지각을 '자각하다(s'apercevoir)'라고 쓰지 지각하다(apercevoir)라고 쓰지 않는다. 즉 미세 지각은 지각의 대상이 아니라 자각의 대상이다.(『모나드론』 16절)

이렇게 번역어를 고민하면서 『신인간지성론』에서 사용된 곳을 일일이 전수 조사해서 사용된 맥락과 경향성, 규칙성을 살펴보았는데, 명사 'aperception'은 17번 등장하고 네 군데에서 '지각작용'의 의미로 해석되고, 나머지는 '자각'의 의미로 해석된다. 동사 'apercevoir/s'apercevoir'는 모두 115번 등장한다. 로크가 감각지각에서 온 지식을 많이 언급한다면, 라이프니츠는 그것에 대한 반성적 인식, 즉 자각을 더 많이 언급할 수밖에 없다. 그래서 115회 중에서 '지각하다'가 사용된 곳은 26회뿐이고 대부분 필라레테스 부분에 등장하며, '자각하다'는 그 나머지 월등히 많은 수로 테오필루스 부분에 등장한다.

서문

저명한 영국인이 발간한 『지성론(*Essay sur l'Entendement*)』은 작금의 시대에 가장 훌륭하고 가장 가치 있는 작품 중 하나이기 때문에 나는 이 책에 대해서 논평하기로 결심했다. 나는 같은 주제에 대해서 그리고 이 책이 다루고 있는 대부분의 문제들에 대해서 오랫동안 성찰했기 때문에, 이번이 『신지성론(*nouveaux essais sur l'entendement*)』이라는 제목으로 무언가를 출간할 수 있고 또 매우 훌륭한 학술 협회에 나의 생각들을 내놓아 내 생각들이 우호적으로 받아들여지게 할 좋은 기회라고 생각했다. 또한 나는 타인의 저작을 이용할 수도 있다고 생각했다. 이것은 단지 나의 일을 줄이기 위한 것(사실 모든 일에 새로운 비용을 들여 애쓰는 것보다 훌륭한 저자의 흐름을 따라가는 것이 덜 힘들기 때문이다)일 뿐만 아니라 그가 우리에게 제공한 것에 어떤 것을 추가하기 위한 것인데, 이렇게 하는 것이 처음부터 시작하는 것보다는 항상 더 쉽다.[1] 나의 견해가 종종 그의 견해와 다른 것은 사실이다.

하지만 그것이 결코 이 유명한 저자의 공적을 부정하는 것은 아니다. 나는 그의 권위가 어떤 중요한 지점에서 이성보다 중시되지 않도록 막을 필요가 있다고 판단할 때, 그에게 어디에서 그리고 왜 나의 견해가 그의 견해와 다른지 알려주는 증거를 제시한다.[2]

『지성론』의 저자가 내가 박수갈채를 보낸 수백 가지 훌륭한 것을 말하기는 했지만 사실 우리의 체계는 매우 다르다. 우리 각자의 의견이 많은 점에서 플라톤과 아리스토텔레스 이 두 고대인들 각각의 이론과 거리가 있기도 하지만 그의 체계는 아리스토텔레스에 더 가깝고 나의 체계는 플라톤에 더 가깝다. 그는 더 대중적이고 나는 어떤 경우에 어쩔 수 없이 약간 더 **난해하고**(*acroamatique*)[3] 더 추상적이다. 이것은 나에게 유리하지 않다. 특히 현재에도 통용되는 언어로 글을 쓸 때는 더 그렇다. 그럼에도 불구하고 두 사람이 말하게 함으로써, 즉 한 사람이 이 저자의 논고에 나타난 견해를 진술하고 다른 한 사람이 나의 견해를 더함으로써, 완전히 무미건조

..

1) [옮긴이 주] 게르하르트 편집본(GP. V)에는 이 부분에 다음 문장이 포함되어 있다. ~ 더 쉽다. | "왜냐하면 나는 그가 남긴 몇 가지 어려움들을 완전히 제거했다고 생각하기 때문이다. 그래서 그의 평판이 나에게는 혜택이었다. 게다가 나는 공정하게 논평할 생각이었고 사람들이 이 작품에 대해 가지고 있는 가치를 결코 떨어뜨리려고 하지 않았다. 오히려 나의 동의가 어느 정도 영향력을 가질 수 있으면 그 가치를 높이는 것이다." | 나의 견해가 ~

2) [옮긴이 주] 게르하르트 편집본(GP. V)에는 다음 문장이 추가되어 있다. ~ 제시한다. | "그 외에 사람들이 이 탁월한 사람에게 만족감을 느낄 때, 진리를 더 잘 수용할 수 있게 되고 그의 연구를 주요한 것으로 가정할 수밖에 없게 한다."

3) [옮긴이 주] 'acroamatique'는 'exotérique(대중적인)'에 반대되는 'esotérique(난해한)'를 의미한다. 라이프니츠는 철학하는 방식에 두 가지가 있다고 생각한다. 하나가 'acroamatique' 방식이고, 다른 하나가 'exotérique' 방식이다. 라이프니츠가 말하는 'acroamatique' 방식은 모든 것을 증명하는 매우 엄격한 방식이고, 'exotérique' 방식은 증명 없이 어떤 동의나 개연적 논증을 통해서, 즉 사례나 유사성을 근거로 해명하는 방식이다. 라이프니츠가 말하는 철학하는 두 가지 방식에 대해서는 다음을 참조. *Dissertatio praeliminaris. De alienorum operum editione, de scopo operis, de philosophica dictione, de lapsibus Nizolii* : GP IV, 146쪽.

한 논평보다는 이런 비교가 독자의 구미에 더 맞을 것이라고 생각한다. 무미건조한 논평을 읽으면 내 견해를 이해하기 위해서 그의 책으로 되돌아가는 것이 불가피하기 때문에, 매 순간 읽기가 중단될 것이다. 그렇지만 우리의 글들을 이따금 비교해보는 것도 좋을 것이고, 내가 보통 그의 표현들을 보존하긴 했지만, 그의 견해는 그 자신의 작품을 통해서만 판단하는 것이 좋을 것이다. 사실 타인의 논고를 논평할 때, 그 논고의 흐름을 따라야 한다는 강압 때문에, 나는 대화 형식의 매력에 맞출 수 있다는 것에 대해서는 생각할 수 없었다. 다만 내용이 형식의 결함을 보완해주기를 기대한다.

우리의 견해 차이는 꽤 중요한 주제에 관한 것이다. 그것은 아리스토텔레스[4]와 논고의 저자가 가정하는 것처럼 영혼이 그 자체로 아직 아무것도 쓰여 있지 않은 서판(빈 서판)과 같이 완전히 비어 있는 것이고, 영혼에 쓰여 있는 모든 것이 오직 감각과 경험에서 오는 것인지, 아니면 영혼은 근원적으로 다수의 개념들과 학설들의 원리들을 포함하고 있고 외부 대상들은 오직 기회가 될 때만 그것들을 깨어나게 하는 것인지에 관한 문제이다. 후자는 내가 플라톤과 함께 그리고 스콜라 철학자들도 함께 믿고 있는 것이며 신의 법은 마음에 새겨져 있다는 사도 바울의 구절(「로마서」, 2장 15절)을 이런 의미로 이해하는 모든 사람들과 함께 믿고 있는 것이다. 스토아학파[5]는 이 원리들을 **예기**(豫期, Prolepses), 즉 근본 가정 혹은 앞서 인정된 것으로 간주하는 것이라고 부른다. 수학자들[6]은 이것을 **공통 개념**(κοινὰς ἐννοίας)이라고 부른다. 근대 철학자들은 이것에 다른 좋은 이름을 붙였고 율리

••
4) 아리스토텔레스, 『영혼론(*De anima*)』, III, 4, 429a15~b30.
5) 여기서 언급한 스토아학파에 대해서는 Cicero, *Academica*, I, 2장 참조.
6) 여기서 언급한 수학자들에 대해서는 유클리드의 『원론(*Elementa*)』 1권 참조.

우스 스칼리거는 특히 **영원성의 종자**(semina aeternitatis) 혹은 마찬가지로 'Zopyra'라는 이름으로 불렀다.[7] 이것은 마치 부싯돌에 충격을 주어 불티가 생기는 것처럼 우리 내부에 감춰져 있지만 감각을 자극해서 나타나게 하는 살아 있는 불, 빛나는 특질들을 말하려고 했던 것 같다. 그리고 이런 광채가 특히 필연적 진리들에서 나타나는 어떤 신적이고 영원한 것을 가리킨다고 믿는 데에도 근거가 없는 것은 아니다. 여기서 다른 문제가 생긴다. 즉 모든 진리가 경험에 의존하는지, 말하자면 귀납과 사례에 의존하는지 혹은 다른 근거도 가지고 있는 진리가 있는지 하는 것이다. 왜냐하면 어떤 사건들이 모든 시험을 해보기도 전에 예견될 수 있다면, 우리는 우리 입장에서 어떤 기여를 하는 것이 명백하기 때문이다. 감각이 우리의 모든 현실적 인식을 위해서 필요하기는 하지만 우리에게 전체 인식을 주기에는 충분하지 않다. 감각은 항상 사례들, 즉 특수한 진리들 혹은 개별적 진리들만을 주기 때문이다. 일반적 진리들과 일치하는 사례들의 수가 얼마나 많든 간에 그 모든 사례들은 이와 같은 진리의 보편적 필연성을 정립하기에는 충분하지 않다. 왜냐하면 일어난 사건이 항상 동일하게 일어날 것이라는 것이 따라 나오지 않기 때문이다. 예를 들어 그리스인들과 로마인들 그리고 지구상의 모든 사람들은 대개 24시간이 지나기 전에 낮은 밤으로 바뀌고 밤은 낮으로 바뀐다는 것을 알고 있다. 그러나 사람들이 동일한 규칙이 어디에서나 관찰된다고 믿는다면 그들은 잘못 생각하는 것이다. 노바 젬블라(Nova Zembla)[8]에 체류하는 동안에는 반대 사례가 관찰되

..

7) Julius C. Scaliger(1484~1558), *Electa Scaligerea, hoc est, J. C. Scaligeri Sentantiae, Praecepta, Definitiones, Axiomata*(Hanau, 1634), 398쪽.

8) [옮긴이 주] 'Nova Zembla'는 새로운 땅, 알려지지 않은 땅을 의미하며, 'Novaya Zemlya'의 라틴어 표기로 보인다. 실제 북극점 가까이 북극해에 있는 두 개의 섬으로 이루어진 러시아

었기 때문이다. 그리고 적어도 우리의 지역에서는 그것이 필연적이고 영원한 진리라고 믿는 사람들도 잘못 생각하는 것이다. 지구와 태양 자체도 필연적으로 현존하는 것이 아니고 아마 이 아름다운 별이 그것의 전체 체계에서 적어도 자신의 현재 형태로 더 이상 존재하지 않을 때가 올 것이라고 판단해야 하기 때문이다. 이로부터 순수 수학에서, 특히 산술학과 기하학에서 발견되는 필연적 진리들은 그것의 증명이 사례들에 의존하지 않는, 따라서 감각의 증거에 의존하지 않는 원리들을 가지고 있어야 한다는 것이 드러난다. 비록 감각 없이는 우리가 그런 진리들에 대해 생각하는 일이 결코 일어날 수 없을지라도 말이다.[9] 이것은 세밀하게 구별해야 하는 것이다. 그리고 유클리드는 이것을 매우 잘 이해하고 있었다. 그래서 그는 경험을 통해서 그리고 감각 가능한 상들을 통해서 충분히 알 수 있는 것을 이성을 통해서 증명하기도 한다. 논리학은 필연적 진리들로 가득 차 있고 이와 더불어 자연 신학을 구성하는 형이상학과 자연권 이론(Jurisprudence naturelle)[10]을 구성하는 도덕학도 마찬가지로 그런 필연적 진리들로 가득

⠆⠆

의 군도로 알려져 있다.

9) [옮긴이 주] 이와 관련해 다음의 라이프니츠 저작 참조. Lettre touchant ce qui est indépendant des sens et de la matiére: GP VI, 499~508.

10) [옮긴이 주] 'jurisprudence/jurisprudentia'를 일반적으로 '법학'으로 이해하는 것은 현대의 경향이다. 라이프니츠는 '법(loi/leges)'과 '권리(droit/jus)'가 구별되어야 한다고 주장한다. 그에 따르면 법은 우연적 진리의 영역에 속하지만 우리말로 '정당' 혹은 '권리'로 번역할 수 있는 'droit'는 필연적 진리의 영역에 속하는 것이다. 따라서 'Jurisprudence'를 법학으로 번역하는 것보다는 여기서는 '자연적(naturel)'을 붙여 쓰고 있으므로 근대 정치 철학의 주요 주제 중 하나인 자연권과 연결해 '자연권 이론'이라고 번역하는 것이 더 적절하다. 다음 텍스트 참조. "정의를 권력에 의존하게 만드는 사람들이 범하는 실수는 부분적으로 권리(droit)와 법(loi)를 혼동하는 것에서 비롯된다. 정당한 것은 부당할 수 없다. 이것은 모순이다. 하지만 법은 부당할 수 있다.(Le droit ne sauroit estre injuste, c'est une contradiction; mais la loy le peut estre.) 왜냐하면 법을 제안하고 주장하는 것이 권력이고, 만약 이 권력

차 있다. 따라서 그것의 증명은 사람들이 본유 원리라고 부르는 내적 원리들에서만 나올 수 있다. 집정관의 칙령을 힘들이지 않고, 찾을 필요도 없이 벽보에서 읽을 수 있는 것처럼, 사람들이 이성의 이 영원한 법칙들을 공개된 책을 읽는 것 같이 영혼에서 읽을 수 있다는 것은 사실상 상상할 수 없는 일이다. 하지만 이 법칙들이 주의집중을 통해서 우리 안에서 발견될 수 있는 것만으로 충분하다. 감각은 기회를 제공하고, 실험의 성공은 다시금 이성에 일치한다는 것을 확인해준다. 이것은 산술학에서 긴 계산을 할 때, 실수를 더 잘 피하기 위해 확인검산을 하는 것과 거의 비슷하다. 인간의 인식과 동물의 인식 간의 차이도 바로 여기에 있다. 동물은 순수하게 경험에 의지하고 사례만 따른다. 왜냐하면 사람들이 판단할 수 있는 한에서 동물은 결코 필연적 명제를 만드는 데 이르지 못하기 때문이다. 반면 인간에게는 증명적 학문이 가능하다. 동물이 가지고 있는 연관 관계를 만드는 능력이 인간에게 있는 이성보다는 하위인 것도 이 때문이다. 동물의 연관 작용은 순수하게 단순한 경험론자들의 연관 작용과 마찬가지이다. 그들은 몇 번 일어난 일은 비슷해 보이는 다른 경우에도 일어날 것이라고 주장한다. 그 다른 경우에 동일한 근거가 존재하는지 판단할 수도 없는데도 말이다. 동물을 잡는 것이 인간에게 매우 쉽고 오류를 범하는 것이 단순한 경험론자들에게 매우 흔한 것이 바로 이 때문이다. 나이를 먹고 경험을 쌓아 능숙해진 사람들도 여기서 예외는 아니다. 그들은 자신들의 과거

..

이 지혜와 선한 의지를 결여하고 있다면, 매우 악한 법을 제안하고 주장할 수 있기 때문이다." (Sur la nature de la bonté et de la justice: Wenchao Li(hg.), *"Das Recht kann nicht ungerecht sein …" Beiträge zu Leibniz' Philosophie der Gerechtigkeit*, Studia Leibnitiana Sonderhefte 44(Stuttgart, 2015). (Anhang: G. W. Leibniz: Zwei Schriften über die Gerechtigkeit, bearbeitet von Stefan Luckscheiter, 155쪽)

경험을 너무 신뢰하기 때문이다. 이것은 민간 업무와 군대 업무에 종사하는 다수의 사람들에게서 일어나는 일이다. 세상이 변하고, 인간들이 수천 가지 새로운 기술을 발견하면서 사람들이 더 능숙해지고 있다는 것을 충분히 고려하지 않기 때문이다. 반면에 현재의 사슴들과 토끼들이 과거보다 더 교활해지지는 않았다. 동물의 연관 작용은 이성적 추론의 그림자에 불과하다. 말하자면 이것은 상상의 연결일 뿐이고 하나의 상에서 다른 상으로 이행하는 것일 뿐이다. 왜냐하면 어떤 새로운 경우가 과거의 것과 유사해 보일 때, 예전에 그것과 연결되어 있는 것으로 이해했던 것을 또다시 기대하기 때문이다. 사물들의 상들이 기억 속에서 연결되어 있기 때문에, 마치 그 사물들이 실제로 연결되어 있는 것처럼 기대하는 것 말이다.[11] 물론 이성이 권고하는 것은 통상 과거의 오랜 경험과 일치하는 것이 미래에도 일어난다고 기대하라는 것이다. 그렇다 해도 이 또한 필연적이고 오류 불가능한 진리는 아니다. 그리고 그것을 지지했던 근거들이 달라진다면, 우리가 최소한의 기대를 할 때에도 성공하지 못할 수 있다. 이런 이유로 최고의 현자들은 그것을 신뢰하지 않기 때문에 거기에 예외를 허용할 필요가 있을지 판단하기 위해 이 사실의 근거 중 어떤 것을 (가능한 한) 깊이 이해하려고 노력한다. 왜냐하면 이성만이 확실한 규칙들을 정립할 수 있고 예외를 허용함으로써 확실하지 않은 규칙들에 부족한 것을 보완할 능력이 있으며, 결국에는 필연적 추론의 힘으로 확실한 연결 관계를 발견할 수 있기 때문이다. 이 힘이 동물들이 의지하는 상들 간의 감각 가능한 연결 관계들을 실험할 필요 없이 종종 사건을 예견하는 능력을 제공한다. 그러므로 필연적 진리의 내적 원리를 정당화하는 것은 또한 인간과 동물을 구별

..
11) [옮긴이 주] 『모나드론』 28항 참조.

하는 것이기도 하다.

　아마도 우리의 박학한 저자는 나의 견해에서 완전히 멀리 떨어져 있지는 않을 것이다. 왜냐하면 그는 어떤 특정한 의미로 받아들인 본유적 인식들을 거부하는 데 그의 책 1부 전체를 사용했지만 2부 시작 부분과 그다음에서 감각에서 기원하지 않는 관념들은 반성에서 나온다는 것을 인정하기 때문이다. 그런데 반성이란 우리 내부에 있는 것에 대한 주의집중과 다를 바 없다. 그리고 감각은 우리가 이미 가져온 것을 우리에게 제공하지 않는다. 사정이 이러한데, 우리의 정신에 많은 본유적인 것이 있다는 것을 부정할 수 있는가? 말하자면 우리가 우리 자신에게 본유적인데도 말이다. 그리고 우리 자신 안에 존재, 일체성, 실체, 지속, 변화, 활동, 지각, 쾌락 그리고 우리의 지성적 관념의 수천 가지 다른 대상들이 있다는 것을 부정할 수 있는가? (우리의 부주의 때문에, 그리고 우리의 필요 때문에, 이 대상들이 항상 지각될 수는 없지만) 이 대상들은 우리의 지성에 직접적이고 항상 현재하는 것인데, 이 관념들과 이 관념들에 의존하는 모든 것이 우리에게 본유적이라고 말하는 것이 왜 놀라운가? 또한 나는 [우리의 정신을] 완전히 단일한 대리석 조각 혹은 비어 있는 서판, 즉 철학자들 사이에서 '타불라 라사'라고 불리는 것과 비교하기보다는 결이 있는 대리석 조각과 비교하고는 했다. 만약 영혼이 이 비어 있는 서판과 유사하다면, 이 대리석이 이 형태를 받아들이든 어떤 다른 형태를 받아들이든 전적으로 무구별적일 때, 진리들은 헤라클레스의 형태가 대리석에 있는 것처럼 우리 안에 있을 것이기 때문이다. 하지만 대리석 조각에 다른 형태보다는 오히려 헤라클레스의 형태를 새기는 결이 있다면, 그 대리석 조각은 헤라클레스의 형태로 더 결정될 것이다. 그리고 헤라클레스는 거기서 어떤 방식으로 본유적인 것과 같을 것이다. 이 결무늬를 발견하는 일이 필요하고 그 형태로 보이지 않게 하는 것을 제거하면서 닦는 일이 필요하기는 하지만 말이다. 이처럼 관념과 진리는 경향성(inclination), 잠재적 소질(disposition)[12], 습성(habitude), 또는 자연적 잠재성(virtualité naturelle)과 마찬가지로 우리에게 본유적이다. 하지만 활동은 그렇지 않다. 이 잠재성이 항상 그것에 상응하는 활동, 때로는 감각 불가능한 어떤 활동을 동반할지라도 활동은 본유적인 것이 아니다.

우리의 박식한 저자는 우리에게 어떤 **잠재적인 것**도 없으며 우리가 항상 현실적으로 자각하지 않는 것은 아무것도 없다고 주장하는 것 같다. 하지만 그는 이 견해를 확고하게 견지할 수 없을 것이다. 그렇지 않다면 그의 견해는 과도한 역설이 될 것이다. 획득된 습성과 우리의 기억에 저장된 것들은 항상 지각되지 않으며 또 우리가 필요로 할 때 우리의 요청에도 나타나지 않기 때문이다. 한 노래의 나머지 부분들을 다시 기억나게 하는데 단지 노래의 시작 부분이 필요한 것처럼, 우리로 하여금 그것들을 기억하게 만드는 어떤 사소한 기회에 그것들이 쉽게 생각나는 일이 종종 있기는 하지만 말이다. 또한 그는 다른 곳에서 우리가 적어도 예전에 자각하지 않았던 것은 어떤 것도 우리 안에 없다고 말함으로써 자신의 주장을 제한한다. 그러나 우리가 무엇보다 그 자체로 완전히 공상적인 것이기는 하지만, 완전히 벌거벗은 이성과 양립 불가능하지는 않은 플라톤의 상기설에 따르면 망각했을 수 있는 우리의 지나간 자각들이 어디까지 갈 수 있을지 오로

:.

12) [옮긴이 주] 'disposition'은 라이프니츠가 본유 원리의 존재를 주장하면서 사용한 가장 핵심적인 개념 중 하나이다. 라이프니츠 철학 텍스트에서 'disposition'이라는 말은 가능성의 상태를 함께 전제하지 않고는 정확하게 이해될 수 없는 개념이다. 말하자면 라이프니츠가 주장하는 본유 원리란 진리를 인식할 수 있는 정신의 잠재적 소질이나 자질 혹은 경향이나 성향 같은 것이다. 따라서 'disposition'은 '잠재적 소질', '성향', '경향성' 등으로 그 의미를 생각할 수 있다. 라이프니츠가 사용하는 다른 유사한 표현인 'tendance', 'inclination'과 구별하기 위해서 '잠재적 소질'로 번역한다.

지 이성만으로 확인할 수 있는 사람은 없다. 그 외에 또 말하자면, 왜 우리는 모든 것을 외부 사물들을 지각해서 얻어야 하는가? 우리 자신 안에서 찾아낼 수 있는 것은 아무것도 없는가? 그럼 우리의 영혼이 오직 비어 있기만 해서 외부에서 빌려온 상들이 없으면 아무것도 아닌 것인가? 나는 이것이 우리의 분별 있는 저자가 인정할 수 있는 견해가 아니라고 확신한다. 그리고 그 자체로 어떤 다양성도 보이지 않을 서판을 어디서 찾을 수 있겠는가? 완전히 균일하고 평평한 평면을 본 적이 있는가? 우리가 어떤 생각의 대상을 천착하려고 할 때, 그럼 왜 우리는 우리 자신의 토대에서 그런 대상을 우리 자신에게 제공할 수 없는가? 따라서 나는 그가 우리 인식의 두 원천, 즉 감각과 반성을 인정하는 만큼, 근본적으로 이 문제에 대한 그의 견해가 나의 견해뿐만 아니라 공통적인 견해와도 다르지 않을 것이라고 믿게 된다.

그는 정신이 항상 생각하는 것은 아니며, 특히 꿈을 꾸지 않고 잠잘 때의 정신은 지각하지 않고 있다고 주장하는데도 그가 우리에게 그리고 데카르트주의자들에게 동의하는 것이 그리 쉬울지는 모르겠다. 그는 물체가 운동하지 않고도 있을 수 있고 영혼이 생각하지 않고도 잘 있을 수 있다고 주장함으로써 우리의 견해를 반대한다. 하지만 이에 대한 나의 답변은 사람들이 보통 답하는 것과는 좀 다르다. 왜냐하면 나는 자연적으로 실체는 활동하지 않고 있을 수 없고 운동하지 않는 물체 또한 결코 있을 수 없다고 주장하기 때문이다. 경험은 이미 나의 견해를 지지한다. 그리고 그에 대한 설득이 필요하면, 절대적 정지를 반대하는 탁월한 보일의 책[13]을 참고하면

13) Robert Boyle(1627~1691), *Discourse about the absolute rest in bodies*(1669; 라틴어판 1671).

된다. 더욱이 나는 이성도 이것을 지지한다고 생각한다. 그리고 이것은 내가 원자의 존재를 거부한 근거들 중 하나이다. 게다가 자각과 반성 없이도 매 순간 우리 안에 무한하게 많은 지각들이 있다고 판단하게 하는 수천 가지 표지들이 있다. 우리가 자각하지 못하는 영혼 자체 내에서의 변화들 말이다. 왜냐하면 그 인상들은 너무 미세하고 그 수가 너무 많거나 너무나 균일해서 그 각각을 충분히 구별하지 못하기 때문이다. 그럼에도 불구하고 그 인상들이 다른 인상들과 결합하면 자신의 효과를 발휘할 수 있고 결합체로 혼란스럽지만 적어도 감각할 수 있게 된다. 그래서 우리가 한동안 물레방아나 폭포 주변 매우 가까이에서 거주하다 보면, 그것들의 움직임에 주의를 기울이지 않는 것이 습관이 된다. 그 움직임이 우리 감각 기관을 항상 자극하지 않는 것은 아니다. 그리고 영혼과 신체의 조화로 인해서 그에 상응하는 어떤 것이 영혼에서도 일어난다. 하지만 새로운 매력을 결여한 채 영혼과 신체에 있는 그 인상들은 먼저 자리를 차지하고 있는 대상들에만 붙잡혀 있는 우리의 주의와 기억을 유인할 정도로 충분히 강하지 않다. 모든 주의는 기억을 필요로 한다. 그리고 이를테면 현재 우리 자신의 지각들 중 어떤 것에 주의를 기울이라고 알려주지 않으면, 우리는 그것에 대해 반성하지 않고 지나가게 두고 또 그것을 눈여겨보지도 않는다. 하지만 누군가 바로 즉시 우리에게 그것을 알린다면, 예를 들어 바로 듣게 될 어떤 소리에 우리가 주목하도록 만든다면, 우리는 그 소리를 기억하고, 방금 그것에 대한 어떤 감각을 가졌던 것을 자각한다. 그러므로 우리에게 즉시 자각되지 않았던 것은 지각들이었고, 그 간격이 얼마나 짧든 간에 어느 정도 시간이 지나 알려지고 나서 자각이 뒤따라 나온다. 많은 지각들 중에서 우리가 구별할 수 없는 미세 지각들에 대해서 더 잘 판단하기 위해서, 나는 보통 우리가 해안가에 있을 때 우리의 귀를 자극하는 파도 소리나 바다의 소음을 예로 사용하고는 한다. 이 소리를 실제와 같이 듣기 위해서는 그 전체, 즉 각각의 파도 소리를 구성하는 부분들을 들어야 한다. 비록 그 미세한 소리 각각은 다른 모든 소리들과 함께 혼란스럽게 결합했을 경우에만 인식될 수 있고 오직 그 파도 홀로 그 소리를 만드는지 식별하지 못하겠지만 말이다. 왜냐하면 이 파도의 움직임이 어느 정도 우리를 자극해야 하고, 얼마나 미세하든 간에 이 소리 각각에 대한 어떤 지각을 우리가 가지고 있어야 하기 때문이다. 그렇지 않으면 우리는 수십만 개의 파도들에 대한 지각을 갖지 못할 것이고, 수십만 개의 무(無)로 어떤 것도 만들 수 없기 때문이다. 게다가 사람들은 결코 미미하고 혼란스러운 감각도 갖지 못할 정도로 그렇게 깊이 잠들지 않는다. 그리고 사람들이 그 미세한 시작에 대해 어떤 지각을 가지고 있지 않았다면, 세상에서 가장 큰 소리로도 절대 깨어나지 않을 것이다. 이것은 밧줄을 최소한의 힘으로 당겨 조금밖에 늘어나지 않았을 때, 그렇게 만들어진 그 미세한 확장이 눈에 띄지 않더라도, 절대로 세상에서 가장 큰 힘을 써서 밧줄을 끊지 않는 것과 마찬가지이다.

따라서 이 미세 지각들은 사람들이 생각하는 것보다 더 큰 효력을 갖는다. 이 지각들은 내가 뭐라 말할 수 없는 것을 구성하는 것이다. 이 맛, 결합체에서는 명확하지만 부분들에서는 혼란스러운 감각적 성질에 대한 이 상, 그리고 우리를 둘러싸고 있는 물체들이 우리에게 주는, 무한을 함축하고 있는 이 인상들, 각각의 존재자와 우주의 나머지 모든 존재자들의 이 연결이 그런 것이다. 심지어 이 미세 지각들로 인해서 결과적으로 현재가 미래로 가득 차 있고 과거의 짐을 지고 있다고 말할 수 있고, (히포크라테스가 'σύμπνοια πάντα'라고 말한 것처럼) 모든 것은 서로 협력하며, 신의 눈과 같이 통찰력 있는 눈은 가장 작은 실체에서 우주에 있는 모든 사물들의 잇따른 연결을 읽을 수 있다고 말할 수 있다.

"현재 존재하는 것, 과거에 존재했던 것, 이제 곧 미래에 나타날 것."[14]

이 감각 불가능한 지각들이 개체의 이전 상태를 보존하고 있는 흔적들에 의해서 특징지어지는 동일한 개체를 그것의 현재 상태와 연결함으로써, 이 감각 불가능한 지각들도 동일한 개체를 표시하고 구성한다. 그 흔적들을 이 개체 자신이 감지하지 못할 때에도, 즉 더 이상 그 흔적들에 대한 분명한 기억이 없을 때에도 최고의 정신은 그 흔적들을 인식할 수 있다. 하지만 그것들은(내가 말하는 이 지각들은) 어느 날 일어날 수 있는 주기적인 전개를 통해서 필요할 때 기억을 재발견하는 능력을 제공하기도 한다. 이런 이유에서 죽음은 단지 잠일 뿐이며 그 자체로 그렇게 유지될 수 없다. 왜냐하면 이때 지각들은 충분히 구별되는 것만 중단될 뿐이고, 동물들에게서는 자각이 중단되는 혼란의 상태로 떨어지지만 이 상태가 계속해서 지속될 수는 없기 때문이다.

나는 감각 불가능한 지각들을 통해서 영혼과 신체 간의 그리고 모든 모나드들 혹은 단순 실체들 간의 이 경탄할 만한 예정 조화를 설명한다. 이 예정 조화는 모나드들 상호 간의 지지할 수 없는 영향을 보완하고, 가장 훌륭한 사전의 저자[15]의 판단에 따르면 신적인 완전성의 크기를 사람들이 이전에 생각했던 것 이상으로 증대시킨다. 그다음에 조금만 더 추가해서 말하자면, 우리가 생각하고 있지 않은 많은 경우에 우리를 결정하는 것이

..

14) Virgilius, *Georgica*, IV, v. 393: "Quae sint, quae fuerint, quae mox futura trahantur."
15) Pierre Bayle, *Dictionnaire historique et critique*, Rorarius 항.

이 미세 지각들이고, 예를 들어 마치 우리가 오른쪽으로 향하든 왼쪽으로 향하든 전적으로 무관할 때처럼, **평형의 무구별**(indifference d'equilibre)[16] 의 허상을 이용해서 평범한 대중을 속이는 것이 그 미세 지각들이라고 말할 수 있다. 또한 내가 이 책에도 썼기 때문에,[17] 여기서 지적할 필요는 없지만, 이 미세 지각들은 불안의 원인이다. 이 불안은 내가 보여준 것처럼 크고 작음의 차이만 있을 뿐 고통과 다르지 않은 어떤 것으로 이루어진다. 그런데도 이것은 우리의 욕구를 만드는 경우도 있고 또 여기에 양념을 가미하듯이 우리의 쾌락을 만들기도 한다. 또한 우리의 감각 가능한 지각들 중에 감각 불가능한 부분들 때문에, 색, 열 그리고 다른 감각 가능한 성질들에 대한 지각들 간에 관계가 만들어지고 그에 상응하는 물체의 운동들 간에 관계가 만들어진다. 반면에 대단한 통찰력을 지닌 우리의 저자와 데카르트주의자들은 우리가 이 성질들에 대해 가지고 있는 지각들을 임의적인 것으로 이해했다. 즉 신이 지각들과 그것의 대상들 간에 본질적인 관계도 전혀 고려하지 않고 자기 마음대로 영혼에게 이 지각들을 주었다고 이해한 것이다. 나를 놀라게 하는 이 견해는 조화 없이 그리고 이유 없이 아무

∙∙

16) [옮긴이 주] '평형의 무구별'은 라이프니츠가 주로 자유 개념을 설명할 때 사용하는 것이다. 우리가 무엇인가를 선택하거나 받아들일 때, 어떤 한 대상을 선호할 아무런 이유가 없어서, 즉 대상 간에 차이가 없고 그래서 구별되지 않는 상태가 무구별 상태이고 그래서 의지가 아무런 결정을 내리지 못하는 상태를 말한다. 이것이 마치 저울 양쪽의 무게가 같아서 어느 쪽으로도 기울어지지 않는 평형 상태와 같다고 해서 라이프니츠는 '평형의 무구별'이라는 표현을 사용한다. 라이프니츠의 주장은 아무것도 결정하지 못하는 이 무구별 상태의 자유는 허구이며 참된 자유가 아니라는 것이다. 모든 행동은 언젠가는 결국 결정되며, 미결정의 상태는 없다는 것이다. 이 'indifference'를 '무차별'이라고 번역하는 역자도 있지만 '차별'은 정치적 표현으로 사용되는 경우가 더 많고, 이 말의 의미가 본래 선택의 근거가 구별되지 않는 상태라고 보아 '무구별'로 번역했다.

17) 이 책 2부 20장 참조.

것도 행하지 않는 사물들의 작자가 지닌 지혜에 잘 어울리는 것 같지 않다.

한마디로, 입자들이 자연학에서 아주 유용한 것처럼 **감각 불가능한 지각들**은 정신론(Pneumatique)[18]에서 크게 유용하다. 그리고 이 둘이 우리 감각이 미치는 범위를 넘어서 있다는 것을 구실로 이 둘을 거부하는 것도 똑같이 비이성적인 것이다. 어떤 일도 단 한 번에 일어나지 않는다. 그리고 **자연은 결코 단절들을 만들지 않는다**는 것은 가장 확실하게 검증된, 나의 중대한 공준 중 하나이다. 예전에 『문예 신보(*Nouvelles de la République des lettres*)』에서 내가 그것에 대해서 논했을 때,[19] 나는 그것을 **연속성의 법칙**(la loi de la continuité)이라고 불렀다. 자연학에서 이 법칙의 유용성은 막대하다. 이것은 단계에서뿐만 아니라 부분에서도 항상 중간을 지나 작은 것에서 큰 것으로 그리고 그 역으로 진행된다는 것, 그리고 운동은 결코 정지 상태에서 매개 없이 생성되지 않으며, 더 작은 운동을 통하지 않으면 정지 상태로 환원되지도 않는다는 것을 함축한다. 이것은 마치 어떤 더 짧은 선을 통과하기 전에는 결코 어떤 선도 어떤 길이도 완전히 통과해 지나갈 수 없는 것과 마찬가지이다. 물론 지금까지 운동 법칙을 정립한 사람들은 이 법칙을 고찰하지 않았다. 그들은 물체가 한순간에 이전 상태와 반대되는 운동을 받아들일 수 있다고 믿었기 때문이다. 이 모든 것으로 인해 우리는 다음의 판단을 하게 된다. 인지 가능한 지각들은 인지되기에는 너무 작은 것에서 단계에 따라 생성된다. 이와 다르게 판단하는 것은 언제 어디서나 현실적 무한(infini actuel)을 함축하고 있는 사물들의 측정할 수 없는

..

18) [옮긴이 주] 여기서 'Pneumatique'는 Alsted가 이미 그의 『백과전서(*Encyclopaedia*)』(Herbon, 1630)에서 언급한 것처럼 '정신에 관한 이론'을 가리킨다.

19) Leibniz, "Extrait d'une lettre de M. L. sur un Principe Genaral", in: *Nouvelles de la République des lettres*, 1687년 7월. 말브랑슈와 카트랑의 견해를 비판한 논문이다.

미세함을 인식하는 데 부족한 것이다.

또한 나는 감각 불가능한 다양성들 때문에 두 개체적인 것이 서로 완전하게 유사한 것은 불가능하고, 항상 **수적으로** 더 구별되어야 한다는 것을 지적했다. 이것은 영혼의 빈 서판, 생각 없는 영혼, 활동 없는 실체, 빈 공간, 원자들, 그리고 심지어 현실적으로 분할되지 않는 물질의 부분들, 시간의 일부, 장소의 일부 혹은 물질의 일부에서 완전한 균일성, 근원적인 완전한 정육면체에서 생겨난 제2원리의 완전한 구들, 그리고 철학자들의 불완전한 개념들에서 비롯된 수천 가지 다른 허구들을 파괴한다. 사물의 본성은 이것을 허용하지 않는다. 우리의 무지와 감각 불가능한 것들에 대한 우리의 주의 부족이 그것을 허용한 것이다. 그것들을 정신의 추상에 제한하지 않는다면, 그것들은 용인될 수 없을 것이다. 그 정신은 자신이 무시한 것, 그리고 자신이 현재의 어떤 고찰에 포함시킬 필요가 없다고 판단한 것을 부정하지 않는다고 주장한다. 이와 달리 사람들이 자각하지 않은 것들은 영혼이나 신체에 존재하지 않는다는 것을 진심으로 인정한다면, 그들은 'τὸ μιχρòν(to mikron)', 즉 감각 불가능한 진보를 무시함으로써 정치학에서와 마찬가지로 철학에서도 과오를 범하는 것이다. 반면 사람들이 추상에서 감춰진 것이 무엇인지 알기만 한다면, 추상은 오류가 아니다. 그것은 수학자들이 우리에게 제안한 완전한 선분, 등속 운동, 그리고 다른 규칙적인 결과에 대해서 이야기할 때, 그들이 사용하는 것과 마찬가지이다. 비록 **물질**(즉 우리를 둘러싸고 있는 무한의 결과들을 혼합한 것)이 항상 어떤 예외를 만들기는 하지만 말이다. 그리고 사람들은 고찰들을 구별하기 위해서 또 우리에게 가능한 한에서 결과를 원인으로 환원하고 거기서 어떤 결론을 예견하기 위해서 그런 과정을 거친다. 왜냐하면 우리가 통제할 수 있는 고찰들을 무시하지 않으려고 주의하면 할수록 그만큼 실천과 이론이 더 일치하기 때문이다. 하지만 전체 무한과 모든 원인들, 모든 잇달음을 분명하게 이해하는 것은 어떤 것도 피하지 않는 최고의 이성에게만 주어진다. 우리는 단지 무한성을 혼란스럽게 인식할 수 있지만 적어도 그런 것이 있다는 것을 분명하게 알 수 있다. 그렇지 않으면 우리는 우주의 아름다움과 크기에 대해서 매우 잘못 판단할 뿐만 아니라 사물의 본성 일반을 설명하는 유용한 자연학을 가질 수 없을 것이고, 신, 영혼 그리고 단순 실체 일반에 대한 인식을 포함하는 훌륭한 정신론도 가질 수 없을 것이다.

또한 이 감각 불가능한 지각들에 대한 지식은 왜 그리고 어떻게 두 개의 인간 영혼 혹은 달리 말하면 하나의 동일한 종의 두 영혼이 창조자의 손에서 완전히 유사하게 만들어지지 않았는지, 그리고 각각의 영혼들이 항상 우주에서 갖는 그것들의 관점에서 자기의 고유한 근원적 관계를 갖는지 설명하는 데 사용된다. 하지만 이것은 이미 내가 두 개체에 대해서 지적했던 것, 즉 두 개체 간의 **차이**는 항상 **수적 차이 이상**이라는 것에서 도출된다. 우리 저자의 견해뿐만 아니라 대부분의 근대 철학자들의 견해에서 거리를 둘 수밖에 없는 또 다른 중요한 지점이 있다. 나는 대부분의 고대인들과 같이 모든 정령, 모든 영혼, 모든 창조된 단순 실체는 신체와 연결되어 있고 신체와 완전히 분리된 영혼은 없다고 믿는다. 나는 그에 대한 '선험적' 근거들을 가지고 있지만 사람들도 이 이론에 장점이 있다는 것을 발견할 것이다. 그 장점이란 영혼의 상태, 영혼의 영구적 보존, 영혼의 불멸성, 그리고 영혼의 작용에 관한 모든 철학적 문제들을 해결하는 것이다. 영혼의 두 상태 간의 차이는 언제나 단지 더 감각적인가, 덜 감각적인가, 더 완전한가, 덜 완전한가의 차이이고 또 그런 차이였기 때문에, 영혼의 과거 상태와 미래 상태도 영혼의 현재 상태와 마찬가지로 설명가능하다. 약간의 반성만 해도 사람들은 이것이 이성적이라는 것, 그리고 한 상태에서 무한하게 상이한 다른 상태로의 비약이 자연적일 수 없다는 것을 충분히 감지한다. 스콜라 철학자들이 이유 없이 자연을 떠남으로써 특별히 매우 어려운 상태에 빠지려 하고 자유사상가들에게 허울뿐인 승리의 소재를 제공하는 것이 내게는 놀라운 일이다. 그들의 모든 근거들은 사물에 대한 이 해명에 의해서 단 한 번에 무너진다. 이 해명에서 영혼의 보존을 (혹은 차라리 나의 관점에서는 동물의 보존을) 이해하는 것은 애벌레에서 나비로의 변태를 이해하고 예수 그리스도[20]가 신성하게 죽음과 비교했던 잠에서 생각의 보존을 이해하는 것과 마찬가지로 어려움이 없다. 또한 나는 이미 어떤 수면도 계속해서 지속될 수 없다고 말했고, 신국에서 부여받은 인격성을 보존하기로 항상 정해져 있는, 그래서 기억도 보존하는 이성적 영혼에게 이 수면의 지속 시간은 더 짧거나 거의 없을 것이다. 그리고 이것은 보상과 처벌을 더 잘 받기 위한 것이다. 그리고 나는 일반적으로 가시적 신체 기관의 어떤 이상도 동물을 완전히 혼란스럽게 만들 수 없고 모든 기관들을 파괴할 수 없으며, 영혼을 자신의 모든 유기적 신체에서 빼앗을 수 없고 이전의 모든 흔적들에 남은 자국들을 지울 수 없다는 것을 또다시 추가한다. 그러나 내 생각에 사람들이 영혼의 보존을 설명하는 자연적 방식을 무시하게 된 것은, (사람들이 천사 자체의 물체성과 혼동했던) 천사와 결합한 미세 물체에 관한 고대의 이론을 안일하게 포기하고, 피조물들에게 이른바 분리된 지성을 도입하며, (여기에 아리스토텔레스의 천구를 회전시키는 것이 많은 기여를 했다) 끝으로 영혼 재생(metempsychose)에 빠지지 않고서는 짐승의 영혼을 보존할 수 없다는 사람들에게 확산된 잘못된 의견 때문이었다.[21] 이것은 자연 종교에도 큰 피해를 입혔고, 다수의 사람들이 우리의

∴

20) 「마태복음」 9장 24절; 「마가복음」 5장 39절; 「누가복음」 8장 53절.

불멸성은 신의 기적적인 은총일 뿐이라고 믿게 만들었다. 내가 곧 말할 텐데, 우리의 저명한 저자도 이 점에 대해서는 어떤 의심을 가지고 있다. 그러나 이런 견해를 가지고 있는 모든 사람들은 현명하게 그리고 그 자신에게 진실하게 말하는 것이 바람직하다. 왜냐하면 은총으로 불멸성을 논하는 다수의 사람들은 단지 현상을 구하기 위해서만 그렇게 하고, 근본적으로 저 아베로이스주의자들과 어떤 사악한 정적주의자들과 가까워지게 되는 것이 염려되기 때문이다. 그들은 영혼이 신성의 대양에 흡수되고 재통합된다고 상상한다. 이 개념의 불가능성을 분명하게 보여줄 수 있는 체계는 아마도 나의 체계뿐일 것이다.

저자는 물질의 미세한 부분들이 굽혀지지 않는다고 믿기 때문에, 운동을 위해서 빈 공간이 필요하다고 판단하는데, 우리는 이 문제에 대해서 견해가 다른 것 같다. 만약 물질이 그런 부분들로 이루어져 있다면, 가득 차 있는 공간에서 운동이 불가능할 것이라는 데에 나는 동의한다. 방이 최소한의 빈자리도 없이 많은 작은 조약돌들로 가득 차 있을 때처럼 말이다. 이 박식한 저자는 지금까지 미세한 부분들의 경직성이나 응집성이 물체의 본질을 구성한다고 믿어 왔겠지만, 나는 어떤 근거도 없어 보이는 이런 가정에 동의하지 않는다. 오히려 공간은 근원적으로 액체 물질, 모든 분할이 가능하고 현실적으로도 무한한 분할과 하위 분할에 예속되어 있는 물질로 가득 차 있는 것으로 이해해야 한다. 하지만 물질이 이미 서로 간에 다소 협력하고 있는 운동으로 인해 상이한 장소에서 불규칙적으로 분할 가능하

---

21) [옮긴이 주] 『모나드론』 70항; Considérations sur la doctrine d'un esprit universel unique: GP VI, 529~539; Considérations sur les principes de vie et sur les natures: GP VI, 539~546 참조.

고 분할되어 있다는 차이가 있기는 하다. 이로 인해 물질은 어디에서나 어느 정도의 경직성을 갖기도 하고 어느 정도의 액체성을 갖기도 하며, 경도나 액체성의 정도에서 최고인 물체는 존재하지 않는다. 즉 사람들은 극복할 수 없을 정도의 경도를 가진 원자도, 분할과 전적으로 무관한 물질 덩어리도 발견하지 못한다. 또한 자연의 질서 그리고 특히 연속성의 법칙은 이런 원자도 저런 물질 덩어리도 똑같이 파괴한다.

또한 나는 그 자체로 충돌이나 운동의 결과가 아닌 **응집력**은 엄격하게 보아 **견인력**(traction)을 야기할 것이라는 것을 보였다. 예를 들어, (원자들의 형태를 모든 종류의 형태로 상상할 수 있기 때문에,) 앞 부분이 갈고리 모양인 에피쿠로스의 원자와 같이 원래 구부러지지 않는 물체가 있을 때, 밀고 나아가는 이 갈고리는 이 원자들의 나머지 부분들, 즉 밀고 나아가지 않고 충돌 선에 있지 않은 부분들도 함께 잡아당길 것이기 때문이다. 하지만 우리의 박식한 저자는 이 철학적으로 인정되는 견인력을 예전에 빈 공간에 대한 두려움에 부여했던 것과 같은 그런 것으로 보고 반대한다. 그리고 그는 근대 철학자들과 함께 물질의 한 부분은 다른 부분을 가까이에서 밀어서 다른 부분에 직접적으로 작용한다고 주장함으로써 이 견인력을 충돌로 환원한다. 이 점에 있어서 나는 그들이 옳다고 생각한다. 그렇지 않으면 물질의 작용에서 아무것도 이해할 수 없기 때문이다.

이 주제에 관해서 우리의 탁월한 저자의 위축된 태도를 지적했다는 것을 감추지 않겠지만 그래도 내가 다른 경우에 그의 날카로운 천재성에 감탄했던 것과 마찬가지로 여기에서도 그의 겸손한 진실성을 칭찬하지 않을 수 없다. 1699년 출판된, 고인이 된 우스터의 주교[22]가 쓴 '두 번째 서신에

••
22) Edward Stillingfleet(1635~1699)를 가리킨다.

대한 답변' 408쪽에서 박식한 고위 성직자에 반대해 그가 옹호했던 견해, 즉 물질이 생각할 수 있다는 견해를 정당화한다. 그는 다른 무엇보다 다음과 같이 말한다. "나는 내가 물체는 다른 것이 아니라 충돌에 의해서 작용한다고 말한 것을 인정한다.(『지성론』 2부 8장 11절) 또한 내가 이렇게 썼을 때, 이것이 나의 견해였다. 그리고 지금도 나는 그것이 작용하는 다른 방식을 생각할 수 없다. 하지만 그 후 나는 분별력 있는 뉴턴 씨의 비교 불가능한 책을 통해서 우리의 제한된 이해력으로 신의 능력을 제한하려는 것은 너무 오만하다는 것을 확신했다.[23] 내가 이해할 수 없는 방식으로 일어나는 물질과 물질 사이의 인력은, 신의 마음에 든다면, 신은 물체에 대한 우리의 관념에서 도출될 수 있는 것 이상으로 혹은 물질에 대한 우리의 지식을 통해서 설명될 수 있는 것 이상으로 힘과 작동 방식을 물체에게 줄 수 있다는 증명일 뿐만 아니라 신이 실제로 그렇게 했다는 이론의 여지가 없는 사례이기도 하다. 그래서 나는 내 책의 다음 판에서 이 부분을 변경하려고 한다." 나는 의심할 여지없이 최신판을 번역한 이 책의 프랑스어판, 11절에서 다음과 같이 바뀐 것을 발견한다. "적어도 우리가 이해할 수 있는 한, 물체가 서로 작용을 가하는 것은 다른 것이 아니라 충돌에 의해서라는 것은 분명하다. 왜냐하면 접하고 있지 않은 것에 물체가 작용을 가할 수 있다는 것은 우리에게는 이해 불가능하기 때문이다. 그것은 물체가 존재하지 않는 곳에 작용을 가할 수 있다고 상상하는 것과 마찬가지이다."

신은 우리가 이해할 수 있는 것을 넘어서 행할 수 있다는 것, 따라서 신앙개조에도 이해할 수 없는 비밀이 있을 수 있다는 것을 인정하는 우리의 저명한 저자의 이 겸손한 신앙심을 나는 칭찬하지 않을 수 없다. 하지

⁝

23) I. Newton, *Philosophiae naturalis principia mathematica*(1687).

만 나는 자연의 통상적 진행 과정에서 기적에 도움을 청할 수밖에 없게 되고 절대적으로 설명 불가능한 힘과 작용을 허용해야 하는 것을 원하지 않는다. 그렇지 않으면 신이 할 수 있는 것을 이용해서, 사람들은 이 **구심력**(vertus centripetes)과 원거리에서의 **직접적 인력**(attractions immediates)을 이해 가능한 것으로 만들지 않고 허용함으로써 사악한 철학자들에게 너무 많은 자유를 줄 것이다. 나는 스콜라 철학자들이 모든 것은 단순하게 능력을 통해서 일어난다고 말하지 못하게 하는 것이 무엇인지 그리고 그 대상이 우리에게까지 미치고 우리의 영혼에까지 들어오는 방법을 찾는 그들의 지향적 종들(especes intentionelles)[24]을 옹호하지 못하게 하는 것이 무엇인지 모르겠다. 만약 잘 된다면,

"내가 일어날 수 없을 것이라고 했던 모든 일들이 지금 일어날 것이다."[25]

따라서 매우 분별력 있는 우리의 저자가 이 점에 있어서는 약간 지나치게 한 극단에서 다른 극단으로 간 것처럼 보인다. 그는 단지 **감각 가능**하지 않은 것을 인정하는 것이 문제일 때, **영혼**의 작용에 관해서 어려움을 만든다. 그리고 여기서 그는 내 생각에는 창조된 정신이 만들 수 있고 이해할 수 있는 모든 것을 넘어서는 힘과 활동을 물체에서 인정함으로써, **이해할 수도 없는 것**을 **물체**에게 부여한다. 왜냐하면 그는 물체에게 인력을 인정하기 때문이며, 그것도 활동범위에 어떠한 제한도 없이 원거리에서 인력을

..

24) [옮긴이 주] 'especes intentionelles'에 관해서는 라이프니츠가 클라크에게 보낸 다섯 번째 서신 참조.

25) Ovidius, *Tristia*: "Omnia jam fient, fieri quae posse negabam."

인정하기 때문이다. 그리고 이것은 전혀 설명할 수 없는 견해, 즉 자연적 질서 내에서 물질의 생각 가능성과 같은 견해를 옹호하는 것이다.

　그를 공격했던 저명한 고위 성직자와 그 사이에 있었던 논쟁점은 **'물질이 생각할 수 있는가'**이다.[26] 이것은 이 저작에서도 중요한 문제이기 때문에, 그들의 논쟁을 잠시 살펴보고 검토하지 않을 수 없다. 나는 이 주제의 실체를 지적하고 내가 생각하는 것을 자유롭게 말할 것이다. 고인이 된 우스터의 주교는 우리 저자의 관념에 대한 이론이 기독교 신앙에 유해한 것으로 오용될 여지가 있다고 파악했기 때문에, (하지만 내가 생각하기에는 중대한 근거를 가지고 있지는 않다) 자신의 『삼위일체론의 옹호(*Vindication de la doctrine de la Trinité*)』에서 그 이론의 몇 곳을 검토하기 시작한다. 그리고 이 탁월한 저술가에게 정당성을 부여하고 나서, 정신의 현존도 물체의 현존만큼 확실하다는 그의 판단을 인정하면서, 비록 이 두 실체들 중 하나는 다른 하나보다 덜 알려지지만, 우리 저자의 견해를 따라(4부, 3장) 신이 물질에게 생각할 수 있는 능력을 부여할 수 있다면, 어떻게 반성이 우리에게 정신의 현존을 확신할 수 있게 해주는지 묻는다.(241쪽부터) 왜냐하면 그럴 경우 영혼 혹은 물체에 적합할 수 있는 것을 식별하는 데 사용되어야 하는 사고의 경로는 무용해질 것이기 때문이다. 반면 그는 『지성론』 2부, 23장, 15절, 27절, 28절에서 영혼의 작용들은 우리에게 정신의 관념을 제공하고, 물체의 본성이 고체성과 충돌에 의해서 우리에게 이해될 수 있는 것처럼, 지성은 의지와 함께 이 정신의 관념도 이해 가능하게 만든다고 말했다. 이

․․

26) [옮긴이 주] 로크와 스틸링플리트의 논쟁을 말한다. 이 논쟁에 관련된 로크의 저작은 *The reasonableness of christianity, as delivered in the scripture*(London, 1695)이고, 스틸링플리트는 *Discourse in vindication of the doctrine of the trinity*(London, 1697)에서 로크를 반박했다. 이 둘의 논쟁은 스틸링플리트가 사망하는 1699년까지 계속되었다.

에 대해서 우리의 저자는 그의 첫 번째 서신에서 다음과 같이 답한다.(65쪽부터) "나는 우리에게 정신적 실체가 있다는 것을 증명했다고 믿는다. 왜냐하면 우리는 우리에게서 생각을 경험하기 때문이다. 이제 이 활동 혹은 이양태는 스스로 존속하는 것에 대한 관념의 대상일 수 없다. 따라서 이 양태는 내재의 지지체 혹은 주체를 필요로 한다. 그리고 이 지지체의 관념은우리가 실체라고 부르는 것을 구성한다. …… 왜냐하면 실체의 일반 관념은 어디에서나 동일하기 때문에, 생각 혹은 생각하는 능력이라고 불리는변용이 그 관념에 추가되면, 그것이 정신을 구성한다. 그 관념이 또 어떤다른 변용을 갖는지 고려할 필요 없이, 즉 그것이 고체성을 갖는지 아닌지고려할 필요 없이 말이다. 그리고 다른 측면에서 고체성이라고 부르는 변용을 가지고 있는 실체는 생각이 연결되어 있든 아니든 간에 물질일 것이다. 하지만 당신이 정신적 실체를 통해서 비물질적 실체를 이해한다면, 나는 우리에게 그러한 것이 있다는 것이 증명되지 않았음을 그리고 나의 원리들을 근거로 그것이 논증적으로 증명될 수 없음을 인정한다. 비록 내가신은 비물질적이라는 것을 증명하면서 물질의 체계에 대해서 말했던 것이(4부, 10장, 16절) 우리 안에서 사고하는 실체는 비물질적이라는 것을 최고의 개연성을 갖도록 하기는 하지만 말이다. …… 그럼에도 나는 (저자가 68쪽에서 추가한 것) 종교와 도덕의 중대한 목적이 영혼의 비물질성을 가정할필요 없이 그것의 불멸성을 통해서 확보된다는 것을 보였다."

이 서신에 대한 답변에서 박식한 주교는 우리의 저자가 『지성론』 2부를썼을 때, 다른 견해를 가지고 있었다는 것을 보이기 위해서 51쪽에 다음부분(2부, 23장, 15절)을 인용한다. 그곳에서 그는 다음과 같이 말한다. "우리는 우리 정신의 작용에서 도출한 단순 관념들을 통해서 정신의 복합 관념을 형성할 수 있다. 그리고 생각의 관념, 지각의 관념, 자유의 관념, 그리고 우리의 신체를 움직이는 힘의 관념을 종합함으로써 우리는 물질적 실체들에 대한 개념만큼 명확한 비물질적 실체들에 대한 개념을 갖는다." 그는 그 저자가 정신을 신체와 반대되는 것으로 놓는다는 것을 보이기 위해 다른 구절도 인용한다. 그리고 그는 종교와 도덕의 목적은 영혼이 본성상 불멸한다는 것, 즉 비물질적이라는 것을 증명함으로써 더 잘 확보된다고 (54쪽) 말한다. 그는 또 다음 구절을(70쪽) 인용한다. "우리가 실체들의 개별적이고 구별되는 종들에 대해서 가지고 있는 모든 관념은 단순 관념들의 여러 가지 조합 외에 다른 것이 아니다."[27] 따라서 저자는 생각과 의욕의 관념은 고체성과 충돌의 관념을 제공하는 실체와 상이한 다른 실체를 제공한다고 믿었다. 그리고 (17절에서) 저자는 이런 관념들이 정신과 반대되는 신체를 구성한다고 표현한다.

내가 그의 '첫 번째 서신'과 관련지었던 곳에서 우리의 저자가 방금 말했던 것처럼, 우스터의 주교는 실체의 **일반 관념**이 신체와 정신 둘 다에 적용된다는 것에서 그것들의 차이가 하나의 동일한 것의 **변용**이라는 결론이 도출되지 않는다는 것을 추가할 수 있었다. 변용과 속성은 구별될 필요가 있다. 지각을 갖는 능력과 활동 능력, 연장, 고체성은 속성이거나 항구적이고 주요한 술어이다. 그러나 생각, 충동성, 형태, 운동은 이 속성의 변용이다. 더욱이 사람들은 물리적 혹은 더 정확하게 실재적 유(類)와 논리적 혹은 관념적 유를 구별해야 한다. 하나의 동일한 물리적 유에 속하는 것들 혹은 **동질적인** 것들은 이를테면 하나의 동일한 물질에 속하며, 종종 변용의 변화에 의해서 원과 정사각형처럼 상호 변화될 수 있다. 그러나 이질적인 두 사물들은 하나의 공통적인 논리적 유를 가질 수 있고, 이때 그것들

••

27) 『인간지성론』 2부, 23장, 6절.

의 **차이**는 하나의 동일한 주체 혹은 형이상학적이거나 물리적인 하나의 동일한 물질의 단순한 우연적 변용이 아니다. 따라서 시간과 공간은 매우 이질적인 것들이다. 그리고 내가 모르는 어떤 공통적인 실재 주체가 일반적으로 연속적 양을 가지고 있을 뿐이고 그것의 변용이 시간과 공간을 산출한다고 상상하는 것은 잘못일 것이다. 그렇지만 그것들의 공통적인 논리적 유는 연속적 양이다. 아마도 누군가는 철학자들의 두 가지 유에 대한 구별, 즉 하나는 오직 논리적 유이고 다른 하나는 실재적 유이기도 하다는 구별, 그리고 두 가지 물질들 중에서 하나는 물리적 물질, 즉 물체의 물질이고 다른 하나는 오직 형이상학적 물질이거나 일반적 물질이라는 구별을 조롱할 것이다. 마치 누군가 공간의 두 부분이 하나의 동일한 물질에 속한다거나 두 시간 또한 그 사이에 하나의 동일한 물질에 속한다고 말하는 것처럼. 그렇지만 이것은 단지 용어의 구별이 아니라 사물 자체의 구별이며, 이 구별은 그것들의 혼동이 잘못된 결과를 만들어내는 이 지점에서 매우 적절해 보인다. 이 두 가지 유는 공통 개념을 가지고 있고 실재적 유의 개념은 두 가지 물질들에 공통적이다. 따라서 그것들의 계보는 다음과 같을 것이다.

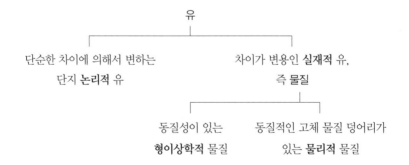

나는 저자가 주교에게 보낸 '두 번째 서신'을 보지 못했다. 그리고 이 고위 성직자가 보낸 '답변'은 물질의 생각과 관련된 문제를 전혀 다루지 않는다. 하지만 이 '두 번째 답변'에 대한 우리 저자의 '답장'은 다시 이 주제로 돌아온다. "신은 (그는 397쪽에서 대략 이런 식으로 말한다) 자신의 마음에 드는 성질들과 완전성을 물질의 본질에 추가한다. 어떤 부분들에는 단순 운동을 추가하지만 식물들에는 성장을 동물들에게는 감각을 추가한다. 여기까지 동의하는 사람들도 한 걸음 더 나아가 신이 물질에게 생각, 이성, 의지를 부여할 수 있다고 말하면, 마치 이것이 물질의 본질을 파괴하는 것처럼 곧바로 격렬하게 항의한다. 그러나 그들은 그것을 증명하기 위해서 생각이나 이성이 물질의 본질에 포함되지 않는다고 주장한다. 이것은 아무것도 증명하지 못한다. 왜냐하면 운동과 생명도 더 이상 물질의 본질에 포함되지 않기 때문이다. 또한 그들은 사람들이 물질이 생각한다는 것을 이해할 수 없다고 주장한다. 하지만 우리의 이해력이 신의 힘을 측정하는 척도는 아니다." 그다음 그는 99쪽에서 물질의 끌어당기는 힘을 예로 든다. 하지만 무엇보다 408쪽에서 그는 물질들에 대한 물질의 인력에 대해서 논하는데, 이것은 뉴턴 씨가 주장한 것으로, 내가 위에서 인용했던 표현에서 그는 어느 누구도 그 중력이 어떻게 작용하는지 이해할 수 없다는 것을 인정한다. 이것은 사실 신비한 성질들 혹은 더하자면 설명 불가능한 성질들로 회귀하는 것이다. 그는 401쪽에서 사람들이 이해하지 못하는 것을 부정하는 것보다 회의주의를 선호하는 것이 결코 더 적절하지 않다는 것, 그리고 402쪽에서 사람들은 영혼이 어떻게 생각하는지도 이해하지 못한다는 것을 덧붙인다. 그는 403쪽에서 물질적 실체와 비물질적 실체, 이 둘은 어떠한 활동이 없어도 그것들의 순수한 본질에서 이해될 수 있기 때문에, 이 두 실체들 각각에게 생각하는 힘을 부여하는 것은 신에게 달려 있다고 주장한다. 그리고 사람들은 동물에게서 어떤 비물질적 실체를 인정하지 않지만 감각은 인정했던 반대자들의 동의를 이용하고 싶어 한다. 사람들은 자유, 의식, (408쪽) 그리고 추상적 사고를 할 수 있는 힘은 (409쪽) 물질에게, 하지만 물질 그 자체가 아니라 신적인 힘에 의해서 보강된 물질에게 부여될 수 있다고 주장한다. 결국 동방의 이교도들이 비물질성을 이해할 수 없어도 영혼의 불멸성을 인식한다고 하는 루베르 씨[28] 같은 주목할 만할 뿐만 아니라 분별력 있는 여행자의 견해를 (434쪽) 인용한다.

　나의 견해를 설명하기에 앞서 나는 이 모든 것들에 대해서 먼저 언급할 것이다. 우리의 저자가 동의하는 것처럼, 물질이 이성을 산출할 수 없는 것처럼 감각도 기계적으로 산출할 수 없다는 것은 확실하다. 나는 사람들이 이해하지 못하는 것을 부정해서는 안 된다는 것을 진심으로 인정한다. 하지만 나는 사람들이 절대적으로 이해 불가능하거나 설명 불가능한 것을 (적어도 자연적 질서 안에서) 부정할 권리가 있다는 것을 덧붙인다. 또한 나는 (물질적 혹은 비물질적) 실체들은 활동 없이 그것들의 순수한 본질만으로 이해될 수 없다고 주장한다. 활동은 일반적으로 실체의 본질에 속한다. 따라서 피조물들의 이해력이 신의 능력을 측정하는 척도는 아니지만 그들의 이해 역량 혹은 파악하는 능력은 자연의 능력을 측정하는 척도이다. 자연적 질서에 일치하는 모든 것은 어떤 피조물에 의해서 파악되거나 이해될 수 있기 때문이다.

　나의 체계를 이해하는 사람들은, 이 두 탁월한 작가들 간의 논쟁이 많은 것을 가르쳐줌에도 나의 견해가 이 저자들 중 어느 누구와도 전적으로 일치하지 않는다고 판단할 것이다. 하지만 나의 견해를 분명하게 설명하기 위

⁘

28) Simon de La Loubère(1642~1729), *Du royaume de Siam*, 1권(1691), 361쪽.

해서 무엇보다 다음을 먼저 주시해야 한다. 자연적으로 혹은 기적 없이 하나의 동일한 주체에게 일어날 수 있는 변용들은 하나의 실재적 유의 제한이나 변이 혹은 변함없고 절대적인 근원적 본성의 제한이나 변이에서 발생해야 한다는 것이다. 왜냐하면 철학자들이 이런 식으로 절대적 존재자의 양태와 이 존재자 자체를 구별하기 때문이다. 크기, 형태, 운동이 명백히 물체적 본성의 제한이고 변이라는 것을 아는 것처럼 말이다. 어떻게 경계 지어진 연장이 형태를 만들고, 어떻게 거기서 일어난 변화가 운동과 다를 바 없는지 명확하기 때문이다. 그리고 사람들은 한 주체에서 어떤 성질들을 발견할 때마다, 이 주체와 이 성질의 본성을 이해한다면, 이런 성질이 어떻게 그 주체의 본성에서 도출될 수 있는지도 이해하는 것이라고 믿어야 한다. 따라서 (기적을 제외하고) 자연의 질서 안에서 신이 실체들에게 무구별적으로 이러저러한 성질들을 부여하는 것은 임의적인 것이 아니며, 실체들에게 자연적인 것, 즉 설명 가능한 변용들처럼 실체들의 본성에서 도출될 수 있는 것만을 부여할 것이다. 따라서 우리는 물질이 위에서 언급한 끌어당기는 힘을 자연적으로 갖지 않을 것이고 자기 스스로 곡선으로 운동하지 않을 것이라고 판단할 수 있다. 왜냐하면 어떻게 그런 일이 일어나는지 이해하는 것, 즉 기계론적으로 설명하는 것이 불가능하기 때문이다. 이에 반해 자연적인 것은 사물들의 비밀들을 알아내는 것이 허용될 때, 분명하게 이해 가능한 것이 될 수 있어야 한다. 자연적이고 설명 가능한 것과 설명 불가능하고 기적적인 것 간의 이 구별이 모든 문제들을 제거한다. 이 구별을 거부한다면, 사람들은 신비한 성질보다 더 나쁜 것을 옹호하게 될 것이고, 거기서 어두운 체계를 통해서 무지와 나태의 피난처를 마련하면서 철학과 이성을 포기하게 될 것이다. 그 체계는 단지 수가 너무 많아서 우리가 이해하지 못하는 성질들이 있다는 것뿐만 아니라 가장 위대한

정신이, 심지어 신이 그 정신에게 가능한 모든 깨달음을 준다고 하더라도,
이해할 수 없었던 성질들, 즉 기적적이거나 불합리하고 아무런 근거도 없
을 성질들이 있다는 것도 허용한다. 그리고 신이 일상적으로 기적을 행한
다는 것 또한 불합리하고 아무런 근거가 없는 것이다. 따라서 이런 나태한
가설은 근거를 찾는 우리의 철학뿐만 아니라 그 근거를 제공하는 신적인
지혜까지도 파괴한다.

이제 생각과 관련해서 말하자면, 생각이 물질의 이해 가능한 변용일 수
없다는 것은 확실하고 우리의 저자도 이것을 한 번 이상 인정했다. 즉 감
각하는 존재자 혹은 생각하는 존재자는 시계나 물레방아와 같은 기계적인
것이 아니다. 따라서 사람들은 크기, 형태, 운동의 기계적 결합으로 생각
하는 어떤 것, 그리고 또 감각하는 어떤 것을 한 덩어리에서 산출할 수 있
을 것이라고 생각할 수 없다. 그 덩어리는 기계의 고장으로 또다시 중단되
는 그런 종류가 전혀 아니다. 따라서 감각과 생각은 물질에게 자연적인 것
이 아니다. 물질에게 이 감각과 생각은 단지 두 가지 방식으로만 일어날
수 있다. 하나는 신이 물질에 생각을 자연적으로 타고난 실체를 연결하는
방식일 것이고, 다른 하나는 신이 기적을 통해서 물질에게 생각을 부여하
는 방식이다. 따라서 나는 이 문제에서 데카르트주의자들의 견해에 전적으
로 동의한다. 다만 나는 이것을 동물들에게까지 확장하고, 동물들도 감각
과 (정확하게 말해서) 비물질적 영혼을 가지고 있고 데모크리토스와 가상디
의 원자들처럼 소멸 불가능하다고 믿는다는 것은 예외로 하고 말이다. 반
면에 데카르트주의자들은 아무런 근거 없이 동물의 영혼에 당혹스러워 했
고, (동물이 작게 축소되어 보존된다는 것을 알아차리지 못해서) 동물의 영혼이
보존되면 어떻게 해야 할지 몰랐기 때문에, 모든 징후들과 반대로 그리고
인류의 판단과 반대로 동물이 감각을 가진다는 것을 거부하지 않을 수 없

었다. 하지만 어떤 사람이 신은 적어도 준비된 기계에게 생각하는 능력을 추가할 수 있다고 말한다면, 나는 다음과 같이 답할 것이다. 만약 이런 일이 일어난다면, 그리고 신이 (내가 이해하고 있는 것과 같은) 이와 동일한 능력을 내재하고 있는 주체인 실체를 물질에게 동시에 첨부하지 않고, 즉 물질에게 비물질적 영혼을 추가하지 않고, 물질에게 이 능력을 추가했다면, 물질은 자연적으로 가질 수 없는 능력을 얻기 위해서 기적적으로 강화된 것임이 틀림없다. 몇몇 스콜라 철학자들이 신은 불을 강화해서 직접적으로 신체에서 분리된 정신들을 태우는 힘을 준다고 주장하는 것처럼 말이다.[29] 이것은 완전히 순수한 기적일 것이다. 그리고 물질에 소멸 불가능한 영혼을 붙이지 않으면 혹은 기적을 투입하지 않으면, 물질이 생각한다는 것을 충분히 주장할 수 없다. 따라서 물질을 강화하든 영혼을 소멸시키든 간에, 기적을 통해서만 영혼의 소멸을 주장할 수 있으므로 우리 영혼의 불멸성은 자연적인 것에서 나온 결과이다. 왜냐하면 우리의 영혼이 완전히 비물질적일 수 있더라도, (혹은 오직 자연에 의해서만 불멸할 수 있더라도) 신은 우리의 영혼을 소멸시킬 수 있으므로, 우리는 신의 힘이 우리의 영혼이 죽을 수밖에 없도록 만들 수 있다는 것을 잘 알기 때문이다.

　이제 영혼의 불멸성에 관한 이 진리가 중요하다는 것은 의심의 여지가 없다. 특히 우리가 살고 있는 이 시대에는, (즉 많은 사람들이 오로지 계시만을, 그리고 기적도 존중하지 않는 시대에) 우리의 영혼이 자연적으로는 죽음을 맞이해야 하지만 그 영혼들이 죽지 않는 것은 오직 신의 약속에 기초한 기적 같은 은총 덕분이라고 주장하는 것보다는, 영혼이 자연적으로 불멸한다는

29) 몇몇 스콜라 철학자들은 R. Bellarmin, *Disputatione de controversiis christianae fidei* (1619~20), controverse VI, 2권, 2장 참조.

것, 그리고 만일 그렇지 않다면, 그것이야말로 기적이라는 것을 보여주는 것이 종교와 도덕에 무한하게 더 이롭기 때문이다. 또한 알다시피 오래전부터, 자연 종교를 파괴하려고 했던 사람들, 그리고 마치 이성이 이 문제에 대해서 우리에게 아무것도 가르쳐주지 않았던 것처럼, 모든 것을 계시로 환원하려고 했던 사람들은 의심스러운 사람들로 여겨졌고, 또 이것이 보통 근거가 없는 것도 아니다. 하지만 우리의 저자는 이런 사람들에 속하지 않는다. 그는 신의 현존에 대한 증명을 지지하고, 결과적으로 **도덕적 확실성**으로 간주될 수 있는 영혼의 비물질성에 **최고 등급의 개연성**을 부여한다. 그래서 나는 그가 통찰력만큼이나 진실성도 가지고 있다고 생각한다. 그는 내가 방금 고찰한, 모든 이성적 철학에서 근본이 되는 이론에도 동의할 것이다. 그렇지 않으면 나는 어떻게 사람들이 광신적 철학이나 야만적 철학에 다시 빠지지 않도록 할 수 있을지 모르기 때문이다. 플러드의 『모자이크 철학』[30]과 같은 광신적 철학은 모든 현상을 직접 신에게 귀속시킴으로써, 그리고 기적을 이용해서 모든 현상을 구조한다. 그리고 지난 시대의 어떤 철학자들과 의학자들의 야만적 철학은 그 시대의 미개함에 영향을 받기도 했고 오늘날에는 합당하게 무시되고 있다. 그들은 사람들이 원하는 것을 격식 없이 행할 수 있는 작은 악마나 작은 도깨비가 가지고 있는 것과 유사하다고 생각하는 신비한 성질들과 능력들을 완전히 고의로 고안해서 현상들을 구조한다. 이것은 마치 손목시계가 톱니바퀴도 없이 시간을 측정하는 어떤 특정한 능력을 통해서 시간을 가리키는 것, 혹은 물레방아가 절구 같은 것도 없이 빻는 능력을 통해서 곡물을 빻는 것과 마찬가지이다. 비물질적 실체를 이해하는 데 있어서 많은 사람들이 가지고 있

••
30) Robert Fludd(1574~1637), *Philosophia mosaica*(1638).

는 어려움과 관련해서, 실제로 내가 피조물들 중에 물질과 분리된 실체는 절대 자연적으로 존재하지 않는다고 믿는 것처럼, 그런 물질과 분리된 실체를 요구하지 않으면, (적어도 많은 부분에 있어서) 그 어려움은 쉽게 중단될 것이다.

1부

본유 개념에 관하여

1장
인간의 정신에
본유 원리가 있는지

필라레테스[1] 영국에서 일을 마치고 해협을 다시 건너왔을 때, 저는 우리의 오랜 우정을 돈독하게 유지하기 위해서 곧바로 테오필루스, 당신에게 방문하리라 생각했습니다. 그리고 이 방문은 우리가 매우 중요하게 여기는 문제들에 대해서 당신과 이야기를 나누기 위해서이기도 한데, 런던에 머무는 동안 저는 그 문제들에 대해서 새로운 깨달음을 얻었기 때문입니다. 우리가 예전에 암스테르담에서 서로 매우 가까운 곳에서 살았을 때, 우리 모두는 사물의 내부를 통찰하는 원리와 방법에 대해서 탐구하는 것을 매우

..

1) [옮긴이 주] 『신인간지성론』에 등장하는 두 주인공의 이름은 프랑스어로 'Philalethe', 'Theophile'이고 이것을 우리말로 읽으면 '필라레테', '테오필'이다. 그런데 이 이름은 라틴어 조어로, 라이프니츠가 쓴 다른 여러 종류의 대화편에도 등장하고 라틴어로 표기해 'Philalethes', 'Theophilus'라고 하는 것이 더 많이 알려져 있다. 또한 영어와 독일어 번역본에서도 이 이름을 라틴어로 표기하고 있어서 우리말 번역에서도 라틴어로 읽어 '필라레테스', '테오필루스'로 표기한다.

즐겁게 여겼습니다. 우리의 견해가 가끔씩 다르기는 했지만 그 차이로 인해 우리의 만족감은 오히려 더 증대되었습니다. 왜냐하면 우리가 토론할 때 가끔씩 생기는 의견 대립은 전혀 불쾌감을 주지 않았기 때문입니다. 당신은 데카르트와 유명한 『진리 탐구』를 쓴 저자[2]의 견해 편에 섰고, 저는 베르니에를 통해서 해명된 가상디의 견해들이 더 이해하기 쉽고 더 자연스럽다고 생각했습니다.[3] 영광스럽게도 제가 개인적으로 알고 있는 한 뛰어난 영국인이 그 이후 발간한 탁월한 작품을 통해서 저는 저의 견해가 더욱 확고해짐을 느낍니다. 그 책은 『인간지성론』이라는 겸손한 제목으로 영국에서 여러 차례 출판되었습니다. 그리고 매우 기쁘게도 이 책이 최근 라틴어와 프랑스어로 출판되어 더 많은 대중이 이용할 수 있게 되었습니다. 저는 이 작품을 읽고 매우 큰 도움을 받았습니다. 그뿐만 아니라 가끔씩 영국에서 또 때로는 오츠에 있는 마샴 부인[4] 댁에서 저자와 대화를 나눈 것도 매우 큰 도움이 되었습니다. 마샴 부인은 영국의 위대한 철학자이자 신학자이며 『지성적 체계』의 저자인 유명한 커드워스[5] 씨의 존귀한 딸입니다. 그녀는 성찰의 정신과 좋은 지식에 대한 사랑을 그녀의 아버지로부터 물려받았습니다. 이것은 그녀가 『인간지성론』의 저자와 계속해서 우의를 유지하고 있는 것에서 특히 잘 드러납니다. 이 책의 저자가 여러 석학들에

..

2) 말브랑슈(Nicolas Malebranche, 1638~1715)를 가리킨다. 이 책은 *De la Recherche de la Verité*(Paris, 1974).

3) François Bernier(1620~1688), *Abrégé de la philosophie de Gassendi*(Paris, 1674).

4) [옮긴이 주] 마샴(Masham) 부인은 커드워스의 딸이며 로크의 친구이다. 로크는 그의 말년을 마샴 부인의 집에서 보냈다. 라이프니츠는 그녀와 1703년부터 1705년까지 서신 교환을 한 바 있다.

5) [옮긴이 주] Ralph Cudworth(1617~1688): 케임브리지 플라톤학파의 일원으로 대표적인 저서로는 *The true intellectual system of the universe*(London, 1678)가 있다.

게서 공격받았을 때, 저는 저자 자신이 쓴 변론 외에도 매우 박식하고 똑똑한 한 여성 분이 그 저자를 옹호하기 위해 쓴 변론도 즐겁게 읽었습니다.[6] 그 저자는 근본적으로 데모크리투스의 체계에 근거를 두고 있는 가상디의 체계에 상당히 동조합니다. 그는 빈 공간과 원자를 인정합니다. 그는 물질이 생각할 수 있고, 본유 관념은 존재하지 않으며, 우리 정신은 **빈 서판**(tabula rasa)이며 우리가 항상 생각하고 있는 것은 아니라고 생각합니다. 그리고 그는 가상디가 데카르트에게 제기한 반박[7] 대부분을 인정하는 것처럼 보입니다. 그는 수많은 훌륭한 생각들을 통해 이 체계를 보강하고 강화했습니다. 그리고 저는 이제 우리 편이 소요학파와 데카르트주의자들 같은 반대자들에게 크게 승리할 것이라는 것을 의심하지 않습니다. 그래서 저는 당신이 아직 이 책을 읽지 않았다면 이 책을 읽기를 권합니다. 만약 당신이 이 책을 읽었다면 당신의 생각을 말해주시기를 부탁드립니다.

테오필루스 당신이 오랫동안 자리를 비운 뒤 이렇게 다시 돌아온 것을 보니 기쁩니다. 다행스럽게도 중요한 일을 마무리 짓고 건강하게 또 저에 대한 우정도 변함없이 그리고 가장 중요한 진리에 대한 탐구에도 여전히 예전 같은 열정을 지닌 채 돌아오니 말입니다. 저도 같은 마음으로 저의 성찰을 계속했습니다. 그리고 저도 당신만큼이나 성과가 있었다고 생각합니다. 자화자찬이 아니라 아마 당신보다 더 성과가 있을지도 모릅니다. 저보

..

6) Catherine Trotter-Cockburn, *A defence of the essay of human understanding, written by Mr. Lock*(London, 1702).

7) Pierre Gassendi(1592~1655), *Disputatio metaphysica seu dubitationes et instantiae adversus R. Cartesii metaphysicam et responsa*, 『전집』 III(1658), 269~410쪽; R. Descartes, *Meditationes de Prima Philosophia, Objectiones quintae*, A.T. VII, 256~346쪽, 『성찰에 대한 학자들의 반론과 데카르트의 답변 1』, 원석영 옮김(나남, 2012), 229~346쪽 참조.

다 당신이 더 앞서 있었기 때문에, 이런 성과는 당신보다는 제게 더 필요한 일이었습니다. 당신은 사변 철학자들과 더 많이 교제했고 저는 도덕학에 관심이 더 많았습니다. 하지만 저는 점점 더 참된 철학의 견고한 원리들이 얼마나 도덕학을 공고하게 하는지 알게 되었습니다. 그래서 그 이후 저는 이 원리들에 대한 연구에 더욱 열정적으로 몰두했고 상당히 새로운 성찰들을 하기 시작했습니다. 따라서 우리는 서로 자신의 견해를 설명하면서 오랫동안 서로에게 즐거움을 줄 수 있을 것입니다. 그러나 저는 당신에게 제가 더 이상 데카르트주의자가 아니라는 소식부터 전해야 합니다. 또한 저는 가상디의 지식과 재능을 인정하지만 당신의 가상디로부터 전보다 더 멀리 떨어져 있습니다. 저는 파리, 라이프치히 그리고 네덜란드에서 나오는 『학술 저널(*Journal de savans*)』에서 그리고 벨의 경이로운 『사전(*Dictionnaire*)』의 **로라리우스**(Rorarius) 항목에서 읽었던 새로운 체계에 사로잡혀 있습니다. 그리고 그 이후 저는 사물의 내부에 대한 새로운 면모를 보았다고 생각합니다. 이 체계는 플라톤을 데모크리토스와 화합시키고 아리스토텔레스를 데카르트와 화합시키며 스콜라 철학을 근대 철학과 화합시키고 신학과 도덕학을 이성과 화합시키는 것으로 보입니다. 이 체계는 모든 면에서 최고를 취해 누구도 가지 않았던 곳으로 앞서 나가는 것 같습니다. 이 체계에서 저는 예전에는 의심했던 영혼과 신체의 합일에 대한 이해할 수 있을 만한 해명을 발견합니다. 저는 이 체계가 도입하는 실체의 일체성에서 그리고 근원적 실체에 의한 그 실체들의 예정 조화에서 사물의 참된 원리들을 발견합니다. 저는 이 체계에서 놀라운 단순성과 균일함을 발견합니다. 따라서 우리는 모든 것이 완전성의 정도에서만 다를 뿐 언제 어디서나 항상 동일하다고 말할 수 있습니다. 지금 저는 플라톤이 물질을 불완전하고 일시적인 존재로 간주했을 때 무엇을 의미했는지,[8] 아리스토텔레스가 자신의 엔텔레키를 통해서 말하고자 했던 것이 무엇인지 압니다.[9] 또한 데모크리토스가 플리니우스를 따라 또 다른 삶을 약속한 것이 무엇을 의미하는지,[10] 회의주의자들이 감관을 비난할 때, 그들의 주장이 어디까지 정당한지 이제 알고 있습니다. 그리고 데카르트가 왜 동물을 자동기계라고 생각했는지, 그리고 그럼에도 동물이 어떻게 인류의 의견에 따라 영혼과 감각을 갖는지도 알고 있습니다. 그리고 저는 (비록 다른 관점에서 보면 이해할 수 없는 역설로 가득 찬 견해지만) 모든 사물들에게서 생명과 지각을 인정하는 사람들, 예를 들어 카르다노[11], 캄파넬라[12] 그리고 이들보다 더 좋은 예로 플라톤주의자였던 고 콘웨이[13] 백작부인과 우리의 친구인 고 반 헬몬트[14], 그리고 그의 친구인 고 헨리 모어[15]의 견해를 어떻게 합리적으로 설명해야 하는지도 압니다. 물질에서 모든 것이 기계적으로 일어나

..

8) Platon, *Timaios*, 28a.

9) Aristoteles, *Metaphysica*, IX, 8, 1050a 21~23; *De anima*, II, 1, 412a 27~28.

10) Pline L'ancien, *Historia naturalis*, VII, 55.

11) [옮긴이 주] Gerolamo Cardano(1501~1576): 이탈리아의 의사, 철학자, 수학자, 르네상스 인문주의자 중 한 명으로 레오나르도 다빈치의 친구였다. 관련 저작: *De subtilitate*(1552).

12) [옮긴이 주] Tomaso Campanella(1568~1639): 이탈리아의 철학자, 도미니크회 수도사. 대표 저작: *De sensu rerum et magia libri IV*(1620).

13) [옮긴이 주] Anne Conway(1631~1679): 영국의 여성 철학자로, 케임브리지 플라톤학파의 일원이며 라이프니츠의 모나드 개념에 영향을 준 것으로 알려져 있다. 대표 저작: *The principles of the most ancient and modern philosophy*(London, 1692); 라틴어판: *Principia philosophiae antiquissimae et recentissimae de Deo, Christo & Creatura*(Amsterdam, 1690).

14) [옮긴이 주] Franciscus Mercurius van Helmont(1614~1699): 플라망드의 연금술사. 유명한 화학자인 Jean Baptiste van Helmont의 아들이며 아버지의 저작을 모아 출판한 것으로 유명하다.

15) [옮긴이 주] Henry More(1614~1687): 영국의 철학자, 신학자로, 케임브리지 플라톤학파에 속한다.

지만, 저는 어떻게 자연 법칙들이 물질에 상위하는 원리에서 기원하는지 압니다. (자연 법칙 중 많은 부분이 이 체계가 나오기 전에는 알려지지 않았습니다.) 제가 방금 언급한 정신성을 인정하는 저자들은 이 점에서 그리고 생명의 근원을 제시하는 데 실패했고, 데카르트주의자들도 힘이 아니라 비물질적 실체가 적어도 물체 운동의 방향이나 결정을 변화시킨다고 믿으면서 마찬가지로 생명의 근원을 제시하지 못했습니다. 이에 반해 새로운 체계에 따르면 영혼과 물체는 자신의 고유한 법칙을 완전하게 따릅니다. 비록 이 둘은 필요한 만큼 서로에게 복종하지만 말입니다. 결국 저는 이 체계에 대해서 성찰하고 나서 어떻게 동물의 영혼과 감각이 인간 영혼의 불멸성을 훼손하지 않는지 알았습니다. 심지어 저는 우리의 자연적 불멸성을 정립하는데 영혼전이를 걱정할 필요 없이 모든 영혼은 불멸한다는 (영혼에게는 죽음이 면제된다)[16] 생각보다 더 적절한 것은 없다는 것을 알았습니다. 왜냐하면 영혼뿐만 아니라 동물도 계속해서 살아가고, 감각하고, 활동하고, 또 그것을 계속 유지할 것이기 때문입니다. 어디에서나 이와 같고, 언제나 어디서나 제가 이미 당신에게 말했던 것에 따라 우리와 같습니다. 유일한 차이는 동물의 상태들이 더 완전한지, 덜 완전한지, 더 발달했는지, 덜 발달했는지일 뿐입니다. 완전하게 분리된 영혼을 요구할 필요도 전혀 없습니다. 반면 우리는 항상 우리에게 가능한 만큼 순수한 정신을 가지고 있습니다. 우리에게 신체 기관이 있기는 하지만 이 기관은 어떤 식으로 영향을 미치더라도 우리의 자발성의 법칙을 침해할 수 없기 때문입니다. 저는 이른바 물체 관념과 연장 관념의 일치에 근거를 두는 데카르트의 궤변과는 전적으로 다른 근거를 가지고 빈 공간과 원자를 배제합니다. 저는 지금까지 사람

..

16) Ovidius, *Métamorphoses*, 『변신』, 15권, 158항. "morte carent animae."

들이 생각했던 것 이상으로 모든 사물들이 규칙적이고 풍성하다고 생각합니다. 물질은 어느 곳에서나 유기적이고, 비어 있고 무익하고 무시되는 곳이 전혀 없으며 결코 과도하게 일정한 것도 없으며 모든 것은 변화하지만 질서 있게 변화합니다. 그리고 상상을 능가하는 것은, 다른 관점에서이기는 하지만 전 우주가 그 모든 각각의 부분들에 더욱이 그 모든 실체의 일체성에 집약되어 있다는 것입니다. 사물에 대한 이 새로운 분석 외에도 저는 개념(notion)이나 관념의 분석, 그리고 진리의 분석을 더 잘 이해하게 되었습니다. 이런 표현을 사용해도 된다면, 저는 참된 관념, 명확한(claire) 관념, 구별되는(distincte) 관념, 그리고 적합한(adequate) 관념이 무엇인지 알고 있습니다.[17] 저는 어떤 것이 근원적 진리이고 참된 공리인지 이해하고, 필연적 진리와 사실의 진리가 어떻게 구별되는지, 인간의 이성적 추론과 이것의 그림자에 불과한 동물의 **연관 작용**(consecution)이 어떻게 다른지 이해합니다. 따라서 제가 지금까지 당신에게 말했던 모든 것을 당신이 이해한다면, 특히 그것이 신의 완전성과 위대함에 대한 인식을 얼마나 고양시키는지 이해한다면, 당신은 놀라지 않을 수 없을 것입니다. 저는 당신에게 감출 것이 전혀 없기 때문에, 이 체계가 보여주는 것들이 지금까지 생각했던 모든 것을 능가한다는 것을 알고 나서, (우리가 이런 표현을 사용해도 된다면) 제가 지금 사물들과 아름다움의 최고의 원천에 대해서 얼마나 경탄하고 사랑하는지 당신에게 숨기지 않을 것입니다. 당신은 제가 예전에 다른 방향으로 꽤 멀리 갔다는 것, 그리고 처음에는 신에게서 완전성

••

17) [옮긴이 주] 이와 관련된 라이프니츠의 저작 Meditationes cognitione, veritate, ideis: A VI, 4, 585~592쪽 참조. 명확한 관념과 구별되는 관념, 적합한 관념에 대해서는 이 책에서도 다루고 있다. 2부 29장 참조.

도 지혜도 인정하지 않은 채 무한한 능력만을 인정하며 목적인에 대한 탐구를 경시하고 모든 것을 맹목적 필연성으로부터 도출하는 스피노자주의자들의 편에 기울었다는 것을 압니다. 하지만 이 새로운 통찰이 저를 치유했고, 그 이후부터 저는 가끔씩 **테오필루스**라는 이름을 사용합니다. 저는 당신이 방금 말씀하신 그 유명한 영국인의 책을 읽었습니다. 저는 그 책이 훌륭하다고 평가하고 거기서 뛰어난 생각들을 발견했습니다. 하지만 우리는 한 걸음 더 나아가 그의 생각들과 거리를 두어야 할 것으로 보입니다. 왜냐하면 그는 필요 이상으로 우리를 제한하고 인간의 조건뿐만 아니라 우주의 조건도 다소 낮추기 때문입니다.

필라레테스 저는 정말 당신이 설명하신 모든 경이로운 것들에 놀랐습니다. 제가 쉽게 믿기에는 다소 너무 당신에게 유리한 이야기지만 말입니다. 그럼에도 저는 당신이 제게 말해주려고 하는 많은 새로운 것들 중에 확실한 어떤 것이 있기를 바랍니다. 그래야만 당신은 제가 매우 잘 따른다고 생각하실 것입니다. 당신은 제가 항상 이성적 근거를 따르는 성향이라는 것을 압니다. 그리고 저는 가끔씩 **필라레테스**라는 이름을 사용합니다. 그래서 연관성이 많은 이 두 이름이 마음에 드신다면 이제 우리는 이 두 이름을 사용했으면 합니다. 시험해볼 방법이 있습니다. 당신은 제가 매우 만족스러워하는 유명한 영국인의 책을 읽었고 그 책의 대부분이 당신이 방금 말한 주제들, 특히 우리의 관념과 인식에 대해 분석하고 있기 때문에, 이 책의 흐름을 따르면서 당신이 언급할 것이 있는지 보는 것이 가장 간단할 것 같습니다.

테오필루스 당신의 제안에 동의합니다. 여기 그 책이 있습니다.

§1 필라레테스 저는 그 책을 매우 꼼꼼하게 읽었습니다. 그래서 심지어 표현들까지도 기억하고 있습니다. 저는 그 표현들을 세심하게 따르고자 합

니다. 따라서 우리가 필요하다고 판단하는 경우가 아니면 저는 그 책을 펴 보며 도움받을 필요가 없습니다. 제일 먼저 우리는 (1부) 관념 혹은 개념의 기원에 대해서 논의하려 합니다. 그다음 (2부) 여러 종류의 관념들, 그러고 나서 (3부) 그 관념들을 표현하는 데 사용되는 말, 끝으로 (4부) 그 말에 뒤 따르는 지식과 진리에 대해서 논의하려 합니다. 우리가 가장 많은 시간을 할애할 부분은 이 마지막 부분입니다.

관념의 기원에 대해서 저는 이 저자와 많은 학식 있는 사람들과 더불어 본유 관념도 본유 원리도 존재하지 않는다고 믿습니다. "그리고 본유 관념 이나 본유 원리를 인정하는 사람들의 잘못을 논박하는 데는, 앞으로 이런 내용이 계속해서 등장하겠지만 그런 관념이나 원리가 전혀 필요하지 않다 는 것, 그리고 인간은 어떤 본유적 인상의 도움 없이도 모든 지식을 얻을 수 있다는 것을 보이는 것으로 충분할 것입니다."

테오필루스 필라레테스, 당신은 제가 오래전부터 다른 견해를 가지고 있 다는 것을 압니다. 저는 데카르트가 주장한 신의 본유 관념을 항상 인정했 고 지금도 여전히 인정하고 있습니다. 그리고 그에 따른 결과로 감관으로 부터 우리에게 주어질 수 없는 다른 본유 관념들도 인정합니다. 이제 저는 새로운 체계에 따라 한 걸음 더 나아가서 심지어 우리 영혼의 모든 생각 과 활동은 그 자신의 토대에서 유래하며 감관을 통해서 주어질 수 없다고 생각합니다. 이것은 앞으로 당신이 보게 될 내용입니다. 하지만 지금은 이 탐구를 제쳐두고 인정되는 표현들에 따를 것입니다. 사실 그런 표현들이 적합하기도 하고 또 지지받을 수 있기도 하거니와 어떤 의미에서는 외적 감관들이 부분적으로 우리 생각의 원인이라고 말할 수도 있기 때문입니다. 제가 검토하려고 하는 것은, 제 견해에 따르면 (코페르니쿠스주의자들이 다른 사람들과 태양의 운동에 관해서 그리고 근거를 가지고 이야기하는 것처럼, 신체가 영혼에 작용한다고 이야기하는) 보통의 체계 내에서 사람들은 어떻게 감관으로부터 우리에게 주어지지 않는 관념들과 원리들, 그리고 우리가 형성하지 않았는데도 우리 자신에게서 발견되는 관념들과 원리들이 존재한다고 말할 수 있는가 하는 것입니다. 비록 감관이 우리에게 그 관념들과 원리들을 자각할 기회를 주기는 하지만 말입니다. 제 생각에, 당신의 박식한 저자가 지적한 것은 사람들이 종종 본유 원리들이라는 이름으로 자신들의 선입견을 옹호하고 힘든 논쟁에서 벗어나려 한다는 것입니다. 그리고 이런 잘못된 사용이 자신을 본유 원리의 가정에 열정적으로 반대하도록 자극했다고 말할 것입니다. 본유 관념들이라는 그럴싸한 구실로 그리고 우리가 쉽게 동의하는, 정신에 자연적으로 새겨져 있는 진리들이라는 그럴듯해 보이는 구실로 이런 인식의 근원이 어디인지, 어떻게 연결되는지, 그리고 어떤 확실성을 가지고 있는지 탐구하고 검토하는 수고를 하지 않으려는 사람들의 게으름과 피상적 사고방식에 그는 저항하려 할 것입니다. 이 점에 있어서 저는 그의 생각에 전적으로 동의합니다. 오히려 저는 그런 게으름과 피상적 사고방식에 그보다 더 저항할 것입니다. 저는 우리의 분석에 제한을 두지 않으려고 합니다. 분석 가능한 모든 명사들(名辭, termes)은 정의될 것이고 근원적이지 않은 모든 공리들은 증명되거나 증명할 방법을 제시할 수 있을 것입니다. 명사의 정의와 공리의 증명에 대해서 사람들의 의견을 구별하지 않고, 사람들이 이 정의와 증명에 동의하는지 동의하지 않는지 염려하지 않고 말입니다. 이 정의와 증명은 사람들이 생각하는 것보다 더 유용합니다. 하지만 저자는 매우 칭찬할 만한 열정을 가지고 있지만 다른 쪽으로 너무 멀리 간 것 같습니다. 제 생각에, 그는 지성을 근원으로 갖는 필연적 진리의 기원과 감관의 경험과 우리 안에 있는 혼란스러운 지각에서 유래하는 사실의 진리의 기원을 충분히 구별하지 못했습니다. 그래서 필라레테스, 당신도 알다시피, 당신이 사실로 받아들이고 있는 것, 즉 우리가 본유적 인상을 소유하지 않아도 우리의 모든 지식들을 얻을 수 있다는 것에 저는 동의하지 않습니다. 그리고 우리 중에 누가 옳은지 나중에 보게 될 것입니다.

§2 필라레테스 우리는 실제로 누가 옳은지 보게 될 것입니다. 친애하는 테오필루스, 저는 "사람들이 보편적으로 동의하는 진리의 특정한 원리들이 있다는 것보다 더 일반적으로 인정되는 견해는 없다는 것"에 대해서는 당신에게 동의합니다. 그래서 그런 원리들을 **공통 개념**(κοιναι εννοιαι)이라 부르고, "이로부터 우리는 이 원리들이 우리 정신이 현존과 함께 획득한 인상들과 같은 것임이 틀림없다고 추론합니다." §3 "하지만 온 인류가 동의하는 원리들이 있다는 것이 확실하게 사실이라 하더라도 이 보편적 동의가 그 원리들이 본유적이라는 것을 입증하지는 않습니다. 제가 믿는 것처럼, 사람들을 이런 의견의 일치에 이를 수 있게 했던 다른 길을 보일 수 있다면 말입니다." §4 하지만 더 곤란한 것은 이런 보편적 동의는 전혀 있을 수 없다는 것입니다. (실천적 원리에 대해서는 다음에 다룰 것이기 때문에) 저 유명한 두 **사변적 원리들**, 즉 "존재하는 모든 것은 존재한다." 그리고 "어떤 것이 존재하는데 동시에 그것이 존재하지 않는 것은 불가능하다."라는 원리와 관련해서도 마찬가지로 보편적 동의가 있을 수 없습니다. 왜냐하면 당신은 이 두 명제를 의심의 여지없이 필연적 진리로 또 공리로 간주하겠지만 대부분의 사람들은 이 두 명제를 알지도 못하기 때문입니다.

테오필루스 저는 본유 원리의 확실성에 대한 근거를 보편적 동의에 두지 않습니다. 근원적 공리가 아닌 모든 공리들을 증명할 수 있도록 노력해야 한다는 것이 제 생각이라고 필라레테스, 당신에게 이미 말했기 때문입니다.[18] 보편적이지는 않지만 매우 일반적인 동의가 전 인류에 의해서 널리 퍼뜨려진 전승에서 유래할 수 있다는 것에는 저도 동의합니다. 불을 전혀 모르고 담배도 피우지 않는 몇몇 섬사람들이 있긴 하겠지만, 담배를 피우는 풍습이 한 세기보다 적은 기간에 거의 모든 대중들에게 받아들여진 것처럼 말입니다. 몇몇 학식 있는 사람들,[19] 심지어 신학자들 중에서 아르미니우스[20]파의 신학자들은 신성에 대한 인식이 이런 식으로 매우 오래되고 일반적인 전승에서 유래한다고 믿습니다. 그리고 저는 사실 교육이 이런 인식을 확인하고 교정한다고 믿는 편입니다. 그렇지만 자연도 학설 없이 전승으로 이끄는 데 기여하는 것으로 보입니다. 우주의 불가사의한 일들이 더 큰 권능에 대해서 생각하게 만드는 것처럼 말입니다. 우리는 귀머거리에다가 벙어리로 태어난 아이가 보름달을 숭배하는 것을 봅니다. 그리고 다른 민족에게서 어떤 것도 배우지 않은 것으로 보이는 한 민족이 눈에 보이지 않는 힘들을 두려워하는 것을 발견합니다. 친애하는 필라레테스, 저는 이것이 우리가 가지고 있고 우리가 필요로 하는 그런 신의 관념이 아니라는 것에 대해서는 당신에게 동의합니다. 하지만 우리가 앞으로 알게 되겠지만, 누군가 그 관념을 영혼의 깊은 곳에 놓아두지 않아도 그 관념 자체는 우리의 영혼 깊은 곳에 존재하지 않을 수 없습니다. 그리고 신의 영원한 법칙들 중 일부는 더 잘 읽을 수 있는 방식으로, 또 일종의 본능과 같은 것으로 그곳에 새겨져 있습니다. 하지만 이것은 우리가 나중에 논의

∴

18) [옮긴이 주] 공리의 증명과 관련해서, Animadversiones in partem generalem principiorum cartesianorum: GP IV, 354~392 참조.

19) S. Episcopius, *Institutiones theologicae in quatuor libros distinctae, Opera theologia*, I, 3(1650).

20) [옮긴이 주] Jacobus Arminius(1560~1609): 네덜란드의 신학자로, 개신교회에서 반칼뱅주의에 서 있었다. 신학적으로 비교적 자유로운 입장을 취했으며, 호마루스(Franciscus Gomarus, 1563~1641)와 예정설에 대한 해석으로 논쟁을 벌인 것으로 유명하다.

하게 될 실천의 원리들입니다. 그럼에도 신의 관념을 인정하는 성향이 우리 인간의 본성에 있다는 것은 인정해야 합니다. 그리고 이것을 최초로 알게 해준 것이 계시였다 하더라도, 인간이 이 학설을 쉽게 받아들이는 것은 이것이 그들 영혼의 타고난 본성에서 나오기 때문입니다. 하지만 우리는 나중에 외부에서 온 학설이 우리 내부에 이미 있는 것을 일깨운 것에 불과하다고 판단할 것입니다. 저는 사람들 사이에 상당히 일반적인 의견일치는 본유 원리에 대한 증명이 아니라 그것의 방증이라는 결론을 내립니다. 이 원리들에 대한 확고하고 결정적인 증거는 그 원리들의 확실성이 단지 우리 내부에 있는 것에서 나온다는 것을 보이는 것입니다. 가장 잘 정립된 두 개의 중대한 사변적 원리들에 대한 일반적 동의가 없다는 당신의 말에 대한 답변으로 저는 다음과 같이 말할 수 있습니다. 사람들이 이 원리들을 알지 못한다고 해서 이 원리들이 본유적이지 않을 수는 없을 것입니다. 왜냐하면 그들이 이 원리들을 알게 되면 본유적이라는 것을 인정할 것이기 때문입니다. 이에 덧붙여 말하자면, 세상 모든 사람들은 근본적으로 이 원리들을 알고 있습니다. (예를 들어) 사람들은 모순율을 분명하게 고려하지 않아도 매 순간 모순율을 사용하고 있으며, 진지하게 생각하는 일에서 자기 스스로 모순되는 거짓말쟁이의 소행에 분개하지 않을 정도로 미개한 사람은 없다는 것을 말씀드립니다. 그러므로 사람들은 이 원리들을 분명하게 주목하지 않고도 사용합니다. 이것은 생략 삼단논법에서 생략된 명제를 마음에 잠재적으로 가지고 있는 것과 거의 유사합니다. 우리는 당연히 그런 명제를 외부에서뿐만 아니라 우리의 생각에서도 제외시켜 놓을 수 있습니다.

§5 필라레테스 이 잠재적 지식과 내적 생략에 관해서 당신이 말한 것은 저를 놀라게 합니다. "왜냐하면 지각되지 않는 진리들이 영혼에 새겨져 있다

고 말하는 것은 정말로 모순처럼 보이기 때문입니다."

테오필루스 그런 선입견에 사로잡혀 있다면, 당신이 본유적 지식들을 거부하는 것은 놀라운 일이 아닙니다. 하지만 우리가 항상 자각하고 있지 않은, 심지어 필요할 때에도 자각하지 못하는 무한하게 많은 지식들을 우리가 가지고 있다는 것, 이것이 어떻게 당신의 생각에는 나타나지 않았는지 저는 놀라울 뿐입니다. 기억은 이 지식들을 보존하고, 상기는 항상은 아니지만 가끔씩 필요할 때 이 지식들을 우리에게 재현합니다. 우리는 이것을 '기억하다(souvenir)'('도움을 주다'subvenire)라고 부릅니다. 왜냐하면 상기는 특정한 도움을 요구하기 때문입니다. 이렇게 많은 우리의 지식들 중에서 저 지식이 아니라 이 지식이 되살아나게 결정하는 무엇이 있어야 합니다. 왜냐하면 우리가 알고 있는 모든 지식을 한 번에 분명하게 생각하는 것은 불가능하기 때문입니다.

필라레테스 그 점에 있어서 저는 당신이 옳다고 생각합니다. **우리는 우리의 영혼에 있는 모든 진리들을 항상 자각하고 있다**는 주장이 매우 일반적인 주장이라는 것은 제가 충분히 주의하지 않아서 나온 것입니다. 하지만 제가 지금 다시 보여드리려고 하는 것에 답하는 것은 그리 쉽지 않을 것입니다. 즉 "어떤 특칭 명제를 본유적이라고 말할 수 있다면, 이성적인 모든 명제들 그리고 정신이 이성적인 것으로 간주할 수 있는 모든 명제들은 같은 이유에서 영혼에 이미 새겨져 있다고 주장할 수 있을 것이다."[21]

..

21) [옮긴이 주] 로크의 『인간지성론』을 프랑스어로 번역한 코스테(Coste)는 로크의 'mind'를 'esprit'로 번역했다. 우리말 번역에서 경험론의 'mind'는 주로 '마음'으로 번역하고, 합리론에서는 그에 상응하는 'esprit/mens'를 주로 '정신'으로 번역한다. 『신인간지성론』은 두 철학적 경향이 비교될 수 있는 저작이지만 이 둘을 각각 다르게 번역하지 않고 모두 '정신'으로 번역했다.

테오필루스 제가 감관의 환영에 반대되는 것으로 보는 순수한 관념 그리고 사실의 진리에 반대되는 것으로 보는 필연적 진리 혹은 이성의 진리에 대해서라면 저는 당신이 말한 것에 동의합니다. 이런 의미에서 모든 산술학과 기하학은 본유적인 것이고 잠재적으로 우리 안에 있다고 말해야 합니다. 따라서 경험이나 다른 사람들의 전승을 통해서 알게 된 진리들을 사용하지 않아도 우리가 이미 정신에 가지고 있는 것을 주의 깊게 고찰하고 정렬하면 그것들을 발견할 수 있습니다. 플라톤은 한 대화편에서 이것을 보였습니다.[22] 거기서 소크라테스는 한 아이에게 아무것도 가르치지 않고 단지 질문을 통해서 난해한 진리에 이르게 합니다. 따라서 사람들은 필요한 진리들을 시각이나 촉각을 통해서 습득하지 않아도, 자신의 서재에서 그리고 눈을 감고도 이런 학문들을 만들어낼 수 있습니다. 비록 우리가 보지도 만지지도 못했던 것에 대해서는 관련된 관념들을 생각하지 못한다는 것이 사실이기는 하지만 말입니다. 왜냐하면 우리는 자연의 놀라운 경제성에 의해서 감각 가능한 어떤 것을 필요로 하지 않는 추상적 생각들을 가질 수 없기 때문입니다. 감각 가능한 것이 단지 문자와 소리의 형태 같은 특정한 기호일 뿐일 때, 임의의 특정한 기호들과 특정한 생각들 간에 어떤 필연적 연결이 없더라도 말입니다.[23] 그리고 감각 가능한 흔적들이 필요하지 않다면 영혼과 신체 간에 예정 조화도 일어나지 않을 것입니다. ─이에 대해서는 당신에게 더 상세하게 이야기할 기회가 있을 것입니다.[24] 그렇다

..

22) Platon, *Ménon*, 82a.
23) [옮긴이 주] 이 부분은 라이프니츠의 보편 기호법(Characteristica universalis) 이론 중에서 기호의 감각 가능성, 즉 사고를 대체하는 기호는 사고를 감각 가능한 기호로 표기해 추론과 증명에 유용하게 사용할 수 있게 한다는 것을 언급하는 부분이다. 이와 관련해서 이상명, 「라이프니츠 철학에서 기호와 인식」, 『철학탐구』 41(2016), 61~91쪽 참조.
24) [옮긴이 주] 『변신론』 II, 124항 참조.

고 이런 감각 가능한 흔적들이 정신이 자기 자신에게서 필연적 진리를 얻지 못하게 하는 것은 아닙니다. 우리는 때때로 정신이 아무런 도움 없이 순수하게 자연적인 논리학과 산술학으로 얼마나 멀리까지 나아갈 수 있는지 보기도 합니다. 예를 들어, 제가 들은 이야기를 정확하게 기억한다면,[25] 일반적인 계산법을 배우지 못하고, 또 읽고 쓰는 법도 배우지 못했지만 자신만의 계산법을 개발한 스웨덴 소년이 자신의 머리로 이 분야에서 어려운 계산문제를 해결하는 데까지 이르렀습니다. 그 소년이 근을 구해야 하는 문제같이 반대로 진행되는 문제들을 끝마칠 수 없다는 것은 사실입니다. 하지만 그 사실로 인해 그 소년이 자기 정신의 새로운 비결을 통해서 자신의 힘으로 그 문제를 해결하는 법을 이끌어내지 못하는 것은 아닙니다. 따라서 이는 우리 안에 있는 것을 자각하는 어려움에 정도의 차이가 있다는 것만을 입증할 뿐입니다. 모든 사람들에게 공통적이고 매우 유용한 본유 원리들이 존재합니다. 어떤 정리들은 사람들이 즉시 발견하고 공통성보다는 유용성 면에서 더 확장적인 자연 과학을 구성하는 것입니다. 끝으로, 더 넓은 의미에서, 즉 더 포괄적이고 더 결정적인 개념들을 얻는 데 매우 유용하다는 의미에서, 근원적인 본유적 지식들에서 도출할 수 있는 모든 진리들 또한 본유적이라고 해야 합니다. 이것이 때로는 쉽지 않은 일이겠지만 정신은 그 진리들을 그 자신의 고유한 토대에서 이끌어낼 수 있기 때문입니다. 그러나 누군가 이 말에 다른 의미를 부여한다면, 저는 그것에 대해 말싸움을 하지는 않을 것입니다.

필라레테스 사람들이 지각하고 있지 않은 어떤 것이 영혼에 있을 수 있다는 것에 대해서 저는 당신에게 동의합니다. 사람들은 알고 있는 모든 것을

∴

25) 다른 초고(L2)의 여백 노트에 라이프니츠는 "H. Schmidt에게서 온 서신"이라고 썼다.

거명한 시점에 항상 기억하지는 못하기 때문입니다. 하지만 알고 있는 것은 항상 이미 배운 것이어야 하고 예전에 분명하게 알았던 것이어야 합니다. 따라서 "영혼이 아직 알지 못하는데도 어떤 것이 영혼에 있다고 말할 수 있다면, 이것은 영혼이 그것을 인식하는 역량이나 능력을 가지고 있기 때문에 가능할 것입니다."

테오필루스   거기에 왜 다른 이유가 있을 수 없습니까? 사람들이 자각하고 있지 않아도 영혼이 자신 안에 이런 것을 가지고 있을 수 있다는 이유 같은 것 말입니다. 당신도 인정하는 것처럼, 획득된 인식도 기억에 의해 감춰질 수 있는데, 하물며 자연이 어떤 특정한 근원적 인식을 감출 수 없겠습니까? 스스로 인식하는 실체는 자신에게 자연적인 모든 것에 대해 현실적으로 즉각 인식해야 합니까? 우리 영혼 같은 실체는 당장에 그리고 동시에 고찰하는 것이 불가능한 다수의 속성들과 심적 동요들을 가질 수도 없고 가져서도 안 됩니까? 우리의 모든 지식은 상기이고, 따라서 인간이 태어날 때 영혼이 가지고 온 진리들, 사람들이 본유적이라고 부르는 진리들은 어떤 분명한 예전 지식의 잔재라는 것이 플라톤주의자들의 견해입니다. 하지만 이 견해는 근거가 없습니다. 그리고 (만약에 이전 상태가 있다면) 그 거리가 얼마나 멀리 떨어져 있든 간에, 영혼이 이전 상태에 이미 본유적 지식들을 가지고 있어야 한다는 것을 쉽게 판단할 수 있습니다. 그것도 지금 상태와 완전히 같은 본유적 지식을 가지고 있어야 합니다. 따라서 이 본유적 지식들은 또 다른 이전 상태에서 유래해야 하든지, 아니면 본유적이든지, 아니면 적어도 영혼과 함께 창조되었어야 하든지 해야 합니다. 그것도 아니면 이것이 무한하게 진행되어야 하고 영혼은 영원하게 될 것입니다. 그렇게 될 경우 이 지식들은 정말로 본유적인 것이 될 것입니다. 왜냐하면 이 지식들은 결코 영혼에서 시작하지 않을 것이기 때문입니다.

누군가 모든 이전 상태는 더 이전의 다른 상태의 어떤 것을 가지고 있는데, 그것이 이어진 다음 상태로 넘어가지 않는다고 주장한다면, 그에게 다음과 같이 답할 것입니다. 특정한 명증적 진리들은 명백하게 이 모든 상태들에서 존재했어야 한다고 말입니다. 그리고 어떤 식으로 받아들이든, 필연적 진리가 본유적이라는 것, 또 사실의 진리를 경험을 통해서 정립하는 것처럼 필연적 진리를 경험을 통해서 정립할 수 없기 때문에, 영혼 내부에 있는 것을 통해서 입증된다는 것은 영혼의 모든 상태들에서 항상 명확합니다. 사람들이 결코 사용하지 않을 거라고 해서 왜 영혼에 소유할 수도 없어야 합니까? 어떤 것을 사용하지 않으면서 그것을 가지고 있는 것과 그것을 획득할 능력만 가지고 있는 것이 같은 것입니까? 만약 그렇다면, 우리는 언제나 사용할 것만을 가지고 있을 것입니다. 반면에 사람들은 대상에 능력이 행사되기 위해서는 능력과 대상 외에도 능력이나 대상에 그리고 이 둘 모두에 어떤 잠재적 소질(disposition)이 필요하다는 것을 압니다.

필라레테스 "그런 식으로 본다면, 영혼이 결코 알 수 없었고 또 앞으로도 알 수 없을 진리들이 영혼에 새겨져 있다고 말할 수 있는데, 이것은 제게 기이해 보입니다."

테오필루스 그런 본유적 진리들이 존재한다는 것을 사람들이 확신할 수 없다고 하더라도, 저는 거기에 불합리한 점이 있다고 보지 않습니다. 왜냐하면 영혼이 다른 상태에 있을 때, 우리가 현재 이 삶의 과정에서 알 수 있는 것보다 더 고양된 것들이 어느 날 우리의 영혼에 펼쳐질 수 있기 때문입니다.

필라레테스 "하지만 지각되지 않은 채 지성에 새겨질 수 있는 진리들이 존재한다고 가정하면, 그 진리들의 기원과 관련해서, 그런 진리들은 오직 지성만이 인식할 수 있는 진리들과 어떻게 구별될 수 있는지 이해할 수 없습니다."

테오필루스 정신은 진리를 인식할 수 있을 뿐만 아니라 자신 안에서 진리를 발견할 수도 있습니다. 만약 정신이 지식을 받아들이는 단순한 역량이나 이를 위한 수동적 힘만 가지고 있다면, 형태를 받아들이는 밀랍의 역량과 문자를 받아들이는 빈 서판의 역량을 갖는 것과 마찬가지로 미결정된 것이 될 것입니다. 그러면 제가 방금 정신이 진리 인식 능력과 발견 능력을 가진다고 한 것과는 달리 정신은 필연적 진리들의 근원이 아닐 것입니다. 감관은 필연성을 보여주기에 충분하지 않다는 것, 그래서 정신이 자기 자신의 토대로부터 진리를 이끌어내기 위한 (능동적일 뿐만 아니라 수동적이기도 한) 잠재적 소질을 가지고 있다는 것에 이론의 여지가 없기 때문입니다. 이 잠재적 소질을 발휘하기 위한 기회를 제공하고 주의를 집중하는 데, 그리고 정신을 다른 것보다 필연적 진리로 이끄는 데 감관이 필수적이긴 하지만 말입니다. 따라서 필라레테스, 저와 견해가 다른 사람들, 다르지 않았다면 매우 박식했을 이 사람들은 필연적 진리 혹은 영원한 진리와 경험의 진리 사이에 있는 차이점에서 나오는 결과에 대해 충분하게 성찰하지 않았던 것으로 보입니다.[26] 이 점은 제가 이미 언급한 것이고 우리의 모든 논쟁이 보여준 것입니다. 필연적 진리의 근본적 증거는 오직 지성으로부터 나오고 다른 진리들은 경험이나 감관의 관찰에서 나옵니다. 우리 정신은 이 둘 모두를 인식할 수 있지만, 전자, 즉 필연적 진리의 근거이고, 우리가 보편적 진리에 대해서 얼마나 많은 개별적 경험들을 갖든 간에, 우리가 이성을 통해서 필연성을 인식하지 않으면 귀납을 통해서는 이 경험들의 항상

26) [옮긴이 주] 라이프니츠의 필연적 진리와 우연적 진리의 구별, 즉 이성의 진리와 사실의 진리의 구별은 G. W. 라이프니츠, 『자유와 운명에 관한 대화 외』, 이상명 옮김(책세상, 2011), 99~107쪽 참조.

성을 확신할 수 없을 것입니다.

필라레테스 "하지만 '지성 안에 있다'라는 말이 적극적인 어떤 것을 내포하고 있을 때, '지성에 의해서 지각된다, 지성에 의해서 이해된다.'를 의미하는 것은 아닙니까?"

테오필루스 이 둘은 우리에게 전혀 다른 것을 의미합니다. '지성 안에 있다'라는 것은 발견될 수 있다는 것, 그리고 관련된 진리의 근원이나 근본적 증거가 지성 안에 있다는 것만으로 충분합니다. 감관이 이런 진리들을 암시하고 정당화하고 확증할 수 있지만 오류의 가능성 없이 지속적으로 확실성을 증명할 수는 없습니다.

§11 필라레테스 "그렇지만 지성의 작용에 어느 정도 주목하면서 반성적으로 사고하려고 노력하는 모든 사람들은, 정신이 애쓰지 않아도 인간 정신의 능력에 의존하는 특정한 진리들에 동의하게 된다는 것을 발견할 것입니다."

테오필루스 아주 좋습니다. 하지만 인간 정신이 이 진리들에 대해서 갖는 개별적 관계가 이 진리들과 관련해서 정신의 능력 행사를 용이하게 하고 자연적으로 만들며, 사람들이 그 진리들을 본유적이라고 부르게 만듭니다. 따라서 이것은 그 진리들을 이해하는 단순한 가능성으로 구성되는 벌거벗은 능력이 아닙니다. 이것은 우리의 영혼을 결정하고 그 진리들을 이끌어낼 수 있게 하는 잠재적 소질이자 적성(aptitude)이며 전성(前成, préformation)입니다. 이 둘의 차이는 돌이나 대리석에 구별되지 않게 그려진 형태와 무늬가 이미 그려진 대리석의 형태 혹은 작업자가 사용할 때 그릴 준비가 되어 있는 형태 간에 있는 차이점과 같습니다.

필라레테스 하지만 진리는 자신을 낳은 관념 다음에 존재하는 것 아닌가요? 그런데 관념은 감관으로부터 나옵니다.

테오필루스   필연적 진리들의 근원인 지성적 관념들은 감관으로부터 나오지 않습니다. 그리고 당신은 정신이 자기 자신에 대해서 반성적으로 사고할 때, 정신의 반성에서 기인하는 관념들이 있다는 것을 인정합니다. 그 밖에 진리에 대한 분명한 인식이 (시간상으로 혹은 자연적 순서에서) 관념에 대한 분명한 인식 다음에 나오는 것은 사실입니다. 사람들이 진리와 관념을 분명하게 형성하기 전에 진리의 본성이 관념의 본성에 의존하는 것처럼 말입니다. 감관으로부터 나온 관념들을 포함하는 진리들은 적어도 부분적으로는 감관에 의존합니다. 그러나 감관으로부터 나온 관념들은 혼란스럽고 그 관념들에 의존하는 진리들도 적어도 부분적으로는 마찬가지로 혼란스럽습니다. 반면 지성적 관념들과 그것들에 의존하는 진리들은 구별되고, 그 관념들도 진리들도 감관에서 기원하지 않습니다. 감관 없이는 결코 그 진리들에 대해서 생각하지 못한다는 것이 사실이더라도 말입니다.

필라레테스   당신에 따르면 수는 지성적 관념입니다. 그렇지만 수에 대한 관념을 분명하게 형성하는 데에는 어려움이 있습니다. 예를 들어, "어른은 1 더하기 2는 3과 같다는 것과 같은 명증성으로 18 더하기 19가 37과 같다는 것을 압니다. 하지만 아이는 18 더하기 19가 37과 같다는 명제를 1 더하기 2는 3과 같다는 명제처럼 쉽게 인식하지 못합니다. 이로부터 십팔, 십구, 삼십칠이라는 말이 표시하는 관념들을 형성하는 것이 일, 이, 삼이라는 말로 표현되는 관념들을 형성하는 것보다 쉽지 않다는 것이 따라 나옵니다."

테오필루스   진리를 분명하게 형성하는 어려움이 관념을 분명하게 형성하는 어려움에 종종 부속되어 있다는 것에 대해서 저는 당신에게 동의할 수 있습니다. 하지만 당신의 예에서 문제는 이미 형성된 관념들을 사용하는 것에 있다고 생각합니다. 왜냐하면 10까지 세는 것을 배우고 십의 자리 수의 반복을 통해서 그보다 더 큰 수를 세는 방법을 배운 사람은 어려움 없이 18, 19, 37이 무엇인지 이해하기 때문입니다. 즉 10을 한 번, 두 번 혹은 세 번씩 세고 8, 9, 7을 더하면 됩니다. 하지만 이로부터 18 더하기 19가 37이라는 것을 도출하기 위해서는 2 더하기 1이 3이라는 것을 알 때보다 더 주의를 기울여야 합니다. 이것은 근본적으로 3의 정의일 뿐입니다.

§18 필라레테스 "수 혹은 당신이 지성적이라고 부르는 관념들이, 사람들이 이해하자마자 확실하게 동의하는 명제들을 제공하는 특권을 가진 것은 아닙니다. 그런 명제는 자연학과 다른 모든 학문에서도 만나게 되며 감관이 제공하기도 합니다. 예를 들어, '두 물체는 동시에 같은 장소에 있을 수 없다.'라는 명제는 다음의 공준(maxime)을 통하지 않고 다른 방식으로는 확신할 수 없는 진리입니다. 즉 '어떤 것이 존재하는데 동시에 그것이 존재하지 않는 것은 불가능하다.', '하얀색은 붉은색이 아니다.', '사각형은 원이 아니다.', '노란색은 단맛이 아니다.'"

테오필루스   이 명제들 간에는 차이가 있습니다. 첫 번째 명제, 물체들 간에 투과가 불가능하다는 것은 증거가 필요합니다. 소요학파와 고 딕비[27] 경처럼 엄밀한 의미에서 응축과 희박화를 진정으로 믿는 모든 학자들은 실제로 그 명제를 거부합니다. 그 반대, 즉 신에게서 가능한 차원의 투과를 믿는 기독교인들은 말할 것도 없습니다. 하지만 다른 명제는 동일성 명제이거나 거의 동일성에 가까운 명제이고 동일성 명제나 직접적인 명제는 증거

••

27) [옮긴이 주] Kenelm Digby(1603~1665): 영국 왕 찰스 1세 시기 궁정신하, 외교관, 철학자, 과학자. 주요 철학 저작으로는 1644년에 발간한 *Two Treatise: The Nature of Bodies and On the Immortality of Reasonable Souls*가 있다. 이 저작은 아리스토텔레스주의와 원자론을 혼합한 형태로 자연 철학적 견해를 밝힌 것이다. 라이프니츠는 자신의 여러 저작에서 아리스토텔레스 철학을 수용할 근거로 딕비를 자주 언급한다.

를 받아들이지 않습니다. 감관이 제공하는 것에 관한 명제들, 즉 '노란색은 단맛이 아니다.'라는 명제는 단지 일반적인 동일성 원칙을 개별적인 경우들에 적용한 것일 뿐입니다.

필라레테스 "두 개의 다른 관념들로 구성된 모든 명제 중 한 관념이 다른 관념을 부정하는 명제, 예를 들어 '사각형은 원이 아니다.', '노란 것은 단 것이 아니다.' 같은 명제는 사람들이 그 명사들을 이해하자마자 의심할 수 없을 정도로 확실한 것으로 받아들일 것입니다. '어떤 것이 존재하는데 동시에 그것이 존재하지 않는 것은 불가능하다.'와 같은 일반 공준처럼 말입니다."

테오필루스 하나(즉 일반 공준)는 원리이고 다른 하나(즉 다른 반대되는 관념에 의한 한 관념의 부정)는 원리의 적용입니다.

필라레테스 저에겐 공준이 차라리 그것의 근거인 이 부정에 의존하고 있는 것처럼 보입니다. "그리고 모순을 거부하는 저 공준을 이해하는 것보다는 '**같은 것은 다르지 않다.**'를 이해하는 것이 더 쉽습니다. 이 설명에 따르면, 다른 진리들에 대해서 언급하지 않아도, 다른 것의 관념을 부정하는 이런 종류의 무한하게 많은 수의 명제들은 본유적 진리로 인정해야 합니다. 이에 더하여, 한 명제를 구성하는 관념들이 본유적이지 않으면 그 명제도 본유적일 수 없습니다. 따라서 우리는 색, 소리, 맛, 형태 등에 대해서 가지고 있는 모든 관념들이 본유적이라고 가정해야 할 것입니다."

테오필루스 저는 '**같은 것은 다르지 않다.**'라는 명제가 어떻게 모순율의 기원이고 더 쉽게 이해될 수 있는지 잘 모르겠습니다. 왜냐하면 제 생각에 사람들은 'A는 A 아닌 것이 아니다.'라고 말할 때보다 'A는 B가 아니다.'라고 제시할 때, 스스로 더 많은 자유를 얻기 때문입니다. 그리고 A가 B임을 저지하는 근거는 B가 A 아닌 것을 함축하고 있기 때문입니다. 게다가 우리가 본유적 진리라는 용어에 두었던 의미에 따르면, '단맛은 쓴맛이 아니다.'라는 명제는 본유적인 것이 아닙니다. 단맛과 쓴맛의 감각은 외적 감관으로부터 나오기 때문입니다. 따라서 공리가 감각 가능한 진리에 적용되는 경우 명제는 혼합된 결론(hybrida conclusio)입니다. 하지만 '사각형은 원이 아니다.'라는 명제에 대해서는 본유적이라고 말할 수 있습니다. 왜냐하면 명제를 고찰할 때, 본유적인 이 관념들이 양립 불가능한 개념들을 포함하고 있다는 것을 자각하자마자 우리는 지성 자체가 제공하는 것에 모순율을 포함시키거나 적용하기 때문입니다.

§19 **필라레테스** "이 특칭 명제와 그 자체로 명증적인 명제, 사람들이 그것을 듣자마자 진리로 인정하는 명제는, (예를 들어 초록은 빨강이 아니다) 사람들이 마찬가지로 본유 원리로 간주하는 더 일반적인 다른 명제들의 결과로 받아들여진다고 당신이 주장할 때, 테오필루스, 당신은 더 일반적인 공준에 대해 전혀 알지 못하는 사람들에게서 이 특칭 명제들이 의심할 수 없는 진리로 받아들여진다는 것을 고려하지 않은 것 같습니다."

테오필루스 그 점에 대해서 저는 앞에서 이미 답했습니다. 사람들은 생략 삼단논법을 통해서 추론할 때, 그들이 생략한 대전제에 근거를 두듯이 이 일반 공준에 근거를 둡니다. 사람들이 걷고 뛸 때 하는 것보다 추론할 때 하는 것에 대해서 분명하게 생각하지 못하는 일이 꽤 빈번하기는 하지만, 결론의 힘은 부분적으로 사람들이 생략하는 것에 있으며 다른 곳에서 나올 수 없다는 것이 언제나 진실이기 때문입니다. 이것은 사람들이 결론을 정당화하려고 할 때 발견할 수 있을 것입니다.

§20 **필라레테스** "하지만 일반 관념들과 추상 관념들은 개별 개념들과 개별 진리들보다 우리 정신에 더 낯설어 보입니다." 따라서 이 개별 진리들이 모순율보다 정신에 더 자연스러울 것입니다. 당신의 견해에 따르면 이 개별

진리들은 모순율의 적용에 불과하지만 말입니다.

테오필루스　사실 우리는 개별 진리를 자각하는 것부터 시작합니다. 우리가 더 복합적이고 더 거친 관념들로 시작하는 것처럼 말입니다. 하지만 이것이 자연의 질서가 더 단순한 것에서부터 시작한다는 것, 그리고 더 개별적인 진리들의 근거가 더 일반적인 진리들에 의존한다는 것을 거스르지는 못합니다. 이것의 예가 본유 진리들입니다. 그리고 우리 안에 잠재적으로 있는 것 그리고 모든 **지각작용**(aperception)에 앞서 있는 것을 고찰하려고 할 때, 더 단순한 것으로 시작하는 것이 합당합니다. 왜냐하면 일반 원리들은 우리의 생각에 포함되어 있고 이 생각의 영혼을 형성하고 연결을 만들기 때문입니다. 우리가 생각하지 않아도 걷는 데 근육과 힘줄이 필요한 것처럼, 일반 원리들은 생각하는 데 필요한 것입니다. 정신은 매 순간 이 원리들에 의지합니다. 하지만 이것들을 분류하는 것 그리고 분명하게, 분리해서 표상하는 것은 그리 쉽지 않습니다. 왜냐하면 이것은 엄청난 주의를 요구하는 일이며, 성찰에 익숙하지 않은 대부분의 사람들에게는 어려운 일이기 때문입니다. 중국인들은 우리와는 다른 발음을 가지고 있지 않습니까? 그들은 글을 쓰는 데 있어서 우리와는 다른 방법에 전념했기 때문에, 그런 소리에 대한 알파벳을 만들 생각은 하지 않았습니다. 이런 방식으로 사람들은 알고 있지 않아도 많은 것들을 소유하고 있습니다.

§21 필라레테스　"만약 정신이 특정한 진리들을 매우 빨리 인정한다면, 이 명제들이 정신에 자연적으로 새겨져 있기 때문이라기보다는 다르게 판단하는 것이 허용되지 않는 사물의 본성에 대해서 고찰했기 때문이 아닐까요?"

테오필루스　둘 다 맞습니다. 사물의 본성과 정신의 본성은 서로 공조합니다. 그리고 당신은 사물의 고찰을 정신에 새겨져 있는 것에 대한 자각과 반대되는 것으로 보기 때문에, 이 반박 자체가 보여주는 것은, 필라레테스,

당신이 속한 쪽 사람들은 **본유 진리들**을 단지 혼란스럽게 인식할 때에도, 사람들이 자연적으로 마치 **본능에 따라** 인정하는 것으로만 이해한다는 것입니다. 이런 종류의 인식이 있습니다만 이에 대해서는 나중에 이야기할 기회가 있을 것입니다. 그러나 사람들이 **자연적 빛**(lumiere naturelle)이라고 부르는 것은 구별되는 인식을 가정합니다. 그리고 사물의 본성에 대한 고찰이 우리 정신의 본성에 대한 인식 그리고 우리 외부에서 찾을 필요가 없는 이 본유 관념들에 대한 인식과 다르지 않은 경우가 빈번합니다. 그래서 저는 검증하기 위해 이런 고찰을 할 필요가 없는 진리들을 본유 진리라고 부릅니다. 저는 이미 §5에서 §22의 반박에 대해서 답했습니다. 그 반박에 따르면, 본유 개념들이 정신에 암암리에 내재되어 있다고 말하는 것은 단지 정신이 이 본유 개념들을 인식할 능력을 가지고 있다는 것을 의미한다는 것입니다. 이 반박에 대해서 저는 이미 정신은 그 밖에도 자기 자신 안에서 본유 개념들을 발견할 수 있는 능력을 가지고 있고, 적절한 방식으로 생각한다면 그 본유 개념들을 인정할 수 있는 잠재적 소질을 가지고 있다고 지적했습니다.

§23 **필라레테스** "그렇다면 테오필루스, 당신은 이 일반 공준들을 처음 제안받은 사람들은 그들에게 완전히 새로운 것은 아무것도 습득하지 못한다고 주장하는 것 같습니다. 하지만 명확한 것은 그들은 처음에 이름을 듣고, 그다음 진리를 알고, 그러고 나서 이 진리가 의존하고 있는 관념을 안다는 것입니다."

테오필루스 여기서 다루는 주제는 아니지만 이름은 어떤 의미에서 임의적인 데 반해 관념과 진리는 자연적인 것입니다. 하지만 필라레테스, 우리가 다루고 있는 관념과 진리에 대해서 우리의 학설은 매우 거리가 멉니다. 우리가 본유 관념과 본유적 진리를 그것들의 근원에 대해 주목하든, 그것들을 경험을 통해서 검증하든 간에, 저는 우리가 그것들을 알고 있다는 것을 인정하기 때문입니다. 그래서 저는 당신이 말하는 가정을 하지 않습니다. 즉 당신이 언급한 우리가 아무런 새로운 것도 습득하지 못한다는 가정 말입니다. 그리고 저는 **'사람들이 습득하는 모든 것은 본유적이지 않다.'**라는 명제를 인정할 수 없습니다. 수의 진리는 우리 안에 있지만, 사람들은 계속해서 그런 진리를 습득해야 합니다. 우리가 그 진리를 증명적 근거를 통해서 습득할 때, (이것은 수의 진리가 본유적이라는 것을 보여줍니다) 수의 원천으로부터 도출하든, 평범한 산술가들이 하는 것처럼 사례로 그것을 시험하든 간에 말입니다. 후자의 경우 그들은 원인을 모르기 때문에 전승을 통해서 규칙을 배우고 그 규칙을 가르치기 전 기껏해야 경험을 통해서 정당화합니다. 그리고 그 경험도 그들이 적절하다고 판단할 수 있는 만큼만 합니다. 매우 뛰어난 수학자들도 다른 학자들의 발견의 원천을 알지 못할 때, 가끔씩 그것을 검증하기 위한 방법으로 이 귀납의 방법에 만족할 수밖에 없습니다. 이런 일이 제가 파리에 있을 때 어떤 유명한 학자에게 있었습니다. 그는 저의 산술적 구적법(tetragonisme arithmetique)[28]을 시험했는데, 거기에 어떤 오류가 있을 것이라고 믿고 루돌프 수와 비교하면서 충분히 많은 시험을 했습니다. 우리가 이런 시험을 면제할 수 있는 증명을 그에게 알려주기 전까지 그가 그런 의심을 하는 것은 정당합니다. 그리고 사람들은 완전하게 확신할 수 없으면 이런 시험을 언제나 계속할 것입니다. 그리고 바로 이것이 경험의 사례들을 통해서도 검증할 수 있는 귀납의 불완

..

28) [옮긴이 주] 라이프니츠는 1674년 파리에서 원을 적분하는 계산법을 발견하고 제일 먼저 하위헌스(Huygens)에게 편지를 보내 알렸다. 그가 발견한 계산식은 다음과 같다.

$$\frac{\pi}{4} = 1 - \frac{1}{3} + \frac{1}{5} - \frac{1}{7} + \cdots\cdots$$

전성입니다. 왜냐하면 그 사례들이 포함하고 있는 변화들과 법칙들을 알아차리기 전까지 사람들은 그런 시험을 매우 멀리까지 진행할 수 있는 급수가 있기 때문입니다.

필라레테스 "하지만 우리가 사용하는 명사들이나 말뿐만 아니라 관념들도 우리의 외부에서 오는 것은 불가능합니까?"

테오필루스 그렇다면 우리도 우리 자신 외부에 있어야 합니다. 왜냐하면 지성적 관념들과 반성의 관념들은 우리의 정신에서 도출되기 때문입니다. 그리고 제가 정말 알고 싶은 것은, 만약 우리 자신이 존재자가 아니라면, 그래서 우리 안에서 존재를 발견하지 못한다면, 우리가 어떻게 존재의 관념을 가질 수 있는가 하는 것입니다.

필라레테스 하지만 테오필루스, 제 친구 중 한 명이 한 이 도발에 대해서는 어떤 말을 하시겠습니까? "그가 말하기를, 누군가 그 관념이 본유적인 명제를 발견할 수 있다면, 저에게 그 이름을 말해주는 것보다 더 큰 즐거움을 주는 일은 없을 것이다."

테오필루스 저는 그에게 산술학과 기하학의 명제들을 말할 것입니다. 그것들은 이 모든 본성을 가지고 있습니다. 그리고 필연적 진리의 영역에서 다른 예는 찾을 수 없을 것입니다.

§25 필라레테스 그런 명제들은 대부분의 사람들에게 낯설어 보입니다. 가장 난해하고 가장 심오한 학문들이 본유적이라고 말할 수 있습니까?

테오필루스 그 학문들의 현실적 지식들은 본유적인 것이 아닙니다. 하지만 잠재적 지식이라고 할 수 있는 것은 본유적이라고 할 수 있습니다. 사람들이 작업 중 대리석의 무늬를 발견하기 전에 대리석에 있는 무늬에 따라 그려진 도형 같은 것 말입니다.

필라레테스 "하지만 아이들이 자기 정신의 일부를 구성하는 것이고 본유적이라고 가정된다는 것을 전혀 알지 못하는데도 외부에서 온 개념들을 받아들이고 그것에 동의하는 것이 가능합니까? 말하자면 그 개념들이 토대로 사용하기 위해서 지울 수 없는 기호로 정신에 새겨져 있다는 것을 전혀 알지 못하는데도 말입니다. 만약 이것이 가능하다면, 자연은 쓸데없는 노력을 했거나 적어도 이 기호들을 잘못 새긴 것입니다. 왜냐하면 그 기호들은 다른 사물들을 매우 잘 보는 눈으로도 알아볼 수 없을 것이기 때문입니다."

테오필루스 우리 안에 있는 것에 대한 자각은 주의와 순서에 의존합니다. 그런데 아이들은 감관의 개념들에 더 주의를 기울이는 것이 가능할 뿐만 아니라 적절하기도 합니다. 주의는 필요에 따라 조절되기 때문입니다. 그럼에도 우리는 다음에서 보게 될 것입니다. 자연이 본유적 인식들을 우리에게 새기는 것이 쓸데없는 노력이 아니라는 것을 말입니다. 왜냐하면, 만약 본유적 인식들이 없다면, 증명적 학문에서 필연적 진리들에 대한 현실적 지식에 이를 수 있는 방법 그리고 사실들의 근거에 이를 수 있는 방법이 없을 것이기 때문입니다. 그리고 그렇게 되면 우리는 동물보다 더 나은 지식을 가질 수 없을 것입니다.

§26 **필라레테스** "만약 본유적 진리들이 존재한다면, 본유적 생각들도 존재해야 합니까?"

테오필루스 전혀 아닙니다. 왜냐하면 생각은 활동이고, 지식이나 진리는 우리 안에 있는 한, 그것에 대해서 생각하지 않더라도, 습성(habitude) 혹은 잠재적 소질이기 때문입니다. 그리고 우리는 우리가 생각하고 있지 않은 것에 대해서 매우 많은 것을 알고 있습니다.

필라레테스 "정신이 그런 진리에 대해서 전혀 생각하고 있지 않는데도 정신에 그런 진리가 있다는 것은 매우 파악하기 어렵습니다."

테오필루스 이것은 마치 누군가 대리석의 무늬를 발견하기 전에는 대리석에 무늬가 있다는 것을 파악하기 어렵다고 말하는 것과 같습니다. 또한 이런 반박은 약간 논점 선취의 오류(la petition de principe)에 가까운 것 같습니다. 플라톤의 상기에 근거를 두지 않더라도 본유적 진리들을 인정하는 사람들은 아직 생각하고 있지 않은 것에 대해서도 그것을 인정합니다. 그 외에도 이 추론은 많은 것을 입증합니다. 만약 진리가 생각이라면, 우리는 우리가 전혀 생각하지 않았던 진리들뿐만 아니라 생각했던 진리 그리고 현실적으로 지금은 더 이상 생각하고 있지 않은 진리들도 잃게 될 것입니다. 그리고 진리가 생각이 아니라 자연적인 것이든 획득된 것이든 습성과 적성이라면, 우리가 결코 생각하지 않았던 진리와 앞으로도 생각하지 않을 진리가 우리 안에 존재하는 것을 방해하는 일은 전혀 없습니다.

§27 필라레테스 "일반 공준들이 본유적이라면 그것은 특정한 사람의 정신에 더 선명하게 나타나야 합니다. 하지만 우리는 그에 대한 어떤 흔적도 보지 못합니다. 저는 아이들, 바보들, 미개인들에 대해서 이야기하고 싶습니다. 모든 사람들 중에서 이들은 정신이 적어도 습관에 의해서 그리고 기이한 의견들의 인상에 의해서 변질되고 손상된 사람들입니다."

테오필루스 저는 이 점에 있어서는 완전히 다르게 추론해야 한다고 생각합니다. 본유적 공준들은 사람들이 이 공준들에 주의를 기울여야만 나타납니다. 그러나 이런 사람들은 주의를 집중하기 어렵거나 전혀 다른 것에 주의를 기울입니다. 그들은 거의 신체가 필요로 하는 만큼만 생각합니다. 순수하고 초연한 생각들은 더 고귀한 주의의 대가인 것이 당연합니다. 사실상 아이들과 미개인들은 습관에 의해서 약간 변질된 정신을 가지고 있습니다. 하지만 그들은 그들이 주목하는 학설을 통해서 고양되기도 합니다. 정신의 재능이 부족하고 더 두꺼운 구름에 싸여 있는 정신들 중에서 가장 밝은 빛만이 더 빛나야 한다는 것은 매우 부당한 것입니다. 그래서 저는 필라레테스, 당신과 당신의 탁월한 저자처럼 박식하고 능력 있는 사람들이 무지하고 미개한 사람들에게 그리 큰 존경을 표하지 않기를 바랍니다. 그것은 신이 주신 선물의 가치를 떨어뜨리는 일입니다. 누군가는 말할 것입니다. 사람이 무지하면 할수록 오류 불가능하고 결점이 없는 대리석 조각이나 나무 조각의 장점에 더 근접한다고 말입니다. 하지만 불행하게도 사람들이 접근하고 있는 것은 이런 것들이 아닙니다. 사람들에게 인식 능력이 있는 한, 그들은 인식을 얻는 데 태만하면서 죄를 짓습니다. 그리고 교육을 덜 받은 사람일수록 더 쉽게 과오를 범합니다.

2장
본유적 실천 원리는 없는지

§1 **필라레테스** "도덕은 증명적(demonstrative) 학문입니다. 하지만 도덕은 본유 원리를 가지고 있지 않습니다. 그리고 '**존재하는 것은 존재한다.**'와 같은 공준처럼 일반적이고도 즉각적인 동의로 결정되는 성질을 가지고 있는 도덕 규칙을 만드는 것도 매우 어려울 것입니다."

테오필루스 도덕에 **동일한** 진리나 직접적 진리같이 명증적인 이성의 진리들이 존재한다는 것은 절대적으로 불가능합니다. 그리고 도덕은 증명 불가능한 원리들을 가지고 있다고, 즐거움을 추구하고 슬픔을 피해야 한다는 것이 도덕의 제일 원리 중 하나이고 가장 실천적인 원리라고 말할 수 있겠지만, 이것이 내적인 경험이나 혼란스러운 인식에 근거를 두고 있기 때문에 순수하게 이성으로 알 수 있는 진리가 아니라는 것을 반드시 덧붙여 말해야 합니다. 왜냐하면 사람들은 즐거움과 슬픔이 무엇인지 감지하지 못하기 때문입니다.[29]

필라레테스 "실천적 진리들을 확인할 수 있는 것은 추론과 논의를 통해서 그리고 정신의 어떤 노력을 통해서만 가능합니다."

테오필루스 만약 그렇다면, 실천적 진리들은 덜 본유적일 것입니다. 하지만 제가 방금 주장한 공준은 본성상 다른 것으로 보입니다. 그것은 이성을 통해서가 아니라 말하자면 **본능**(instinct)을 통해서 알려집니다. 이것이 본유 원리이기는 하지만 자연적 빛에 속하지는 않습니다. 왜냐하면 사람들이 이것을 빛을 발하는 방식으로 인식하지 않기 때문입니다. 하지만 이 원리가 설정되면 그 원리에서 학문적 추론을 도출할 수 있습니다. 그리고 저는 필라레테스, 당신이 방금 도덕을 증명적 학문이라고 말한 것에 큰 박수를 보냅니다. 또 우리는 이 도덕이 도둑, 해적, 강도도 따르지 않을 수 없는 매우 명증적인(evidentes) 진리들을 알려준다는 것을 보게 될 것입니다.

§2 필라레테스 "그러나 강도들은 서로 간에 정의의 규칙을 따릅니다. 그것을 본유 원리로 간주하지 않은 채 말입니다."

테오필루스 무슨 상관입니까? 세상 사람들이 이 이론적인 문제에 관심을 가지나요?

필라레테스 "그 강도들은 단지 그들의 공동체를 보존하기 위해서 절대적으로 실천할 필요가 있는 예절 규칙으로 정의의 원칙을 지킵니다."

테오필루스 매우 좋습니다. 모든 사람들에 대해서 일반적으로 더 잘 말할 수는 없을 것입니다. 그래서 이 법칙이 영혼에 새겨져 있다는 것입니다. 즉 우리의 생존과 우리의 참된 유익의 결과로 말입니다. 사람들은 우리가

:

29) [옮긴이 주] 원문에는 이 문장이 'on ne sent pas'로 되어 있는데, 라이프니츠가 처음에 'nous n'entend', 'on ne sait pas assez'라고 썼다가 수정한 것이다. 처음에 썼던 것의 의미로 보면, '사람들은 ~ 이해하지 못합니다.' 혹은 '사람들은 ~ 충분히 알지 못합니다.'가 된다.

원하는 것이 진리가 지성에 서로 독립적으로 그리고 집정관의 칙령이 벽보나 게시판에 있는 것처럼 존재하는 것이라고 상상하나요? 저는 여기서 인간이 인간을 사랑하게 만드는 **본능**은 논외로 합니다. 이에 대해서는 곧 이야기할 것입니다. 지금은 **이성**을 통해서 알 수 있는 진리들에 대해서만 이야기하려 합니다. 또한 저는 정의의 어떤 규칙들은 그것의 모든 확장성과 완전성에 있어서 신의 현존과 영혼의 불멸성을 가정할 때에만 증명될 수 있다는 것을 인정하고, 또 인간성의 본능이 우리를 부추기는 것은 다른 파생적 진리들처럼 영혼에 새겨져 있다는 것을 인정합니다. 신이 정의의 근거일 때, 가장 큰 기쁨을 얻을 것입니다. 하지만 정의의 근거를 정의에서 얻어야 하는 기쁨에 두는 것이 아니라 이 생의 필수품과 자신들의 욕구에만 두는 사람들은 강도 집단과 약간 유사한 경향이 있습니다.

발각되지 않을 희망이 있다면, 그들은 신성모독을 하면서 성전을 더럽힐 것입니다.[30]

§3 **필라레테스** "고백건대, 자연은 모든 인간들에게 행복에 대한 욕구와 불행에 대한 강한 혐오를 부여했습니다. 이것이야말로 진정으로 본유적인 실천 원리이며, 모든 실천 원리의 목적에 따라 우리의 모든 행위에 지속적으로 영향을 미치는 원리입니다. 하지만 이것은 선을 지향하는 영혼의 경향성(inclinations)이지 우리의 지성에 새겨져 있는 어떤 진리의 인상이 아닙니다."
테오필루스 필라레테스, 당신이 본유 진리들을 제가 바로 설명하려는 대로 실제로 인정하는 것을 보니 매우 기쁩니다. 이 원리는 제가 방금 언급한 것,

∴

30) Horace, *Epitres*, I, XVI, v. 54. "Sit spes fallendi, miscebunt sacra profanis."

즉 우리가 즐거움을 추구하게 하고 슬픔을 피하게 하는 원리와 딱 들어맞습니다. 왜냐하면 지복(felicité)은 지속적인 즐거움 외에 다른 것이 아니기 때문입니다. 하지만 우리의 성향(penchant)은 본래 지복으로 향하지 않고 즐거움으로 향합니다. 말하자면 우리의 성향은 현재를 지향합니다. 미래와 지속으로 이끄는 것은 이성입니다. 그런데 지성에 의해 표현되는 성향은 계율 혹은 실천적 진리가 됩니다. 그리고 제가 충분히 보인 것처럼, 그 성향이 지성에서 항상 현실적으로 구별되게 고찰되지는 않지만, 지성에 표현되지 않는 것은 어떤 것도 영혼에 있을 수 없기 때문에, 성향이 본유적이면 진리도 마찬가지로 본유적입니다. 본능들도 항상 실천에 속하는 것은 아닙니다. 이론적 진리들을 포함하는 본능들도 있습니다. 그런 본능들은 우리가 근거를 알지 못하더라도 자연적 본능에 의해서 그 원리들을 사용할 때, 학문과 이성적 추론의 내적 원리가 됩니다. 그리고 이런 의미에서 당신은 본유 원리들을 인정하지 않을 수 없을 것입니다. 심지어 파생 진리들이 본유적이라는 것을 부정하려 할 때에도 말입니다. 그러나 제가 본유적이라고 부르는 것에 대한 해명에 따르면 이것은 이름의 문제일 것입니다. 그리고 누군가 본능을 통해서 즉각적으로 수용한 진리들에 대해서만 이런 명칭을 사용하기를 원한다면, 저는 그에게 반대하지 않을 것입니다.

필라레테스 예, 좋습니다. "하지만 만약 우리 영혼에 인식의 원리들처럼 많은 특정한 기호들이 자연적으로 새겨져 있다면, 우리는 그 기호들이 우리에게 작용할 때에만 그것들을 지각할 수 있을 것입니다. 행복에 대한 갈망과 불행에 대한 두려움이라는 우리에게 지속적으로 작용하는 두 원리의 영향을 우리가 느끼는 것처럼 말입니다."

테오필루스 우리의 의지에 지속적으로 영향을 미치는 실천적 원리가 있는 것처럼, 우리의 이성적 추론에도 지속적으로 영향을 미치는 인식의 원리들이 있습니다. 예를 들어 세상 모든 사람들은 자각하지 않아도 **자연적 논리**에 따라 추론 규칙들을 사용합니다.

§4 필라레테스 "도덕 규칙은 입증될 필요가 있습니다. 따라서 도덕 규칙은 본유적이지 않습니다. 예를 들면, 공동체와 관련된 덕목의 원천인 다음과 같은 규칙 말입니다. '당신 자신에게 행해지길 바라는 것만을 다른 사람에게 행하라.'"

테오필루스 당신은 항상 제가 이미 거부한 반박을 합니다. 저는 **본유 원리**가 아닌 도덕 규칙이 있다는 것에 대해서 당신에게 동의합니다. 그렇다고 이 도덕 규칙이 본유 진리인 것조차 불가능한 것은 아닙니다. 왜냐하면 우리가 파생 진리를 우리 정신으로부터 이끌어낼 수 있을 때, 이 파생 진리도 본유 진리가 될 것이기 때문입니다. 그런데 우리 안에 있는 본유 진리를 발견하는 데에는 두 가지 방식이 있습니다. 그것은 빛에 의해서 그리고 본능에 의해서 발견됩니다. 제가 방금 언급한 것들은 우리의 관념에 의해서 증명되는데, 그것이 자연적 빛을 구성합니다. 하지만 **자연적 빛**에서 도출되는 원리들은 **본능**과 관련되어 있습니다. 이에 따라 우리는 인간성을 행동으로 옮기게 되는데, 본능에 따른 행위는 그렇게 하는 것이 우리를 즐겁게 하기 때문이고, 이성에 따른 행위는 그렇게 하는 것이 정당하기 때문입니다. 그러므로 우리가 느끼고 인정하는 본유 원리인 본능의 진리가 우리 안에 존재합니다. 우리가 그것에 대한 증거를 가지고 있지 않더라도 말입니다. 그 증거는 우리가 이 본능의 이유를 설명할 때 바로 얻을 수 있습니다. 따라서 우리는 혼란스러운 인식에 따라, 그리고 마치 본능에 따르는 것처럼 추론 규칙을 사용합니다. 하지만 논리학자들은 그 이유를 증명합니다. 우리가 걷고 뛸 때, 그에 대해서 생각하지 않고 행동하는 것에 대해서 수학자들이 이유를 설명하는 것처럼 말입니다. 우리는 우리에게 행해지길 바라는 것만을 다른 사람에게 행해야 한다는 규칙과 관련해서, 이것은 증거뿐만 아니라 해명도 필요합니다. 우리가 주인이라면, 우리는 과도한 것을 원할 것입니다. 그러면 우리도 다른 사람들에게 과도한 빚을 지고 있는 것입니까? 사람들은 제게 이 규칙은 정당한 의지에 관한 것으로 들린다고 말할 것입니다. 그러면 기준으로 사용되기 어려운 이 규칙은 또 기준을 필요로 할 것입니다. 이 규칙의 진정한 의미는 더 공정하게 판단하기 위한 참된 관점은 다른 사람의 입장에 서보라는 것입니다.

§9 **필라레테스** "사람들은 종종 양심의 가책도 없이 나쁜 행동을 합니다. 예를 들어, 도시가 공격당할 때, 군인들은 거리낌 없이 가장 악독한 행위를 합니다. 문명화된 국민들은 그들의 아이들을 유기했습니다. 몇몇 카리브 지역 사람들은 살찌워 먹기 위해 그들의 아이들을 거세합니다. 가르실라소 드 라 베가[31]는 페루의 어떤 사람들이 여죄수들을 첩으로 취하고 아이들을 13살까지 먹여 키운 후 잡아먹었으며, 엄마들도 더 이상 아이를 낳을 수 없게 되면 똑같이 그렇게 잡아먹었다고 전합니다. 바움가르텐[32]의 여행기에는 이집트에 성자로 간주되는 수도승이 있다고 보고되어 있습니다. 왜냐하면 그가 여자나 소년과는 한 번도 같이 자지 않고 단지 암당나귀들과 암노새들과만 잤기 때문입니다."

테오필루스 도덕학은 (즐거움을 추구하게 하고 슬픔을 피하게 하는 것과 같은 본능을 제외하면) 산술학과 다르지 않게 본유적입니다. 왜냐하면 도덕학도 내적인 빛이 제공하는 증명에 의존하기 때문입니다. 그리고 그 증명들이 시야에 바로 들어오지 않기 때문에, 인간은 자신이 소유하고 있는 것 모두

.·

31) Garcilasso de la vega, *Historie des Incas*(1658).
32) M. Baumgarten, *Peregrinatio*(1594).

를 항상 그리고 즉시 자각하지 못하고, 또 바울에 따르면, 신이 인간의 정신에 새겨놓은 자연법의 기호들을 충분히 빨리 읽어내지 못하는 것이 크게 놀라운 일은 아닙니다. 하지만 도덕은 산술보다 중요하기 때문에, 신은 인간에게 즉시 그리고 이성적 추론 없이 이성이 명령하는 어떤 것에 이르게 하는 **본능**을 주었습니다. 이것은 우리가 역학 법칙에 대해서 생각하지 않아도 이 법칙에 따라 걷는 것과 같고, 우리가 음식을 먹는 것이 우리에게 필요할 뿐만 아니라 우리를 즐겁게 만드는 이유도 있기 때문이며, 오히려 즐거움을 주는 이유가 더 큰 것도 이와 마찬가지입니다. 하지만 이런 본능들이 거역할 수 없는 방식으로 행동을 이끄는 것은 아닙니다. 사람들은 정념에 따라 본능에 저항합니다. 선입견에 의해서 본능이 흐려지기도 하고 반대되는 관습에 의해서 본능이 변경되기도 합니다. 그렇지만 사람들은 더 강한 인상이 본능을 능가하지 않으면, 이 의식의 본능들을 받아들이고 그것을 따르는 경우가 더 빈번합니다. 대부분의 인류와 가장 건전한 사람들이 이것을 증언합니다. 동방인들 그리고 그리스인들 혹은 로마인들, 성서와 코란이 이 점에서 일치합니다. 회교도 경찰은 바움가르텐이 보고한 행위를 통상적으로 처벌해왔습니다. 그리고 동물의 잔인성을 능가하는 최고의 잔인성을 가지고 있는 아메리카 미개인들의 관습을 인정하기 위해서는 그들처럼 야만스럽게 되어야 합니다. 그러나 이 같은 미개인들도 다른 경우에서는 정의가 무엇인지에 대해서 제대로 느끼고 있습니다. 아마 어디에서도 어떤 상황에서도 허락되지 않을 만큼 악한 행동방식도 있을 수 없겠지만, 대부분의 사람들이 대체적으로 비난하지 않는 행동방식도 거의 없습니다. 이것은 이유 없이 일어나지 않는 것이고, 이성적 추론을 통해서만 일어나지 않기 때문에, 부분적으로 자연적 본능과 관련이 있어야 합니다. 관습, 전승, 교육이 여기에 개입됩니다. 하지만 관습이 이 의무와 관련해서 더 일반적으로 선한 쪽으로 향하는 것은 그것이 자연적이기 때문입니다. 신의 현존이 **전승**되는 것 또한 마찬가지로 **자연적**이기 때문입니다. 자연은 인간에게 그리고 또 대부분의 동물들에게 그들의 종의 것과 같은 애정과 온화함을 줍니다. 심지어 호랑이도 "친척의 줄무늬를 아낍니다."[33] 이로부터 로마 법률가의 멋진 말이 나옵니다. "자연은 모든 사람들 간에 친족관계를 형성했기 때문에 한 사람을 위해서 다른 사람을 곤경에 빠뜨리는 것은 죄악이다."[34] 거미들만은 예외입니다. 거미들은 짝짓기 후 암컷이 수컷을 잡아먹습니다. 인간들 간의 **인류애**라고 부를 수 있는 **사회**의 이 일반적 본능 외에 그리스인들이 스토르게(στοργὴν, 가족애)라고 부르는 남녀 간의 애정과 아이들을 갖게 하는 아빠와 엄마의 사랑 같은 더 개별적 본능도 있습니다. 그리고 이와 유사한 것으로, 로마 법률가에 따르면 자연이 생명체에게 가르쳐주었다고 하는 자연적 권리를 만들거나 거기에 더해 이 권리의 상을 만드는 다른 경향성이 있습니다. 하지만 인간에게는 특별하게 품위와 예절에 대한 특정한 관심이 있습니다. 이 때문에 우리는 우리의 가치를 떨어뜨리는 것은 감추고, 신중함에 가치를 두며, 근친상간에 혐오감을 가지고, 시신을 매장하며, 인간이나 살아 있는 짐승들은 절대 먹지 않는 것입니다. 이것은 또한 우리가 사는 데 필요한 정도를 넘어서까지도 우리의 평판에 관심을 갖게 하고, 양심의 가책에 종속되게 하며, 찢어지는 **고통과 충격**[35]을 느끼게 하고, ─플라톤에 이어 타키투스도 이런 고문과 고통에 대해서 이야기합니다. ─그 외에도 미래에 대한 두려움과 매우 자연스럽

..

33) Juvenalis, *Satirae*, 15, V, 159. "parcit cognatis maculis."
34) Florentinus, *Digesten* I, 1, 3. "quia inter omnes homines natura cognationem constituit, 'inde' hominem homini insidiari nefas esse."
35) Tacitus, *Annales*, VI, 6; Platon, *Gorgias*, 524e.

게 생겨나는 최고 권력에 대한 두려움도 갖게 합니다. 이 모든 것은 실재하는 것들입니다. 하지만 근본적으로 이 자연적 인상이 어떤 종류이든 간에 그것은 이성을 위한 조력자일 뿐이고 자연의 조언에 대한 방증에 불과합니다. 관습, 교육, 전승, 이성은 여기에 크게 기여합니다. 그리고 인간의 본성도 여기에 당연히 참여합니다. 사실 도덕에 온전한 확실성을 부여하는 데 이성 없이 이 조력자들로는 충분하지 않습니다. 결국 사람들이 인간은 자연적으로 예를 들어 나쁜 것들을 멀리하게 된다는 것을 부인할까요? 추악한 것만을 말하기 좋아하는 사람들이 있다는 구실로, 또한 쓰레기를 취급하는 일로 살아가는 부류가 있고 부탄의 국민들은 왕의 변을 향기로운 것으로 간주한다는 것을 구실로 말입니다. 필라레테스, 당신은 아마도 즐거움과 지복으로 이끄는 본능에 대해서, 이 인상들은 본유 진리가 아니라고 했던 것처럼 말하겠지만 정직한 선과 관련된 이 자연적 본능에 대해서는 근본적으로 저의 견해와 같다는 것이 저의 생각입니다. 하지만 저는 이미 모든 감정은 진리의 지각이며 자연적 감정은 본유 진리의 지각이라고 답했습니다. 이것이 외부 감각의 경험들처럼 많은 경우 혼란스럽더라도 말입니다. 따라서 유가 그것의 종과 구별되어야 하는 것처럼 **본유 진리들**은 (분명하게 인식될 수 있는 것만 포함하는) **자연적 빛**과 구별될 수 있습니다. 왜냐하면 **본유 진리들**은 **본능들**뿐만 아니라 **자연적 빛**도 포함하고 있기 때문입니다.

§11 **필라레테스** "정당함과 부당함의 자연적 경계를 알지만 이것을 혼동하는 사람은 그가 속해 있는 사회의 평화와 행복에 공공연한 적으로 간주될 수 있을 것입니다." 그러나 사람들은 매 순간 그 경계를 혼동합니다. 따라서 그들은 그 경계를 알지 못합니다.

테오필루스 그것은 문제를 너무 이론적으로 생각하는 것입니다. 자기가 알고 있는 것과 반대로 행동하는 것은 인간들에게서 매일 일어나는 일입니다. 그들은 자기의 정념을 따르려고 다른 생각을 하면서 자기 스스로 그 일을 감춥니다. 그렇지 않다면, 틀림없이 그들을 병들게 하고 심지어 죽게 할 것임을 알고 있는 음식을 먹고 마시는 사람들을 볼 수 없을 것입니다. 그들은 이 문제를 간과하지 않을 것이고, 온 나라 사람들이 특정한 점에서 행했던 일을 하지 않을 것입니다. 미래와 이성적 추론이 현재와 감관만큼 충격을 주는 일은 드뭅니다. 이것을 잘 알고 있는 이탈리아인이 있었습니다. 그는 자신이 교수형에 처해지기 전에, 고통받는 동안 저항하기 위해서 처형 도구를 계속 쳐다보는 계획을 세웠습니다. 그리고 사람들은 이따금 그가 '내가 너를 보고 있다.'라고 말하는 것을 들었습니다. 이것은 그가 나중에 풀려났을 때 설명했던 것입니다. 우리가 선을 추구하고 악을 피하기 위해 참된 선과 참된 악을 고찰할 굳은 결심을 하지 않으면, 우리는 우리 자신이 이끌려간다고 느낄 것이고, 천국과 지옥을 굳게 믿고 있는 사람들에게는 천국과 지옥에서 일어나는 일이 이 생에서 가장 중요한 필요한 것들에 대해서도 일어날 것이라고 느낄 것입니다.

> 그것을 노래하고 찬양한다,
> 그것에 대해 이야기하고 듣는다,
> 그것에 대해 쓰고 읽는다,
> 그리고 난 후 그것을 무시한다.[36]

필라레테스 "사람들이 본유적이라고 가정하는 모든 원리는 모든 사람들에

∴

36) 작자 미상.

게 정당하고 유익한 것으로 인식될 수밖에 없습니다."

테오필루스　제가 여러 차례 거부했던 이 가정, 즉 모든 본유 진리는 언제나 그리고 모든 사람들에게 인식된다는 것으로 계속해서 되돌아오고 있습니다.

§12 필라레테스　"하지만 규칙을 어기는 것이 공공연하게 허용된다는 것은 그 규칙이 본유적이지 않다는 것을 입증합니다. 예를 들어, 고대인들에게 아이들을 유기하는 것이 허용되었을 때, 그들은 아이들을 사랑하고 보호해야 한다는 규칙을 어긴 것입니다."

테오필루스　이런 규칙 위반을 가정했을 때, 이로부터 도출되는 것은 단지 우리의 영혼에 새겨져 있는 자연의 기호들을 제대로 읽지 않았다는 것뿐입니다. 이 기호들이 때때로 우리의 부도덕함에 의해 완전히 감싸여져 있긴 하지만 말입니다. 더욱이 의무의 필연성을 거역할 수 없는 것으로 보기 위해서는 그것에 대한 증명을 고찰해야 합니다. 하지만 그런 증명은 보통 잘 없습니다. 만약 기하학이 도덕처럼 우리의 정념과 현재 이해관계에 반대된다면, 우리가 그것에 이의를 제기하고 그것을 위반하는 일이 적지 않았을 것입니다. 유클리드와 아르키메데스의 모든 증명에도 불구하고 사람들은 그 증명을 망상으로 취급하고 오류로 가득하다고 생각할 것입니다. 그리고 유클리드와 아르키메데스에 반대하는 글을 썼던 요셉 스칼리거[37]와 홉스[38] 등은 실제보다 적지 않은 지지자들을 얻었을 것입니다. 이 저자들이 그런 글을 썼던 것은 원의 면적을 구하는 문제와 다른 난해한 문제들을

..

37) Joseph Justus Scaliger(1540~1609), *Appendix in Cyclometria elementa duo*(1594), 2~4쪽.

38) Thomas Hobbes, *De principiis et ratiocinatione geometorum*(1666, Opera, ed. Molesworth IV, 460~462쪽; *Quadratura circuli*(1669).

해결함으로써 얻을 수 있을 것이라 생각했던 명예에 대한 열망 때문이었습니다. 그리고 그 문제들은 그렇게 큰 재능을 가진 인물이 그렇게까지 이성을 잃게 할 수 있었던 문제들이었습니다. 다른 사람이 같은 관심을 가졌어도 똑같이 그렇게 했을 것입니다.

필라레테스 "모든 의무는 규칙의 관념을 포함합니다. 그리고 규칙은 그것을 규정한 입법자 없이는 혹은 보상과 처벌 없이는 알려질 수도 가정될 수도 없습니다."

테오필루스 입법자 없이도 **자연적 보상과 처벌**이 있을 수 있습니다. 예를 들어, 과도함은 병으로 처벌됩니다. 그렇지만 과도함이 모두에게 즉시 해를 끼치지 않기 때문에, 범죄를 처벌하고 선한 행동을 보상하는 신이 없다면, 저는 사람들이 필요불가결하게 지켜야 할 계율은 없다는 것을 인정합니다.

필라레테스 "그러면 신에 대한 관념과 미래의 삶에 대한 관념도 본유 관념이어야 합니다."

테오필루스 제가 설명한 의미에서 그것에 동의합니다.

필라레테스 "하지만 이 관념들은 모든 인간의 정신에 자연적으로 새겨져 있지 않습니다. 이 관념들은 사물을 정밀하게 연구하는 것을 직업으로 가진 많은 연구자들에게 매우 명확하게 그리고 매우 구별되게 나타나지도 않습니다. 그것이 모든 인간에게 인식된다는 것은 얼토당토않습니다."

테오필루스 이것은 다시 같은 가정으로 되돌아온 것입니다. 즉 인식되지 않는 것은 본유적이지도 않다는 주장 말입니다. 이것은 제가 여러 차례 거부했던 것입니다. 본유적인 것은 그 자체로 즉시 명확하고 구별되게 인식되지 않습니다. 본유적인 것을 자각하기 위해서는 때로 많은 주의를 기울여야 하고 순서를 따라야 합니다. 지식인들도 항상 그런 주의를 기울이지 못하는데, 모든 인간에게서는 더 드문 일입니다.

§13 필라레테스 "하지만 인간이 본유적인 것을 무시하거나 의심할 수 있다면, 본유 원리들에 대해 이야기하고 그것의 필요성을 보여줄 수 있다고 주장하는 것은 무의미합니다. 사람들이 주장하는 것처럼, 이 원리들이 사물의 진리와 확실성을 우리에게 가르칠 수 있기는커녕, 우리는 이 원리들이 우리 안에 없을 때와 같은 불확실성을 이 원리들이 있을 때 가지고 있음을 발견할 것입니다."

테오필루스 모든 본유 원리들을 의심할 수는 없습니다. 필라레테스, 당신도 동일율과 모순율에 대해서는 동의했습니다. 비록 이 원리들을 본유적인 것으로 인정하지는 않았지만 이론의 여지없는 원리들이 있다는 것을 인정하면서 말입니다. 하지만 이로부터 본유적인 모든 것과 이 본유 원리들과 필연적으로 연결된 모든 것들도 즉시 의심할 수 없는 명증성을 갖는다는 것이 도출되지는 않습니다.

필라레테스 "제가 알기로, 이 원리들의 정확한 목록을 만드는 것은 아직 누구도 시도하지 않은 일입니다."

테오필루스 하지만 누가 우리에게 지금까지 기하학의 공리들에 대한 완전하고 정확한 목록을 주었습니까?

§15 필라레테스 "허버트 경은 이 원리들 중 몇몇을 기록하려고 했습니다.[39] 그것은 다음과 같습니다. 1. 최고의 신이 존재한다. 2. 신은 섬김을 받아야 한다. 3. 신앙심과 결합된 덕은 최고의 숭배다. 4. 자신의 죄를 회개해야 한다. 5. 이 삶이 끝난 후에는 처벌과 보상이 있다. 저는 이것이 명증적 진리

..

39) Herbert de Cherbury(1583~1648), *De veritate, prout distinguitur a revelatione, a verisimili, a possibili et a falso*(Paris, 1656), 76쪽.

들이라는 데 동의합니다. 따라서 이것이 잘 설명되기만 하면, 이성적 피조물은 결코 동의하지 않을 수 없을 것입니다. 하지만 우리의 친구는 이것을 본유 인상으로 간주하는 것은 큰 과오를 범하는 것이라고 말합니다. 그리고 이 다섯 명제들이 신의 손가락에 의해 우리 영혼에 새겨진 공통 개념들이라면, 다른 많은 것들도 이 목록에 넣어야 합니다."

테오필루스   필라레테스, 당신에게 동의합니다. 왜냐하면 저는 모든 **필연적 진리**를 본유 진리로 간주하기 때문입니다. 그리고 거기에 저는 **본능**도 추가시킵니다. 하지만 이 다섯 명제가 본유 원리가 아니라는 것에 대해서는 당신에게 동의합니다. 왜냐하면 저는 사람들이 그 명제들을 증명할 수 있고 또 해야 한다고 생각하기 때문입니다.

§18 필라레테스   "세 번째 명제에서, 즉 덕은 신이 가장 좋아하는 숭배라는 명제에서 덕이 무엇을 의미하는지가 불분명합니다. 덕을 사람들이 일반적으로 부여하는 의미로 이해한다면, 여러 나라에 퍼져 있는 상이한 의견에 따라 찬양할 만한 것으로 여기는 것일 텐데, 그러면 이 명제는 명증적인 것과는 거리가 멀고 참인 것도 아닐 것입니다. 만약 신의 의지와 일치하는 행위들을 덕이라고 부른다면, 이것은 거의 같은 것으로 같은 것을 의미하는 것이며 그 명제는 우리에게 중요한 의미를 알려주지 않는 것입니다. 왜냐하면 그것은 단지 신이 자신의 의지와 일치하는 것을 좋아한다는 것만을 말하는 것이기 때문입니다. 네 번째 명제에서의 죄 개념도 마찬가지입니다."

테오필루스   사람들이 보통 덕을 의견에 의존하는 어떤 것으로 이해한다고 제가 언급했는지 기억이 나지 않습니다. 적어도 철학자들은 그렇게 이해하지 않습니다. 사실상 덕이라는 이름은 어떤 습성이나 행동을 선으로 판단하는지 아니면 악으로 판단하는지에 따라 그리고 그들이 이성을 사용하는지 아닌지에 따라 상이한 습성이나 행동에 그 이름을 붙이는 사람들의 의견에 의존합니다. 하지만 덕 일반의 개념에 대해서는 대체로 모든 사람들의 의견이 일치합니다. 그 개념의 적용에서는 다르더라도 말입니다. 아리스토텔레스와 다른 많은 철학자들에 따르면,[40] 덕은 이성으로 정념을 절제하는 습성이고 더 간단하게 말하면 이성에 따라 행동하는 습성입니다. 그리고 이 덕은 사물의 최종 원인이자 최고 원인이 좋아하는 것을 갖지 않을 수 없습니다. 그에게는 어떤 것도 무구별적이지 않습니다. 그리고 이성적 피조물의 행동은 다른 모든 피조물보다 덜 무구별적입니다.

§20 **필라레테스** "관습, 교육 그리고 대화하는 상대방의 일반적 의견이 본유적이라고 가정되는 이 도덕의 원리를 흐릿하게 할 수 있다고 사람들은 말하고는 합니다. 하지만 이 반응이 맞다면, 그것은 보편적 동의에서 도출하려고 한 증거를 파괴합니다. 많은 사람들의 추론은 다음으로 귀착됩니다. 양식(bon sens)[41] 있는 사람들이 인정한 원리들은 본유적이다. 우리와 우리 쪽의 사람들은 양식 있는 사람들이다. 그러므로 우리의 원리들은 본유적이다. 이런 것이 곧바로 오류 불가능성에 이르게 하는 명쾌한 추론이다!"

테오필루스 저는 보편적 동의를 주요 증거가 아니라 하나의 확증으로 사용합니다. 왜냐하면 이성의 **자연적 빛**으로 간주되는 본유 진리들은 기하학처럼 그 자체에 자신의 기호들을 지니고 있고, 그 기호들은 당신 자신도 이론의 여지없이 분명한 것으로 인정한 직접적 원리들에 함축되어 있기 때문입니다. 하지만 **본능들** 그리고 다른 자연적 습성들을 관습과 구분해내

..

40) Aristoteles, 『니코마코스 윤리학』, II, 6, 1106 b 36~1107 a 2; 다른 많은 철학자들은 스토아학파를 가리킨다.
41) [옮긴이 주] 'bon sens'는 코스테의 프랑스어 번역본에서 나온 말이다. 로크는 'right reason' 이라고 썼다. 로크의 표현을 직접적으로 읽으면 '바른 이성'을 가진 자를 의미한다.

는 일이 더 어렵다는 것을 인정합니다. 흔히 이 일이 가능한 것으로 보이더라도 말입니다. 더욱이 정신을 계발한 민족들은 미개인들에 비해 양식을 더 잘 사용할 특정한 이유가 있는 것처럼 보입니다. 그들은 동물들을 길들이는 것과 같이 매우 쉽게 미개인들을 길들이는 것으로 그들의 우수성을 충분히 보이기 때문입니다. 그들이 항상 목적을 달성할 수 없었다면, 미개인들이 동물들처럼 제압하기 어려운 숲속 깊은 곳으로 피했기 때문입니다. 그리고 그런 게임은 할 가치가 없습니다. 정신을 계발하는 것은 의심할 여지없이 장점입니다. 그리고 미개인에게 교양에 반대되게 말하는 것이 허용된다면, 동물에게 유리하게 이성을 공격할 권리도 있을 것이고, 데스프로의 재치 있는 풍자시를 진지하게 받아들일 수도 있을 것입니다. 그는 거기서 동물들에 대한 인간의 특권에 이의를 제기하며 다음과 같이 묻습니다.

"곰이 지나가는 사람을 두려워하는가, 아니면 지나가는 사람이 곰을 두려워하는가?
그리고 리비아 목동의 명령으로
사자들을 누미디아 초원에서 쫓아낼 수 있는가?"[42]

그렇지만 미개인들이 몇몇 중요한 점에서 특히 육체의 힘과 관련해서 우리를 능가한다는 것을 인정해야 합니다. 그리고 영혼과 관련해서도, 미개인들의 실천적 도덕이 어떤 점에서는 우리의 도덕보다 낫다고 할 수 있습니다. 왜냐하면 그들은 부를 축적하려는 탐욕도 없고 지배하려는 야망도 없기 때문입니다. 그리스도와의 교제가 그들을 많은 측면에서 더 나쁘

∵

42) Nicolas Boileau-Despréaux, *Satires*, VIII, v. 62~64.

게 만들었다고 첨언할 수 있을 것입니다. 그전에는 그들이 거의 몰랐던 음주벽(이것은 그들에게 화주를 가져갔기 때문입니다), 욕설, 신성 모독, 그리고 다른 악한 것들을 그들에게 가르쳤기 때문입니다. 우리에게는 그들보다 더 선한 것도 있고 더 악한 것도 있습니다. 악한 유럽인은 미개인보다 더 악합니다. 미개인은 죄를 정제하기 때문입니다. 그렇다고 인간이 자연이 이 민족들에게 제공한 장점들과 이성이 우리에게 준 것들을 통합하지 못하는 것은 아닙니다.

필라레테스 하지만 테오필루스, 제 친구 중 한 명이 제기한 딜레마에 대해서는 어떻게 답하시겠습니까? "그가 말하기를, 본유 관념의 지지자들은 이렇게 말합니다. 이 원리들이 교육과 관습에 의해서 지워질 수 있습니까 아니면 지워질 수 없습니까, 이 원리들이 지워질 수 없다면, 우리는 모든 인류에게서 그 원리들을 발견해야 합니다. 그리고 그 원리들은 모든 인간의 정신에 개별적으로 명확하게 나타나야 합니다. 반면 이 원리들이 낯선 개념들에 의해서 변경될 수 있다면, 더 분명하게 나타나야 합니다. 그리고 그것들의 근원에 더 가까이 있을 때, 말하자면 낯선 의견에 의해 인상을 덜 받은 아이들과 무지한 자들에게서 더 선명하게 나타나야 합니다. 그들이 어떤 입장을 취하든지, 확실한 사실들과 연속적 경험에 의해서 반박되는 것을 명확하게 보게 될 것이라고 그는 말합니다."

테오필루스 당신 쪽 사람들이 '존재하지 않는 것'과 '나타나지 않는 것'을 혼동하는 것과 마찬가지로 당신의 박식한 친구가 '흐리게 하다(obscurir)'와 '지우다(effacer)'를 혼동하는 것은 의아한 일입니다. 본유 관념들과 본유 진리들은 지워질 수 없지만 (그것들이 현재할 때) 신체의 요구를 따르는 성향에 의해서 그리고 더 빈번하게는 전승된 나쁜 관습에 의해서 모든 사람들에게서 흐려집니다. 이 내적인 빛의 기호들은 지성에서 항상 선명하게 빛나고 의지에 열의를 부여합니다. 감관의 혼란스러운 지각들이 우리의 주의를 지배하지 않는다면 말입니다. 고대 철학과 근대 철학만큼이나 성서도 이 싸움에 대해서 이야기합니다.

필라레테스 "그러면 우리는 그와 유사한 빛이 없을 때와 같이 깊은 어둠 속에서 그리고 그렇게 큰 불확실성 속에서 우리 자신을 발견하는 것입니다."

테오필루스 그건 당치도 않습니다. 만약 그렇다면 우리는 학문도 법칙도 가질 수 없었을 것이고 이성은 더더욱 가질 수 없었을 것입니다.

§21, 22 필라레테스 저는 적어도 당신이 선입견의 영향력에 동의하기를 바랍니다. 왜냐하면 우리는 아이들에게 노출되어 있는 나쁜 가르침에서 나온 것 그리고 교육과 교제가 아이들에게 전하는 나쁜 관습에서 나온 것을 선입견 때문에 자연적인 것으로 간주하기 때문입니다.

테오필루스 저는 이 점에 있어서 사람들이 그것을 제대로 받아들인다면, 당신이 추종하는 탁월한 저자가 매우 훌륭하고 가치 있는 것을 말한다는 것을 인정합니다. 하지만 저는 그것들이 자연적인 것이나 본유 진리에 관한 잘 이해된 학설에 반대된다고 생각하지 않습니다. 그리고 저는 그가 그의 의견들을 그렇게 멀리까지 확장하지 않으려고 했다고 확신합니다. 왜냐하면 진리로 간주되는 많은 의견들이 관습과 가벼운 믿음에서 나온 결과에 불과하다는 것, 그리고 정당한 이성과 자연에 근거를 두고 있음에도 특정한 철학자들이 많은 의견들을 선입견으로 간주하려고 한다는 것을 저도 똑같이 확신하기 때문입니다. 오랜 인상들을 믿지 않는 것보다 야망 때문에 빈번하게 새로운 것의 도입을 주장하는 사람들을 경계하는 것이 그만큼 더 필요합니다. 그리고 저는 고대와 근대에 대해 충분히 성찰한 후에 대부분의 인정된 학설들이 적절한 의미를 가질 수 있다는 것을 알게 되었습니다. 따라서 저는 지성적인 사람들이 그들의 야망을 만족시키기 위해 애쓸 때, 후퇴하고 파괴하기보다는 구축하고 전진하는 데 전념하기를 바랍니다. 그리고 저는 반달족의 왕보다는 멋진 공공건물을 건축한 로마인들을 닮기를 바랍니다. 그 왕의 어머니는 이 위대한 건축물에 버금가는 영광을 바랄 수 없었기에 그 건축물을 파괴할 궁리를 하라고 권했기 때문입니다.

필라레테스 본유 진리에 반대해 싸웠던 지식인들의 목적은 사람들이 이 좋은 이름으로 선입견을 유지하고 그들의 게으름이 드러나지 않도록 하는 것이었습니다.

테오필루스 우리는 이 점에 있어서 일치합니다. 저는 사람들이 스스로 만든 의심스러운 원리들을 인정하는 것과는 거리가 멀기 때문입니다. 저는 몇몇 고대인들이 했던 것처럼 유클리드의 공리까지도 증명해보려고 해야 한다고 생각합니다. 그리고 사람들이 본유 원리들을 인식하고 시험하는 방법에 대해서 묻는다면, 저의 답은, 제가 앞에서 말한 것에 따라서 그 근거가 알려지지 않는 본능을 제외하고, 그 본유 원리를 제일 원리로 환원할 필요가 있다는 것입니다. 말하자면 관념들을 구별되게 드러내는 것과 다름없는 방법인 정의를 통해서 동일한 공리나 직접적 공리로 환원할 필요가 있다는 것입니다. 저는 지금까지 본유 진리들에 반대한 당신의 친구들도 그들의 주요 목적과 일치하는 것으로 보이는 이 방법을 인정할 것이라는 것을 의심하지 않습니다.

3장
사변에 관계될 뿐만 아니라 실천에도 속하는
본유 원리에 관한 다른 고찰

§3 **필라레테스** 당신은 진리를 제일 원리로 환원하기를 바랍니다. 그리고 "만약 어떤 본유 원리가 있다면 그것은 모순 없이 다음과 같은 것이라는 데 저는 동의합니다. 즉 **한 사물이 존재하고 또 동시에 존재하지 않는 것은 불가능하다.** 그렇지만 이것이 본유적이라고 주장하는 것은 어려워 보입니다. 왜냐하면 이것은 불가능성의 관념과 동일성의 관념이 본유적이라는 것을 동시에 확신해야 하기 때문입니다."

테오필루스 본유 진리를 지지하는 사람들은 그 관념들도 본유적이라는 것을 옹호하고 확신해야 합니다. 그리고 저도 이들의 견해에 동의한다는 것을 인정합니다. **존재, 가능, 동일**의 관념은 본유적이기 때문에 우리의 모든 생각과 추론에 포함되어 있습니다. 그리고 저는 이 관념들을 우리 정신에 본질적인 것으로 간주합니다. 하지만 제가 이미 말했듯이, 사람들은 항상 여기에 특별한 주의를 기울이지 않으며, 단지 시간이 지나고 나서야 분간할 뿐입니다. 또 제가 말한 것처럼, 우리는 우리 자신에 내재되어(innés) 있습니다. 그리고 우리 스스로가 존재자이기 때문에, 존재는 우리에게 내재되어 있습니다. 그리고 존재에 대한 지식은 우리가 가지고 있는 우리 자신에 대한 지식에 포함되어 있습니다. 다른 일반 개념들에는 그것과 유사한 어떤 것이 있습니다.

§4 **필라레테스** "**동일성**의 관념이 자연적이라면, **그래서** 이 관념이 정신에 명증적이고 현재적이어서 우리가 요람에서부터 인식해야 한다면, 7살짜리 아이와 70살 먹은 사람은 신체와 영혼으로 구성된 피조물인 인간이 자신의 신체가 변할 때에도 동일한 인간인지 저에게 말해주기를 바랍니다. 그리고 영혼전이(metempsychose)를 가정해서 에우포르보스가 피타고라스와 동일한 인물인지 말해주기를 바랍니다."

테오필루스 우리에게 자연적인 것은 요람에서부터 우리가 아는 것이 아니라는 것을 저는 충분히 설명했습니다. 그리고 우리가 알 수 있는 관념은 사람들이 그것에 대해서 제기할 수 있는 질문들을 바로 모두 결정할 수 없어도 알 수 있다는 것 또한 충분히 설명했습니다. 이것은 마치 누군가가 어린아이는 대각선이 사각형의 변과 공약불가능하다는 것을 알기 어렵기 때문에, 사각형과 대각선을 알 수 없다고 주장하는 것과 같습니다. 문제 자체와 관련해서, 제게는 이 문제가 모나드 이론으로 증명 가능하게 해결된 것으로 보입니다. 모나드 이론은 제가 다른 곳에서 소개했던 것인데, 앞으로 우리는 이 주제에 대해서 더 자세하게 이야기를 나눌 것입니다.

§6 **필라레테스** "전체의 관념과 부분의 관념이 관계적이고 수의 관념과 연장의 관념에 의존한다는 구실로 '전체는 그것의 부분보다 크다.'라는 공리가 본유적이지 않다고 당신에게 반대하는 것은 소용이 없다는 것을 저는 잘 압니다. 왜냐하면 당신은 분명 본유적 관계관념들(idées innées respectives)[43]

이 있고 수의 관념과 연장의 관념도 본유적이라고 주장할 것이기 때문입니다."

테오필루스 맞습니다. 그리고 저는 심지어 연장의 관념이 전체와 부분의 관념 다음이라고 생각합니다.

§7 필라레테스 '신은 숭배되어야 한다.'라는 진리에 대해서는 뭐라고 말씀하시겠습니까? 이것도 본유 진리인가요?

테오필루스 제 생각에, 신에 대한 숭배 의무는 기회가 되면 사람들이 다른 모든 대상보다 신을 영광스럽게 한다는 것을 표시해야 함을 포함합니다. 그리고 이것은 신의 관념과 신의 현존의 필연적 결과이며, 저에게 있어서는, 이 진리가 본유적이라는 것을 표시하는 것입니다.

§8 필라레테스 "하지만 무신론자들은 그들의 사례를 통해서 신의 관념이 본유 관념이 아니라는 것을 증명하는 것 같습니다. 예를 들면 솔다니 만, 브라질, 카리브 해의 섬들, 파라과이에 있는 민족들같이 민족 전체가 신의 관념도 가지지 않았고 신과 영혼을 표기할 이름도 가지지 않았던 그런 민족은 발견되지 않았다고 고대인들이 언급했던 것은 말하지 않더라도 말입니다."

테오필루스 하이델베르크의 유명한 신학자, 고 파브리치우스 씨[44]는 무신론

••

43) [옮긴이 주] 영어 번역에서는 이것을 '논리적으로 파생된 본유 관념(logically derivative innate ideas)'이라고 했고, 독일어로는 '본유적 관계관념(eingeborene Beziehungsvorstellungen)'이라고 번역했다. 『인간지성론』에는 같은 표현이 없지만 내용으로 보아 독일어 번역이 더 적절해 보인다.

44) [옮긴이 주] Johann Ludwig Fabricius(1632~1696): 독일의 철학자, 신학자, 하이델베르크 대학 교수. 본문에서 라이프니츠가 언급하는 책은 *Apologeticus pro genere humano contra calumniam atheismi*(1682)이다. 1673년 스피노자에게 하이델베르크 대학 철학과장직을 제안한 사람이 이 파브리치우스였다. 사후 라이프니츠도 매우 좋게 평가한 신학자이다.

의 비난에서 인류를 정화하기 위해서 『인류를 위한 변론』을 썼습니다. 그는 매우 정확하고 선입견이 거의 없는 저자였습니다. 저는 사실에 관해서 논쟁할 의도는 없습니다. 저는 민족 전체가 최고의 실체에 대해서 그리고 영혼이 무엇인지에 대해서 한 번도 생각해본 적이 없는 민족이 있다는 것을 압니다. 그리고 홀란드에서 어떤 사람이 저의 요청으로 저명한 비트센 씨[45]의 도움을 받아 바란톨라(Barantola)의 언어로 된 주기도문의 번역을 얻으려고 했을 때, '너의 이름이 성스럽게 되다.'라는 부분에서 멈췄던 것을 저는 기억합니다. 왜냐하면 바란톨라의 언어로 '성(saint)'의 의미를 이해시킬 수 없었기 때문입니다. 또 호텐토트 족을 위해 만든 사도신경에서 '성령(Saint Esprit)'을 부드럽고 기분 좋은 바람을 나타내는 그 나라 말로 표현해야만 했다는 것을 기억합니다. 이런 번역이 근거가 없는 것은 아닙니다. 왜냐하면 그리스어와 라틴어로 πνεύμα(pneuma), anima, spiritus는 원래 감관을 통해서 우리에게 알려지는 가장 미세한 것 중 하나처럼 사람들이 들이마시는 공기나 바람을 의미하기 때문입니다. 사람들은 인간을 점차 감관을 넘어서는 것으로 이끌기 위해서 감관으로 시작합니다. 그렇지만 추상적 인식에 이르는 과정에서 발견하는 이 모든 어려움은 본유 인식에 반대되는 어떤 것도 구성하지 않습니다. '존재'에 상응하는 말을 전혀 가지고 있지 않은 민족이 있다고 해서, 사람들이 그들은 존재가 무엇인지 알지 못한다고 의심할까요? 비록 그들이 존재에 대해서 별도로 생각해보지는 않았겠지만 말입니다. 그 외에도 저는 우리의 탁월한 저자에게서 신의 관념에 관한 매우 훌륭하고 저의 의견과 매우 잘 맞는 구절을 읽었습니다. (『지성론』 1권,

45) [옮긴이 주] Nicolaas Witsen(1641~1717): 네덜란드 상인, 정치인. 1682년부터 1705년까지 암스테르담의 시장을 역임했다.

3장 9절) 저는 이것을 인용하지 않을 수 없습니다. "인간은 다른 사람과 대화를 나눌 때, 특정한 이름으로 이야기할 기회가 빈번한 사물에 대해서 어떤 종류의 관념을 갖지 않을 수 없다. 그리고 이것이 어떤 점에서 흥미롭고 사람들이 두려워하지 않을 수 없는 절대적이고 저항할 수 없는 힘의 관념하에서 (나는 여기서 다음을 추가합니다. '그리고 사람들이 사랑하지 않을 수 없는 최고선의 관념하에서') 정신에 각인되어 있는 탁월함, 위대함 혹은 어떤 비범한 성질의 관념을 포함하는 것일 때, 그런 관념은 모든 외관에 따라 가장 강한 인상을 만들어야 하고 어떤 다른 관념보다 더 널리 알려져야 한다. 특히 그 관념이 이성의 가장 단순한 빛[46]과 일치하는 관념이고 우리 인식의 각 부분에서 자연적으로 유래하는 관념일 때, 그 관념은 신의 관념이다. 왜냐하면 비범한 지혜와 힘의 눈부신 표지는 모든 창조의 작품들에서 가시적으로 나타나기 때문에, 이것에 대해서 반성적으로 사고하려고 하는 모든 이성적 피조물은 이 모든 경이로운 작품의 작자를 발견하지 않을 수 없기 때문이다. 그리고 그런 존재의 발견이, 단 한 번이라도 그에 대해서 말하는 것을 들었던 모든 이들의 영혼에 자연적으로 만들어야 하는 인상은 매우 크고, 세상에 알려지기에 매우 중대하고 또 매우 적절한 것에 대한 생각을 하게 이끈다. 지구상에서 민족 전체가 신의 관념을 전혀 갖지 못할 정도로 어리석은 민족을 발견할 수 있다는 것은 나에게 매우 기이해 보인다. 말하건대 수 혹은 불의 관념을 전혀 가지지 않은 사람을 상상하는 것 또한 나에게는 놀랍다." 저는 우리가 넘어서야 하는 우리 저자의 탁월한 다른 많은 부분들을 한 마디 한 마디씩 인용하는 것이 저에게 항상 허용

..
46) [옮긴이 주] 로크가 '공통적 빛(common light)'이라고 쓴 것을 코스테는 '가장 단순한 빛 (plus simples lunieres)'으로 바꾸어 번역했다.

되기를 바랍니다. 여기서 단지 제가 말하고 싶은 것은, 신의 관념과 일치하는 **이성의 가장 단순한 빛**과 그로부터 자연적으로 유래하는 것에 대해서 언급할 때, 이 저자는 본유 진리에 대한 저의 견해와 거의 다르지 않아 보인다는 것입니다. 그리고 수 혹은 불의 관념을 전혀 갖고 있지 않은 인간을 발견하는 것이 놀라운 일인 것처럼 신의 관념을 전혀 갖지 않은 인간이 있다는 것이 그에게도 기이해 보인다고 언급할 때도 말입니다. 제가 지적하려는 것은, 마리아나 섬, 이 이름은 거기에서 선교를 베푼 스페인 여왕의 이름을 붙인 것인데, 그 섬의 거주자들도 발견되었을 때 불에 대한 인식을 가지고 있지 않았습니다. 원거리 선교의 임무를 부여받은 프랑스 예수회의 고비앵[47] 신부가 출판하고 저에게 보낸 보고서에 나온 것처럼 말입니다.

§16 **필라레테스** "모든 지혜로운 사람들이 신의 관념을 가지고 있다는 것에서 신의 관념이 본유 관념이라고 결론내리는 것이 정당하면, 덕도 마찬가지로 본유적이어야 합니다. 왜냐하면 지혜로운 사람들은 언제나 덕에 대한 참된 관념을 가지고 있기 때문입니다."

테오필루스 덕이 아니라 덕의 관념이 본유 관념이며, 아마도 당신이 의도했던 것이 이것일 것입니다.

필라레테스 "두 직선을 가로질러서 만들어진 대각이 같다는 것이 확실한 것처럼 신이 존재한다는 것도 확실합니다. 동의하지 않을 수 없는 이 두 명제의 진리성을 진지하게 시험하려고 하는 이성적 피조물은 결코 없을 것

••

47) [옮긴이 주] Charles Le Gobien(1653~1708): 프랑스 예수회 신부. 예수회의 중국 선교에 관한 보고서를 편집한 것으로 유명하다. 여기서 말하는 책은 *Histoire des isles Mariannes* (1700)이며, 라이프니츠와 중국 선교에 관한 서신을 주고받기도 했다. Broseau à Leibniz, 1700년 1월 1일(L Br 119, Bl. 293~294); Gobien à Leibniz, 1700년 2월 18일(L Br 541, Bl. 18~20) 참조.

입니다. 그렇지만 이 문제에 대해서 생각해보지 않았기 때문에, 이 두 진리를 똑같이 모르고 있는 인간들도 많이 있다는 것은 의심할 여지가 없습니다."

테오필루스   저는 그것을 인정합니다. 하지만 그것이 이 두 진리가 **본유**적인 것이 아니도록 하지는 못합니다. 즉 사람들이 자기 안에서 그것을 발견할 수 없도록 막지는 못합니다.

§18 필라레테스   "실체에 대한 본유 관념을 갖는 것 또한 유익할 것입니다. 하지만 본유적이든 획득적이든 사실상 우리는 그런 관념을 가지고 있지 않습니다. 왜냐하면 감각을 통해서도 반성을 통해서도 우리는 그런 관념을 가지고 있지 않기 때문입니다."

테오필루스   저는 실체인 우리 자신 안에서 실체의 관념을 발견하는 것은 반성으로 충분하다고 생각합니다. 그리고 이것은 가장 중요한 개념입니다. 그러나 아마도 우리는 다음 논의에서 이 개념에 대해 더 자세하게 이야기하게 될 것입니다.

§20 필라레테스   "만약 정신이 현실적으로 생각하고 있지 않아도 정신에 본유 관념이 있다면, 그것은 적어도 기억에 있어야 합니다. 그것은 기억에서 **상기**의 경로로 도출되어야 합니다. 즉 기억을 다시 부를 때, 알려져야 한다는 것입니다. 상기가 상기 없이 존속할 수 없는 한, 사전에 영혼에 있었던 지각처럼 알려져야 한다는 것입니다. 왜냐하면 그런 관념이 우리의 정신에 이전에 있었다는, 우리가 내적으로 가지고 있는 이런 확신은 본래 상기를 다른 모든 사고방식과 구별해주는 것입니다."

테오필루스   인식, 관념 혹은 진리가 우리의 정신에 있기 위해서 필요한 것이, 우리가 예전에 현실적으로 그것에 대해서 생각했었다는 것은 아닙니다. 이것은 단지 자연적 습성, 말하자면 능동적이고 수동적인, 그리고 **빈 서판**

이상인, 잠재적 소질과 태도일 뿐입니다. 그렇지만 플라톤주의자들은 사실상 우리가 우리 안에서 재발견한 것에 대해서 이미 현실적으로 생각했었다고 믿습니다. 그리고 이것을 거부하는데, 우리가 그것을 기억하지 못한다고 말하는 것은 충분하지 않습니다. 왜냐하면 우리가 전에 생각했다는 것을 망각한 무한하게 많은 생각들이 우리에게 다시 떠오르는 것이 확실하기 때문입니다. 한 사람이 자신이 새로운 시구절를 만들었다고 믿었는데, 그 시구절을 아주 오래전에 어떤 오래된 시에서 한 마디도 빠짐없이 읽었다는 것을 알게 된 일이 있습니다. 그리고 우리는 종종 어떤 특정한 것을 기억하지 않아도 그것을 예전에 이해했기 때문에, 그것을 이해하는 평범하지 않은 능력을 가지고 있습니다. 눈이 멀게 된 아이가 예전에 빛과 색을 보았다는 것을 망각할 수 있습니다. 이 일은 유명한 울리히 쇤베르크가 두 살 반일 때 천연두로 인해서 일어났습니다. 그는 오버팔츠의 목장에서 태어나 1649년 프러시아의 쾨니히스베르크에서 사망했는데, 그곳에서 철학과 수학을 온 세상이 놀랄 정도로 가르쳤습니다. 그런 사람에게 오래된 인상들의 효과는 자신이 그것들을 기억하지 않아도 남아 있을 수 있습니다. 제 생각에 우리는 가끔씩 꿈에서 그런 식으로 오래된 생각들을 다시 하게 됩니다. 율리우스 스칼리거가 베로나의 저명한 인사를 시로 칭송했을 때, 바이에른에서 태어났지만 그 후 베로나에 정착해 살았던 자칭 브루그놀루스(Brugnolus)라고 부르는 어떤 사람이 그의 꿈에 나타나서 자기를 잊은 것을 불평했습니다. 스칼리거는 예전에 그에 대해서 들었던 것을 기억하지 못했지만 이 꿈에서 그에 대한 존경의 표시로 애절한 시를 지어주었습니다. 끝으로 이탈리아를 여행하던 그의 아들 요셉 스칼리거는 예전에 베로나에 이런 이름을 가진 저명한 문법학자 혹은 박식한 비평가가 한 명 있었고 그가 이탈리아에서 문학을 재건하는 데 기여했다고 하는 상세한 이야기를 들었습니다.[48] 이 이야기는 아버지 스칼리거의 산문집에서 그 애절한 시와 함께 발견되고 그 아들의 서신들에서도 발견됩니다. 이것은 또한 요셉 스칼리거와의 대화를 모아 놓은 『스칼리거라나』에도 보고되어 있습니다.[49] 율리우스 스칼리거가 더 이상 기억하지는 못하지만 브루그놀루스에 대해서 어느 정도 알았고 꿈이 부분적으로 그 오래된 관념을 다시 살아나게 한 것이 분명합니다. 물론 우리가 이 동일한 관념을 이미 가지고 있었다는 것을 알게 해준다고 하는, 이른바 본래적 의미에서 **상기**가 여기에 있었던 것은 아니지만, 적어도 저는 우리가 한 지각을 가지고 있었다고 기억하기에 충분하지 않을 때, 지각의 어떤 흔적도 남아 있지 않다는 것을 확신하도록 강제하는 필연성도 없다는 것을 확인합니다.

§24 **필라레테스** 우리가 본유 진리에 대한 반박으로 제시한 문제들에 대해서 당신이 충분히 자연스럽게 답변한 것을 저는 인정해야 합니다. 아마 우리의 저자도 당신이 주장하는 의미에서 본유 진리에 대해서 반대하지는 않을 것입니다. 그래서 저는 단지 테오필루스 당신에게 다음의 문제를 다시 언급합니다. "사람들이 본유 진리를 옹호하는 의견을 염려하는 특정한 이유가 있습니다. 즉 이 의견이 연구자들의 수고를 덜어주는 게으름에 대한 변명으로 사용될 것이고 박사들과 석사들에게 원리의 원리를 만들어주어서 편리함을 제공해 원리들은 문제 삼지 않을 염려가 있다는 것입니다."

테오필루스 제가 이미 말했듯이, 진리가 본유적인지 아닌지 구별할 필요 없이, 받아들일 수 있는 진리의 증명을 추구해야 한다고 권고하는 것이

··

48) J. J. Scaliger, *Epistola de vetustate et splendore gentis Scaligerae, et J. C. Scaligeri vita*(Leiden, 1644), 48~49쪽; *Opuscula varia antehac non edita*(Paris, 1610), 394sq.

49) J. J. Scaliger, *Scaligerana ou Bons Mots, recontre agréable, et remarques Judicieuses et Sçavantes de J. Scaliger*(Köln, 1695), article 'Brugnole'.

당신 친구의 목적이라면, 우리의 의견은 전적으로 일치합니다. 그리고 제가 받아들이는 방식으로 본유 진리를 받아들이는 의견을 어떤 사람도 외면해서는 안 됩니다. 왜냐하면 **본능**의 원인을 탐구하는 것이 좋을 뿐만 아니라 **공리** 자체를 증명하려고 하는 것이 좋다는 것 또한 저의 중대한 공준들 중 하나이기 때문입니다. 그리고 파리에서, 아폴로니우스와 프로클로스의 사례[50]를 이용해 유클리드의 공리들을 증명하려고 했다는 이유로, 그때는 늙었지만 지금은 고인이 된, 로베르발[51] 씨를 비웃었을 때, 저는 그런 연구의 유용성을 보여주었던 것을 기억합니다. 원리를 부정하는 사람들에 반대해서 논쟁할 필요는 없다고 말하는 사람들의 원리와 관련해서 말하자면, 그것은 전적으로 의심할 수도 없고 증명할 수도 없는 원리에 대해서만 유효합니다. 소동과 무질서를 피하기 위해서 사람들은 공적 논쟁들에 대해서 그리고 다른 특정한 회의에 대해서 규칙을 정할 수 있습니다. 그 규칙에 따라 이미 정립된 특정한 진리들에 이의를 제기하는 것은 금지하는 것이 좋습니다. 하지만 이것은 철학의 문제라기보다는 공공질서의 문제입니다.

..

50) Proclus, *In primum Euclidis Elementorum*, ed. Friedlein, 191~198쪽 참조.
51) [옮긴이 주] Gilles de Roberval(1602~1675): 프랑스의 수학자.

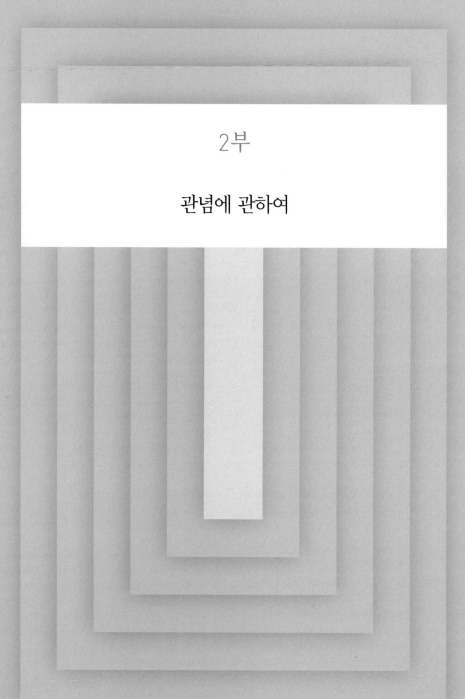

2부

관념에 관하여

1장
관념 일반에 관하여 그리고 인간의 영혼이 항상 생각하는지에 대한 시험

§1 필라레테스　관념이 본유적인지 검토한 후, 이제 우리는 관념의 본성과 구별에 대해서 살펴보려고 합니다. "관념은 생각의 대상(objet)이다."라는 것은 사실 아닙니까?

테오필루스　관념이 직접적이고 내적인 대상이고 그 대상은 사물의 본성이나 성질의 표현이라는 것을 추가한다면, 저는 거기에 동의합니다. 만약 관념이 생각의 **형상**(forme)이라면, 관념은 그에 상응하는 현실적 생각과 함께 생겨나고 소멸할 것입니다. 하지만 관념은 **대상**이기 때문에, 생각하기 전과 후에도 있을 수 있습니다. 감각 가능한 외적 대상은 간접적일 뿐입니다. 그것은 영혼에 직접적으로 작용할 수 없기 때문입니다. 오직 신만이 **외적이고 직접적인** 대상입니다. 사람들은 영혼도 생각의 내적이고 직접적인 대상이라고 말할 수 있을 것입니다. 하지만 그것은 영혼이 관념들 혹은 그에 상응하는 어떤 것을 포함하고 있을 경우에 한해서입니다. 왜냐하면 영혼은 신을 표현하는 구별되는 관념들이 있고 우주를 표현하는 혼란스러운 관념들이 있는 하나의 작은 세계이기 때문입니다.

§2 필라레테스 "영혼이 처음에는 빈 서판(Table Rase)[1]이고 어떠한 기호들도 없으며 어떤 관념도 가지고 있지 않다고 가정하는 우리 쪽 사람들은 영혼이 어떻게 관념을 얻게 되는지, 그리고 무엇을 통해서 그렇게 많은 양의 관념을 획득하는지 묻습니다. 이에 대해서 그들은 한 마디로 대답합니다. 경험을 통해서!"

테오필루스 제 생각에, 사람들이 그렇게 많이 이야기하는 이 **빈 서판**은 자연이 허락하지 않은, 그리고 단지 철학자들의 불완전한 개념에 기초한 허구(fiction)일 뿐입니다. 예를 들면 빈 공간, 원자, 그리고 정지—그것이 절대적 정지이든 전체의 두 부분이 서로 상대적인 정지이든—혹은 어떤 형태가 없어도 생각할 수 있는 제1물질(la matiere premiere) 같은 것입니다. 균일한(uniformes) 것 그리고 어떤 다양성도 포함하지 않는 것은 시간, 공간 그리고 순수 수학의 다른 존재들처럼 추상적인 것들뿐입니다. 자신의 부분이 정지 상태에 있는 물체는 존재하지 않으며, 자신이 다른 모든 실체들과 구별되는 어떤 것을 가지지 않은 실체는 존재하지 않습니다. 인간의 영혼은 다른 존재의 영혼과 다를 뿐만 아니라 인간의 영혼들 간에도 차이가 있습니다. 물론 그 차이가 영혼의 본성상 종적인(specifiques) 차이라고 부르는 것은 아닙니다. 그리고 제가 한 증명에 따르면, 영혼이든 물체든 모든 실체적인 것은 각각의 다른 실체들과 고유한 관계를 맺고 있습니다. 그리고 각각의 실체는 항상 **내재적 명명들**(denominations intrinseques)에 의해서

..

1) [옮긴이 주] '빈 서판(table rase)'은 로크의 『인간지성론』을 프랑스어로 번역한 코스테의 번역어이다. 원래 로크는 이 부분에서 그의 유명한 '백지(white paper)'라는 표현을 사용했다.

다른 실체와 다릅니다. 저 **빈 서판**에 대해서 그렇게 많이 이야기하는 사람들은 그 빈 서판에서 관념들을 제거하고 난 후에는 거기에 무엇이 남는지 말할 수 없을 것입니다. 자신들의 제1물질에 아무것도 남겨놓지 않았던 스콜라 철학자들처럼 말입니다. 사람들은 아마도 제게 대답할 것입니다. 철학자들은 이 빈 서판을 통해서 영혼은 자연적으로 또 본래적으로 단지 벌거벗은 능력(facultés nues)일 뿐이라는 것을 말하려고 했다고 말입니다. 하지만 아무런 현실성(acte)도 없는 능력, 한마디로 스콜라의 순수한 가능성(pures puissances)도 자연이 인식하지 못하는 그리고 추상 활동을 함으로써만 얻을 수 있는 허구일 뿐입니다. 왜냐하면 아무런 현실성도 실행하지 않고 오직 가능성만을 포함하고 있는 능력은 결코 세상에 없을 것이기 때문입니다. 항상 행동으로 이끄는 그리고 다른 행동이 아니라 이 행동으로 이끄는 특정한 잠재적 소질이 존재합니다. 그리고 잠재적 소질 외에도 행동으로 이끄는 성향(tendance)이 있고, 거기에는 사실상 항상 각각의 주체에 동시에 무한하게 많은 행동으로 이끄는 성향이 있으며, 이런 성향들은 어떤 특정한 결과 없이는 결코 있을 수 없습니다. 저는 영혼이 이런저런 생각들을 야기하기 위해서 또 우리 안에 있는 관념들에 주목하기 위해서 경험이 필요하다는 것은 인정합니다. 하지만 어떻게 경험과 감각이 관념을 줄 수 있습니까? 영혼이 창을 가지고 있나요? 영혼이 서판과 유사한가요? 그것이 밀랍 같은 것인가요? 영혼에 대해서 그렇게 생각하는 사람들은 모두 영혼을 근본적으로 물체적인 것으로 보는 것이 분명합니다. 어떤 사람은 철학자들 사이에서 인정되는 다음의 공리로 저를 반박할 것입니다. 즉 '**감각으로부터 나오지 않은 것은 어떤 것도 영혼에 있을 수 없다.**' 하지만 영혼 자신과 그것의 감정은 예외로 해야 합니다. '**감각으로부터 나오지 않은 것은 어떤 것도 지성에 있을 수 없다. 예외: 지성 자신은 제외하고.**' 영혼은 존재, 실체, 단일, 동일, 원인, 지각, 이성적 추론, 그리고 감관이 제공할 수 없는 다른 많은 개념들을 포함하고 있습니다. 이것은 정신의 고유한 본성에 관한 정신의 반성에서 관념 대부분의 원천을 찾는 당신의 『지성론』 저자와 상당히 일치합니다.

필라레테스   그래서 저는 당신의 견해가 이 박식한 저자의 다음과 같은 견해와 일치하기를 바랍니다. "모든 관념은 감각(sensation)을 통해서 혹은 반성(reflexion)을 통해서 나옵니다. 즉 외부의 감각 가능한 대상에 대한 것이든 우리 영혼 내부의 작용에 대한 것이든 우리가 한 관찰을 통해서 나옵니다."

테오필루스   우리가 오랫동안 머물렀던 것에 관한 논쟁에서 벗어나기 위해서, 제가 먼저 필라레테스 당신에게 단언합니다. 당신이 우리의 관념들은 이 원인들 중 감각 혹은 반성에서 기원한다고 말할 때, 저는 그것을 관념들의 현실적(actuelle) 지각이라고 이해합니다. 왜냐하면 저는 이것을 보여 주었다고 생각하는데, 관념들이 구별되는 어떤 것을 가지고 있는 한에서 우리가 그 관념들을 자각하기 전에 그 관념들은 우리 안에 있기 때문입니다.

§9 필라레테스   그다음 우리는 영혼이 지각을 가지고 관념에 대해서 현실적으로 생각하기 시작한다고 말해야 하는 때에 대해서 살펴볼 것입니다. "저는 영혼이 항상 생각하고 있다고 또 이 현실적 생각은 현실적 연장이 물체와 분리될 수 없는 것처럼 영혼과 분리될 수 없다고 주장하는 견해가 있다는 것을 잘 알고 있습니다." **§10** "하지만 저는 물체가 항상 운동 상태에 있는 것보다 영혼이 항상 생각하고 있는 것이 더 필요하다는 것을 이해할 수 없습니다. 관념의 지각과 영혼의 관계는 운동과 물체의 관계와 같습니다." 적어도 제게는 이것이 매우 합리적으로 보입니다. 그리고 저는 이에

대한 테오필루스, 당신의 의견을 알고 싶습니다.

테오필루스 필라레테스, 당신은 활동이 물체보다 영혼과 더 결합해 있는 것이 아니라고 말했습니다. 생각 없는 영혼의 상태와 절대적으로 정지한 물체의 상태는 제게는 똑같이 자연에 반대되고 세상에 사례가 없을 것으로 보입니다. 한번 활동 상태에 있는 실체는 그 상태를 계속할 것입니다. 왜냐하면 모든 인상들은 지속되고 오직 다른 새로운 인상들과만 섞이기 때문입니다. 사람들이 한 물체를 두드릴 때, 그들은 무한하게 많은 소용돌이를 야기하고 또 심지어 결정합니다. 액체 속에서 그런 일이 일어나는 것처럼 말입니다. 왜냐하면 근본적으로 모든 고체는 어느 정도 액체성을 가지고 있으며 모든 액체는 어느 정도 고체성을 가지고 있기 때문이며, 결코 이 내부의 소용돌이를 완전히 멈추게 할 방법이 없기 때문입니다. 이제 사람들은 물체가 결코 정지 상태에 있을 수 없다면, 그 물체에 상응하는 영혼도 결코 지각없는 상태로 있을 수 없으리라는 것을 믿을 수 있습니다.

필라레테스 "하지만 이것은 아마도 모든 사물의 작자와 보존자의 특권일 것입니다. 그의 완전성은 무한하기 때문에, 결코 잠들지 않고 졸지도 않습니다. 이것은 유한한 존재에게는 혹은 적어도 인간의 영혼과 같은 그런 존재에게는 결코 어울리지 않는 일입니다."

테오필루스 우리는 잠을 자고 졸기도 합니다. 하지만 신은 그렇지 않습니다. 이것은 확실합니다. 하지만 이로부터 우리가 잠을 잘 때, 아무런 지각도 가지고 있지 않는다는 것이 도출되지는 않습니다. 잘 주의해보면 오히려 완전히 반대라는 것이 발견됩니다.

필라레테스 "우리에게는 생각하는 힘을 소유한 어떤 것이 있습니다." 하지만 이로부터 우리가 항상 그것을 현실화하는 것이 도출되지는 않습니다.

테오필루스 진정한 힘은 결코 단순한 가능성이 아닙니다. 거기에는 항상 성향과 활동이 있습니다.

필라레테스 "하지만 '영혼은 항상 생각한다.'라는 명제는 그 자체로 자명한 명제가 아닙니다."

테오필루스 제가 말하는 것은 그것이 아닙니다. 그것을 알기 위해서는 약간의 주의와 추론이 필요합니다. 평범한 사람은 공기의 압력이나 지구의 둥근 형체를 자각하지 못하는 것처럼 그것을 자각하지 못합니다.

필라레테스 "저는 제가 지난밤 생각했는지 의심합니다. 이것은 사실의 문제입니다. 이것은 감각 가능한 경험을 통해서 결정되어야 합니다."

테오필루스 사람들은 이 문제를 지각할 수 없는 물체와 볼 수 없는 운동이 존재한다는 것을 증명하는 것과 같은 방식으로 결정합니다. 비록 몇몇 사람들이 그것을 우스운 것으로 취급하지만 말입니다. 이처럼 눈에 띄지 않는 지각들이 수없이 많이 있습니다. 그것들은 자각하거나 기억하기에 충분할 정도로 구별되지 않습니다. 하지만 특정한 추론의 결과(consequences)를 통해서 자신을 알립니다.

필라레테스 "우리가 자는 동안에는 영혼이 현존한다는 것을 감지하지 못하기 때문에, 영혼은 현존을 중단한다는 우리의 주장을 반박했던 어떤 저자[2]가 있습니다. 하지만 이런 반박은 기이한 선입견에서만 나올 수 있습니다. 우리는 우리가 자는 동안 영혼이 현존한다는 것을 감지하지 못하기 때문에 인간에게 영혼이 존재하지 않는다고 말한 것이 아니라, 단지 인간은 영혼을 자각하지 않고는 생각할 수 없다고 말한 것이기 때문입니다."

테오필루스 저는 그 반박이 들어 있는 책을 읽지 못했습니다. 하지만 생각을 자각하지 못한다는 것을 이유로 생각이 중단된다는 결론이 나오지 않

∴

2) I. Norris, *Cursory Reflections*(1690).

는다고 반박하는 것이 잘못은 아닐 것입니다. 왜냐하면 같은 이유에서 다르게 말할 수도 있기 때문입니다. 즉 영혼을 자각하지 못하는 동안 영혼은 존재하지 않는다고 말입니다. 그리고 이 반박을 거부하기 위해서는 특별히 생각에 대해서 생각을 자각하는 것이 생각에게는 본질적이라는 것을 보여야 합니다.

§11 필라레테스 "한 사물이 생각할 수 있고 그것이 생각하는 것을 감지하지 못한다는 것을 이해하는 것이 쉽지 않습니다."

테오필루스 의심의 여지없이 그것이 바로 문제의 핵심이자 박식한 사람들을 혼란스럽게 만들었던 어려움입니다. 하지만 여기에 그것을 해결할 방도가 있습니다. 우리가 동시에 많은 것들에 대해서 생각하지만 가장 잘 구별된 생각들에만 주목한다는 점을 주시해야 합니다. 그리고 그것은 달라질 수 없습니다. 왜냐하면 우리가 모든 것에 주목한다면, 우리는 모든 것을 감지하고 우리 감관에 자극을 주는 무한하게 많은 것들에 대해서 동시에 주의하면서 생각해야 하기 때문입니다. 좀 더 말하자면, 우리의 모든 과거의 생각들에 어떤 특정한 것이 남아 있으며, 어떤 것도 결코 완전하게 삭제될 수 없습니다. 우리가 꿈도 꾸지 않고 잠을 잘 때, 그리고 우리가 어떤 충격을 받거나 어디에서 떨어지거나 어떤 병의 증상이 나타나거나 해서 혹은 다른 사건에 의해서 당황할 때, 우리에게는 무한하게 많은 작고 혼란스러운 감각들이 만들어집니다. 그리고 죽음도 단지 이르거나 늦을 뿐 구별된 지각들을 확실하게 되찾아야 하는 동물의 영혼에 다른 영향을 줄 수는 없습니다. 왜냐하면 자연에서 모든 것은 순서에 따라 진행되기 때문입니다. 그럼에도 저는 이 혼란스러운 상태에서 영혼에게 즐거움도 고통도 없으리라는 것을 인정합니다. 그것은 눈에 띄는 지각이기 때문입니다.

§12 필라레테스 "지금 우리와 관련이 있는 사람들이 (즉 영혼이 항상 생각한

다고 믿는 데카르트주의자들이) 인간과 다른 모든 동물에게 인식하고 생각하는 영혼을 부여하지 않은 채 생명을 인정한 것은 사실 아닙니까? 그리고 그들은 영혼이 신체와 결합하지 않아도 생각할 수 있다고 말하는 데 아무런 어려움이 없습니다."

테오필루스 제 의견은 다릅니다. 영혼이 항상 생각한다고 말한 점에서는 데카르트주의자들의 의견과 같지만 다른 두 의견에서는 그렇지 않습니다. 저는 동물이 불멸의 영혼을 가지고 있다고 믿고, 인간뿐만 아니라 다른 모든 것들의 영혼도 결코 신체 없이 존재할 수 없다고 믿습니다. 더욱이 저는 오직 신만이 순수 현실태이기 때문에 그것에서 완전히 예외라고 생각합니다.

필라레테스 당신이 데카르트주의자들의 견해에 동의했다면, 저는 그로부터 다음과 같이 추론했을 것입니다. 카스토르 혹은 폴룩스의 신체는 어떤 때는 영혼과 함께 또 어떤 때는 영혼 없이 존재할 수 있고, 그럼에도 언제나 살아 있을 수 있다고 말입니다. 그리고 영혼이 어떤 때는 자기 신체에 있을 수 있고 또 어떤 때는 자기 신체 밖에 있을 수 있기 때문에, "카스토르와 폴룩스는 오직 하나의 영혼을 가지고 있고, 이 영혼이 두 사람의 신체에 번갈아가며 머물러 하나는 잠을 자고 다른 하나가 일어나는 것을 교대로 하는 식으로 작용하는 것이라고 가정할 수 있습니다. 그래서 영혼은 카스토르와 헤라클레스가 그런 것처럼 구별되는 두 인격을 만들 것이라고 말입니다."

테오필루스 제 차례에 저는 당신에게 더 실재적으로 보이는 다른 가정을 제안하려고 합니다. 사실 일정한 기간이 지나고 나서 혹은 어떤 큰 변화 후에 사람들이 일반적인 망각 상태에 빠질 수 있는 것을 항상 인정할 필요가 있지 않습니까? (사람들이 말하기를) 슬레이다누스[3)]는 죽기 전에 자신이 알고 있던 모든 것을 잊었다고 합니다. 그리고 이런 슬픈 사건의 다른 사례가 많이 있습니다. 다시 젊어져서 새로운 것을 모두 배운 어떤 특정한 사람이 있다고 가정해봅시다. 그러면 그로 인해 이 사람이 다른 사람이 되나요? 따라서 바로 그 동일한 인간을 만드는 것은 기억이 아닙니다. 이 신체들 중 하나에서 일어나는 일을 다른 신체에서 관여하지 않으면서, 다른 신체를 번갈아가며 살아 있게 하는 영혼에 대한 허구는 사물의 본성에 반하는 허구들 중 하나입니다. 이런 허구는 물체 없는 공간 그리고 운동 없는 물체와 같이 철학자들의 불완전한 개념에서 나오며 조금만 더 깊이 생각해보면 사라집니다. 그들이 알아야 하는 것은 각각의 영혼은 지나간 모든 인상을 보존하고 있고 당신이 말한 방식으로 나눠질 수 없다는 것입니다. 즉 각각의 실체에서 미래는 과거와 완벽하게 연결되어 있습니다. 이것이 개체의 동일성을 만드는 것입니다. 기억은 여기에 필요하지도 않고 또 가능하지도 않습니다. 우리가 현재 가지고 있는 생각에 기여하는 것은 현재 가지고 있고 과거에 가졌던 다수의 인상들이기 때문입니다. 왜냐하면 저는 인간에게 혼란스러운 생각일지라도 아무런 영향력이 없는 생각들, 혹은 뒤따르는 생각들과 섞여 어떤 흔적도 남기지 않는 생각들은 있을 수 없다고 믿기 때문입니다. 사람들은 많은 것을 잊을 수 있습니다. 하지만 정확하게 다시 되돌아가보면, 아주 오래된 것을 다시 기억해낼 수도 있습니다.

§13 **필라레테스** "꿈꾸지 않고 잠든 사람들은 자신의 생각이 활동 상태에 있다는 것을 확신할 수 없을 것입니다."

테오필루스 사람들이 잠자는 동안 꿈을 꾸지 않을 때, 아무런 약한 느낌도 없이 있는 것은 아닙니다. 깨어나는 것 자체가 그것을 보여줍니다. 그리고

∴

3) [옮긴이 주] Johannes Sleidanus(1506~1556): 룩셈부르크의 법률가, 외교관.

사람들이 더 쉽게 깨어난다는 것은 그만큼 외부에서 일어나는 일에 대해서 더 많은 느낌을 가진다는 것입니다. 비록 이 느낌이 깨어나게 만드는 데 항상 충분히 강하지 않더라도 말입니다.

§14 필라레테스 "이 순간에 잠든 사람의 영혼이 생각하고 그다음 순간에 깨어난 사람의 영혼이 그것을 다시 기억하지 못한 채 생각한다는 것은 이해하기 어렵습니다."

테오필루스 이것은 이해하기 쉽습니다. 그뿐만 아니라 우리가 깨어 있는 동안 이와 유사한 일들이 매일매일 관찰되기도 합니다. 왜냐하면 우리는 항상 우리의 눈과 귀를 자극하는 대상들에게 둘러싸여 있기 때문에, 우리가 주목하지 않아도 영혼은 그것들로부터 자극을 받기 때문입니다. 우리가 그것에 주목하지 않는 이유는, 대상이 활동을 두 배로 하거나 어떤 다른 이유에서 대상에 주목할 수 있도록 충분히 강해질 때까지 다른 대상에 주목하기 때문입니다. 여기 이 대상에 대해서는 개별적인 잠이지만 우리가 모든 대상들을 한꺼번에 주목하는 것을 중지할 때, 이 잠은 일반적인 잠이 됩니다. 주목을 약화시키기 위해서 분산하는 이 방법은 잠드는 방법이기도 합니다.

필라레테스 "저는 자신의 젊은 시절에 학업에 전념했고 매우 행복한 기억을 가지고 있는 사람에 대해서 들었습니다. 그는 감기에 걸리기 전에는 어떤 꿈도 꾸지 않았다고 합니다. 감기는 바로 회복되었다고 하는데, 그가 이 이야기를 했던 것이 25살 아니면 26살 때였습니다."

테오필루스 저도 한 번도 꿈을 꾸지 않은, 나이가 더 많은 학자에 대해서 들은 적이 있습니다. 하지만 영혼의 지각의 항구성에 대한 근거를 꿈에만 둘 필요는 없습니다. 잠자는 동안 영혼이 어떻게 자신 밖에서 일어나는 일에 대한 지각을 갖는지 제가 이미 보여주었기 때문입니다.

§15 **필라레테스** "가끔씩 생각하는 것 그리고 생각한 것에 대한 기억을 한순간 보존하지 않는 것, 이것은 쓸모없는 방식으로 생각하는 것입니다."

테오필루스   모든 인상은 효과를 가지고 있습니다. 하지만 모든 효과가 항상 눈에 띄는 것은 아닙니다. 제가 저 자신을 다른 쪽이 아니라 이쪽으로 돌릴 때, 이것은 제가 자각하지 못하지만 다른 운동보다는 이 운동을 좀 더 어렵게 만드는 일련의 미세 인상들로 인해서 일어나는 경우가 많습니다. 그리고 우리가 깊이 생각하지 않고 한 모든 행동은 미세 지각들이 협력한 결과물입니다. 우리의 숙고에 많은 영향을 미치는 우리의 관습과 정념도 그것으로부터 나옵니다. 왜냐하면 이런 습성이 점점 더 생겨나고, 따라서 미세 지각들 없이는 눈에 띄는 이 잠재적 소질에 이를 수 없기 때문입니다. 저는 이미, 도덕에서 이런 효과를 부정하는 사람은 자연학에서 감각 불가능한 입자들을 부정하는 잘못 배운 사람들을 모방하는 것이라고 지적했습니다. 그렇지만 저는 자유에 대해서 이야기하는 사람들 중에 저울의 균형을 기울게 할 수 있는 이 감각 불가능한 인상들에 주목하지 않는 사람들이 있다는 것을 압니다. 그들은 도덕적 행위에서 완벽한 무구별을 상상합니다. 두 목초지 사이 중간에 서 있는 뷔리당의 당나귀의 완전한 무구별처럼 말입니다.[4] 우리는 이 점에 대해서 다음에 더 자세하게 이야기할 것입니다. 그렇지만 저는 그 인상들이 성향을 만들 뿐 강제하지는 않는다는 것을 인정합니다.

필라레테스   "아마도 이렇게 말할 수 있을 것입니다. 생각하고 있는 사람이

:

4) [옮긴이 주] 동일한 거리만큼 떨어져 있는 두 목초더미 사이에서 굶어 죽은 당나귀 사례는 실제로 뷔리당(Johannes Buridanus)의 저작에 등장하지 않는다. 이 논증은 Aristoteles, *De caelo*, II, 13, 295b 32에서 유래한 것으로 보인다.

깨어 있는 상태에서 그의 신체는 어떤 것으로 향해 있습니다. 그리고 기억은 뇌의 흔적(traces)으로 보존됩니다. 하지만 잠자고 있을 때, 영혼은 자신의 생각들을 자기 자신 안에 분리해서 가지고 있습니다.”

테오필루스　제가 말하는 것은 그것이 아닙니다. 저는 신체와 영혼 사이에 항상 정확한 일치가 있다고 믿기에 영혼이 유사한 인상을 가지고 있다는 것을 증명하기 위해서, 깨어 있는 상태든 자고 있는 상태든 상관없이, 자각하지 못하는 신체의 인상들을 사용할 것이기 때문입니다. 더욱이 저는 혈액의 순환과 장기의 모든 내부 운동에 상응하는 어떤 일이 영혼에서 일어난다고 주장합니다. 물레방아 근처에 사는 사람들이 물레방아가 만들어내는 소음을 자각하지 못하는 것처럼, 사람들이 그런 신체의 운동을 자각하지 못하더라도 말입니다. 잠을 자는 동안이나 깨어 있는 동안에 영혼이 자극받지 못하거나 영향받지 못하는 인상들이 실제로 신체에 있다면, 마치 영혼이 지각할 수 있도록 하기 위해서 물체적 인상들이 어떤 특정한 형태와 크기를 필요로 하는 것과 같이, 영혼과 신체의 합일에 제한을 두어야 합니다. 영혼이 비물체적일 때, 이것은 옹호될 수 없습니다. 왜냐하면 비물체적 실체와 물질의 이런저런 변용 사이에 어떤 비례 관계도 없기 때문입니다. 한마디로 말해서, 영혼이 자각하지 못하는 지각은 영혼에 없다고 믿는 것이 커다란 오류의 원천입니다.

§16 필라레테스　“우리가 기억하는 대부분의 꿈들은 기괴하고 나쁘게 연결되어 있습니다. …… 따라서 우리는 영혼이 신체에 대해서 이성적으로 생각하는 능력을 가지고 있다고 말해야 하거나 영혼은 자신의 이성적 독백도 기억하지 않는다고 말해야 합니다.”

테오필루스　신체는 이성적 영혼이든 아니든, 영혼의 모든 생각에 상응합니다. 그리고 깨어 있는 사람들의 생각들이 뇌에 흔적을 가지고 있는 만큼 꿈도 마찬가지로 뇌에 흔적을 가지고 있습니다.

§17 필라레테스 "영혼이 항상 현실적으로 생각한다는 것을 당신이 매우 확신하고 있기 때문에, 영혼과 신체가 합일하기 전 혹은 영혼이 감각의 통로로 어떤 관념을 받아들이기 전 신체와 영혼이 합일하는 바로 그때 아이의 영혼에 있는 관념들이 무엇인지 저에게 말해줄 수 있기를 바랍니다."

테오필루스 우리의 원리로 당신을 만족시키는 것은 쉽습니다. 영혼의 지각은 항상 자연적으로 신체의 구조에 상응합니다. 그리고 경험이 적은 사람들에게 일어나는 것처럼, 뇌에 혼란스럽고 덜 구별되는 운동이 많이 있을 때, 영혼의 생각이 (사물의 질서에 따라서) 더 구별되는 것일 수는 없습니다. 그럼에도 영혼은 결코 **감각**의 도움에서 벗어나지 않습니다. 왜냐하면 영혼은 항상 자신의 신체를 표현하기 때문입니다. 그리고 이 신체는 항상 주위의 사물들로부터 무한하게 많은 방식으로 자극받습니다. 하지만 그것은 종종 혼란스러운 인상만을 제공할 뿐입니다.

§18 필라레테스 그러나 『지성론』의 저자가 제기한 다른 질문이 여기 또 있습니다. "인간의 영혼 혹은 (동일한 것인) 인간은 항상 생각한다는 것을 그렇게 많은 확신을 가지고 주장하는 사람들은 그것을 어떻게 아는지 저에게 말해주시기를 바랍니다."

테오필루스 우리가 자각하지 못하는 어떤 것이 영혼에서 일어난다는 것을 부정하기 위해서 더 많은 확신이 필요하지 않을지 저는 모르겠습니다. 눈에 띌 수 있는 것은 눈에 띄지 않는 부분들로 구성되어야 하기 때문에, 어떤 것도 단 한 번에 생겨날 수는 없습니다. 생각도 운동도 마찬가지입니다. 따라서 이것은 마치 누군가 오늘날 우리가 감각 불가능한 입자들을 어떻게 인식하는지 묻는 것과 같습니다.

§19 필라레테스 "영혼이 항상 생각한다고 우리에게 말하는 사람들이 이전

에는 인간이 항상 생각한다고 우리에게 말한 것을 저는 기억하지 못합니다."

테오필루스 제 생각에, 이것은 그들이 영혼을 신체와 분리된 것으로 이해할 때도 있기 때문입니다. 그렇지만 그들은 영혼과 신체가 합일하고 있는 동안, 인간이 항상 생각한다는 것을 기꺼이 인정합니다. 영혼이 모든 신체와 절대 분리되지 않는다고 주장할 근거를 가지고 있는 저로서는 인간이 항상 생각하고 또 생각할 것이라고 절대적으로 말할 수 있습니다.

§19 필라레테스 "신체가 부분을 갖지 않은 채 연장된 것이라고 말하고, 어떤 것이 생각한다는 것을 자각하지 않은 채 생각한다고 말하는 것은 똑같이 이해할 수 없어 보이는 두 주장입니다."

테오필루스 필라레테스, 당신이 영혼이 자각하지 못하는 것은 영혼에 없다고 주장했을 때, 그것은 논점 선취의 오류라고 말할 수밖에 없다는 것을 용서하시기 바랍니다. 이것은 이미 우리의 첫 번째 논의 전체를 지배했었고, 그때 사람들은 본유 관념과 본유 진리를 타파하기 위해서 그 주장을 사용했습니다. 우리가 그것을 인정한다면, 우리는 경험과 이성이 충돌하는 것을 믿는 것일 뿐만 아니라 근거 없이 우리의 견해를 포기하는 것이기도 합니다. 저는 우리의 견해를 충분히 이해할 만하게 설명했다고 믿습니다. 하지만 그 외에도 우리의 반대자들은 매우 박식함에도 불구하고 이 주제에 대해서 그들이 매우 자주 그리고 매우 확실하게 주장한 것에 대한 증거를 내놓지 않았습니다. 반대 입장을 보여주는 것은 쉽습니다. 말하자면, 우리가 우리의 모든 생각에 대해서 항상 분명하게 반성적으로 사고하는 것은 불가능합니다. 그것이 가능하다면, 정신은 결코 새로운 생각으로 넘어가지 못하고 매번 반성적 사고에 대해서 반성하는 식으로 무한하게 반성을 반복할 것입니다. 예를 들어 제가 현재의 어떤 감정을 자각하고 있을 때, 저는 제가 생각하고 있다는 것을 항상 생각해야 합니다. 그리고 제가 생각한다는 것을 생각하고 있다는 것을 또 생각해야 합니다. 이렇게 무한하게 진행될 것이라고 하면서 그것의 불가능성을 보여주면 됩니다. 그러나 저는 이 모든 반성에 대해서 반성하는 것을 중단해야 합니다. 그리고 그것에 대해서 생각하지 않아도 넘어갈 수 있는 어떤 생각이 있어야 합니다. 그렇지 않으면 우리는 항상 같은 것에 계속 머물러 있게 될 것입니다.

필라레테스 "인간이 배고픔을 자각하지 못한 채 배고플 수 있다고 말함으로써 인간은 항상 배고프다고 주장하는 것도 상당한 근거가 있는 것 아닙니까?"

테오필루스 큰 차이가 있습니다. 배고픔은 항상 존속하지 않는 특정한 이유를 가지고 있습니다. 그렇지만 사람들이 배가 고플 때, 매 순간 그것을 생각하는 것도 아니라는 것 또한 맞습니다. 하지만 사람들이 배고픔에 대해서 생각할 때는 그것을 자각합니다. 그것은 매우 주목하기 쉬운 욕구이기 때문입니다. 위에는 항상 자극이 있지만 그것이 배고픔을 야기하기 위해서는 충분히 강해야 합니다. 일반적인 생각들과 주목할 만한 생각들 사이에서도 항상 이와 같은 구별이 있어야 합니다. 이렇게 해서 우리의 견해를 우스운 것으로 만들기 위해서 내세운 것이 그것을 확증하는 데 사용됩니다.

§23 필라레테스 이제, "언제 인간이 자신의 생각에 관념을 갖기 시작하는지" 물을 수 있습니다. 그리고 제가 보기에, 그것은 "인간이 어떤 감각을 가질 때부터"라고 답해야 할 것 같습니다.

테오필루스 제 의견도 같습니다. 하지만 이것은 약간 특정한 원리를 따릅니다. 왜냐하면 저는 우리가 [결코 관념 없이] 생각 없이 있을 수 없고 또 감각 없이도 있을 수 없다고 믿기 때문입니다. 저는 다만 관념과 생각을 구별할 뿐입니다. 우리는 항상 모든 순수하거나 구별되는 관념을 감관

(sens)과 별개로 가지고 있지만 생각은 항상 어떤 감각(sensation)에 상응하기 때문입니다.[5]

§25 필라레테스 "그러나 정신은 인식의 기초 혹은 재료인 단순 관념의 지각에서는 단지 수동적(passif)입니다. 반면 정신이 복합 관념을 구성할 때는 능동적(actif)입니다."

테오필루스 당신 자신의 고백에 따르면, 단순 관념의 지각이 반성에서 나오는 것이 있고, 정신 자신이 반성하는 것이기 때문에, 적어도 정신은 스스로에게도 반성의 생각을 제공하는데, 어떻게 정신이 모든 단순 관념의 지각에 대해서 오로지 수동적이기만 할 수 있겠습니까? 정신이 이 생각을 거부할 수 있는지는 또 다른 문제입니다. 어떤 기회가 생길 때, 그 생각에서 멀어지게 할 어떤 이유도 없으면 그런 일은 전혀 일어날 수 없을 것입니다.

필라레테스 지금까지 우리는 전문가로서 논쟁한 것 같습니다. 이제 관념에 대해서 세부적으로 들어갈 것입니다. 이로써 저는 우리가 더 많은 것에서 의견이 일치하고 어떤 특정한 것에서만 차이가 나기를 희망합니다.

테오필루스 제가 참이라고 생각하는 견해에 동의하는 박식한 사람들을 보는 것은 몹시 기쁜 일입니다. 제 견해를 돋보이게 하고 빛나게 하는 데 그런 사람들이 적절하기 때문입니다.

∙∙

5) [옮긴이 주] 라이프니츠는 '생각'을 현실적 생각 활동으로, 그리고 '관념'을 그 생각 활동이 향하고 있는 대상으로 이해한다. 생각의 대상인 관념은 그것의 논리적 본성상 감관과 독립적이지만 생각 활동은 감각과 분리될 수 없다고 본 것이다.

2장
단순 관념에 관하여[6]

§1 필라레테스   테오필루스, 저는 당신이 여전히 다음에 동의하기를 희망합니다. 즉 "관념에는 단순 관념과 합성(composées) 관념이 있습니다. 그에 따라 밀랍의 열과 물렁물렁함, 그리고 얼음의 차가움은 단순 관념을 제공합니다. 영혼은 그것들에 대해서 다른 관념으로 구별될 수 없는 균일한 개념을 가지기 때문입니다."

테오필루스   저는 이 감각 가능한 관념들이 외견상 단순 관념이라 말할 수 있다고 생각합니다. 왜냐하면 그 관념들은 혼란스러운 관념이기 때문에, 정신에 그 관념들이 포함하고 있는 것을 구별할 방법을 제공하지 못하기 때문입니다. 이것은 멀리 떨어져 있는 사물이 둥글게 보이는 것과 같습니다.

∴

6) 2장과 3장은 1부와 2부를 합한 후 라이프니츠가 4장 고체성에 관한 문제로 돌아왔을 때 편집되었다. 실제 최초의 편집은 곧바로 대화체의 배열을 포함한다.

이것은 사람들이 각들을 식별할 수 없기 때문입니다. 비록 그 사물로부터 어떤 혼란스러운 인상을 받기는 하겠지만 말입니다. 예를 들어 녹색이 청색과 노란색이 같이 섞여 만들어진다는 것은 분명합니다. 그래서 사람들은 녹색의 관념도 이 두 색의 관념의 합성으로 만들어진다고 믿을 수 있습니다. 그렇지만 녹색의 관념도 우리에게 청색의 관념이나 따뜻함의 관념처럼 단순 관념으로 보입니다. 따라서 이 청색의 관념과 따뜻함의 관념이 외견상으로만 단순 관념이라고 믿게 됩니다. 저는 이 관념들을 단순 관념으로 취급하는 것에 기꺼이 동의합니다. 왜냐하면 적어도 우리의 지각작용은 그것들을 분할하지 못하기 때문입니다. 그러나 그 관념들을 더 잘 이해할 수 있게 설명하려면, 다른 경험들을 통해서 그리고 이성을 이용해서 그것들을 분석해야 합니다.[7]

:.

7) [옮긴이 주] 게르하르트 편집본(GP. V: L3)에서는 다음 문장이 추가되어 있다. ~ 분석해야 합니다. ｜ "그리고 이를 통해서 사람들은 우리가 자각하지 못하는 지각이 있다는 것도 알게 됩니다. 왜냐하면 외견상 단순한 관념들의 지각은 이 관념들을 구성하고 있는 부분들의 지각으로 합성되기 때문입니다. 이 혼란스러운 관념이 정신에 단순 관념으로 보이지 않아서 정신이 그것을 자각하지 못하더라도."

3장
단 하나의 감관을 통해서
우리에게 주어지는 관념에 관하여

필라레테스 "이제 우리는 우리에게 지각이 주어지는 방식에 따라서 단순 관념을 분류할 수 있습니다. 왜냐하면 단순 관념은 (1)단 하나의 감관을 통해서, 혹은 (2)하나 이상의 감관을 통해서, 혹은 (3)반성을 통해서, 혹은 (4)감각의 모든 경로를 통해서뿐만 아니라 반성을 통해서 만들어지기 때문입니다. 관념을 받아들이기 위해 특별히 배치되어 있는 단 하나의 감관을 통해서 들어오는 관념들과 관련해서 보자면, 빛과 색은 오직 눈을 통해서만 들어옵니다. 모든 종류의 소음, 소리, 음색은 오직 청각을 통해서만 들어옵니다. 다양한 맛은 미각을 통해서, 그리고 냄새는 후각을 통해서만 들어옵니다. 기관과 신경은 이것들을 뇌에 전달합니다. 그리고 이 기관들 중 어떤 것에 이상이 생기게 되면, 이 감각들은 다른 가짜 문(fausse porte)을 통해서 들어오는 것이 허용되지 않습니다. 가장 중요한 촉각적 성질은 차가움, 따뜻함, 고체성(solidité)입니다. 나머지 다른 성질들은 매끄러움

(poli) 혹은 거침(rude)을 만드는 감각 가능한 부분들의 얼개로 구성되거나 촘촘함(compact), 물렁물렁함(mou), 딱딱함(dur), 깨지기 쉬움(fragile)을 만드는 부분들의 합일로 구성됩니다."

테오필루스 필라레테스, 저는 당신이 말한 것에 충분히 동의합니다. 그럼에도 저는 다음을 지적할 수 있습니다. 시신경이 있는 부분에서 시력 장애를 겪은 고 마리오트[8] 씨의 경험에 따르면, 신경보다는 망막이 감각을 더 잘 받아들이는 것 같습니다. 그리고 청각과 미각에 다른 가짜 문이 있는 것 같습니다. 기관들이 서로 연결되어 있어서, 치아와 **정수리**(vertex)가 소리를 듣는 데 기여하고 미각은 코를 통해서 어떤 식으로 인식되기 때문입니다. 하지만 이 모든 것은 관념의 해명에 있어서 근본적으로 아무것도 변경하지 않습니다. 그리고 촉각적 성질들과 관련해서, 매끄러움 혹은 거침, 딱딱함 혹은 물렁물렁함은 저항성(resistence) 혹은 고체성의 변용에 불과하다고 말할 수 있습니다.

••

8) E. Mariotte, *Nouvelle découverte touchant la vue*(1679).

4장
고체성에 관하여

§1 **필라레테스** "당신은 다음도 의심 없이 동의할 것입니다. 고체성(solidité)
의 감각은, 한 물체가 차지하고 있던 자리에 다른 물체가 실제로 들어올
때, 그 자리를 떠나기 전까지 우리가 그 물체에서 발견하는 저항성에 의해
서 야기됩니다. 그래서 두 물체가 서로를 향해 움직일 때, 두 물체가 서로
근접하는 것을 방해하는 것, 그것을 저는 고체성이라고 부릅니다. 어떤 사
람이 비투과성(impénétrabilité)이라고 부르는 것이 더 적절하다고 본다면,
저도 같은 의견입니다. 하지만 저는 고체성이라는 용어가 더 긍정적인 어
떤 것을 포함하고 있다고 생각합니다. 이런 관념은 물체와 더 본질적으로
또 더 긴밀하게 연결되어 있는 것으로 보이고, 물질에서만 발견할 수 있는
것입니다."

테오필루스 다른 물체가 우리의 신체에 자리를 차지하기 어려울 때, 우리
가 촉감에서 저항성을 발견하는 것은 사실입니다. 그리고 물체들이 하나

의 동일한 장소에 있기 위해서 대립한다는 것 또한 사실입니다. 하지만 다수의 사람들은 이 대립이 불가항력적이라는 것에 대해서 의심합니다. 그리고 물질에서 발견되는 저항성이 하나 이상의 방식으로 그리고 상당히 다양한 원인으로부터 생겨난다는 것 또한 고려하는 것이 적절합니다. 한 물체는 다음 경우에 다른 물체에 저항합니다. 그 물체가 이미 차지하고 있던 자리를 떠나야만 할 때, 혹은 그 물체가 막 들어가려고 했던 자리에 다른 물체도 들어가려고 해서 그 자신이 들어가지 못했을 때. 이런 경우 서로가 자리를 내주지 않는 일이 일어날 수 있고, 그것들은 멈춰서거나 서로를 밀어냅니다. 저항성은 저항을 당하는 물체의 변화에서, 즉 자신의 힘을 상실하든지 운동 방향을 바꾸든지 아니면 이 둘이 동시에 일어나든지 하는 식의 변화에서 분명하게 보입니다. 일반적으로 이 저항성이 하나의 동일한 장소에 있는 두 물체 간에 있는, 비투과성이라고 부를 수 있는 대립에서 나온다고 말할 수 있습니다. 따라서 한 물체가 그 자리에 들어가려고 할 때, 그것은 동시에 다른 물체를 그 자리에서 내보내려고 하는 것이거나 그 자리에 들어오지 못하게 하는 것입니다. 하지만 한 물체가 혹은 두 물체 모두가 자리를 양보해주는 이런 종류의 양립 불가능성(incompatibilité)을 일단 가정하더라도, 한 물체가 자기를 밀어내려고 하는 물체에 저항하도록 만드는 다수의 원인들(raisons)이 있습니다. 이 원인들은 물체 자체에 있거나 인접한 다른 물체에 있습니다. 물체 자체에는 두 가지 원인이 있는데, 하나는 수동성과 영속성이고 다른 것은 능동성과 변화성입니다. 전자는 제가 케플러와 데카르트에 따라 관성(inertie)이라고 부르는 것입니다. 이것은 물질이 운동에 저항하도록 만드는 것이며, 무게가 없거나 다른 물체와 결합되어 있지 않더라도, 한 물체를 움직이기 위해서 힘을 소모해야 한다는 것입니다. 따라서 다른 물체를 몰아내려고 하는 물체는 이런 저항성을 겪지 않을 수 없습니다. 다른 원인인 능동성과 변화성은 자신의 고유한 충동성(impetuosité)이 자신을 한 장소에 옮기는 순간에 저항하지 않고는 자리를 내주지 않는 물체 자체의 충동성으로 이루어집니다. 저항하는 물체가 또다시 다른 물체를 밀어내지 않고는 자리를 내줄 수 없을 때, 같은 원인이 인접한 물체에서 다시 나타납니다. 하지만 이때 여기에 새로운 이유가 또 등장합니다. 그것은 **견고함**(fermeté) 혹은 한 물체의 다른 물체와의 결합(attachement)입니다. 이 결합은 때때로 한 물체와 결합되어 있는 다른 물체를 동시에 밀지 않으면 그 물체를 밀 수 없도록 만듭니다. 다른 물체에 대해서 일종의 **견인력**(traction)이 작용하는 것입니다. 또한 우리가 명백한 관성과 충동성을 따로 떼어놓아도 이 결합으로 인해서 저항이 있을 것입니다. 만약 공간이 완전한 액체 상태인 물질로 가득 차 있다면, 그리고 거기에 단 하나의 딱딱한 물체를 놓는다면, (액체에 관성도 충동성도 없다고 가정하고) 그 물체는 아무런 저항도 받지 않고 움직일 것입니다. 그러나 공간이 작은 정육면체로 가득 차 있다면, 이 정육면체들 사이에서 움직여야 하는 딱딱한 물체는 저항을 받을 것이고 이 작고 딱딱한 정육면체들은 자신의 경도 혹은 자신의 부분들 서로 간의 결합 때문에, 원 운동을 하기에 필요한 정도로 또 자신이 떠난 순간에 운동하는 물체의 자리를 다시 채우는 데 필요한 정도로 나눠지기 어려운 상태가 될 것입니다. 그러나 만약 두 물체가 동시에 양끝이 열려 있는 하나의 관에 양 끝을 통해서 들어간다면 그리고 용량을 똑같이 다시 채운다면, 이 관에 있는 물질이 어떤 액체든 간에 자신의 비투과성만을 이용해서 저항할 것입니다. 따라서 우리는 여기서 다루고 있는 저항성에서 물체의 비투과성, 관성, 충동성 그리고 결합을 함께 고려해야 합니다. 제 견해에 따르면, 사실 물체의 이 결합은 한 물체의 다른 물체에 대한 매우 미세한 운동에서 나옵니다. 하지만 이

점은 이론의 여지가 있을 수 있기 때문에, 우리가 앞서 가정할 필요는 없습니다. 그리고 같은 이유에서 물체에게 항상 같은 자리를 차지하게 해주는 근원적이고 본질적인 고체성이 있다고 앞서 가정할 필요도 없습니다. 즉 하나의 동일한 장소에서 물체들의 양립 불가능성 혹은 더 정확하게 말해서, 물체들의 **비합일성**(inconsistance)은 더 수용하지도 덜 수용하지도 않는 완전한 비투과성입니다. 다수의 사람들이 **감각 가능한 고체성**(solidité sensible)은 하나의 동일한 장소에서 발견되는 물체들의 대립에서 나올 수 있지만 그것이 불가항력적인 것은 아니라고 말하기 때문입니다. 왜냐하면 모든 보통의 소용학파와 다른 많은 사람들은 하나의 동일한 물질이 공간을 더 채우기도 덜 채우기도 한다고 믿기 때문입니다. 이른바 희박화(rarefaction)와 응축(condensation)이 (스폰지를 압착해서 물을 빼내는 것처럼) 단지 외견상으로뿐만 아니라 스콜라 철학자들이 공기에서 그런 현상을 파악하는 것처럼 엄밀한 의미에서도 일어난다는 것입니다. 제가 이런 견해를 가지고 있는 것은 아니지만 먼저 반대 의견을 가정할 필요는 없다고 생각합니다. 이성적 추론 없이 감관은, 저는 진실로 자연의 질서로 간주하지만 감각만으로는 이해할 수 없는 이 완전한 비투과성을 정립하기에 충분하지 않기 때문입니다. 그리고 어떤 사람은 물체의 압축에 대한 저항이 그 부분들이 얽매여 있을 때, 확장하려는 노력에 기인한다고 주장할 수 있습니다. 더욱이 이 성질들을 입증하는 데 눈이 촉각에 큰 도움이 될 수 있습니다. 그리고 감관이 이성적 추론에 고체성이 자연에 있다는 것을 입증해주지만, 근본적으로 이 고체성은 그것의 구별되는 개념이 주어지는 한에서 순수한 이성을 통해서 이해될 수 있습니다.

§4 필라레테스 "우리는 적어도 다음에 대해서는 의견이 일치합니다. 즉 한 물체가 (전에 자리하지 않았던 공간을 찾을 수 없을 때) 한 물체의 **고체성**은

다른 모든 물체들을 절대적으로 배제하는 방식으로 그것이 차지하고 있는 공간을 다시 채운다는 것을 의미한다는 것 말입니다. 반면에 경도(dureté)는 (혹은 어떤 사람은 견고함이라고 부르는 **견밀함**(consistance)은) 물질을 구성하는 특정 부분들의 강한 합일입니다. 이런 합일은 감각 가능한 크기의 퇴적(amas)을 구성합니다. 그래서 모든 물질 덩어리(masse)는 쉽게 그 형태를 바꾸지 않습니다."

테오필루스 제가 이미 지적했듯이, 이 견밀함은 본래 다른 부분을 움직이지 않고 한 물체의 부분을 움직이기 어렵게 하는 것입니다. 그래서 한 부분을 밀어낼 때, 다른 부분은 밀리지 않고 미는 방향선에 놓여 있지 않아도 일종의 **견인력**에 의해서 미는 쪽 편으로 움직이게 됩니다. 더욱이 이 후자의 다른 부분이 자신을 잡아매거나 되밀어내는 어떤 방해물을 만날 때, 전자의 부분도 지체시키거나 붙잡아 둡니다. 그리고 이것은 항상 역으로 일어나기도 합니다. 같은 일이 가끔씩 서로 접하지 않고 그 부분들이 근접해 있을 뿐 하나의 연속체를 구성하지 않는 두 물체들에게도 일어납니다. 그렇지만 감관이 인식할 수 있는 한, 밀리는 물체는 다른 물체를 밀지 않고 다른 물체를 움직이게 합니다. 이에 대한 사례는 자석, 전기 인력 그리고 예전에 빈 공간에 대한 공포라고 했던 것입니다.

필라레테스 "일반적으로 딱딱함과 물렁물렁함은 우리가 우리 신체의 특정한 구성과 관련되어 있는 것에만 붙이는 이름인 것 같습니다."

테오필루스 그래서 많은 철학자들이 자신의 원자에 경도를 부여하지 않았을 것입니다. 경도가 자연에서 현실적으로 발견된다는 것을 우리가 감관을 통해서 확신하기도 하지만 **경도** 개념은 감관에 의존하지 않으며 이성을 통해서 그 가능성을 파악할 수 있습니다. 그래서 저는 **경도**라는 말보다는 (이 말을 이런 의미로 사용하는 것이 허용된다면) **견고함**이라는 말을 더 선호합니다. 물렁물렁한 물체에도 어느 정도 견고함이 있기 때문입니다. 저도 **견밀함** 혹은 **응집력**(cohesion)처럼 더 적합하고 더 일반적인 말을 찾습니다. 그래서 저는 물렁물렁함에 딱딱함을 그리고 액체성에 견고함을 대비시킵니다. 왜냐하면 밀랍은 물렁물렁하지만 열에 녹지 않는 한, 액체가 아니고 자신의 경계를 지키기 때문입니다. 그리고 물방울과 수은 방울이 보여주듯이 액체에도 보통 응집력이 있습니다. 그리고 저는 모든 물체가 어느 정도의 **응집력**을 가지고 있다고 생각합니다. 또한 마찬가지로 어떤 **액체성**도 갖지 않고 자기의 응집력을 이겨낼 수 없는 물체는 없다고 믿습니다. 그래서 제 견해에 따르면, 그 경도가 불가항력적이라고 가정되는 에피쿠로스의 원자는 완전하게 액체인 데카르트의 미세 물질만큼이나 있을 수 없을 것입니다. 하지만 여기는 이 견해를 정당화하는 곳도 아니고 응집력의 원인을 해명하는 곳도 아닙니다.

필라레테스 물체의 완전한 고체성은 경험을 통해서 정당화될 것 같습니다. "예를 들어, 오목한 황금 구에 물이 담겨져 있을 때, 자리를 양보할 수 없는 물은, 피렌체에서 압축기로 압착하는 실험을 했을 때, 그 황금 구의 구멍을 관통해 지나갔습니다."

테오필루스 이 실험에서 그리고 물에 일어난 것에서 당신이 도출한 결론에 대해서 말할 것이 있습니다. 공기도 물과 마찬가지로 물체입니다. 그렇지만 공기는 적어도 '감관의 관점에서 보면(ad sensum)' 압축 가능합니다. 그리고 엄격하게 희박화와 응축을 옹호하는 사람들은 물이 우리의 기계에 자리를 양보하기에는 이미 과도하게 압축되었다고 말할 것입니다. 매우 압축된 공기 역시 다음 번 압축에 저항하는 것처럼 말입니다. 그렇지만 저는 다른 측면에서, 물의 부피에 어떤 작은 변화가 감지된다면, 물에 포함된 공기에도 작은 변화가 있을 것으로 간주할 수 있음을 인정합니다. 물이 증발할 때, 팽창할 수 있다는 것이 발견되기 때문에, 저는 순수한 물이 그 자체로 압축 불가능한지에 대한 논의로 지금 들어가지 않을 것입니다. 하지만 근본적으로 저는, 물체는 완전하게 비투과적이고 응축과 희박화는 단지 외견상으로만 나타난다고 믿는 사람들과 견해가 같습니다. 그러나 이런 종류의 실험은, 토리첼리[9]의 관이나 게리케[10]의 기계가 완전한 진공을 입증하기에 충분하지 않았던 것과 같이 그것을 입증할 수 없습니다.

§5 필라레테스 만약 물체가 엄격하게 희박화될 수 있거나 압축될 수 있다면, 부피나 연장을 변화시킬 수 있겠지만, 그렇지 못할 경우 물체는 항상 그것이 차지한 공간과 같은 크기를 가질 것입니다. 그럼에도 불구하고 "그것의 연장은 항상 공간의 연장과 구별될 것입니다."

테오필루스 물체는 자신의 고유한 연장을 가질 수 있을 것입니다. 하지만 이로부터 연장이 항상 같은 공간에 고정되거나 그것이 차지한 공간과 같은 크기를 갖는다는 것이 도출되지는 않습니다. 물체를 생각할 때, 사람들이 공간 이상의 어떤 것을 생각한다는 것이 사실이기는 하지만 그로부터 공간의 연장과 물체의 연장, 두 개의 연장이 있다는 것이 도출되지는 않습니다. 왜냐하면 이것은 동시에 다수의 사물을 생각할 때, 사람들이 그 수, 즉 헤아려진 것의 수(res numeratas) 이상의 어떤 것을 생각하기는 하지만 두 개의 다수, 즉 하나의 추상적인 다수, 즉 수의 다수 그리고 다른 구체적인 다수, 즉 헤아려진 것의 다수처럼 두 개의 다수가 없는 것과 마찬가지이기 때문입니다. 그래서 구체적인 것이 단지 추상적인 것에 의해서 존재

9) [옮긴이 주] Torricelli(1608~1647): 이탈리아의 저명한 물리학자, 기하학자.
10) [옮긴이 주] Otto von Guericke(1602~1686): 독일의 물리학자. 진공을 실험하기 위한 기계를 만든 것으로 유명하다.

하기 때문에, 공간의 추상적인 연장과 물체의 구체적인 연장, 두 개의 연장을 상상해서는 안 된다고 말할 수 있습니다. 그리고 물체가 공간의 한 장소에서 다른 장소로 이동하는 것처럼, 즉 장소의 배열을 바꾸는 것처럼, 사물도 배열 혹은 수에서 한 장소에서 다른 장소로, 예를 들면 첫 번째 장소가 두 번째 장소가 되고 두 번째 장소가 세 번째 장소가 되는 등등의 방식으로 이동합니다. 사실상 시간과 장소는 일종의 질서에 불과합니다. 그리고 이 질서에서 (공간의 관점에서 진공이라고 불리는) 빈자리가 존재한다면, 그것은 단지 현실적인 것과의 관계를 결여하고 있는 것의 가능성을 나타낼 것입니다.

필라레테스 물질은 부피의 변화가 없다는 저의 견해에 당신의 생각도 근본적으로 일치한다는 것이 저는 항상 매우 기쁩니다. 하지만 테오필루스, 당신이 두 개의 연장을 인정하지 않을 때, 그리고 연장과 물질을 구별하지 않는 데카르트주의자들의 견해에 근접할 때는 저와 견해가 많이 다른 것 같습니다. 이제, 공간과 이 공간을 채우는 고체성에 대해서 "이 구별되는 관념을 가지지 못했지만 그것들을 혼동하고 단지 두 관념을 하나로 만드는 사람들이 발견된다면, 이 사람들이 어떻게 다른 사람들과 대화할 수 있는지 볼 수 있을 것입니다. 그들은 다른 사람들에 비하면 맹인과 같을 것입니다. 다른 사람이 그에게 진홍색에 대해서 이야기하면, 이 맹인은 이것이 트럼펫 소리와 유사하다고 믿을 것입니다."

테오필루스 하지만 저는 동시에 연장과 고체성의 관념이 진홍색의 관념처럼 제가 모르는 것으로 구성되지 않는다고 주장합니다. 저는 데카르트주의자들의 견해와 반대로 연장과 물질을 구별합니다. 그렇지만 저는 두 개의 연장이 있다고 믿지 않습니다. 그리고 연장과 고체성의 차이에 대해서 논쟁하는 사람들이 이 주제에 관해서 다수의 진리에 의견이 일치하고 또 어떤 구별되는 개념을 가지고 있기 때문에, 그 견해의 차이를 해소할 수 있는 방법을 찾을 수 있을 것입니다. 따라서 관념에 관해서 주장된 차이점이 영원한 논쟁이 되게 할 만한 구실로 사용되어서는 안 됩니다. 한편으로는 매우 박식한 특정한 데카르트주의자들이 자신들이 가지고 있다고 주장하는 관념들 뒤로 피하는 습관이 있다는 것을 알지만 말입니다. 그러나 그들이 제가 다른 곳[11]에서 참인 관념과 거짓인 관념을 식별하기 위해서 제공했던 방법을 사용한다면, 그리고 이에 대해서는 우리도 다음에 이야기할 것입니다만,[12] 견지할 수 없는 입장에서는 벗어날 것입니다.

∙∙
11) Meditationes de cognitione, veritate et ideis: A VI, 4, 585~592쪽, *Acta eruditorum*(1684. 11) 참조.
12) [옮긴이 주] 이 책 2부, 33장 참조.

5장
다양한 감관에서 나온
단순 관념에 관하여

필라레테스 "공간, 연장, 형태, 운동 그리고 정지에 대한 관념은 하나 이상의 감관을 통해서 우리에게 지각되는 관념입니다."

테오필루스 공간, 형태, 운동, 정지에 대한 관념과 같이 하나 이상의 감관에서 나온다고 말하는 이 관념들은 오히려 공통 감관(sens commun), 즉 정신 그 자체에서 나옵니다. 이것들은 외부와 관계하지 않고 감관이 지각하게 만드는 순수 지성(entendement pur)의 관념이기 때문입니다. 그래서 그것들은 정의될 수 있고 증명될 수 있습니다.

6장
반성에서 나온
단순 관념에 관하여

필라레테스 "지성의 관념과 의지(volonté)의 관념은 반성에서 나온 단순 관념입니다. 우리가 우리 자신에 대해서 반성함으로써 그것을 자각하기 때문입니다."

테오필루스 사람들은 이 모든 관념들이 단순 관념인지 의심할 수 있습니다. 예를 들어, 의지의 관념이 지성의 관념에 포함되어 있고 운동의 관념이 형태의 관념을 포함하고 있는 것이 명확하기 때문입니다.

7장
감각과 반성에서 나온
관념에 관하여

§1 **필라레테스** "정신에서 감각의 모든 경로를 통해서뿐만 아니라 반성을 통해서도 자각되는 단순 관념이 있습니다. 즉 쾌락, 고통, 힘, 현존 그리고 일체(unité)의 관념이 그것입니다."

테오필루스 감관은 이성의 도움 없이는 감각 가능한 사물의 **현존**을 우리에게 확신시킬 수 없는 것 같습니다. 그래서 저는 현존에 대한 고찰 (consideration)은 반성에서 나온다고 믿을 것입니다. 힘에 대한 고찰도 일체에 대한 고찰 같은 원천에서 나오며, 쾌락과 고통의 지각은 완전히 다른 성질의 것입니다.

8장
단순 관념에 관한
그 밖의 고찰

§2 **필라레테스** "결핍적 성질들(qualités privatives)에 대한 관념에 대해서 우리는 어떻게 말할까요? 정지, 어두움, 차가움의 관념은 운동, 빛, 따뜻함의 관념만큼 긍정적인 관념으로 보입니다." §6 "하지만 긍정적인 관념의 원인으로 결핍을 제안한다면, 저는 평범한 의견을 따르는 것입니다. 하지만 운동보다는 오히려 정지가 결핍인지를 결정하기 전까지는 결핍적 원인에서 나온 어떤 관념이 실제로 있는지 결정하는 것은 근본적으로 힘들 것입니다."

테오필루스 저는 정지의 결핍적 본성에 대해서 의심할 이유가 있을 수 있다고 생각하지 않았습니다. 정지에 대해서는 물체에서 운동을 부정하는 것으로 충분합니다. 하지만 운동에 대해서는 정지를 부정하는 것으로 충분하지 않기 때문에, 운동의 정도를 정하기 위해서 어떤 것을 추가로 더해야 합니다. 운동은 본질적으로 더하고 덜할 수 있는 반면 모든 정지는 동일하기 때문입니다. 제2물질 혹은 물질 덩어리에서 긍정적이어야 하는 정지의 원인에 대해서 이야기하는 것은 다른 문제입니다. 저는 여전히 정지의 관념 자체는 결핍적이라고, 즉 단지 부정으로만 구성되어 있다고 믿을 것입니다. 물론 부정하는 행위 자체는 긍정적인 것입니다.

§9 **필라레테스** "사물의 성질들은 우리 안에서 관념의 지각을 생산하는 능력 (facultés)이기 때문에, 이 성질들을 구별하는 것이 좋습니다. 이 성질들에는 제1성질과 제2성질이 있습니다. 연장, 고체성, 형태, 수, 운동성은 근원적 성질들이며 물체와 분리될 수 없는 성질로 제가 **제1성질**이라고 부르는 것입니다." §10 "우리 안에서 특정한 감각을 생산하거나 다른 물체에서 특정한 결과를 생산하는 물체의 능력 혹은 힘을 저는 **제2성질**이라고 부릅니다. 예를 들면, 밀랍을 녹이기 위한 불 같은 것이 있습니다."

테오필루스 저는 다음과 같이 말할 수 있다고 생각합니다. 힘이 이해 가능하고 구별되게 해명될 수 있을 때, **제1성질**에 포함되어야 하지만 힘이 단지 감각 가능하고 단지 혼란스러운 관념만 제공할 때는 **제2성질**에 넣어야 한다고 말입니다.

§11 **필라레테스** "이 제1성질들은 어떻게 물체들이 서로 작용하는지 보여줍니다. 물체는 오직 충격(implusion)에 의해서만 작용합니다. 적어도 우리가 생각할 수 있는 한에서는 그렇습니다. 왜냐하면 물체가 자신과 접하지 않는 것에 작용을 가할 수 있다는 것은 이해할 수 없기 때문입니다. 이것은 그 물체가 없는 곳에서 작용할 수 있다고 상상하는 것과 마찬가지입니다."

테오필루스 저 또한 물체는 충격에 의해서만 작용한다고 생각합니다. 하지만 제가 방금 들은 것을 입증하는 데 어려움이 있습니다. 왜냐하면 제가 앞에서 경도에 대해서 이야기할 때 보여주었던 것처럼, 접촉 없는 인력 (attraction)은 절대 없고, 우리는 어떤 가시적 충격이 없어도 접촉하거나 당길 수 있기 때문입니다. 에피쿠로스의 원자가 있었다면, 밀리는 부분은 자신과 함께 다른 부분을 당길 것이고 충격 없이 운동을 전달하면서 다른 부분과 접촉할 것입니다. 그리고 근접한 사물들 간의 인력과 관련해서, 사람들은 자신과 함께 다른 것을 당기는 것이 자신이 없는 곳에서 작용한다고 말할 수 없습니다. 이 원인은 몇몇 탁월한 사람들이[13] 주장한 이른바 '구심력'과 관계되어 있는 것처럼, 오직 원거리 인력에 대해서만 맞서 저항할 뿐입니다.

§13 **필라레테스** "이제, 특정한 입자들이 특정한 방식으로 우리의 신체 기관을 자극할 때, 그것들은 우리 안에서 색이나 맛에 대한 특정한 감각을 야기합니다. 혹은 이런 감각을 생산하는 힘을 가지고 있는 다른 제2성질들을 야기합니다. 그리고 신이 (열의 관념 같은) 그런 특정한 관념을 어떠한 유사성도 없는 운동과 연결할 수 있다고 생각하는 것은 신이 고통의 관념을 어떤 식으로도 고통과 유사하지 않은, 우리의 살을 나누는 쇠몽둥이의 운동과 연결시켰다고 생각하는 것만큼 어렵지 않습니다."

테오필루스 색의 관념이나 고통의 관념 같은 관념들이 임의적이고 그것들의 원인과 어떠한 연관 관계도 없거나 자연적으로 연결되지도 않는다고 상상해서는 안 됩니다. 그렇게 질서 없고 이유 없이 행동하는 것은 신의 관행이 아닙니다. 차라리 저는 일종의 유사성이 있다고 말할 것입니다. 타원과 포물선 혹은 쌍곡선까지도 원을 평면에 투영한 것이니 어떤 특정한 방식으로 원과 닮아 있는 것처럼, 그 유사성이 완전하지 않고 이른바 제한적이지만 서로가 서로를 표현하거나 질서와 관계가 있다고 말입니다. 한쪽 편의 각 점이 다른 쪽 편의 각 점에 어떤 특정한 관계에 따라 대응함으로써, 투영되는 것과 **투영**하는 행위 사이에는 정확하고 자연적인 특정한

••
13) Kepler, Roberval, Newton, Halley, Keil을 가리킨다.

관계가 있기 때문입니다. 이것은 데카르트주의자들이 충분히 고찰하지 않은 것입니다. 그리고 이번에 필라레테스, 당신은 그들에게 당신이 보통 양보하는 것보다 그리고 당신이 양보해야 하는 것보다 더 많이 양보했습니다.

§15 필라레테스 저는 저에게 그럴듯해 보이는 것과 현상들에 대해서 당신에게 말합니다. "물체의 제1성질들에 대한 관념은 이 제1성질들과 유사합니다. 하지만 우리 안에서 제2성질들에 의해서 생산된 관념은 어떤 식으로도 제2성질들과 유사하지 않습니다."

테오필루스 저는 방금 제1성질에 대해서뿐만 아니라 제2성질에 대해서도 어떻게 유사성이나 정확한 연관 관계가 있는지 지적했습니다. 결과가 그것의 원인에 상응한다는 것은 상당히 근거가 있는 것입니다. 그리고 사람들이 (예를 들어) 청색의 감각도 그것을 만들어내는 운동도 구별되게 인식하지 못할 텐데, 어떻게 그 반대를 확신하겠습니까? 고통이 바늘의 운동과 유사하지 않다는 것은 사실이지만 이 바늘이 우리 신체에 야기한 운동과는 매우 유사할 수 있고 또 이 운동을 영혼에 표상할 수 있습니다. 그리고 저는 고통이 한 것에 대해서 전혀 의심하지 않습니다. 이 때문에 우리는 고통이 우리의 신체에 있다고 말하지, 바늘에 있다고 말하지 않습니다. 하지만 우리는 빛이 불에 있다고 말합니다. 불에는 우리가 따로 떼어서는 구별되게 감각할 수 없는 운동들이 있기 때문입니다. 하지만 그것들의 혼합 혹은 결합은 감각 가능하게 되고 빛의 관념을 통해서 우리에게 표상됩니다.

§21 필라레테스 그러나 대상과 감각 간의 연관 관계가 자연적이라면, 우리가 실제로 감지하듯이, "같은 물이 한 손에서는 따뜻하고 다른 손에서는 차가운 것처럼 느껴질 수 있다."라는 것이 어떻게 일어날 수 있습니까? 또한 이로부터 나타나는 것은 고통이 바늘에 있지 않은 것처럼 열도 물에 있지 않다는 것입니다.

테오필루스   이것이 입증하는 것은 고작 열은 감각 가능한 성질이 아니거나 완전히 절대적으로 감각하게 해주는 힘이 아니라 열과 어울리는 신체 기관에 관계한다는 것입니다. 손에 적합한 운동은 열과 섞일 수 있고 그것의 외관을 변경시킬 수 있기 때문입니다. 빛도 좋지 않은 눈에는 보이지 않습니다. 그리고 눈이 다량의 빛에 충혈되었을 때는 더 작은 것도 볼 수 없습니다. 일체와 수 같은 (당신의 명칭에 따라) 제1성질도 마찬가지로 그것이 보여야 하는 대로 보일 수 없습니다. 데카르트 씨가 이미 알렸듯이,[14] 공을 손가락으로 어떤 특정한 방식으로 만지면 두 개로 보이고, 단면이 잘린 거울이나 유리는 대상을 여러 개로 보이게 합니다. 따라서 이로부터, 항상 동일하게 보이지 않는 것은 대상의 성질이 아니고 대상의 상은 대상과 유사하지 않다는 결론이 나오는 것은 아닙니다. 그리고 열과 관련해서, 우리의 손이 매우 따뜻할 때는 보통의 물 온도는 느껴지지 않습니다. 차라리 손의 온도를 경감시키고, 결과적으로 우리에게 물은 차가운 것처럼 느껴질 것입니다. 마찬가지로 발트해의 소금물은 포르투갈 해변의 바닷물과 섞이면, 그 자체로는 짜겠지만, 특정한 소금 함량이 줄어들 것입니다. 따라서 어느 정도는, 열이 어떤 이에게는 차갑게 느껴질 수도 있지만 목욕물로는 적합하다고 말할 수 있습니다. 어떤 병자들에게는 꿀이 쓰고 은이 노란색으로 보일 수 있지만, 꿀은 절대적으로 단 것으로 불리며 은은 백색으로 불리는 것처럼 말입니다. 왜냐하면 명칭은 가장 평범한 경우에 따라 만들어지기 때문입니다. 그러므로 신체 기관과 주변 환경이 필요한 만큼 구성되었을 때, 내부의 운동과 영혼에 그 운동을 표상하는 관념이 색, 열, 고통 등을

••

14) R. Descartes, *Dioptrique*, Discours VI, A.T. VI, 142쪽; *Traité de l'Homme*, A.T. XI, 161쪽.

야기하는 대상의 운동과 유사하다는 것 혹은 이와 동일한 것이 충분히 정확한 연관 관계에 따라서 관념을 표현한다는 것은 여전히 진실입니다. 그럼에도 우리는 이 다수의 작은 인상들을 우리의 영혼에서도, 우리의 신체에서도 또 우리 밖에 있는 것에서도 밝힐 수 없기 때문에, 이 연관 관계가 우리에게 구별되게 보이지 않을 수 있습니다.

§24 필라레테스 "우리는 태양이 가지고 있는, 밀랍을 희게 하고 물렁물렁하게 하는 성질들 혹은 진흙을 굳게 하는 성질들을 단순한 힘으로 간주합니다. 태양에서 이 흼과 물렁물렁함과 유사한 것 혹은 이 경도와 유사한 것을 생각하지 않아도 말입니다. 하지만 열과 빛은 보통 태양의 실재 성질로 간주됩니다. 그럼에도 사태를 잘 고찰해보면, 저에게 있는 지각인 이 빛과 열의 성질은, 밀랍이 희게 되거나 녹을 때, 밀랍에서 일어난 변화의 방식이 아닌 다른 방식으로는 태양에 존재하지 않습니다."

테오필루스 어떤 이들은[15] 이 이론을 너무 멀리까지 밀고 나가서, 만약 어떤 사람이 태양을 만질 수 있다면, 거기서 아무런 열도 느끼지 못할 것이라고 우리를 설득하려고 했습니다. 거울에 비친 불이나 불타는 유리에서 느끼게 되는 인조 태양은 그들을 미몽에서 깨어나게 할 수 있습니다. 뜨겁게 하는 능력과 녹이는 능력의 비교에 대해서, 저는 감히 말합니다. 녹거나 희게 된 밀랍이 감각을 가지고 있다면, 밀랍도 태양이 우리를 뜨겁게 할 때 우리가 느끼는 것과 유사한 어떤 것을 느낄 것이고, 가능하다면 태양이 따뜻하다고 말할 것이라고 말입니다. 그 이유는, 태양에 얼굴이 탔을 때, 그 얼굴의 갈색이 태양과 유사하니, 밀랍의 흼도 태양과 유사하다는 것이 아니라 밀랍의 운동을 야기한, 태양의 운동과 연관성이 있는 운동이

••

15) 데카르트주의자들을 가리킨다.

밀랍에도 있기 때문입니다. 밀랍의 휨은 다른 원인에서 나올 수 있지만 태양으로부터 힘을 받을 때 밀랍이 가지고 있던 운동은 아닙니다.

9장
지각에 관하여

§1 필라레테스 이제 특히 반성의 관념을 다룰 차례입니다. "**지각**은 우리의 관념들로 채워져 있는 영혼의 첫 번째 능력입니다. 또한 이것은 우리가 반성을 통해서 얻은 첫 번째이자 가장 단순한 관념이기도 합니다. **생각**은 종종 정신이 특정한 정도로 자발적 주의를 기울이면서 한 사물을 다루거나 고찰할 때, 정신 자신의 고유한 관념에 대한 작용을 나타냅니다. 그러나 사람들이 **지각**이라고 부르는 것에서 정신은 자신이 현실적으로 지각하는 것을 지각하지 않을 수 없기 때문에, 보통 순수하게 수동적입니다."

테오필루스 아마도 다음을 추가할 수 있을 것입니다. 동물이 지각을 가지고 있지만 생각, 즉 반성이나 그것의 대상이 될 수 있는 것을 필수적으로 가지고 있는 것은 아니라는 것 말입니다. 우리도 우리 자신이 현재 상태에서 **자각하지 못하는 미세 지각들**(petites perceptions)을 가지고 있습니다. 사실 우리가 우리의 정신을 분열시키는 그 미세 지각들의 수가 많아서 단념하지 않는다면, 혹은 미세 지각들이 더 큰 지각들에 의해서 지워지지 않는다면, 더 정확하게 말해서 흐려지지 않는다면, 이 미세 지각들을 매우 잘 자각할 수 있고 그 지각들에 대해서 반성할 수 있을 것입니다.

§4 **필라레테스** "정신이 특정한 대상에 대해서 깊이 생각하는 데 매우 전념하고 있을 때, 특정한 물체가 청각 기관에 가하는 어떤 방식의 인상도 자각하지 못한다는 것"을 저는 인정합니다. "아무리 그 인상이 충분히 강하더라도 말입니다. 따라서 영혼이 그 인상을 인식하지 못하면, 정신은 그에 대한 어떤 지각도 산출하지 못합니다."

테오필루스 저는 차라리 **지각**과 **자각**(s'apercevoir)을 구별하려고 합니다. 예를 들어, 우리가 자각하는 빛이나 열에 대한 지각은 우리가 자각하지 못하는 많은 양의 미세 지각들로 구성되어 있습니다. 그리고 우리가 지각을 가지고 있지만 주목하지 않는 소음은 약간의 추가나 증가를 통해서 **자각 가능하게**(aperceptible) 됩니다. 왜냐하면 앞선 것이 영혼에 아무런 영향도 미치지 못했다면, 이 약간의 추가도 아무런 영향을 미치지 못할 것이고, 전체도 더 이상 아무런 영향을 미치지 못할 것이기 때문입니다. (저는 이미 이 점을 2부 1장, 11절, 12절, 15절 등에서 다루었습니다.)

§8 **필라레테스** "여기서 다음을 언급하는 것이 적절합니다. 감각에서 나온 관념은 성인들에게서는 그들이 자각하지 못한 채, 정신의 판단에 의해서 변경되는 경우가 있다는 것 말입니다. 균일한 색을 가진 구의 관념은 다양하게 어둡고 빛나는 평면 원을 재현합니다. 하지만 우리는 물체의 상과 빛의 반사에서 그 표면의 형태에 따라 변화를 구별하는 것에 익숙하기 때문에, 우리에게 보이는 것이 상의 원인 자체라고 보고 눈으로 본 것과 판단을 혼동합니다."

테오필루스 이보다 더 참된 것은 없습니다. 그리고 이것은 잘 알려진 시각의 기교를 통해서 우리를 속이기 위해 그림에 사용되는 방법입니다. 물체가 평평한 경계면을 가지고 있을 때, 그림자를 사용하지 않고 윤곽선만을 사용하여 중국인들의 기법으로 단순하지만 더 비율에 맞게 그림을 그려서 그것을 재현할 수 있습니다. 이것이 디자이너가 고대 양식의 정밀한 윤곽선에서 동떨어지지 않기 위해서 메달을 그리는 통상적인 방법입니다. 그러나 그림자의 도움 없이, 원의 내부와 이 원에 의해서 경계 지어진 구형 표면의 내부를 그림으로써 정확하게 구별할 수는 없습니다. 전자의 내부와 후자의 내부는 구별점도 없고 구별해주는 윤곽선도 가지고 있지 않습니다. 그럼에도 그것들 간에 큰 차이가 있다는 것을 지적해야 합니다. 이것이 데자르그[16] 씨가 염색과 음영의 효과에 관한 규범을 제안한 이유입니다.

따라서 그림이 우리를 속일 때, 우리의 판단에는 두 가지 오류가 있습니다. 첫 번째로, 우리는 원인으로 결과를 대체하고 상의 원인인 것을 직접 본다고 믿습니다. 이 경우 우리는 거울을 보고 짖는 개와 약간 유사합니다. 왜냐하면 우리는 본래 상만 보고 광선을 통해서 자극받기 때문입니다. 그리고 빛의 광선은 (얼마나 짧든 간에) 시간이 필요하기 때문에, 대상이 그 사이에 파괴되는 것이 가능하고, 광선이 눈에 도달하면 그 대상은 더 이상 존속하지 않습니다. 그리고 더 이상 존재하지 않는 것은 시각의 현재적 대상이 될 수 없습니다. 그리고 두 번째로, 우리는 한 원인으로 다른 원인을 대체하고 평평한 그림에서 나온 것을 물체에서 도출한 것이라고 믿을 때에도 또다시 착각에 빠집니다. 그래서 이런 경우에 우리의 판단에는 동시에

..

16) [옮긴이 주] Gérard Desargues(1593~1662): 프랑스의 건축가, 수학자. 투시도법을 기하학에 도입하여 사영(射影) 기하학의 기초를 세운 것으로 유명하다. 여기서 언급되는 내용은 *Maniére universelle pour practiquer la perspective*(1647)에 등장한다.

환유와 은유가 모두 있습니다. 그것들이 우리에게 착각을 일으킬 때, 수사법의 형태도 궤변이 되기 때문입니다. 이런 원인과 결과의 혼동은, 그것이 참된 원인이든 추정적 원인이든, 또 다른 우리의 판단에도 포함됩니다. 이에 따라 우리는 직접적이고 물리적인 영향을 통해서 우리가 우리 신체를 느끼고 신체와 접하는 것을 느끼며 우리의 팔을 움직인다고 믿는 것입니다. 그리고 우리는 영혼과 신체의 교류가 이런 영향에 기초하고 있다고 판단합니다. 반면에 우리가 정말 이런 방식으로 느끼고 변화시키는 것은 단지 우리 안에 있는 것뿐입니다.

필라레테스 "이 기회에 저는 당신에게 하나의 **문제**를 제안합니다. 이 문제는 자신의 뛰어난 재능을 학문의 진보에 매우 유용하게 사용한 박식한 **몰리뉴**[17] **씨가 제안한 것**"으로 그는 저명한 **로크 씨**와도 서신을 주고받았습니다. 이것은 거의 그가 사용한 말들입니다. "맹인으로 태어난 사람을 가정해봅시다. 그는 현재 어른이 되었고, 같은 금속으로 만들어지고 거의 같은 크기인 정육면체와 공을 만져서 구별하는 것을 배웠습니다. 그래서 그는 전자와 후자를 만졌을 때, 어떤 것이 정육면체이고 어떤 것이 공인지 말할 수 있습니다. 정육면체와 공이 탁자 위에 놓여 있고 이 맹인이 그것을 볼 수 있게 되었다고 가정해봅시다. 문제는 이것입니다. 그가 만지지 않고 보았을 때, 어떤 것이 정육면체이고 어떤 것이 공인지 구별할 수 있을까요? 테오필루스, 이 문제에 대한 당신의 견해가 무엇인지 말해주시기를 부탁합니다."

테오필루스 저에게 매우 신기해 보이는 이 질문에 대해서 생각할 시간이

17) [옮긴이 주] William Molyneux(1656~1698): 아일랜드의 물리학자. 광학에 관한 논고를 썼고, '몰리뉴의 문제'는 18세기 내내 지각 이론에 지속적인 영향을 끼쳤다.

필요합니다. 하지만 당신이 당장 답하도록 저를 압박하시니 위험을 무릅쓰고 말하겠습니다. 저는 맹인이 본 이 두 도형이 하나는 정육면체이고 다른 하나는 공이라는 것을 안다고 전제한다면, 그는 그것들을 구별할 수 있고 만지지 않아도 이것이 공이고 저것이 정육면체라고 말할 수 있다고 믿습니다.

필라레테스　저는 몰리뉴에게 잘못 답변했던 사람들 무리에 당신을 넣어야 해서 걱정됩니다. 왜냐하면 그는 이 질문이 담겨 있는 편지에서 다음과 같이 전했기 때문입니다. "로크 씨의 지성에 관한 논고를 계기로 매우 통찰력 있는 여러 사람들에게 이 문제를 제안했을 때, 그는 자신이 그 문제에 대해서 답변해야 한다고 믿었던 것처럼 즉시 답변했던 사람을 찾기 어려웠습니다. 그의 이유를 듣고 나서 그 사람들이 자신들의 잘못을 확신했지만 말입니다. 이 통찰력 있고 분별 있는 저자의 답은 부정적입니다. (그가 덧붙이기를) 왜냐하면 그 맹인이 아무리 공과 정육면체에 대해 그의 촉감을 자극하는 방식으로 경험을 통해서 배웠다 하더라도, 이러저러한 방식으로 그의 촉감을 자극한 것이 눈도 이러저러한 방식으로 자극해야 한다는 것을 알지 못하기 때문입니다. 그리고 그의 손을 울퉁불퉁하게 눌렀던 정육면체의 돌출된 각이 정육면체에서 보이는 그대로 눈에도 보여야 한다는 것을 알지 못하기 때문입니다. 『지성론』의 저자도 전적으로 그와 같은 견해라고 설명합니다."

테오필루스　아마도 몰리뉴 씨와 『지성론』의 저자는 바로 답한 저의 견해와 그렇게 다르지 않은 것 같습니다. 그 사람들의 잘못을 확신시키는 데 효과적으로 사용된, 몰리뉴의 편지에 분명하게 포함되어 있는 그 견해의 근거는 독자들의 지력을 더 훈련시키기 위해서 로크에 의해서 고의로 제거되었습니다. 제 답변을 검토해보면, 필라레테스, 당신은 제가 질문에 포함되어 있는 것으로 간주될 수 있는 조건을 내걸었다는 것을 발견할 것입니다. 문제는 오로지 두 물체를 식별하는 깃이고, 맹인이 식별해야 하는 두 형태의 물체가 자기 앞에 있다는 것을 알고, 그래서 그가 보고 있는 각 물체의 외형이 하나는 정육면체이고 다른 하나는 공인 것을 알기 때문입니다. 이런 경우에, 제게는 방금 눈을 뜬 맹인이 감각적 인식 이전에 촉감이 그에게 제공했던 것과 연결해서 이성의 원리에 따라서 그것들을 식별할 수 있다는 것에 의심의 여지가 없어 보입니다. 저는, 그가 눈이 부시고 새로운 것 때문에 당황스럽고 또 게다가 결론을 도출하는 것이 익숙하지 않을 때, 아마도 실제로 일어날 일 또 그 자리에서 당장 일어날 일에 대해서 이야기하는 것이 아니기 때문입니다. 제 견해의 토대는, 공에는 공 자체의 표면에 구별점이 없고 모든 것이 각 없이 균일한 반면, 정육면체에는 다른 모든 것들과 구별되는 여덟 개의 점이 있다는 것입니다. 도형들을 식별하는 이 방법이 없었다면, 맹인은 접촉을 통해서 기하학의 기초를 배울 수 없었을 것입니다. 그렇지만 우리는 태생적 맹인도 기하학을 배울 수 있다는 것, 그리고 항상 자연적 기하학의 특정한 기초를 가지고 있다는 것, 그리고 대부분의 사람들은 촉감을 사용하지 않고 오로지 시각만으로, 마비환자나 촉감을 거의 사용하지 못하는 다른 사람들도 배울 수 있고 또 배워야 하는 것처럼, 기하학을 배운다는 것을 알고 있습니다. 그리고 맹인의 기하학과 마비환자의 기하학이 공통적 상을 가지지 못하더라도, 이 두 개의 기하학은 서로 만나야 하고 일치해야 하고 또 동일한 관념에서 기인해야 합니다. 이로부터 정의에 근거하는 **상**과 **정확한 관념**이 어떻게 구별되어야 하는지도 알 수 있습니다. 실제로 태생적 맹인의 관념들을 검토하고 그가 도형들을 어떻게 묘사하는지 들어보는 것은 매우 흥미롭고 또 매우 교육적인 일일 것입니다. 왜냐하면 광학이 구별된 관념과 수학적 관념에 의존하고 있는 한, 그는 광학 이론에 이를 수 있고 또 그것을 이해할 수도 있을 것이기 때문입니다. 그가 **명확한** 관념과 **혼란스러운** 관념, 즉 빛과 색에 대한 상을 이해하는 데까지는 이를 수 없더라도 말입니다. 그러므로 어떤 태생적 맹인은 광학 수업을 듣고 그것을 충분히 이해하고 나서 누군가 그에게 빛에 대해서 질문했을 때 그가 빛에 대해서 생각하고 있던 것, 즉 그것은 설탕과 같이 유쾌한 것이어야 한다고 자신이 상상한 것으로 답합니다. 태어날 때부터 듣지 못하거나 말하지 못하는 사람이, 우리가 보통 말로 묘사하는 형태 없는 사물에 대해서 가질 수 있는 관념을 검토하는 것도 마찬가지로 매우 중요할 것입니다. 그리고 그런 사람이 갖는 관념이 우리의 관념과 등가일 수 있다 하더라도, 그는 그 관념을 완전히 다른 방식으로 가져야 할 것입니다. 이것은 중국인들의 문자가 우리의 알파벳과 무한하게 다르고 귀머거리가 발명한 것처럼 보일 수 있지만 효과에 있어서 우리 알파벳과 등가인 것과 마찬가지입니다. 저는 위대한 군주 덕분에 파리에 있는 태생적 귀머거리와 벙어리에 대해서 들었습니다. 그의 귀는 결국 그 기능을 회복했고, 지금은 프랑스어를 배웠다고 합니다. (이것은 프랑스 궁정에서 온 것으로, 들은 지 오래되지 않았습니다.) 그리고 청각을 사용하는 훈련을 시작하면서부터 그는 예전 상태에서 가졌던 생각들에 대해서 그리고 그의 관념들의 변화에 대해서 꽤 흥미로운 것을 말할 수 있게 되었다고 합니다. 귀머거리, 벙어리로 태어난 이런 사람들도 사람들이 생각하는 것보다 더 멀리 나아갈 수 있습니다. 마지막 백작의 기간에 올덴부르크에 있었던 사람이 있습니다. 그는 훌륭한 화가가 되었고 다른 분야에서도 매우 이성적이라는 것을 보여주었습니다. 브르타뉴 출신의 매우 박식한 사람이 제게 이야기해준 것인데, 1690년경에 로한 공작에게 속하는, 낭트에서 10마일 떨어져 있는 블랭빌에 가난한 사람이 있었습니다. 귀머거리이자 벙어리로 태어난 그는 도시 밖, 성 근처의 오두막집에서 살았고, 편지와 다른 것들을 도시로 배달하는 일을 했는데 사람들이 그에게 일을 시키기 위해서 설치해 둔 특정한 신호에 따라 집을 찾았다고 합니다. 그런데 거기에 더해 이 가난한 사람이 눈까지 멀게 되었지만 사람들이 촉감을 통해서 그에게 표시를 했기 때문에 편지를 도시에 배달하는 일을 계속할 수 있었다고 합니다. 그의 오두막집에는 판자 하나가 있는데, 그것은 문에서 그의 발이 닿는 곳까지 이르는 것이며, 만약 누군가 그의 집에 들어오면 판자의 움직임으로 알아차린다고 합니다. 사람들은 그런 사람들이 어떻게 생각하는지에 대해서 정확한 인식을 얻지 못해서 매우 무관심합니다. 만약 그가 더 이상 살아 있지 않더라도, 아마도 그곳에 있는 어떤 사람이 그에 대한 어떤 정보를 줄 수 있을 것이고, 그가 수행해야만 하는 일을 어떻게 표기했는지 우리에게 알려줄 수 있을 것입니다.

그러나 보기 시작한 태생적 맹인이 공과 정육면체를 만지지 않고 보기만 했을 때 어떻게 판단할 것인지에 대한 문제로 되돌아와서, 저의 답변은, 제가 방금 말한 것처럼, 그가 가지고 있을 징후 혹은 지각 중에 어떤 것이 공에 해당하고 어떤 것이 정육면체에 해당하는지 알려준다면, 그가 그것들을 식별하리라는 것입니다. 그러나 이런 사전 교육이 없다면, 그가 그의 눈 뒤에서 만들었을 것이고 탁자 위에 평면 그림에서 나올 수 있을 이런 종류의 그림이 물체를 재현한다는 것을 먼저 생각하지 못할 것을 인정합니다. 이런 일은 그가 촉감을 통해서 그것을 확신하게 될 때, 혹은 광학의 법칙에 따라 광선에 대해 추론한 덕분에 빛과 그림자를 통해서 이 광선을 가로막는 것이 있다는 것, 그리고 이것이 촉감에서 그에게 저항한 바로 그것임이 틀림없다는 것을 이해하게 될 때에나 일어날 수 있을 것입니다. 그는 이 공과 정육면체가 구르고 움직임에 따라 그림자와 외형이 변하는 것을 볼 때, 혹은 이 두 물체가 정지 상태에 있을 경우, 그것들을 비추는 빛이 자리를 바꾸거나 그의 눈이 위치를 변경할 때, 그것을 이해할 수 있을 것입니다. 왜냐하면 이것은 거의 우리가 멀리 떨어진 곳에서 물체를 재현하는 그림 혹은 원근법을 실제 물체와 식별하기 위해서 사용하는 방법이기 때문입니다.

§11 **필라레테스** 지각 일반으로 되돌아갑시다. "지각은 동물을 더 하등한 존재자들과 구별해줍니다."

테오필루스 식물과 동물이 유사성이 많기 때문에, 저는 식물에게도 어떤 지각과 욕구(appétition)가 있다고 믿는 경향이 있습니다. 그리고 일반적으로 생각하듯이, 식물적 영혼이 있다면, 그것도 지각을 가지고 있어야 합니다. 그럼에도 식물과 동물의 신체에서 일어나는 모든 일을, 그 신체의 최초 형성만 제외하고, 기계론에 할당하지 않을 수 없습니다. 그래서 저는 감각적이라고 부르는 식물의 운동이 기계적 본성을 가지고 있다는 것에 동의합니다. 그리고 저는 식물과 동물의 현상들을 세부적으로 설명하는 문제를 다룰 때, 영혼의 도움을 받는 것에 찬성하지 않습니다.

§14 **필라레테스** "사실상 굴과 홍합 같은 종류의 동물에도 어떤 미약한 지각이 있다는 것을 저로서는 믿지 않을 수 없습니다. 살아 있는 감각은 단지 우연히 놓이게 된 장소에 강제로 머물러야 하는 동물을 혹은 차가운 물이나 따뜻한 물, 깨끗한 물이나 더러운 물이 지나가는 장소에 이 물이 들어오는 대로 늘 머물러야 하는 동물을 괴롭히는 데 사용될 뿐이기 때문입니다."

테오필루스 매우 좋습니다. 저는 식물에 대해서도 거의 마찬가지로 말할 수 있다고 믿지만 인간의 경우 지각은 반성의 가능성을 동반합니다. 그리고 이 가능성은 기회가 주어질 때 현실화됩니다. 하지만 혼수상태나 거의 감각이 없는 상태가 되면, 반성과 자각은 멈추고 보편적 진리에 대해서는 생각하지 않습니다. 그럼에도 그것이 본유적이든 획득적이든, 능력과 잠재적 소질 그리고 심지어 이 혼란의 상태에서 얻은 인상도 그로 인해 멈추지 않고, 기억하지 못할 수는 있어도 삭제되지는 않습니다. 이것들은 어느 날 어떤 주목할 만한 결과에 기여하는 순서를 가질 것입니다. 자연에 쓸모없는 것은 없기 때문입니다. 모든 혼란은 해소되어야 하고 어리석은 상태에 있는 동물도 어느 날 더 고양된 지각으로 되돌아와야 합니다. 그리고 단순 실체는 영원히 지속하기 때문에 몇 해로 영원성을 판단해서는 안 됩니다.

10장
보유에 관하여

§1, 2 필라레테스 "단순 **지각**보다 정신을 사물의 인식에 한 걸음 더 나아가게 하는 다른 능력이 있는데, 이것을 저는 **보유**(rétention)라고 부릅니다. 이것은 감관이나 반성을 통해서 얻은 지식[18]을 보존하는 것입니다. 보유는 두 가지 방식으로 일어납니다. 현재적 관념을 현실적으로 보존할 때, 이것을 저는 **주시**(contemplation)라고 부릅니다. 그리고 관념을 정신 앞에 다시 돌아오게 하는 힘(puissance)을 유지할 때, 사람들은 이것을 **기억**(mémoire)이라고 부릅니다."

테오필루스 우리는 본유 지식을 보유하기도 하고 주시하기도 합니다. 그리고 우리는 대게 본유적인 것과 획득한 것을 구별할 수 있습니다. 그것이 얼마 전부터 이미 가지고 있던 것이든, 우리 안에서 새로 형성된 것이든,

∴

18) [옮긴이 주] 로크는 '지식'이 아니라 '단순 관념'이라고 썼다. 이것은 라이프니츠가 바꾼 것이다.

상에 대한 지각도 있습니다.

§2 필라레테스　그러나 우리는 "이 상이나 관념이 현실적으로 지각되지 않으면 아무것도 아니라고 생각합니다. 그리고 기억에 저장된 관념이 있다고 말합니다. 이렇게 말하는 것은 많은 경우에 영혼이 이미 가졌던 지각을 다시 깨우는 **힘**을 가지고 있다는 의미와 근본적으로 다르지 않습니다. 그리고 이 지각이 깨어날 때, 영혼이 이런 종류의 지각을 이전에 가졌다는 것을 동시에 확신하는 느낌[19]이 동반됩니다."

테오필루스　관념이 단지 생각의 형상이나 방식에 불과하다면, 관념은 그 형상이나 방식과 함께 중지될 것입니다. 하지만 필라레테스, 우리는 관념이 생각의 내적 대상이라는 것을 인정했습니다. 그리고 이 방식으로 관념은 존속할 수 있습니다. 그리고 제게 놀라운 것은, 당신이 스콜라 철학에서 분명하게 거부할 이 벌거벗은 **힘** 혹은 **능력**에 계속 가치를 둘 수 있다는 것입니다. 이 능력이 무엇인지, 그리고 어떻게 행사되는지는 좀 더 분명하게 해명될 필요가 있습니다. 그리고 이로부터 영혼뿐만 아니라 신체에도 지나간 인상들의 잔여물인 잠재적 소질이 있다는 것을 알게 됩니다. 하지만 우리는 단지 기억이 작동할 기회를 가질 때에만 그것을 자각합니다. 그리고 지나간 생각들 중에서 아무것도 남아 있지 않으면, 우리는 즉각 그에 대해서 더 이상 생각하지 않고, 기억이 어떻게 보존될 수 있는지 해명하는 것도 불가능할 것입니다. 이로써 이 벌거벗은 능력에 도움을 청하는 것은 이해할 수 없는 것만을 주장하는 것입니다.

••

19) [옮긴이 주] 이 부분에서 로크는 '느낌'이 아니라 '지각'이라고 썼는데 코스테가 다르게 번역했다. 로크의 원문은 "with this additional perception annexed to them, that it has had them before(이전에 지각들을 가진 적이 있다는 부가적인 지각이 함께한다)"이다.

11장
식별 혹은 관념을 구별하는
능력에 관하여

§1 **필라레테스** "본유 진리로 간주하는 많은 명제들의 명증성과 확실성은 관념을 식별하는 능력에 의존합니다."

테오필루스 이 본유 진리에 대해서 생각하고 그것을 분간하기 위해서 식별이 필요하다는 것에 동의합니다. 하지만 이로 인해서 그 진리가 본유적인 것이 중단되지는 않습니다.

§2 **필라레테스** "정신[20]의 **활발함**은 관념을 빠르게 다시 불러오는 것으로 이루어집니다. 하지만 관념을 분명하게 재현하는 것과 정확하게 구별하는 것은 **판단**에 속합니다."

테오필루스 아마 전자와 후자는 상상력의 활발함일 것이고 판단은 이성에

..

20) [옮긴이 주] 코스테는 로크가 '재기(wit)'라고 쓴 것을 프랑스어 번역에서 '정신(esprit)'으로 바꿨다. 따라서 로크는 이 부분에서 재기와 판단을 비교하는 것이다.

따라 명제들을 검토하는 것으로 이루어질 것입니다.

필라레테스　저는 정신과 판단의 이 구별에서 멀리 떨어져 있지 않습니다. 그리고 때로는 판단력을 너무 자주 사용하지 않기 위한 판단도 있습니다. "예를 들면, 진리와 훌륭한 추론의 엄격한 규칙에 따라 명제들을 검토하는 것은 특정한 재기 있는 생각들에 어떤 방식으로 타격을 주는 것입니다."

테오필루스　이런 지적은 좋습니다. 재기 있는 생각들은 적어도 외견상 이성에 어떤 근거를 가지고 있어야 합니다. 하지만 그림을 너무 가까이에서 보지 말아야 하는 것처럼, 이 생각을 과도할 정도로 세심하게 조사하지 말아야 합니다. 그런 점에서 부우르[21] 신부는 그의 작품, 『정신의 작품에서 잘 생각하는 방법』에서 여러 차례 과오를 범한 것 같습니다. 다음 루카누스[22]의 재치 있는 문구를 잘못 생각할 때처럼 말입니다.

"승리의 원인은 신들을 기쁘게 하지만 패배의 원인은 카토를 기쁘게 한다."

§4 필라레테스　"관념과 관련해서, 정신의 다른 작용은 한 관념과 다른 관념을 연장, 등급, 시간, 장소 혹은 어떤 다른 사태와의 연관 관계를 통해서 **비교**하는 것입니다. **관계**라는 이름 아래 포함되어 있는 이 많은 수의 관념들이 여기에 속합니다."

테오필루스　제 의견에 따르면, 관계는 비교보다 일반적입니다. **관계는 비교**

••

21) [옮긴이 주] Dominique Bouhours(1628~1702): 프랑스 예수회 신부, 문법학자. 여기서 말하는 책은 *La maniére de bien penser dans les ouvrages de l'esprit*(Paris, 1687)이다.

22) [옮긴이 주] Marcus Annaeus Lucanus(39~65): 로마의 정치가, 시인, 철학자, 세네카의 조카이다. 이 구절은 그의 책 *Pharsalia*(I, 128)에 나온다. "Victrix causa Diis, sed victa Catoni."

관계도 있고 **협력 관계도 있기** 때문입니다. 전자는 유사성, 동등성, 불균등성 등을 포함하는 **일치**(convenance) 혹은 **불일치**(disconvenance)와 관계합니다. (저는 이 용어를 좁은 의미로 사용합니다.) 후자는 원인과 결과의 연결, 전체와 부분의 연결, 위치와 순서의 연결처럼 어떤 **연결**(liaison)을 포함하고 있습니다.

§6 필라레테스 "복합(complexes) 관념을 만들기 위한 단순 관념들의 합성(composition) 또한 우리 정신의 작용입니다. 사람들은 이것을 여러 개의 단위에서 한 다스를 만드는 것처럼 관념들을 하나의 동일한 종류로 연결함으로써, **관념을 확장하는** 능력과 연관시킬 수 있습니다."

테오필루스 관념들도 분명히 한 다스처럼 합성됩니다. 하지만 유사한 관념들의 합성이 다른 관념들의 합성보다 더 단순합니다.

§7 필라레테스 "암캐의 젖이 새끼 여우들의 몸 전체에 퍼지는 데 필요한 만큼 새끼 여우들이 젖을 빨도록 만들 수 있다면, 암캐는 새끼 여우를 먹이고, 같이 놀면서, 자신의 새끼에게 열정을 갖는 것과 같은 열정을 가질 것입니다. 그리고 동시에 많은 새끼를 갖는 동물들은 그 수에 대한 인식을 가지고 있는 것처럼 보입니다."

테오필루스 동물의 사랑은 습관을 통해서 증가되는 즐거움에서 나옵니다. 하지만 정확한 다수에 관해서는, 인간도 어떤 도구를 통해서만 사물의 수를 인식할 수 있습니다. 수를 세기 위해 숫자를 사용하거나 세지 않고 어떤 것이 비어 있는지 바로 알아낼 수 있는 형태로 배열하는 것처럼 말입니다.

§10 필라레테스 "동물은 추상 관념을 형성하지 못합니다."

테오필루스 저도 같은 의견입니다. 동물은 흰색을 분명하게 인식하고 눈에서 흰색을 알아보는 것처럼 분필에서도 흰색을 알아봅니다. 하지만 이것이 추상 작용은 아닙니다. 왜냐하면 추상 작용은 개별적인 것과 별개로 공통적인 것에 대한 고찰을 요구하고, 따라서 거기에는 동물들에게는 주어지지 않는 보편 진리에 대한 인식이 들어 있기 때문입니다. 또 분명하게 언급할 것은, 말하는 동물도 일반 관념을 표현하기 위해서 말을 사용하지 못한다는 것, 그리고 말을 하지 못하고 언어를 사용하지 못하는 사람들도 다른 일반적 표시를 만들지 않을 수 없다는 것입니다. 그리고 저는 당신이 여기서 그리고 다른 곳에서 인간 본성의 우월성을 매우 잘 알고 있는 것을 보니 기쁩니다.

§11 필라레테스 "동물이 어떤 관념을 가지고 있고, 어떤 사람들이[23] 주장하는 것처럼 순수한 기계가 아니라면, 우리는 동물이 어떤 특정한 정도로 이성을 가지고 있다는 것을 부정할 수 없습니다. 그리고 제게 동물이 생각한다는 것은 동물이 감정을 가지고 있다는 것만큼 명증적으로 보입니다. 그러나 동물은 단지 감관이 자신에게 재현해주는 개별 관념에 대해서만 생각합니다."

테오필루스 동물은 예전에 이미 감각했던 연결 관계를 통해서 한 상상에서 다른 상상으로 넘어갑니다. 예를 들어, 주인이 몽둥이를 잡으면, 개는 맞을 것을 두려워합니다. 그리고 많은 경우, 어린아이뿐만 아니라 어른도 생각에서 생각으로 넘어가는 데 다른 절차를 거치지 않습니다. 사람들은 이것을 매우 넓은 의미에서 **귀결**(conséquence) 혹은 **추론**이라고 부릅니다. 저는 이 말을 인간에게 내어주고, 지각의 연결에서 나온 어떤 **원인**에 대한 인식에 제한하면서, 인정된 용례를 따르는 것을 선호합니다. 오직 감각만으로는 지각을 제공할 수 없습니다. 그것의 효과는 단지 사람들이 전에 알았던 연결과 같은 연결을 다음번에도 당연하게 기대하도록 만드는 것뿐입

:.
23) 데카르트주의자들을 가리킨다.

니다. 심지어 그 원인이 더 이상 같지 않더라도 말입니다. 그래서 감관을 통해서만 자신을 지배하는 사람들은 종종 기만을 당합니다.

§13 필라레테스 "**저능한 사람들**은 지적 능력에서 활발함, 활동성, 운동성을 결여하고 있습니다. 그로 인해 이성을 사용하지 못하고 있습니다. **미치광이들**은 반대편 극단에 있는 것으로 보입니다. 이 사람들이 생각하는 능력을 잃은 것 같지는 않기 때문입니다. 그렇지만 그들은 특정한 관념들을 잘못 연결했습니다. 그들은 그것을 진실로 여기고, 거짓 원리를 근거로 올바르게 추론한 사람들과 같은 방식으로 자기 자신을 속입니다. 따라서 당신은 왕이 되는 상상을 하는 미치광이가 정당한 귀결을 통해서 자신의 위엄에 맞게 자신에게 시중들고 자신을 공경하고 자신에게 복종하기를 요구하는 것을 볼 것입니다."

테오필루스　**저능한 사람들**은 이성을 사용하지 못합니다. 그리고 그들은 좋은 판단력을 가지고 있는 어떤 **바보들**과는 다릅니다. 하지만 그들은 개념 작용이 빠르지 않기 때문에, 무시당하고 불편하게 느낍니다. 그들은 저명한 사람들과 카드놀이를 하려고 하면서 자신이 어떻게 해야 하는지 너무 자주 그리고 너무 오랫동안 생각하는 사람과 같습니다. 제 기억에 따르면, 특정한 약물 사용으로 인해서 기억을 상실한 어느 유능한 사람이 이런 상태에 빠졌지만 그의 판단력은 그대로였습니다. 완전히 미친 사람은 거의 모든 상황에서 판단력을 결여하고 있겠지만 그의 활발한 상상력이 그를 편안하게 만들 수 있습니다. 그러나 부분적으로 미친 사람들은, 당신이 잘 지적한 것처럼, 자신들 삶의 중요한 문제에 관해서 잘못된 가정을 하고 그것으로 정당하게 추론합니다. 이런 사람들 중에서 특정한 궁정에 잘 알려져 있는 한 사람은 개신교를 재건하고 프랑스를 이성적으로 만드는 일을 운명이라고 생각하고, 이로 인해 신이 그에게 작위를 주기 위해서 그의 몸을 통해서 가장 위대한 인격을 보냈다고 믿습니다. 그는 그가 결혼하려고 본 모든 공주들과의 결혼을 요구합니다. 그것도 땅을 다스려야 하는 신성한 혈통을 갖기 위해서 그들을 신성하게 만든 후에 말입니다. 그는 전쟁의 모든 불행을 그의 견해에 대한 사람들의 공경이 부족한 탓으로 돌립니다. 그가 어떤 군주와 이야기할 때, 그는 자신의 위엄이 떨어지지 않도록 필요한 모든 수단을 사용합니다. 끝으로 사람들이 그와 논쟁할 때, 그는 자신을 매우 잘 방어합니다. 제가 그의 광기가 속임수가 아닐지 의심한 것이 한두 번이 아니었습니다. 그때 그는 나쁜 사람이 아니었기 때문입니다. 그럼에도 그를 특별히 더 잘 아는 사람들은 그것이 진심이라고 저를 확신시킵니다.

12장
복합 관념에 관하여

§17[24] **필라레테스** "지성은 외부의 가시적 상이 들어오게 하는 어떤 작은 문만 있는 완전히 어두운 방과 닮아 있습니다. 이 어두운 방에 그려진 그 상이 거기에 머무르고 질서 있게 자리할 수 있다면, 그래서 필요한 경우 그 상을 찾을 수 있다면, 이 방은 인간 지성과 매우 닮아 있을 것입니다."

테오필루스 그 유사성을 더 크게 만들기 위해서는, 하나가 될 수 없지만 본유 지식을 재현하는 주름에 의해서 다양화될 수 있는 종들을 받아들이기 위한 천이 어두운 방에 있다는 것을 가정해야 할 것입니다. 더욱이 팽팽하게 당겨져 있는 이 천 혹은 막은 일종의 탄성 혹은 능동적으로 작용하는 힘, 그리고 심지어 과거의 주름뿐만 아니라 종의 인상에서 나온 새로운 주름에도 적합한 작용과 반작용을 가지고 있습니다. 그리고 이 작용은 건드

∴

24) '§17'은 로크의 책 12장이 아니라 11장의 내용이다.

렸을 때 팽팽하게 당겨져 있는 줄에서 본 것 같은, 그래서 일종의 음악 소리를 만들어내는 것 같은 그런 특정한 떨림이나 진동으로 구성됩니다. 왜냐하면 우리는 뇌에서 상이나 흔적을 받아들일 뿐만 아니라 우리가 **복합 관념**에 대해서 생각할 때, 또 다른 새로운 것을 만들어내기도 하기 때문입니다. 따라서 우리의 뇌를 재현하는 천은 능동적이고 탄성이 있어야 합니다. 이 비교는 뇌에서 일어나는 일을 용인하기 쉽게 설명합니다. 하지만 단순 실체 혹은 **모나드**인 영혼에 관해서 말하면, 연장 없는 영혼은 이같이 다양한 연장된 물질 덩어리들을 표상하고 그것들에 대한 지각을 가지고 있습니다.

§3 필라레테스 "복합 관념은 양태나 실체 혹은 관계에 관한 것입니다."

테오필루스 우리 생각의 대상을 이렇게 실체, 양태, 관계로 구분하는 것은 제 견해와 같습니다. 저는 성질이 실체의 변용일 뿐이고 지성이 거기에 관계를 추가한다고 생각합니다. 이로부터 우리가 생각하는 것보다 더 많은 것이 따라 나옵니다.

필라레테스 "양태들은 (하나의 동일한 종의 단순 관념들, 즉 단일체들로 이루어진 열두 개의 한 묶음, 스무 개의 한 묶음[25] 같은) 단순 양태이거나 (아름다움 같은) 혼합 양태입니다. 혼합 양태에 다른 종의 단순 관념들이 포함되어 있습니다."

테오필루스 아마도 **열두 개 묶음** 혹은 **스무 개 묶음**은 단지 관계일 뿐이고 지성과 관련해서만 구성됩니다. 단일체들은 별개로 존재하고, 아무리 흩어져 있더라도 지성은 그 단일체들을 통합합니다. 관계가 지성에 속하기는 하지만 근거와 실재성이 없는 것은 아닙니다. 제일 지성은 사물의 기원입

••

25) [옮긴이 주] 열두 개의 한 묶음은 한 다스(douzaine)의 번역이고, 스무 개의 한 묶음은 한 뱅탱(vingtaine)의 번역이다.

니다. 그리고 단순 실체를 제외하고 모든 사물의 실재성도 근본적으로 단순 실체의 지각들 혹은 현상들로 구성될 뿐이기 때문입니다. 혼합 양태들과 관련해서도 종종 마찬가지인데, 그것들도 차라리 관계를 참고해서 보아야 할 것입니다.

§6 필라레테스 "실체의 관념은 자기 스스로 존속하는 개별적이고 구별되는 사물들을 재현한다고 가정되는 단순 관념들의 특정한 조합입니다. 이 단순 관념들 중에서 사람들은 늘 실체의 모호한 개념을 제일 실체나 주요 실체로 간주합니다. 이런 실체는 그것이 그 자체로 무엇인지 인식하지 않고 가정되는 것입니다."

테오필루스 실체의 관념은 사람들이 생각하는 것처럼 그렇게 흐릿하지 않습니다. 사람들은 실체의 관념에서 그러해야 하는 것과 다른 것 안에서 인식되는 것을 인식할 수 있습니다. 그리고 구체적인 것에 대한 인식은 늘 추상적인 것에 대한 인식에 앞서 있습니다. 사람들은 뜨거움보다 뜨거운 것을 더 잘 인식합니다.

§7 필라레테스 "실체에 대해서도 두 종류의 관념이 있습니다. 하나는 한 명의 인간이나 한 마리의 양에 대한 관념 같은 단일 실체의 관념이고, 다른 것은 한 무리의 인간들과 한 무리의 양떼처럼 함께 연결되어 있는 여러 실체의 관념입니다. 그리고 이런 집단도 하나의 유일한 관념을 형성합니다."

테오필루스 이런 집적체(agrégés) 관념의 단일성은 매우 실제적입니다. 하지만 근본적으로 이런 집단의 단일성이 연관 혹은 관계일 뿐이라는 것을 인정해야 합니다. 이것의 토대는 각각의 단일 실체에서 별개로 발견되는 것에 있습니다. 따라서 **집적에 의한 존재자**(êtres par agrégation)는 심적으로 완성된 단일성 외에 다른 것이 아니며, 따라서 그것의 본질적 존재도 어떤 방식으로 심적이거나 무지개와 같이 현상적인 것입니다.

13장
단순 양태 그리고 첫째, 공간의 단순 양태에 관하여

§3 **필라레테스** "공간은 두 물체를 분리하는 길이와 관련해서 보면, 거리라고 불리는 것이고, 길이, 넓이, 높이와 관련해서는 **용적**(capacité)이라고 불립니다."

테오필루스 더 분명하게 이야기하면, (점이든 연장된 것이든) 위치한 두 사물의 거리는 한 사물에서 다른 사물까지 그을 수 있는 가능한 가장 짧은 선의 크기입니다. 이 거리는 절대적으로 고찰되거나 서로 떨어져 있는 두 사물을 포함하는 특정한 형태로 고찰될 수 있습니다. 예를 들어 직선은 절대적으로 두 점 간의 거리입니다. 그러나 이 두 점이 하나의 동일한 구의 표면에 있을 때, 이 표면에서 이 두 점 간의 거리는 원의 한 점에서 다른 점까지 그을 수 있는 가장 짧은 호의 길이입니다. 또한 거리가 물체들 간에만 있는 것이 아니라 표면, 선분 그리고 점들 간에도 있다는 것을 언급하는 것도 적절합니다. 두 물체 간의, 혹은 두 개의 다른 연장된 것들 간의, 혹은 하나의 연장된 것과 한 점 간의 **용적** 혹은 더 정확하게 말해서 **간격**은 전자의 점과 후자의 점 간에 그을 수 있는 가장 짧은 모든 선들로 구성된 공간이라고 말할 수 있습니다. 위치한 두 사물이 하나의 동일한 표면에 있을 때, 그리고 위치한 사물들의 점들 간의 가장 짧은 선들이 마찬가지로 그 하나의 동일한 표면에 있어야만 하거나 분명하게 그 표면에 있는 것으로 가정되어야만 할 때를 제외하고, 이 간격은 입체입니다.

§4 필라레테스 "자연적으로 주어진 것 외에도 인간들은 그들의 정신에 인치나 피트같이 고정된 특정 길이의 관념을 정립했습니다."

테오필루스 그런 것은 불가능합니다. 정확하게 고정된 길이에 대한 관념을 갖는 것이 불가능하기 때문입니다. 사람들은 1인치가 무엇인지, 혹은 1피트가 무엇인지 정신을 통해서 이해할 수도 없고 말할 수도 없습니다. 그리고 사람들은 이 이름의 의미를 변화하지 않는 것으로 가정하는 실재 척도를 통해서만 보존할 수 있을 것이고, 이 실재 척도를 통해서 항상 그것을 재발견할 수 있을 것입니다. 이에 따라 영국의 수학자 그리브스[26] 씨는 우리의 척도를 보존하기 위해서 한동안 충분히 지속되었고 또 한동안 계속해서 분명하게 지속할 이집트의 피라미드를 사용하려고 했습니다. 그 피라미드 중 하나에 지정된 특정한 길이에 비례하는 우리의 척도를 후대를 위해서 표기함으로써 우리의 척도를 보존하려고 한 것입니다. 사실 최근에 척도를 영속시키는 데(후대에 전승하기 위한 사물의 척도) 진자를 사용할 수 있다는 것을 발견했습니다. 하위헌스[27], 무통[28] 그리고 브라티니[29], 다음으

26) [옮긴이 주] John Greaves(1602~1652): 영국의 수학자, 천문학자. 여기서 언급하는 시도는 다음 책에 나타난다. *Pyramidographia, or a Description of the Pyramids in Ægypt* (1646).
27) [옮긴이 주] Christian Huygens(1629~1695): 네덜란드 출신의 물리학자, 수학자, 천문학자.

로 폴란드의 화폐 장인은 길이의 비율을 (예를 들어) 정확하게 1초 만에 울리는 한 진자의 길이, 즉 항성의 1회전 혹은 1천문일의 86,400번째 부분의 길이로 표기함으로써 이것을 보여주었습니다. 그리고 브라티니는 이에 관한 특별한 논고를 썼는데 저는 이것을 원고의 형태로 보았습니다. 하지만 이런 진자의 척도도 특정한 나라에 제한해야 한다는 불완전함이 있습니다. 진자가 적도 아래 나라에서 하나의 동일한 시간 동안 흔들리기 위해서는 더 짧은 길이가 필요하기 때문입니다. 그리고 기본적 실재 척도의 항구성, 즉 하루의 길이 혹은 지구 자전주기의 항구성, 그리고 심지어 다른 사정을 이야기하지 않기 위해서 중력의 원인에 대한 항구성도 전제되어야 합니다.

§5 필라레테스 "구별되는 각을 만드는 직선으로 혹은 어떤 각도 지각할 수 없는 곡선으로 어떻게 가장자리가 경계 지어지는지 관찰함으로써 우리는 도형의 관념을 형성합니다."

테오필루스 평면 도형은 하나의 선으로 혹은 다수의 선들로 경계선이 그어집니다. 하지만 한 물체의 형태는 예를 들어 구의 형태 같은 것은 정해진 선이 없어도 경계를 지을 수 있습니다. 하나의 유일한 직선 혹은 평면은 공간을 포함하지도 않고 어떤 형태를 만들 수도 없습니다. 하지만 하나의 유일한 선은 원, 타원 같은 평면 도형을 포함할 수 있습니다. 마찬가지로 하나의 유일한 굽은 표면도 구와 구상체 같은 입체 도형을 포함할 수 있습

∴

여기서 언급하는 시도는 다음 책에 나타난다. *Horologium oscillatorium sive de motu pendularium*(1673).

28) [옮긴이 주] Gabriel Mouton(1618~1694): 프랑스의 천문학자, 수학자. 여기서 언급하는 시도는 다음 책에 나타난다. *Observationes diametrorum solis et lunae*(1670).

29) [옮긴이 주] Tito Livio Burattini(1617~1681): 이탈리아-폴란드 발명가, 건축가, 이집트학자. 여기서 언급하는 시도는 다음 책에 나타난다. *Misura universale*(1675).

니다. 그렇지만 다수의 직선 혹은 평면뿐만 아니라 다수의 곡선 혹은 다수의 굽은 표면도 전자가 후자의 접선이 아닐 때, 서로 조화를 이루어 서로 간에 각을 형성할 수 있습니다. 기하학의 용례에 따라 일반적으로 **도형을 정의**하는 것은 충분하지 않습니다. 도형을 경계 지어진 연장된 것(un étendu borné)이라고 말하는 것은 너무 일반적입니다. 예를 들어 양 끝이 단절된 한 직선은 도형이 아니고 두 직선으로는 도형을 만들 수 없기 때문입니다. 도형은 연장된 것에 의해서 경계 지어진 연장된 것이라고 말하는 것은 충분히 일반적이지 않습니다. 구의 표면 전체는 도형이지만 어떤 연장된 것에 의해서 경계 지어지지 않았기 때문입니다. 또한 **도형**은 한 점에서 다른 점으로 가는 길이 무한하게 많은, 경계 지어진 연장된 것이라고 말할 수도 있습니다. 이것은 이전 정의는 포함하지 않는 끝이 정해진 선 없이 경계 지어진 표면을 포함하고 선을 배제합니다. 한 선분에서 한 점에서 다른 점으로 가는 오직 하나의 길이 있거나 정해진 수의 길이 있기 때문입니다. 하지만 도형은 연장된 단면을 수용할 수 있는, 혹은 지금까지 우리가 정의하지 않았던 용어로, **넓이**를 가지고 있는 경계 지어진 연장된 것이라고 말하는 것이 여전히 더 나을 것입니다.

§6 필라레테스   적어도 "모든 도형은 공간의 단순 양태 외에 다른 것이 아닙니다."

테오필루스   당신에 따르면, 단순 양태는 같은 관념을 반복합니다. 하지만 도형에서 이것은 항상 같은 것의 반복이 아닙니다. 곡선은 직선과 매우 다르고 그 선들끼리도 다릅니다. 그래서 저는 단순 양태의 정의가 여기에 어떻게 적용될 수 있을지 모르겠습니다.

[§8] 필라레테스   우리의 정의를 너무 엄격하게 받아들일 필요는 없습니다. 이제 도형에서 장소(Lieu)로 넘어갑시다. "체스보드 위에 있는 모든 말들이

우리가 놓았던 곳과 같은 칸에 있는 것을 볼 때, 우리는 말들이 모두 같은 자리에 있다고 말합니다. 설사 체스보드를 옮겼더라도 말입니다. 또한 체스보드가 선실의 같은 장소에 있을 때, 비록 배가 움직였다 하더라도, 체스보드가 같은 장소에 있다고 말합니다. 또한 배가 이웃 나라의 일부와 같은 거리를 유지하고 있다고 가정할 때, 설사 땅이 움직였다 하더라도, 사람들은 배가 같은 자리에 있다고 말합니다."

테오필루스　**장소**는 **개별적**이거나 **보편적**입니다. 특정한 물체와 관련해서 고찰하는 경우 개별적이고, 전체와 관계되고 임의의 어떤 물체와 관련된 모든 운동이 고려되는 경우 보편적입니다. 그리고 만약 세상에 어떤 고정된 것도 없다면, 각 사물의 장소는 이성적 추론을 통해서 결정될 수밖에 없습니다. 모든 운동을 기록할 방법이 있거나, 말을 타면서 기억으로 체스 게임을 한다는 아랍인들처럼 한 피조물의 기억력이 충분하다면 말입니다. 우리가 이해할 수 없는 것이 있더라도 사물의 진리에서는 결정되어 있을 수밖에 없습니다.

§15 필라레테스　"누군가 저에게 공간이 무엇이냐고 묻는다면, 저는 그가 저에게 연장이 무엇인지 말할 때, 공간에 대해서 그에게 말할 준비가 됩니다."

테오필루스　저는 열이 무엇이라거나 다른 어떤 병이 무엇이라고 말할 수 있는 것처럼 공간의 본성도 설명될 수 있다고 생각합니다. 연장은 연장된 것의 추상입니다. 그런데 **연장된 것**은 그 부분들이 공존하거나 동시에 현존하는 하나의 연속체입니다.

§17 필라레테스　"물체 없는 공간이 실체인지 아니면 우연적 속성(accident)인지 묻는다면, 나는 주저하지 않고 전혀 모르겠다고 답할 것입니다."

테오필루스　필라레테스, 당신이 알지 못한다고 인정한 것을 제가 규정하려고 할 때, 사람들이 저의 자만심을 비난할까 두렵습니다. 하지만 당신이 말한 것보다 혹은 당신이 믿는 것보다 당신이 그것에 대해서 더 잘 알고 있다고 판단할 이유가 있습니다. 몇몇 사람들은 신이 사물의 장소라고 믿습니다. 제가 잘못 생각하는 것이 아니라면, 레시우스[30]와 게리케[31]가 이 견해를 가지고 있습니다. 그렇다면 장소는 우리가 모든 활동을 벗겨낸 공간에 부여한 것보다 더 많은 어떤 것을 포함하고 있습니다. 따라서 장소는 시간과 마찬가지로 실체가 아닙니다. 그리고 장소가 부분을 가지고 있다면, 그것은 신일 수 없습니다. 장소는 현존하는 것들 간의 관계나 질서일 뿐만 아니라 마치 현존하는 것 같은 가능한 것들 간의 관계, 질서입니다. 하지만 장소의 진리성과 실재성은 모든 영원한 진리처럼 신에 근거를 두고 있습니다.[32]

필라레테스 제 견해도 당신의 견해와 다르지 않습니다. 그리고 당신은 사도 바울이 한 말을 알고 있습니다. 즉 우리는 신 안에 현존하고, 살고, 움직인다는 구절 말입니다.[33] 따라서 다른 고찰 방식에 따라서 공간이 신이라고 할 수 있습니다. 그리고 또한 공간은 질서나 관계일 뿐이라고 할 수도 있습니다.

테오필루스 그러면 공간은 순서이지만 신은 그것의 원천이라고 하는 것이 가장 좋을 것입니다.

∵

30) [옮긴이 주] Leonardus Lessius(1554~1623): 벨기에 루뱅 대학교에서 공부하고 교수를 지낸 예수회 도덕 신학자. 여기서 언급하는 것은 다음 책과 관련이 있다. *De perfectionibus moribusque divinis*(Amberes, 1620), II권 III장.

31) Otto von Guericke, *Experimenta nova*(Amsterdam, 1672) II권 VIII장: "An Spatium vel universale omnium rerum continens sit creatum aut increatum alioquid."

32) [옮긴이 주] 이와 관련된 라이프니츠의 견해는 라이프니츠가 클라크(Clarke)와 주고받은 서신 중 세 번째 서신과 다섯 번째 서신에서 더 자세하게 볼 수 있다.

33) 『신약』, 「사도행전」 17장 28절.

§18 **필라레테스** 공간이 실체인지 알기 위해서, 실체 일반의 본성이 무엇인지 알아야 합니다. 여기에 어려움이 있습니다. "신, 유한한 정신, 그리고 물체가 실체가 갖는 하나의 동일한 본성에 공통적으로 참여한다면, 이것들은 이 실체의 다른 변용을 통해서만 구별될 뿐이라는 결론이 나오는 것 아닙니까?"

테오필루스 그런 결과가 나온다면, 그로부터 다음 결론도 도출될 것입니다. 즉 존재자가 갖는 하나의 동일한 본성에 공통적으로 참여하는 신, 유한한 정신, 그리고 물체는 이 존재자의 다른 변용을 통해서만 구별될 뿐이라는 것 말입니다.

§19 **필라레테스** "먼저 우연적 속성이 결부되어 있는 어떤 것을 필요로 하는 일종의 실재적 존재자를 우연적 속성으로 간주하는 사람들은 우연적 속성의 지지대 역할을 하도록 실체라는 말을 발명하도록 강제되었습니다."

테오필루스 그러면 필라레테스, 당신은 우연적 속성이 실체를 벗어나 존속할 수 있다고 믿으십니까? 또는 우연적 속성이 실재적 존재자가 아니길 바라십니까? 당신은 이유 없이 당신 자신을 어렵게 만드는 것 같습니다. 그리고 저는 앞에서 실체 혹은 구체적인 것이 우연적 속성 혹은 추상적인 것보다 먼저 인식된다는 것을 지적했습니다.

필라레테스 저는 실체와 우연적 속성이라는 낱말이 철학에서 크게 유용하지 않다고 생각합니다.

테오필루스 제 생각은 다릅니다. 그리고 저는 실체에 대한 고찰이 철학에서 가장 중요하고 가장 생산적인 것이라고 생각합니다.

§21 **필라레테스** 우리는 지금 공간이 실체인지 물으면서 우연히 실체에 대해서 이야기했습니다. 그러나 여기서 우리에게는 그것이 물체가 아니라는 것 정도로 충분합니다. "누구도 물체를 공간처럼 무한하게 만들 수는 없습니다."

테오필루스   그렇지만 데카르트 씨와 그의 추종자들은 세계를 무한정적인 (indefini) 것으로 만듦으로써 물질이 경계를 가지고 있지 않다고 말했습니다. 따라서 세계에서 끝을 파악하는 것은 우리에게 불가능합니다. 그리고 그들은 몇몇 이유를 들어 '무한'이라는 용어를 '무제한적'이라는 용어로 바꾸었습니다. 그 이유는 세상에는 무한한 전체란 결코 존재하지 않기 때문입니다. 비록 하나가 다른 것보다 무한하게 더 큰 전체는 존재하더라도 말입니다.[34] 그리고 제가 다른 곳에서 보여주었듯이, 우주 자체를 하나의 전체로 볼 수 없습니다.[35]

필라레테스   물질과 연장된 것을 하나의 동일한 것으로 간주하는 사람들은 비어 있는 물체의 내면이 서로 접촉한다고 주장합니다. 하지만 "두 물체 사이에 있는 공간은 그것들 간의 접촉을 막는 데 충분합니다."

테오필루스   당신의 견해에 동의합니다. 저는 빈 공간을 인정하지 않지만 물질과 연장된 것을 구별하고, 구 내부에 빈 공간이 있다면, 오목한 부분에 있는 반대 극들은 그로 인해 서로 접촉하지 못한다는 것을 인정하기 때문입니다. 하지만 저는 이것이 신적 완전성이 인정한 경우라고 생각하지는 않습니다.

§23 필라레테스   그럼에도 그럴듯한 것은, "운동이 빈 공간을 입증한다는 것입니다. 분할된 물체의 가장 작은 부분이 겨자씨 한 알만한 크기일 때, 이 물체의 부분들이 자유롭게 움직일 수 있는 자리를 확보하기 위해서는 겨자씨 크기와 같은 크기의 빈 공간이 있어야 합니다. 이것은 물질의 부분

··

34) [옮긴이 주] 이와 관련해서 데카르트가 헨리 모어(Henry More)에게 보낸 서신(1649년 2월 5일): A.T. V, 274쪽 참조.
35) Leibniz, Quelques Ramarques sur le livre de Mons. Locke intitulé Essay of Understanding: A. VI, 6, 7쪽 참조.

들이 1억 분의 1보다 더 작을 때에도 마찬가지일 것입니다."

테오필루스 사람들이 이야기하는 원자처럼, 세계가 구부러질 수도 없고 나뉘질 수도 없는 딱딱한 입자들로 가득 차 있다는 것이 사실이라면, 운동은 불가능할 것입니다. 그러나 진실은 본래적 딱딱함(dureté)은 존재하지 않는다는 것입니다. 반대로 유동성(fluidité)이 본래적이고 물체는 필요에 따라 분할됩니다. 분할을 막는 것이 아무것도 없기 때문입니다. 이것이 운동으로부터 빈 공간을 증명하는 모든 논증의 힘을 없애는 것입니다.

14장
지속과 지속의
단순 양태에 관하여

§10 필라레테스 지속은 연장에 상응합니다. "우리가 어떠한 관념의 연속도 알아차리지 못하는 지속의 한 부분을 우리는 **한순간**이라고 부릅니다."

테오필루스 순간에 대한 이런 정의는 평범한 사람들의 **점**에 대한 정의 같이 대중적 개념으로 이해되어야 합니다. 왜냐하면 엄밀하게 말해서, 점과 순간은 공간과 시간의 부분이 아니고 부분을 가지지도 않기 때문입니다. 이것들은 단지 극한일 뿐입니다.

§16 필라레테스 "이것이 운동은 아니지만 우리에게 지속의 관념을 제공하는 관념들의 항구적 잇단 연결(une suite constante d'idées)입니다."

테오필루스 지각의 잇단 연결이 우리에게 지속의 관념을 불러일으킵니다. 하지만 전자가 후자를 만들지는 않습니다. 우리의 지각은 결코 충분히 항구적으로 잇달아 있지 않고, 직선과 같이 균일하고 단순한 연속(continu uniforme et simple)인 시간의 잇단 연결에 상응할 만큼 충분히 규칙적으로 잇달아 있지도 않습니다. 지각의 변화는 우리에게 시간에 대해서 생각할 기회를 줍니다. 그리고 사람들은 균일한 변화를 통해서 시간을 측정합니다. 그러나 자연에 어떤 균일한 것이 존재하지 않을 때에도 시간은 결정되지 않을 수 없을 것입니다. 마찬가지로 어떤 고정된 물체 혹은 부동의 물체가 존재하지 않더라도 장소는 결정되지 않을 수 없을 것입니다. 비등속 운동을 인식할 때, 사람들은 항상 그것을 이해 가능한 등속 운동에 관련시킬 수 있습니다. 그리고 이 방법을 통해서 조화롭게 연결된 다른 운동에 의해서 일어날 일을 예견할 수 있습니다. 이런 의미에서 시간은 운동의 척도입니다. 말하자면, 등속 운동은 비등속 운동의 척도입니다.

§21 **필라레테스** "사람들은 지속의 두 부분이 동일하다는 것을 확실하게 인식할 수 없습니다." 그리고 관찰은 단지 근사치에 이를 뿐이라는 것을 인정해야 합니다. "사람들은 정확한 연구 후에 태양의 일간 회전이 실제로 균등하지 않다는 것을 발견했습니다. 그리고 연간 회전도 불균등하지 않을지 우리는 알지 못합니다."

테오필루스 진자는 정오부터 다른 때까지 하루의 불균등성을 볼 수 있게 해주었습니다. "그것이 감히 태양의 거짓말을 비난한다."[36] 사람들은 이것을 이미 알고 있었고 이 불균등성이 규칙적인 것도 사실입니다. 태양일의 불균등으로 상쇄되는 연간 회전은 시간이 경과함에 따라 변할 수 있습니다. 사람들이 보통 제일 운동자로 여기는 지구의 자전은 지금까지 우리가 가졌던 최고의 척도이고, 시계는 그 회전을 나누기 위해서 사용합니다. 그렇지만 이 같은 지구의 일간 회전도 시간이 경과함에 따라 변할 수 있습니다. 그리고 어떤 피라미드가 충분히 오래 지속할 수 있다면, 혹은 사람들

..

36) Virgilius, *Georgica*, I, 463. "solem dicere falsum audet."

이 그 자리에 새로운 피라미드를 다시 만든다면, 진자의 길이를 기록 보존하면서 우리는 지구가 한 번 회전하는 동안 지금 일어나는 왕복 운동의 알려진 횟수를 자각할 수 있습니다. 또한 사람들은 이 회전과 다른 회전을 비교함으로써, 예를 들어 목성의 위성 회전과 비교함으로써 어떤 방식으로든 변화를 인식합니다. 왜냐하면 이 두 회전에 변화가 있을 때, 그 변화가 항상 비례할 것 같지는 않아 보이기 때문입니다.

필라레테스 "사람들이 공간의 척도를 보존하는 것처럼, 다가올 하루와 비교하기 위해서 지나간 하루를 보존할 수 있다면, 우리의 시간 측정은 더 정확할 것입니다."

테오필루스 하지만 그 대신 우리는 거의 동일한 시간 동안 운동하는 물체를 보존하고 관찰하게 되었습니다. 또한 우리는 공간의 척도, 예를 들어 나무나 금속으로 보존하는 한 자와 같은 공간의 척도를 완전히 동일한 것으로 유지한다고 말할 수 없을 것입니다.

§22 필라레테스 "모든 인간들은 천구 물체의 운동을 통해서 가시적으로 시간을 측정하기 때문에, 계속해서 **시간**을 운동의 척도로 정의하는 것은 매우 이상합니다."

테오필루스 저는 방금 (§16) 이것이 어떻게 이해되어야 하는지 말했습니다. 아리스토텔레스가 시간은 **운동의 수**이지 운동의 척도가 아니라고 말한 것은 사실입니다.[37] 그리고 사실상 지속은 앞선 운동이 끝나면 다음 운동이 시작되는 동일한 주기 운동의 수를 통해서 인식된다고 말할 수 있습니다. 예를 들어 지구와 천체의 그 많은 회전 운동을 통해서 말입니다.

..

37) Aristoteles, *Physica*, IV, 11, 219b1~2.

§24 **필라레테스**   하지만 사람들은 이런 회전 운동을 예상하고 "아브라함이 율리우스 주기로 2712년에 태어났다고 말합니다. 이것이 태초부터 계산하려고 했을 때만큼 이해할 수 있게 말하는 것입니다. 비록 율리우스 주기가 태양의 어떤 회전에 의해서 표기되는 낮, 밤, 해를 세기 시작한 때보다 수백 년 먼저 시작했다고 가정하더라도 말입니다."

테오필루스   시간에서 생각할 수 있는 이 공백은 공간의 빈 공간과 마찬가지로 시간과 공간이 현존하는 것들뿐만 아니라 가능한 것들에도 적용된다는 것을 나타냅니다. 그 외에도, 다른 이유는 언급할 필요도 없이 단지 70인 성서와 히브리 성서 간의 커다란 차이 때문이라면, 연대기적 방식 중에서 태초부터 해를 계산하는 것은 적합하지 않습니다.

§26 **필라레테스**   "지속의 전체 규모를 고려하더라도 사람들은 지속의 시작을 **이해할** 수 없지만, 운동의 시작은 **생각할** 수 있습니다. 마찬가지로 물체에게는 경계선을 그을 수 있지만 공간에 대해서는 할 수 없습니다."

테오필루스   제가 방금 말한 것처럼, 시간과 공간은 현존의 가정을 넘어 가능성을 나타냅니다. 시간과 공간은 가능한 것과 현존하는 것에 동등하게 관계하는 영원한 진리의 본성에 관한 것입니다.

§27 **필라레테스**   "사실상 시간의 관념과 영원성의 관념은 하나의 동일한 원천에서 나옵니다. 우리는 우리의 정신에서 지속의 특정한 길이를 우리가 원하는 만큼 자주 서로 각각의 길이에 더할 수 있기 때문입니다."

테오필루스   하지만 거기서 **영원성**의 개념을 도출하기 위해서는 항상 더 진전하기 위한 이유와 같은 이유가 있다는 생각도 해야 합니다. 그 이유에 대한 고찰이 가능한 진전에서 무한 혹은 무제한의 개념을 완성합니다. 따라서 감관만으로는 이런 개념을 형성하는 것이 충분하지 않습니다. 그리고 근본적으로 **절대의 관념**은 사물의 본성에서 사람들이 추가하는 **제한의**

관념보다 선행한다고 말할 수 있습니다. 하지만 우리는 제한되고 우리의 감관을 자극하는 것으로 시작할 때에만 절대의 관념을 알아차립니다.

15장
함께 고찰되는 지속과
확장에 관하여

§4 **필라레테스** "사람들은 장소의 무한한 확장보다는 시간의 무한한 지속을 더 쉽게 인정합니다. 왜냐하면 우리는 신에게서 무한한 지속을 생각하고 연장을 유한한 물질에게만 귀속시키며 **공간**을 우주 밖의 **상상적인 것**이라고 부르기 때문입니다." 그러나 (§2) "솔로몬은 다른 생각을 가지고 있는 것 같습니다. 그는 신에 대해서 이야기할 때, '천국과 천국의 천국은 당신을 포함할 수 없습니다.'[38]라고 말합니다. 그리고 저는 자신의 사고를 신이 현존하는 곳보다 더 멀리 확장할 수 있다고 생각한 그가 자신의 고유한 지성의 용량에서 너무 높은 관념을 만든다고 생각합니다."

테오필루스 만약 신이 연장을 가지고 있다면, 그는 부분을 가질 것입니다. 하지만 지속은 단지 자신의 작용에게만 부분을 줄 수 있습니다. 그럼에도

..

38) 『구약』, 「열왕기상」 8장 27절.

공간과 관련해서 신에게 측정불가능성(immensité)을 귀속시켜야 합니다. 이것이 신의 직접적 작용에 부분과 순서를 부여하기도 합니다. 이것이 가능성의 원천이며 마찬가지로 현존의 원천입니다. 가능성은 신의 본질에서, 현존은 신의 의지에서 유래합니다. 따라서 공간도 시간처럼 단지 신에게서만 그것의 실재성을 얻으며, 신에게 좋아 보일 때, 신은 빈 공간을 채울 수 있습니다. 따라서 이런 관점에서 보면 신은 어디든 존재합니다.

§11 필라레테스 "우리는 정신이 공간과 어떤 관계를 갖는지 또 어떻게 정신이 공간에 참여하는지 알지 못합니다. 하지만 우리는 정신이 지속에 참여한다는 것은 압니다."

테오필루스 모든 유한한 정신은 항상 어떤 유기적 신체와 연결되어 있고 자기 신체와 관련해서 다른 물체를 재현합니다. 따라서 정신의 공간과의 관계도 물체와의 관계와 마찬가지로 명백합니다. 끝으로 이 주제에서 벗어나기 전에, 추가로 시간과 장소를 당신이 제시했던 것과 비교하려고 합니다. 만약 공간에 비어 있는 곳이 있다면, (예를 들어 내부가 비어 있는 구가 있다면) 그것의 크기를 결정할 수 있었을 것입니다. 그러나 만약 시간에 비어 있는 때, 즉 변화 없는 지속이 있다면, 그것의 길이를 결정하는 것은 불가능할 것입니다. 이로부터 다음이 따라 나옵니다. 두 물체 사이에 서로 접하는 빈 공간이 있다는 주장을 거부할 수 있습니다. 왜냐하면 비어 있는 구의 양 극단은 서로 접할 수 없기 때문입니다. 기하학이 이것을 옹호하고 있습니다. 하지만 한 세계가 다른 세계 다음에 순서대로 있는 두 세계는 지속과 관련해서 서로 접하고 있다는 것을 거부할 수 없을 것입니다. 따라서 한 세계가 끝날 때, 사이 간격이 있을 수 없이 다른 세계가 반드시 시작합니다. 제 생각에, 사람들은 이것을 거부할 수 없습니다. 이런 사이 간격은 결정 불가능하기 때문입니다. 만약 공간이 하나의 선에 불과하다면,

그리고 물체가 움직일 수 없다면, 두 물체 사이에 빈 공간의 길이를 결정하는 것은 더 이상 가능하지 않을 것입니다.

16장
수에 관하여

§4 **필라레테스** "수에서 관념은 연장에서보다 더 정확하고 서로 구별하는데 더 적합합니다. 연장에서는 모든 균등성과 모든 크기의 초과를 수에서보다 더 쉽게 관찰할 수 없거나 측정할 수 없습니다. 그 이유는, 우리가 공간에서 사고를 통해서, 수에서의 단위처럼, 그 이상 진행할 수 없을 정도로 특정하게 고정된 작은 크기에 이를 수 없기 때문입니다."

테오필루스 이것은 **정수**에 관한 것으로 이해되어야 합니다. 왜냐하면 **넓은 의미에서** 분수, 무리수, 초월수 그리고 두 정수 사이에 놓일 수 있는 모든 수를 포함하는 수는 선과 비례하고, 연속에서처럼 그런 수에서도 **최소**(minimum)는 존재하지 않기 때문입니다. 따라서 수는 다량의 단위라는 정의는 단지 정수에서만 유효합니다. 연장에서 관념의 정확한 구별은 크기로 이루어지지 않습니다. 크기를 분명하게 인식하기 위해서는 정수나 정수의 도움으로 알게 된 다른 수의 도움을 받아야 합니다. 따라서 **연속적 양**

(la quantité continue)에 관해서 **크기**를 분명하게 인식하기 위해서는 **불연속적 양**(la quantité discréte)의 도움을 받아야 합니다. 따라서 수를 사용할 수 없을 때, 연장의 변용은 **형태**를 통해서만 구별될 수 있습니다. 그리고 이 단어를 매우 일반적으로 사용하면, 두 연장된 것들이 서로 유사하지 않도록 하는 모든 것을 가리키는 것으로 사용됩니다.

§5 필라레테스 "우리는 단위의 관념을 반복하고 그것을 다른 단위와 연결함으로써 우리가 **둘**이라고 부르는 하나의 **집합 관념**을 형성합니다. 그리고 누구든 이런 것을 만들 수 있고 또 계속해서 하나씩 더해서 마지막 집합 관념까지 갈 수 있다면, 거기에 특별한 이름을 붙여 '세다(compter)'라고 할 수 있습니다. 그가 일련의 이름과 그것을 붙잡아두기 위한 기억을 충분하게 가지고 있는 한에서 말입니다."

테오필루스 오직 이런 방식만으로는 멀리 갈 수 없습니다. 매번 새로운 것을 추가하기 위해서 완전히 새로운 이름을 기억해야 한다면, 기억이 **과부하**될 것이기 때문입니다. 따라서 이런 이름들에는 어떤 특정한 순서와 특정한 **반복**이 필요하며, 그래서 어떤 특정한 급수(progression)에 따라 다시 시작하게 됩니다.

필라레테스 "수의 다양한 양태들에게 더 많거나 더 적거나 하는 것이 아닌 다른 차이는 있을 수 없습니다." 따라서 이것들은 연장의 양태와 같은 단순 양태들입니다.

테오필루스 이것을 시간과 직선에 대해서는 말할 수 있지만 형태뿐만 아니라 수에 대해서는 그럴 수 없습니다. 수는 크기에서 차이가 날 뿐만 아니라 서로 다릅니다. 짝수는 두 개의 동일한 수로 나눠질 수 있지만 홀수는 그럴 수 없습니다. 3과 6은 삼각수이고, 4와 9는 제곱수, 8은 세제곱수입니다. 그리고 이것은 형태보다는 수에서 더욱더 유효합니다. 동일하지 않은 두 형태가 서로 완벽하게 유사할 수 있지만 두 개의 수는 결코 그럴 수 없기 때문입니다. 그러나 사람들이 대체로 이것에 대해서 잘못 생각하는 것이 제게는 그리 놀랍지 않습니다. 왜냐하면 보통 사람들은 **유사한 것**과 **서로 다른 것**에 대한 구별되는 관념을 가지고 있지 않기 때문입니다. 따라서 필라레테스, 당신은 **단순 변용**이나 **혼합 변용**에 대한 당신들의 관념이나 당신들의 적용이 교정될 필요가 상당하다는 것을 알 것입니다.

§6 필라레테스 수를 기억하는 데 적합한 이름을 붙이는 것이 좋다고 지적하는 것은 합당합니다. 그래서 저는 수를 셀 때, 백만의 백만 대신에 축약하기 위해서 **조**라고 하고, 백만의 백만의 백만 혹은 1조의 백만 대신에 **경**이라고 하며, 그렇게 계속해서 **백만의 아홉제곱**까지 사용하는 것이 적절할 것이라고 생각합니다. 수를 사용하는 데 더 멀리 가는 것은 필요하지 않기 때문입니다.

테오필루스 이런 명칭은 아주 좋습니다. x를 10이라고 할 때, 1백만은 x^6이 될 것이고, 1조는 x^{12}, 1경은 x^{18}, 그리고 1백만의 아홉제곱은 x^{54}이 될 것입니다.

17장
무한에 관하여

§1 **필라레테스** 가장 중요한 개념 중 하나는 "양의 양태로 간주되는 유한과 무한의 개념입니다."

테오필루스 정확하게 말해서 사실 사물의 무한이 존재합니다. 즉 사람들이 지정할 수 있는 것보다 항상 더 무한한 것이 존재합니다. 하지만 무한한 수는 존재하지 않으며 무한한 선이나 다른 무한한 양도 존재하지 않습니다. 사람들이 그것들을 진정한 전체로 간주한다면, 그것들이 존재하지 않는다는 것이 쉽게 증명되는 것처럼 말입니다. 스콜라 철학자들은 자신들의 표현으로 단독적(catégorématique) 무한이 아니라 공의적(syncatégorématique) 무한을 인정했을 때,[39] 그렇게 주장하려고 했거나 주장했어야 합니다. 엄밀

∴

39) [옮긴이 주] 'syncatégorématique'와 'catégorématique'는 중세 논리학의 용어로, 이 단어에 통용되는 적합한 우리말 번역어를 찾기 어렵다. 'syncatégorématique'는 명제를 구성하

하게 말해서 참된 무한은 오직 모든 합성에 앞서 있는 **절대적인 것**에만 있으며 부분을 추가해서 형성되는 것이 아닙니다.

필라레테스 "우리가 무한에 대한 우리의 관념을 제일 존재에게 적용할 때, 우리는 본래 그의 지속과 편재와 관련해서 그렇게 하는 것이고 더 비유적으로 그의 힘, 지혜, 선 그리고 다른 그의 속성들에 대해서 그렇게 하는 것입니다."

테오필루스 더 비유적이지는 않지만 덜 직접적이기는 합니다. 왜냐하면 다른 속성들은 부분의 고찰을 포함하는 것들과 관련해서 그 크기가 인식되기 때문입니다.

§2 필라레테스 저는 "정신이 유한과 무한을 연장의 변용과 지속의 변용으로 간주하는 것이 정립되었다."라고 생각했습니다.

테오필루스 저는 그것이 정립되었다고 생각하지 않습니다. 유한과 무한에 대한 고찰은 크기와 다수가 있는 곳이면 어디든 유효합니다. 그리고 진정한 무한은 변용이 아닙니다. 이것은 절대입니다. 반대로 사람들이 변용할 때부터 제한되고 유한한 것이 형성됩니다.

§3 필라레테스 우리는 "정신이 항상 동일하게 존재하면서도, 새로운 것을 더함으로써 공간의 관념을 끝없이 확장할 수 있는 힘을 가지고 있고, 이로부터 무한한 공간의 관념을 도출한다."라고 믿었습니다.

∶

는 명사 중에서 독자적으로는 의미를 갖지 못하고 다른 명사와 관련해서 혹은 다른 명사와 함께 사용될 때만 의미를 가질 수 있는 것을 뜻한다. 즉 명제의 주어와 술어가 될 수 없는 명사이다. 반면 'catégorématique'는 독자적으로 의미를 갖는 명사를 가리킨다. 여기서는 무한 개념이 무한 자체만으로 이해되거나 의미를 갖는 것이 아니라 유한과 비교하거나 유한하고 제한된 양과 관련해서만 이해될 수 있다는 것을 나타낸다. 이런 의미에서 'syncatégorématique'를 '공의적(共義的)'이라고 번역하고, 'catégorématique'를 '단독적'이라고 옮겼다. 정언 명제에서 '모두', '어떤'과 같은 용어가 공의적 명사이다.

테오필루스   그것은 같은 이유가 매번 진행 과정에 존속한다는 것을 사람들이 알기 때문이라는 것을 덧붙이는 것이 좋습니다. 예를 들어, 한 직선을 처음에 비해 두 배가 되도록 늘려봅시다. 그러면 첫 번째 직선과 완전히 유사한 두 번째 직선은, 다시금 이전 직선과 유사한 세 번째 직선을 얻기 위해서 자신의 두 배가 될 수 있다는 것이 명확합니다. 그리고 동일한 이유가 여전히 유효하기 때문에, 중지하는 것은 결코 가능하지 않습니다. 따라서 선은 무한하게 늘어날 수 있습니다. 이에 따라 무한에 대한 고찰은 유사성에 대한 고찰 혹은 같은 이유에 대한 고찰에서 나오고, 무한의 기원은 보편적 진리와 필연적 진리의 기원과 같습니다. 이것은 어떻게 이 관념에 대한 이해를 실현시켜주는 것이 우리 자신 안에 있는지 그리고 감관의 경험으로부터 나올 수 없는지 보여줍니다. 필연적 진리가 귀납에 의해서도 감관을 통해서도 입증될 수 없는 것처럼 말입니다. 절대의 관념은 존재의 관념처럼 우리 내부에 있습니다. 이 절대는 신의 속성 외에 다른 것이 아닙니다. 그리고 신 자신이 존재의 원리인 것처럼 이 신의 속성이 관념의 원천이라고 말할 수 있습니다. 공간과 관련해서 절대의 관념은 신의 측정불가능성의 관념 외에 다른 것이 아니며 다른 속성도 마찬가지입니다. 하지만 사람들이 절대 공간을 부분들로 합성된 하나의 무한한 전체(un tout infini)로 상상하려고 했을 때, 그들은 잘못 생각하는 것입니다. 그러한 것은 존재하지 않습니다. 그것은 모순을 함축하는 개념입니다. 그리고 이 무한한 전체와 그와 반대되는 무한하게 작은 것은 단지 기하학의 계산에서 사용될 뿐입니다. 대수학이 상상에 뿌리를 두고 있는 것처럼 말입니다.

§6 필라레테스   사람들은 부분 밖의 부분을 이해하지 못해도 여전히 크기를 생각합니다. "만약 가장 빛나는 흰색에 대해서 제가 가지고 있는 가장 완전한 관념에 흰색의 정도가 같거나 덜 생생한 다른 어떤 것을 추가한다면,

(왜냐하면 저는 현재 현실적으로 생각하고 있는 것이 가장 빛나는 것이라고 가정하므로, 제가 가지고 있던 그런 것보다 더 흰색의 관념을 더할 수 없기 때문입니다) 이것은 어떤 방식으로도 저의 관념을 증가시키지도 확장하지도 않습니다. 그래서 사람들은 힘에 대한 다양한 관념을 **정도**라는 이름으로 부릅니다."

테오필루스 저는 이 추론이 설득력이 있는지 잘 모르겠습니다. 어떤 것도 사람들이 현재 현실적으로 생각하고 있는 것보다 더 빛나는 힘에 대한 지각을 받아들이는 것을 방해하지 않기 때문입니다. 사람들이 힘은 무한하게 증가될 수 없다고 믿게 되는 참된 이유는 바로 그것이 본래적 성질이 아니기 때문입니다. 감관은 단지 그것에 대한 혼란스러운 인식만 제공할 뿐입니다. 그리고 만약 우리가 구별되는 인식을 갖는다면, 그것이 구조에서 유래한다는 것 그리고 시각 기관의 구조에 의해서 제한된다는 것을 알게 될 것입니다. 그러나 본래적 성질 혹은 구별되게 인식할 수 있는 성질과 관련해서, 사람들은 때때로 무한하게 진행할 방법이 있다는 것을 압니다. 그런 곳은, 예를 들면 시간과 장소에서처럼 **연장**이 있는 곳, 혹은 당신이 원한다면 **확산**이 있는 곳, 혹은 스콜라 철학자들이 '부분 밖의 부분(partes extra partes)'이라고 부르는 것이 있는 곳뿐만 아니라, 예를 들어 속도와 관련해서 **강화**와 **정도**가 있는 곳입니다.

§8 필라레테스 "우리는 무한한 공간에 대한 관념을 가지고 있지 않습니다. 그리고 무한수에 대한 현실적 관념의 불합리성보다 더 쉽게 감지될 수 있는 것은 없습니다."

테오필루스 저도 같은 의견입니다. 하지만 이것은 무한의 관념을 가질 수 없기 때문이 아니라 무한이 참된 전체일 수 없기 때문입니다.

§16 필라레테스 "같은 이유에서 우리는 무한한 지속이나 영원성에 대해서 실제적 관념을 가지고 있지 않습니다." 측정불가능성의 관념 또한 마찬가지

입니다.

테오필루스 저는 우리가 그 둘에 대한 실제적 관념을 가지고 있다고 생각합니다. 그리고 사람들이 이것을 하나의 무한한 전체처럼 생각하는 것이 아니라 절대 혹은 제한 없는 속성처럼 생각한다면, 이 관념은 참일 것입니다. **영원성**의 관점에서 이 속성은 부분에 의존할 필요 없이 그리고 또 시간을 더해서 그것의 개념을 형성할 필요도 없이, 신의 필연적 현존에서 발견됩니다. 제가 이미 언급했던 것처럼, 무한 개념의 기원은 필연적 진리의 개념과 같은 원천에서 나온다는 것을 여기에서 다시 한 번 보게 됩니다.

18장
몇몇 다른
단순 양태에 관하여

필라레테스 "단순 관념에서 형성되는 더 많은 단순 양태들이 있습니다. (§2) 미끄러지기, 구르기 같은 운동의 양태들이 그런 것들입니다. (§3) 이것들 중 소리는 음표와 곡조에 의해서 변화됩니다. (§4) 색이 정도에 따라 변화 되는 것처럼 말입니다. 그리고 (§5) 미각과 후각에 대해서는 말할 것도 없 습니다. §6 복합 양태에서와 마찬가지로 이것들에도 항상 구별되는 이름 이나 척도가 있는 것은 아닙니다. §7 왜냐하면 사람들은 통상의 용례를 따 르기 때문입니다. 그리고 이에 대해서는 우리가 '말에 관하여'에 이르게 되 면 더 상세하게 이야기할 것입니다."

테오필루스 대부분의 양태들은 단순 양태가 아니고 복합 양태로 간주될 수 있습니다. 예를 들어, 미끄러지기와 구르기를 설명하기 위해서는 운동 외에 표면의 저항도 고려해야 합니다.

19장
생각에 관한
양태에 관하여

§1 **필라레테스**   감관에서 유래하는 양태에서 반성이 우리에게 제공하는 양태로 넘어갑시다. "**감각**은 말하자면 감관을 통해서 관념이 지성에 들어오는 현실적 입구입니다. 앞서 관념이 생겨나도록 했던 외부 대상이 우리의 감관에 작용하지 않는데도 동일한 관념이 정신에 다시 나타날 때, 이런 정신의 활동을 **회상**(reminiscence)[40]이라고 부릅니다. 정신이 그 관념을 다시

..

40) [옮긴이 주] 로크가 'remembrance'라고 쓴 것을 코스테는 'memoire'로 번역했는데, 라이프니츠는 이것을 'reminiscence'라고 달리 썼다. 라이프니츠의 원전에 따라 'reminiscence'를 번역하면 '상기'라고 해야 하지만 이 부분이 로크의 견해를 보여주는 필라레테스 부분이고, 『인간지성론』 국역본에서 이것을 '회상'으로 번역해 이 필라레테스 부분에서는 원전이 'reminiscence'임에도 '회상'이라고 번역했다. 로크의 책에서 해당 부분은 다음과 같다. "The same *Idea*, when it again recurs, without the operation of the like Object on the external Sensory, is *Remembrance*: ……"(국역본의 번역: "유사한 대상이 외부 감각에 작용하지 않는데도 동일한 **관념**이 다시금 발생하면 이것이 바로 **회상**이며, ……")

부르려고 애쓰고 어떤 노력 후에 결국 그것을 발견해서 나타나게 한다면, 이것은 **상기**(recueillement)[41]입니다. 정신이 그 관념을 오랫동안 주의 깊게 고찰한다면, 이것은 **관조**(contemplation)입니다. 우리의 정신에 있는 관념이 떠다닐 때, 말하자면 지성이 그 관념에 전혀 주의하지 않을 때, 사람들은 이것을 **공상**(reverie)이라고 부릅니다. 사람들이 자기 자신을 드러내는 관념에 대해서 반성적으로 사고할 때, 그리고 그 관념을 말하자면 자신의 기억 저장소에 기록해둘 때, 이것은 **주의**(attention)입니다. 그리고 정신이 매우 전념하면서 한 관념에 고정되어 있을 때, 그리고 그 관념을 모든 면에서 고찰하고, 정신에 다른 관념이 떠오르더라도 그 관념에서 벗어나지 않으려고 할 때, 이것을 **공부**(Étude) 혹은 정신의 집중[42]이라고 부릅니다. 아무런 꿈도 동반하지 않는 **잠**은 이 모든 것이 중단된 것입니다. 그리고 **꿈을 꾼다**는 것은, 외적인 감관이 폐쇄되어서 외부 대상에게 통상적으로 주어지는 활발함의 정도로 이 대상에서 인상을 받지 못하는 동안에도 정신에 이 관념을 가지고 있는 것입니다. 제 말은, 관념이 외부 대상에서 혹은 알려진 원인을 통해서 우리의 정신에 떠오르지 않고, 또 지성에 의해서 어떤 방식으로 선택되거나 결정되지 않아도 정신이 관념을 가진다는 것입니다. 우리가 **무아지경**(Extase)이라고 부르는 것에 대해서는, 이것이 눈을

..

41) [옮긴이 주] 로크가 'recollection'이라고 쓴 것을 코스테는 'reminiscence'로 번역했는데, 라이프니츠는 이것을 'recueillement'이라고 또다시 달리 썼다. 여기서도 라이프니츠의 원전에 따라 'recueillement'을 번역하면 '명상' 혹은 '묵상'이라고 해야 하지만 앞의 주에서 말한 이유로 로크 책의 국역본에 따라 '상기'라고 번역했다. 로크의 책에서 해당 부분은 다음과 같다. "If it be sought after by the mind, and with pain and endeavour found, and brought again in view, 'tis *Recollection*: ……"(국역본의 번역: "이 **관념**이 나중에 마음에 의해 찾아져서 노고와 노력에 의해 발견되어서 다시 떠오르면 이것이 바로 **상기**다.")

42) [옮긴이 주] 로크는 이 부분을 "intention or Study"라고 썼고, 국역본은 "몰두 내지 심사숙고"라고 번역했다.

뜬 채 꿈을 꾸는 것인지 아닌지, 다른 기회에 판단하기 위해 남겨둡니다."

테오필루스 이 개념들을 정리하는 것이 좋은데, 제가 거기에 도움을 주려고 합니다. 그래서 저는 사람들이 외부 대상을 자각할 때, 그것을 **감각**이라고 말합니다. **상기**(reminiscence)는 그 대상이 다시 나타나지 않는데도 그 감각이 반복되는 것입니다. 하지만 사람들이 그런 감각을 가졌던 것을 알 때, 그것은 '**기억**(souvenir)'입니다. 사람들은 보통 **명상**(recueillement)을 당신이 이해하는 것과는 다른 의미로 받아들입니다.[43] 즉 어떤 성찰에 열중하려는 목적으로 용무에서 벗어나 있는 상태로 간주합니다. 그러나 제가 아는 한, 필라레테스, 당신의 개념에 적합한 낱말이 없기 때문에, 당신이 사용한 말을 거기에 적용할 수 있습니다. 우리가 다른 대상들과 구별하고 다른 대상들보다 더 선호하는 대상에 대해서 우리는 **주의**(attention)합니다. 외부 대상이 계속 있든 아니든 혹은 심지어 외부 대상이 발견되든 안 되든, 정신이 계속 주의할 때, 이것은 **고찰**(consideration)입니다. 이것이 행동과 관계없이 인식으로 향할 때는 **관조**일 것입니다. 주의의 목적이 배우는 것일 때, (즉 그것을 보유하기 위해서 인식을 얻는 것일 때) 그것은 **공부**입니다. 어떤 계획을 세우기 위해서 고찰하는 것은 '**숙고하다**(méditer)'라고 합니다. 하지만 '**공상하다**(rêver)'는 사람들이 다른 목적을 갖지 않고 얻은 쾌락 때

..

43) [옮긴이 주] 라이프니츠의 견해를 보여주는 테오필루스 부분에서는 'reminiscence'와 'recueillement'을 본래 의미에 맞게 각각 '상기'와 '명상'으로 번역했다. 라이프니츠가 여기서 필라레테스가 말한 'recueillement'의 의미가 일반적 의미가 아니라고 말하는 것으로 보아 앞의 필라레테스 부분의 라이프니츠 원전은 라이프니츠가 혼동한 것이거나 자신의 견해에 맞춰 의도적으로 바꾼 것으로 보인다. 영역본에서는 로크의 'recollection'을 코스테가 'recueillement'으로 바꿨다는 지적도 있지만 역자가 참고한 번역서에서 코스테는 'reminiscence'라고 번역했다. 확인하기 어렵지만, 만약 라이프니츠가 본 코스테의 번역서에서 로크가 'recollection'이라고 쓴 것을 코스테가 'recueillement'으로 번역했다면, 이 혼동은 코스테의 오역 때문이다.

문에 어떤 특정한 생각을 따르는 것 외에 다른 것이 아닌 것 같습니다. 그래서 공상은 정신착란에 이르게 할 수 있습니다. 사람들은 자신을 망각합니다. 자신이 '왜 여기 있는지(dic cur hic)' 망각하고 몽상과 망상을 가까이해 공중누각을 짓습니다. 우리는 몽상과 감각을 구별할 수 있습니다. 그것들은 서로 연결되어 있지 않기 때문입니다. 그것들은 각각 별개의 세계와 같습니다. **잠**은 감각의 중단이며, 그래서 **무아지경**은 일시적인 내적 원인에서 기인하는, 깨어나기 힘든 매우 깊은 잠입니다. 이것은 혼수상태에서와 같이 마취제나 신체 기능의 지속적 손상에서 기인하는 이 깊은 잠을 배제하기 위해서 덧붙이는 것입니다. 무아지경은 가끔씩 **환영**(visions)을 동반합니다. 하지만 무아지경이 없는 경우도 있습니다. **환영**은 마치 우리에게 대상의 진실을 알려주는 것처럼 보이는 감각으로 간주되는 꿈과 다를 바 없는 것 같습니다. 그리고 이 환영이 신적일 경우에는 실제로 진실이 있습니다. 이것은 예를 들면, 환영이 사건에 의해서 정당화되는 개별적 예언을 포함하고 있을 때, 인식될 수 있는 것입니다.

§4 **필라레테스** "정신의 집중 혹은 완화의 다양한 정도로부터 생각은 영혼의 활동이지 영혼의 본질이 아니라는 것이 도출됩니다."

테오필루스 생각이 활동이지 본질이 될 수 없다는 것은 의심의 여지가 없습니다. 하지만 그것은 본질적 활동이고, 모든 실체들은 그러한 활동을 하고 있습니다. 저는 앞에서 우리가 자각하지 못해도 항상 무한하게 많은 미세 지각을 가지고 있다는 것을 보였습니다. 우리에게 **지각**이 없을 때는 결코 없습니다. 하지만 우리에게 **자각**(aperception)이 없는 경우, 즉 지각들이 구별되지 않을 때가 종종 있다는 것은 필연적입니다. 많은 훌륭한 사상가들이 느슨하고 또 견고하지도 않을 뿐만 아니라 고상하지도 않은 철학에 지배당하는 것은 이 중요한 점을 고려하지 않은 탓입니다. 그리고 우리는 지금까지 영혼에 있는 가장 아름다운 것을 거의 무시했습니다. 이로 인해 사람들은 영혼은 본성상 소멸 가능하다고 가르치는 이 오류에서 그토록 많은 그럴듯함을 발견했습니다.

20장
쾌락과 고통의
양태에 관하여

§1 필라레테스 "신체의 감각뿐만 아니라 정신의 생각도 마찬가지로 무구별적이거나 쾌락이나 고통을 따르는 것이기 때문에, 사람들은 다른 모든 단순 관념들과 마찬가지로 이 관념을 묘사할 수 없거나 그것을 가리키기 위해서 사용하는 낱말을 정의할 수 없습니다."

테오필루스 저는 우리에게 완전하게 무구별적인 지각은 없다고 믿습니다. 하지만 사람들이 그렇게 무구별적이라고 부를 수 있을 정도로 지각의 효과가 현저하게 드러나지 않는다는 것으로 충분합니다. 왜냐하면 **쾌락**이나 **고통**은 현저하게 드러나는 도움이나 방해로 구성되는 것처럼 보이기 때문입니다. 저는 이 정의가 명목적 정의가 아니라는 것 그리고 사람들이 그런 정의를 할 수도 없다는 것은 인정합니다.

§2 필라레테스 "**선**은 본래 우리에게 쾌락을 야기하고 증대시키는 것, 혹은 어떤 고통을 줄이고 축소시키는 것입니다. **악**은 본래 우리에게 고통을 야기

하거나 증대시키는 것, 혹은 어떤 쾌락을 줄이는 것입니다."

테오필루스 저도 같은 의견입니다. 사람들은 선을 명예, 즐거움, 효용으로 나눕니다. 하지만 근본적으로 저는 선이 그 자체로 즐거운 것이거나 우리에게 즐거운 감정을 줄 수 있는 어떤 다른 것을 돕는 것이어야 한다고 생각합니다. 즉 선은 즐겁거나 유용한 것이고, 명예 그 자체는 정신의 쾌락으로 구성됩니다.

§4, 5 필라레테스 "쾌락과 고통에서 정념(passions)이 나옵니다. 사람들은 쾌락을 만들어낼 수 있는 것에 대해서 **사랑**을 느낍니다. 그리고 현재하거나 부재하는 원인이 만들어낼 수 있는 슬픔이나 고통에 대한 생각은 **증오**(haine)입니다. 하지만 행복할 수도 불행할 수도 있는 것과 연관되어 있는 **증오** 혹은 **사랑**은 종종 불쾌 혹은 만족이 됩니다. 그리고 우리는 그들의 현존을 고려함으로써 혹은 그들이 즐기는 행복을 고려함으로써 이 정념들이 우리 안에서 만들어졌다고 느낍니다."

테오필루스 제가 『만국공법(*Codex juris gentium dipomaticus*)』 서문에서 정의의 원리를 설명했을 때, 저도 사랑을 거의 그렇게 정의했습니다. 즉 **사랑한다**는 것은 사랑하는 대상의 완전성, 선 혹은 행복에서 쾌락을 얻는 데 이르는 것입니다. 이 때문에 사람들은 사랑하는 대상의 선이나 쾌락에서 발견하는 것 외에 다른 어떤 쾌락을 고려하지도 요구하지도 않습니다. 이런 의미에서 우리는 본래 쾌락이나 행복을 줄 수 없는 것은 사랑하지 않습니다. 그리고 활유법을 통해서가 아니면, 우리는 이런 종류의 것들을 사랑하지 않고 즐깁니다. 마치 그것들 자체가 자신들의 완전성을 즐긴다고 우리가 상상하는 것처럼 말입니다. 따라서 사람들이 어떤 그림의 완전성을 감지할 때 얻는 쾌락으로 아름다운 그림을 사랑한다고 말할 때, 이것은 본래의 사랑이 아닙니다. 하지만 용어의 의미를 확장하고 그것의 용례를 다양하게 하는 것은 허용됩니다. 철학자들뿐만 아니라 신학자들도 사랑을 두 종류로 구별합니다. 즉 그들이 **욕정**이라고 부르는 **사랑**은 우리에게 쾌락을 제공하는 사람에 대한 우리의 욕망이나 감정과 다르지 않습니다. 다만 우리는 그가 어떤 쾌락을 얻는지에 대해서 관심을 갖지 않습니다. **박애의 사랑**은 자신의 쾌락이나 행복을 통해서 우리에게도 쾌락과 행복을 주는 사람들에 대한 감정입니다. 전자는 우리의 쾌락에 관심을 갖게 합니다. 그리고 후자는 다른 사람들의 쾌락에 관심을 갖게 하지만 그래도 우리의 쾌락을 만들거나 더해서 우리의 쾌락을 구성하는 것처럼 다른 사람들의 쾌락에 관심을 갖게 합니다. 만일 그것이 어떤 방식으로도 우리에게 영향을 미치지 않았다면, 우리는 그것에 관심을 갖지 않았을 것이기 때문입니다. (사람들이 뭐라 말하든) 자기 자신의 이익과 분리되는 것은 불가능하기 때문입니다. 그리고 이렇게 해서 사랑의 고결함을 잘 파악하고 또 그럼에도 환영에 빠지지 않기 위해서, **사심 없는 사랑** 혹은 돈을 목적으로 하지 않는 사랑을 어떻게 이해해야 하는지 알게 된다는 것입니다.

§6 필라레테스 "어떤 것이 현재할 때, 자신에게 쾌락을 주었던 그것의 부재로 인해서 사람들이 자기 자신에게서 느끼는 것이 (영어로 Uneasiness) **불안**(inquiétude)이고 사람들은 그것을 **욕망**(desir)이라고 부릅니다. 말하자면 **불안**은 인간의 근면성과 활동성을 자극하는, 유일하지는 않더라도 주요한 자극제입니다. 인간에게 어떤 선을 제안하든, 그 선의 부재가 어떤 불쾌나 고통을 동반하지 않는다면, 그리고 선을 빼앗긴 자가 만족할 수 있고 그 선이 없어도 편안할 수 있다면, 그 선을 요구하지 않을 것이고 또 적어도 그 선을 누리기 위해서 노력하지도 않을 것이기 때문입니다. 그는 이런 유의 선을 단지 순수한 **의향**(velléité)으로만 감지합니다. 이 용어는 가장 낮은 등급의 욕망을 나타내기 위해서 사용하는 것인데, 이것은 한 사물의

부재로 인한 불쾌함이 그리 대단한 것이 아니어서 그 사물을 얻기 위한 방법을 사용하는 데 얽매이지 않고 그저 미미한 정도로 희망하게 할 때, 영혼이 자신에게 완전하게 무구별적인 한 사물에 대해서 놓이게 되는 그런 상태에 가장 가까워지는 것입니다. 또한 욕망은 사람들이 희망했던 선을 얻을 수 없다는 의견에 의해서 약화되거나 둔화됩니다. 그리고 그것에 비례해 영혼의 불안이 이런 고찰을 통해서 치유되거나 감소됩니다." 그 외에도 저는 저명한 영국 저자에게서 불안에 대해서 제가 당신에게 말한 것을 발견했습니다. 저는 종종 그의 견해에 대해 당신에게 알렸습니다. 저는 영어 단어 'uneasiness'의 의미를 이해하는 것에 약간의 어려움이 있었습니다. 하지만 이 과제를 수행할 능력을 갖추고 있는 프랑스어 번역자는 이의를 제기할 수 없게 그 페이지 아래에(20장 §6), "저자는 이 영어 단어로 사람이 편안하지 않은 상태, 영혼에 안락과 평온이 결여된 상태를 의미한다고 언급했습니다. 이런 관점에서 영혼은 순수하게 수동적입니다. 그는 이 단어를 정확하게 같은 관념을 표현하지는 못하지만 거의 근접하는 **불안**이라는 단어로 번역할 수밖에 없었습니다. (그가 덧붙인) 이 의견은 힘에 관해서 다루는 다음 장과 관련해서 무엇보다 필수적입니다. 이 장에서 저자는 이런 유의 불안에 대해서 더 꼼꼼하게 고찰합니다. 만일 이 단어를 방금 언급한 관념과 연결하지 않는다면, 이 장에서 다루는 주제들 그리고 책 전체에서 가장 중요하고 가장 까다로운 주제들을 정확하게 이해하는 것은 가능하지 않을 것이기 때문입니다."

테오필루스 번역자가 맞습니다. 그리고 그 탁월한 저자의 책을 읽고 나서 저는 이 **불안**에 대한 고찰이 이 저자의 통찰력 있고 심오한 정신을 특별히 드러내는 핵심 지점이라는 것을 알았습니다. 이런 이유에서 저는 그것에 주목했고, 그것을 꼼꼼하게 고찰하고 나서 **불안**이라는 말이 저자의 의미를 충분히 표현하지는 못하더라도, 제 생각에는 거의 그것의 본성에 충분히 어울리는 것처럼 보입니다. 그리고 'uneasiness'라는 말은 그것이 불쾌 (deplaisir), 비애(chagrin), 불편함(incommode) 그리고 한마디로 어떤 실제적인 고통을 나타낸다면, 그것에 적합하지 않을 것입니다. 왜냐하면 저는 욕망 그 자체에는 고통 자체보다 오히려 고통으로 향하는 잠재적 성향이 있고 고통에 대한 예비가 있다고 말하는 것을 더 좋아하기 때문입니다. 저 지각이 때로는 고통에 포함되어 있는 것과 많고 적음 정도의 차이만 있을 뿐이라는 것은 사실이지만 고통의 본질은 바로 그런 정도의 차이에 있습니다. 왜냐하면 그것은 주목할 만한 지각이기 때문입니다. 이것은 욕구와 굶주림 간의 차이에서도 나타납니다. 위장의 자극이 너무 심해지면 불편해지고, 그래서 지각되기에는 너무 미세한 지각에 관한 우리의 이론이 또다시 여기에서 적용되어야 하기 때문입니다. 우리가 욕구와 욕망을 가지고 있을 때, 우리에게 일어나는 일이 충분히 크다면, 그것은 우리에게 고통을 야기했을 것이기 때문입니다. 이런 이유에서 우리 존재의 무한하게 지혜로운 창조자가 우리를 종종 무지와 혼란스러운 지각에 있도록 할 때, 그는 우리의 선을 위해서 그렇게 한 것입니다. 이것은 우리가 본능적으로 더 빠르게 행동하도록 하기 위한 것이고, 우리와 전혀 관련이 없는 많은 대상들에 대해 지나치게 구별된 감각을 가져서 불편해지지 않도록 하기 위한 것입니다. 하지만 그 대상들은 자연이 자신의 목적을 달성하기 위해서 없어서는 안 될 것입니다. 우리가 자각하지도 못한 채 얼마나 많은 곤충들을 삼킵니까? 너무 민감한 후각을 가져서 불편함을 느끼는 사람들을 우리가 얼마나 많이 봅니까? 그리고 우리의 눈이 상당히 멀리까지 볼 수 있다면, 얼마나 많은 불결한 대상들을 보게 되겠습니까? 자연은 이 계책을 통해서 우리에게 욕망의 자극제를 주었습니다. 고통의 발단이나 요인 같은, 혹은 말하자면 절반의 고통 같은, 혹은 (당신이 더 강하게 표현하기 위해서 심하게 이야기하기를 원한다면,) 자각할 수 없는 작은 고통 같은 것으로 말입니다. 이로써 우리는 불편을 감수하지 않고 **악의 장점을 누립니다**. 그렇지 않고 그 지각이 지나치게 구별된다면, 사람들은 선을 기대하면서 항상 불행할 것입니다. 반면 자신의 욕구를 따르고 어떤 방식으로든 이 욕구나 이 간지러움을 충족시킬 때, 우리가 느끼는 이 절반의 고통에 대한 연속적 승리는 우리에게 많은 절반의 쾌락을 줍니다. 그리고 (떨어지는 무거운 물체의 충격이 계속되어 충동성을 획득할 때처럼) 이것이 계속되고 축적되면 결국 진정한 쾌락 그리고 전체 쾌락이 됩니다. 그리고 근본적으로 이 절반의 고통이 없으면, 쾌락도 없었을 것이고, 우리가 편안한 상태에 놓이는 것을 방해하는 어떤 장애물을 제거함으로써 어떤 것이 우리를 도와주고 우리의 고통을 덜어준다는 것을 자각할 방도도 없었을 것입니다. 이것은 또한 플라톤의 『파이돈』[44]에서 소크라테스가 그의 다리가 간지러울 때 언급한 쾌락과 고통의 유사성을 알게 해줍니다. 작은 도움이나 작은 해방, 그리고 결국에는 주목할 만한 쾌락을 산출하는 억제된 성향의 지각할 수 없는 제거에 대한 이 고찰은 우리가 가지고 있고 또 가질 수밖에 없는 **쾌락과 고통**에 관한 혼란스러운 관념에 대해서 더 구별되는 어떤 지식을 제공해줍니다. 열이나 빛에 대한 감각이, 제가 앞에서(9장 13절) 말한 것처럼, 대상의 운동을 표현하는 많은 미세 운동의 결과이고 단지 외견상으로만 다를 뿐인 것처럼 말입니다. 그 이유는 우리 자신이 그 분석을 자각하지 못하기 때문입니다. 이에 반해 오늘날 많은 사람들은 감각 가능한 성질에 대한 우리의 관념이 운동 그리고 대상에서 일어나는 것과 전적으로 다르고, 그것이 어떤 근원적

44) 플라톤, 『파이돈』, 60 b~c.

이고 설명 불가능한 것이며 심지어 임의적인 어떤 것이라고 믿습니다. 마치 신이 신체에서 일어난 것 대신에 자신에게 좋아 보이는 것을 영혼이 감각하도록 만든 것처럼 말입니다. 이것은 우리의 관념에 대한 진정한 분석과는 상당히 거리가 먼 것입니다. 그러나 **불안**, 즉 우리를 계속해서 숨 쉬게 하는 지각 불가능한 자극들로 돌아와서, 이것은 혼란스러운 결정입니다. 그래서 우리는 종종 우리에게 결여된 것을 알지 못합니다. 반면 **경향성과 정념**에서 우리는 적어도 우리가 요구하는 것을 압니다. 비록 혼란스러운 지각이 그것의 작용 방식에도 포함되어 있고, 같은 정념이 또한 이 불안이나 간지러움을 야기할지라도 말입니다. 이 충동은 마치 느슨해지려고 하지만, 우리의 기계를 작동하게 하는 작은 용수철과 같습니다. 그리고 저는 이미 앞에서 우리가 가장 무구별적으로 존재하는 것처럼 보일 때에도 우리는 결코 무구별적이지 않다고 지적했습니다. 예를 들어, 우리가 복도 끝에서 좌측으로 가기보다는 우측으로 가는 것처럼 말입니다. 왜냐하면 우리가 선택한 쪽은 이런 감각 불가능한 결정, 즉 다른 방식으로 움직이는 것보다는 이 방식으로 움직이는 것을 더 편안하게 느끼게 만드는 대상의 작용과 우리 신체 내부의 활동으로 혼합되어 있는 결정에서 나오기 때문입니다. 사람들은 괘종시계의 추를 독일어로 'Unruhe', 즉 **불안**이라고 명명합니다. 이것은 결코 완전하게 편안한 상태에 있을 수 없는 우리 신체의 상태와 같은 것이라고 말할 수 있습니다. 왜냐하면 우리 신체가 편안한 상태에 있을 때, 대상의 새로운 압박, 신체 기관과 혈관, 내장 기관에서의 미세한 변화가 즉시 균형을 바꿀 것이고, 가능한 한 최상의 상태로 되돌아오기 위해서 어떤 작은 노력을 할 것이기 때문입니다. 이것은 말하자면 우리 괘종시계의 불안을 만드는 항구적인 대립을 생산하는 것입니다. 따라서 이러한 명명은 저의 견해와 잘 맞습니다.

§[7] **필라레테스** "영혼이 현재 선이나 미래 선의 소유를 확실한 것으로 간주할 때, 영혼이 느끼는 쾌락이 **기쁨**입니다. 그리고 우리가 우리의 힘으로 그런 선을 가지고 있어서 원하면 즐길 수 있을 때, 우리는 선을 **소유**하고 있는 상태에 있는 것입니다."

테오필루스 언어는 유사한 개념들을 구별하는 데 적절한 용어들을 충분히 가지고 있지 않습니다. **기쁨**이라는 낱말로 번역되기도 하는 라틴어 'laetitia'보다는 아마도 'gaudium'이 기쁨에 대한 이 정의에 더 가까울 것 같습니다. 하지만 저에게 이것은 쾌락이 우리를 지배하고 있는 상태를 의미하는 것으로 보입니다. 왜냐하면 슬픔이 가장 깊은 동안에 그리고 비애감이 가장 심한 중에도 술을 마시거나 음악을 듣는 것처럼 어떤 쾌락을 느낄 수 있기 때문입니다. 불쾌감이 지배적이겠지만 말입니다. 그리고 유사하게 극심한 고통 속에서도 순교자들에게 일어나는 것처럼 정신은 기쁨에 있을 수 있습니다.

§8 **필라레테스** "슬픔은 영혼의 불안입니다. 이것은 영혼이 더 오랫동안 즐길 수 있었는데 사라진 선을 생각할 때, 혹은 현재의 현실적 악으로부터 고통을 받고 있을 때, 갖게 됩니다."

테오필루스 불행의 현실적 현재뿐만 아니라 다가오는 불행에 대한 두려움도 슬프게 만들 수 있습니다. 따라서 제가 방금 제시한 **기쁨**과 **슬픔**의 정의가 관례에 더 잘 맞는다고 생각합니다. **불안**과 관련해서, 고통에 더 큰 불안이 있고 결과적으로 슬픔에도 더 큰 불안이 있습니다. 그리고 기쁨에도 마찬가지로 불안이 있습니다. 왜냐하면 이 불안이 사람을 더 멀리 나아가도록 하기 위해서 깨어나게 하고 행동하게 하고 희망으로 가득 차도록 하기 때문입니다. **기쁨**은 과도한 감정으로 사라질 수 있습니다. 그러므로 감정은 불안보다는 기쁨에 더 많이 있습니다.

§9 **필라레테스** "**희망**이란 영혼에게 쾌락을 제공하기에 적합한 어떤 것에서 개연적으로 가져야 하는 즐거움에 대해 생각하는 영혼의 만족입니다." §10 "그리고 두려움이란 영혼이 일어날 수 있는 미래의 불행에 대해서 생각할 때, 영혼이 갖는 불안입니다."

테오필루스 만약 불안이 불쾌를 의미한다면, 저는 불안이 항상 두려움을 동반한다는 것을 인정합니다. 하지만 불안을 우리를 자극하는 감각할 수 없는 자극제로 간주할 때, 또다시 희망과 연결시킬 수 있습니다. 스토아 학파는 정념을 의견으로 간주했습니다. 그래서 그들에게 희망은 미래 선에 대한 의견이었고 두려움은 미래 악에 대한 의견이었습니다. 하지만 저는 정념이 만족이나 불쾌가 아니고 의견도 아니며, 성향 혹은 성향의 변용이라고 하는 것을 더 선호합니다. 이 성향은 의견 혹은 감정에서 유래하고 쾌락이나 불쾌를 동반합니다.

§11 **필라레테스** "절망은 비탄을 야기할 수 있고 또 가끔은 안정을 야기할 수도 있는 선을 얻을 수 없다는 생각입니다."

테오필루스 정념으로 간주되는 절망은 완전히 억제된 것으로 보이는 일종의 강한 성향일 것입니다. 이것은 격렬한 대립과 많은 불쾌를 야기하는 것입니다. 그러나 절망이 안정과 무감각을 동반할 때, 이것은 정념이라기보다는 의견이 될 것입니다.

§12 **필라레테스** "**분노**는 우리가 어떤 부당함을 당한 후에 느끼는 불안 혹은 혼란입니다. 그리고 이것은 우리가 복수하려는 현재적 욕망을 동반합니다."

테오필루스 분노는 더 단순하고 더 일반적인 것으로 보입니다. 왜냐하면 사람들이 부당하게 다루지 않는 동물들도 분노를 느낄 수 있기 때문입니다. 분노에는 불행을 몰아내려고 하는 격렬한 노력이 있습니다. 사람들이 차가운 혈기를 가지고 있을 때, 그리고 분노라기보다는 증오의 감정을 가지고 있을 때, 복수의 욕망이 유지될 수 있습니다.

§13 필라레테스 "질투는 우리가 소유하기를 바라지만 다른 사람이 소유하고 있는 선에 대한 고찰에서 유래하는 영혼의 불안(불쾌)입니다. 우리 입장에서 그것은 다른 사람이 우리보다 먼저 소유해서는 안 되는 것이었습니다."

테오필루스 이 개념에 따르면, 질투는 언제나 칭찬할 만한 정념일 것이고, 적어도 우리의 견해에 따르면 언제나 정의에 기초한 정념일 것입니다. 하지만 저는 사람들이 자기가 주인이었다면, 나쁘게 취급할 걱정을 하지 않았을 공인된 미덕에 대해 종종 질투를 하는 것은 아닌지 모르겠습니다. 또한 사람들은 자신들이 관심도 가지고 있지 않았던 선을 소유한 사람들에 대해서도 질투합니다. 사람들은 다른 사람들이 빼앗긴 것들로부터 선을 얻는 것은 생각하지 않고 심지어 그런 이익을 기대할 수 없어도, 빼앗긴 그들을 보면 만족할 것입니다. 왜냐하면 어떤 선은 파괴할 수 있지만 지울 수 없는 프레스코화 그림과 같기 때문입니다.

§17 필라레테스 "대부분의 정념은 많은 사람들에게서 신체에 작용해서 다양한 변화를 야기합니다. 하지만 이 변화가 항상 감각 가능한 것은 아닙니다. 예를 들면, **수치심**(honte)은 사람들이 어떤 무례한 행동, 즉 다른 사람들이 평판을 떨어뜨릴 수 있는 행동을 우리에게 했다고 생각할 때, 느끼는 영혼의 불안입니다. 하지만 이 수치심이 항상 홍조를 동반하지는 않습니다."

테오필루스 만약 사람들이 정념을 동반하는, 밖으로 드러나는 동요를 관찰하려고 더 노력한다면, 그 정념을 감추는 것이 어려울 것입니다. 수치심과 관련해서, 정숙한 사람들은 어떤 무례한 행동을 단지 목격했을 뿐인데도 수치심과 유사한 동요를 느낄 때가 있다는 것은 고찰할 만한 가치가 있습니다.

21장

힘과 자유에 관하여[45]

§1 필라레테스 "정신은 한 사물이 어떻게 존재를 중단하게 되고, 이전에 존재하지 않았던 다른 사물이 어떻게 존재하게 되는지 관찰하며, 미래에도 유사한 행위자에 의해서 만들어지는 유사한 것이 존재할 것이라는 결론을 도출합니다. 그리고 그때 정신은 한 사물에서 그것의 단순 관념들 중 한 관념이 변화될 가능성이 있다는 것 그리고 다른 사물에서 이 변화를 만들어낼 가능성이 있다는 것을 고찰하게 됩니다. 그리고 이를 통해서 정신은 **힘**(puissance)[46]의 관념을 형성하게 됩니다."

∴

45) [옮긴이 주] 로크의 책에서 21장의 주제는 힘이다. 자유는 라이프니츠가 추가한 것이다.

46) [옮긴이 주] 'puissance'는 로크의 'power'에 대한 프랑스어 번역이다. 라이프니츠는 'puissance'와 유사한 의미를 갖는 'possibilité'와 'faculté'를 사용하기 때문에 번역어에서 구별할 필요가 있다. 일반적으로 'possibilité'는 형상적 존재로 사고 내에서 존재하는 것으로, 우리말로는 '가능성'으로 번역된다. 일반적으로 '힘'으로 번역되는 'puissance'는 사물 자체에 있는 실재하는 힘이지만 아리스토텔레스의 가능태와 현실태 개념과 관련해 사용되었을

테오필루스 힘이 라틴어 'potentia'에 해당한다면, 그것은 현실태(acte)의 반대이고, 가능태(puissance)에서 현실태로 옮겨가는 것은 **변화**입니다. 아리스토텔레스는 이것을 **운동**이라는 말로 이해했는데, 이때 그는 가능태(puissance)에 있는 것의 현실태 혹은 아마도 **현실화**(actuation)라고 말합니다.[47] 따라서 일반적으로 힘(puissance)은 변화의 가능성이라고 할 수 있습니다. 그런데 변화 혹은 이 가능성의 현실태는 한 주체에게는 능동이고 다른 주체에게는 수동이기 때문에, 힘에도 두 가지, 즉 수동적 힘과 능동적 힘이 있을 것입니다. **능동적** 힘은 **능력**(faculté)이라고 부를 수 있을 것이고, **수동적** 힘은 아마도 **수용역량**(capacité) 혹은 **수용력**(receptivité)이라고 부를 수 있을 것입니다. 물론 능동적 힘에 단순 능력 외에 **성향**이 있을 때, 때때로 더 완전한 의미로 받아들여집니다. 그래서 저는 이 능동적 힘을 저의 **동역학적**(dynamiques) 고찰에서 받아들입니다. 이것에 특별히 **활력**(force)이라는 낱말을 사용할 수 있습니다. 그리고 활력은 엔텔레키 혹은 노력일 것입니다. 왜냐하면 제게는 엔텔레키가 (아리스토텔레스는 이것을 너무 일반적으로 받아들여서 모든 행동과 모든 노력을 다 같이 포함하는 것으로 이해하지만) **근원적 능동력**(forces agissantes primitives)에 더 어울리고, 노력은 **파생적**(derivatives) **능동력**에 어울리는 것으로 보이기 때문입니다. 또한 더 특별하고 더 실재성을 담고 있는 일종의 **수동적 힘**도 있습니다. 이것은 물질에 있는 것으로, 물질에는 단지 수용역량 혹은 운동의 수용력인 운동성뿐만 아니라 **비투과성**(impenetrabilité)과 **관성**(inertie)을 포함하는 **저항력**(resistance)

..

때는 '가능태'로 번역하는 것이 적합하다. 'faculté'는 'puissance'와 같이 사물 자체에 실재하지만 능동적 힘을 의미하고 '능력'으로 번역했다.
47) Aristoteles, *Physica*, III, 1, 201a 10.

도 있습니다. 엔텔레키, 즉 근원적 성향 혹은 실체적 성향이 지각을 동반할 때, 그것은 영혼입니다.

§3 **필라레테스** "힘의 관념은 관계적인 어떤 것을 표현합니다. 하지만 어떤 종류의 관념이든 간에 우리가 가지고 있는 어떤 관념도 관계를 포함하지 않는 관념이 있습니까? 연장, 지속, 수에 대한 우리의 관념은 그 관념 자체에 모두 부분들의 비밀스러운 관계를 포함하지 않습니까? 이와 같은 것이 형태와 운동에서 더 분명한 방식으로 나타납니다. 감각 가능한 성질들은 다양한 물체들이 우리의 지각과 관련하여 지닌 힘이고 이것들이 그 자체로 부분들의 크기, 형태, 조직 그리고 운동에 의존하지 않습니까? 그로 인해 그것들에 일종의 관계가 포함됩니다. 그러므로 제 견해에 따르면, 우리의 힘 관념도 다른 단순 관념들 중에 한 자리를 차지할 수 있습니다."

테오필루스 우리가 방금 열거한 관념들은 근본적으로 합성 관념입니다. 감각 가능한 성질에 대한 관념은 단지 우리의 무지로 인해서 단순 관념들 중에 자리를 잡고, 우리가 분명하게 인식하는 다른 관념은 단지 없었으면 더 좋았을 너그러움(indulgence) 때문에 그 자리를 유지합니다. 이것은 통상적으로 공리로 간주하는 것과 거의 유사합니다. 정리들이 그런 것처럼 증명될 수 있거나 증명될 자격이 있는 공리 말입니다. 그럼에도 사람들은 이것이 마치 근원적 진리인 양 공리로 간주하도록 내버려둡니다. 이런 너그러움은 사람들이 생각하는 것보다 더 해롭습니다. 물론 사람들이 항상 그런 너그러움 없이 지낼 수 있는 상태에 있는 것은 아닙니다.

§4 **필라레테스** "우리가 잘 주의해서 보면, 우리가 우리 정신의 작용에 대한 반성적 사고를 통해서 능동적 힘에 대한 명확하고도 구별되는 관념을 갖게 되는 것만큼 물체는 감관을 통해서 그러한 관념을 우리에게 제공하지 못합니다. 제가 생각하기에, 우리가 관념을 가질 수 있는 활동에는 단 두

가지, 즉 생각과 운동만 있습니다. 생각과 관련해서 물체는 우리에게 어떠한 관념도 제공하지 않으며 우리가 그런 관념을 갖는 것은 오직 반성을 통해서뿐입니다. 우리는 물체를 통해서 운동의 시작에 대한 어떠한 관념도 갖지 못합니다."

테오필루스 그 고찰은 매우 적절합니다. 그리고 여기서 **생각**을 매우 일반적인 방식으로 해석해 생각이 모든 지각을 포함하는 것으로 보더라도, 저는 그 말의 사용에 반대하지 않으려고 합니다.

필라레테스 "물체 그 자신이 운동하고 있을 때, 물체에서 이 운동은 수동이라기보다는 능동입니다. 하지만 당구공이 당구채의 충격을 받을 때, 이것은 공의 능동이 아니라 단순한 수동일 뿐입니다."

테오필루스 그것에 대해서 말할 것이 있습니다. 물체가 자기 자신에 이미 운동을 가지고 있지 않았다면, 사람들이 말하는 법칙에 따라서 물체는 충격으로 운동을 얻지 못합니다. 하지만 지금 이 문제는 넘어가도록 합시다.

필라레테스 "마찬가지로 한 공이 자신의 방향으로 운동하고 있는 다른 공과 충돌했을 때, 이 공은 다른 공에게서 자신이 받은 만큼 운동을 전달하고 또 전달한 만큼 상실할 뿐입니다."

테오필루스 저는 그 견해가 오류라고 봅니다. 데카르트주의자들이 물체가 다른 물체에게 준만큼 운동을 잃는다는 견해를 유행시켰지만, 이 견해는 요즈음 실험과 근거에 의해서 타파되었고, 『진리 탐구(*Recherche de la verité*)』를 쓴 저명한 저자도 이 견해를 포기했습니다. 그 저자는 이 견해를 매우 분명하게 철회하기 위해서 작은 논고[48]를 출판했지만, 논증을 몹시 허약한 기초 위에 세워서 지식인들에게 또다시 잘못 생각하게 될 기회를 줄 수밖

∴

48) N. Malebranche, *Des loix de la communication des mouvemens*(1692).

에 없었습니다.

필라레테스 운동의 전달은, "물체에 있는 운동의 능동적 힘에 대한 매우 흐릿한 관념만을 우리에게 제공합니다. 반면 우리는 물체가 운동을 전달하는 것만 볼 뿐 물체가 어떤 방식으로든 운동을 산출하는 것은 보지 못합니다."

테오필루스 저는 사람들이 여기서 운동은 주체에서 주체로 이동하는 것이고 (수적으로 같은) 동일한 운동이 이전되는 것이라고 주장하는 것인지 모르겠습니다. 저는 어떤 사람들, 그중에서도 예수회 신부 카사티[49]가 모든 스콜라 철학자들과 반대로 너무 멀리 나갔다고 생각합니다. 하지만 저는 이것이 당신의 견해인지 혹은 보통 저런 상상에서 멀리 떨어져 있는 당신의 박식한 친구들의 견해인지 의심이 됩니다. 그렇지만 동일한 운동이 전달되지 않는다면, 운동을 받은 물체에서 새로운 운동이 만들어진다는 것을 인정해야만 합니다. 따라서 운동을 준 물체는 동시에 자신의 활력을 상실해서 수동적이었더라도 실제로는 능동적이었을 것입니다. 왜냐하면 물체가 운동을 준 만큼 상실한다는 것은 진실이 아닐지라도, 제가 다른 곳[50]에서 설명했던 것처럼, 물체에게 손실이 있다는 것, 그리고 물체가 활력을 준 만큼 상실한다는 것은 언제나 진실이기 때문입니다. 따라서 물체에 활력 혹은 능동적 힘을 항상 인정해야만 합니다. 저는 힘을 조금 전에 설명했던 것처럼 더 고상한 의미로 이해합니다. 성향이 능력에 결합되어 있는 것으로 말입니다. 그렇지만 우리는 능동적 힘에 대한 가장 명확한 관념을

∴

49) [옮긴이 주] Paolo Casati(1617~1707): 이탈리아의 예수회 신학자, 수학자. 여기서 언급하는 책은 *Mechanicorum libri*(1684)이다.
50) Leibniz, "Brevis demonstratio erroris memorabilis Cartesii", *Acta Eruditorum*(1686, 3).

정신에서 얻는다는 당신의 견해에 저는 항상 동의합니다. 따라서 이런 힘은 정신과 유사한 것을 가지고 있는 것, 즉 엔텔레키에만 있습니다. 물질은 본래 수동적 힘만을 표출하기 때문입니다.

§5 필라레테스 "우리는 우리 자신 안에서 우리 영혼의 다양한 활동과 우리 신체의 다양한 운동을 시작하거나 시작하지 않거나, 계속하거나 중지하는 힘을 발견합니다. 이것은 단순하게, 말하자면 그런 특정한 행동을 하거나 하지 않을 것을 결정하고 또 명령하는 우리 정신의 생각 혹은 선택을 통해서 발견됩니다. 이 힘은 우리가 **의지**(volonté)라고 부르는 것입니다. 이 힘의 현실적 행사는 **의지 작용**(volition)[51], 즉 행동의 중지나 산출이고, 이것이 영혼의 특정한 명령을 따른 것일 때, **자발적**(volontaire)이라고 부르고, 영혼의 그런 특정한 지도 없이 일어나는 모든 행동을 **비자발적**(involontaire)이라고 부릅니다."

테오필루스 저는 그 모든 것이 매우 적절하고 정확하다고 봅니다. 그렇지만 더 직선적으로 말하자면, 또 아마도 한 걸음 더 나아가기 위해서, 저는 **의지 작용**이란 사람들이 좋다고 판단한 것으로 향해 가려고 하고 나쁘다

··

51) [옮긴이 주] 로크의 책에서 의지는 'Will'이다. 그리고 이 힘의 실제적 행사는 '의욕(volition)' 혹은 '의지 작용(Willing)'이라고 되어 있는데, 코스테는 이 둘을 의지 작용(volition) 하나로 단순화했다. 보통 프랑스어 'volonté'를 잠재적 능력으로써의 '의지'로 'volition'을 '의지 작용'으로 번역하는데, 로크의 책 우리말 번역에서는 영어 'volition'을 '의욕'으로, 'willing'을 '의지 작용'으로 번역했다. 번역에서 약간의 혼동이 있지만 '의욕'과 '의지 작용' 혹은 '의지 행위'라는 용어를 구별하면, 의미를 전달하는 데에는 큰 어려움이 없어 보인다. 모두 의지 능력 자체가 아니라 의지의 행사를 의미하기 때문이다. 본 번역에서 로크의 텍스트를 나타내는 필라레테스 부분에서는 로크의 원문을 반영해 'volition'은 '의지 작용'이 아니라 '의욕'으로 번역했다. 반면 라이프니츠의 견해를 나타내는 테오필루스 부분에서 '의욕'은 'vouloir'의 번역어이다. 이것은 로크, 코스테의 번역, 라이프니츠의 견해가 혼재해 나타나는 사용 용어상의 혼란으로, 임의로 일치시키기보다는 각각 사용한 것을 드러내는 편이 적절하다고 판단해 주석에서 알린다.

고 판단한 것에서 멀어지려고 하는 노력 혹은 성향(코나투스)이라고 말할 것입니다. 따라서 이 성향은 사람들의 지각작용에서 직접적으로 유래합니다. 그리고 이 정의의 따름정리는 저 유명한 공리, 즉 '행동은 의욕(vouloir)과 능력의 결합에서 나온다.'입니다. 방해가 없다면, 모든 성향에서 행동이 나오기 때문입니다. 따라서 우리 정신 내부의 자발적 활동뿐만 아니라 외부, 즉 우리 신체의 자발적 운동도 영혼과 신체의 합일 때문에 이 **코나투스**로부터 나옵니다. 그리고 저는 이 합일에 대한 근거를 다른 곳[52]에서 제시했습니다. 또한 사람들이 자각하지 못하는 감각 불가능한 지각들에서 기인하는 노력도 있습니다. (자각할 수 있는 욕구도 있지만) 저는 이것을 의지작용이라기보다는 **욕구**(appetition)라고 부르는 것을 선호합니다. 왜냐하면 이 자발적 활동이 선과 악에 대한 고찰에서 나오는데도 사람들은 스스로 자각할 수 있고 우리의 반성이 담당할 수 있는 것들만 자발적 활동이라고 부르기 때문입니다.

필라레테스 "지각하는 힘(puissance d'apercevoir)[53]은 우리가 **지성**이라고 부르는 것입니다. 여기에는 관념에 대한 지각이 있고, 기호의 의미에 대한 지각이 있고 또 끝으로 우리의 관념들 중 몇몇 관념들 사이에 일치 혹은 불일치에 대한 지각이 있습니다."

테오필루스 우리는 우리가 이해하지 못하는 우리 안과 밖에 있는 많은 것

..
52) Leibniz, "Systeme nouveau de la nature", *Journal des Scavans*(1695. 6~7).
53) [옮긴이 주] 여기서 로크의 원문은 'the power of perception'인데, 코스테가 이것을 'la puissance d'apercevoir'로 번역했고 라이프니츠는 코스테의 번역에 따라 필라레테스 부분을 썼다. 근대 유럽의 언어에서 영어 'perception'에 상응하는 프랑스어가 'perception'이 아니라 'aperception/apercevoir'라는 것은 시사하는 바가 크다. 이것은 이 저작 여러 곳에서 확인할 수 있는데 이 부분이 대표적으로 눈에 띄는 부분이다. 이와 관련하여 라이프니츠의 'aperception'과 'apercevoir'의 번역에 대해서는 「이 책의 번역에 관하여」에서 자세히 밝혔다.

들을 자각합니다. 그리고 우리가 그것들을 **이해**할 때는, 반성하는 능력을 가지고 필연적 진리를 도출할 수 있는 구별되는 관념을 가지고 있을 때입니다. 그러므로 동물이 더 눈에 띄고 더 구별되는 인상들을 자각할 수 있는 능력을 가지고 있더라도, 적어도 이런 의미에서 지성을 가지고 있지는 않습니다. 이것은 마치 멧돼지가 자신에게 소리 지르는 사람을 자각하고 바로 그 사람에게 달려가는 것과 마찬가지입니다. 비록 그 사람에 대해서 예전에는 단지 벌거벗은 지각, 곧 자신의 눈에 띄고 그 빛이 자신의 수정체를 자극하는 다른 모든 대상들에 대한 지각처럼 혼란스러운 지각을 가졌더라도 말입니다. 따라서 제가 사용하는 **지성**은 라틴어에서는 'intellectus'라고 불리는 것에 해당합니다. 이 능력의 실행을 **지성 작용**(intellection)이라고 부르며, 이것은 동물에게는 없는 반성하는 능력과 결합된 구별되는 지각입니다. 이 능력과 결합되어 있는 모든 지각이 생각인데, 저는 지성과 마찬가지로 이런 생각이 동물에게 있다고 인정하지 않습니다. 따라서 지성 작용은 생각이 구별될 때 일어난다고 말할 수 있습니다. 그 외에 기호의 의미에 대한 지각과 기호의 대상이 되는 관념에 대한 지각을 여기서 구별할 필요는 없습니다.

§6 **필라레테스** "사람들은 공통적으로 지성과 의지가 영혼의 두 가지 **능력**이라고 말합니다. 이것은 사람들이 사용하기에 매우 적절한 용어입니다. 말을 사용할 때는 항상 사람들의 생각에 혼동이 일어나지 않도록 조심하면서 사용해야 합니다. 제가 여기 영혼에서 일어나는 것을 미심쩍어하는 것처럼 말입니다. 그리고 사람들이 우리에게, 의지가 모든 것을 규정하고 질서를 잡는 영혼의 상급 능력이고, 의지는 자유롭거나 자유롭지 않고, 의지가 하급 능력을 결정하고 지성의 명령을 따른다고 말할 때, 저는 이 표현들이 명확하고 구별되는 의미로 이해될 수 있음에도 불구하고, 그것들

이 우리에게 분명하게 작용하는 **행위자들**의 관념만큼 많은 사람들에게 혼란스러운 관념이 생기게 한다는 것을 염려하고 있습니다."

테오필루스 이것은 스콜라 철학자들이 오랫동안 전념했던 문제입니다. 즉 영혼과 그 능력 간에 실재적 구별이 있는지, 그리고 한 능력은 다른 능력과 실재적으로 구별되는지 하는 문제 말입니다. 실재론자들은 그렇다고 말하지만 유명론자들은 아니라고 합니다. 그리고 동일한 질문이 다른 많은 **추상적 존재자**의 실재성에 대해서도 제기되었습니다. 이 문제는 같은 운명을 따를 수밖에 없습니다. 하지만 저는 우리가 여기서 이 문제를 해결할 필요가 없고 또 곤란한 상황에 빠질 필요도 없다고 생각합니다. 에피스코피우스[54]가 이 문제를 아주 중요하게 여겨서 영혼의 능력이 실재적 존재자라면, 인간의 자유를 지지할 수 없을 것이라고 믿었다는 기억이 나지만 말입니다. 그럼에도 이 능력을 실재적이고 구별되는 존재자라 할지라도 **실재적 행위자**(agens réels)로 간주할 수 있다고 말하는 것은 지나친 것입니다. 행동하는 것은 능력이나 성질이 아니라 능력을 통해서 실체가 하는 것입니다.

§8 필라레테스 "사람이 자기 자신의 정신의 선호 혹은 선택에 따라서 생각하거나 생각하지 않을 힘 또 운동하거나 운동하지 않을 힘을 가지고 있는 한, 그만큼 그 사람은 자유를 가집니다."

테오필루스 **자유** 개념은 매우 모호합니다. 자유에는 권리의 자유(liberté de droit)가 있고 사실의 자유(liberté de fait)가 있습니다. **권리의** 자유에 따르면 노예에게는 자유가 없고, 신하에게는 완전한 자유가 없습니다. 하지만 빈자는 부자와 마찬가지로 자유가 있습니다. **사실의** 자유는 사람들이 원

••

54) S. Episcopius, *De libro arbitrio*, *Opera theologica*(1650), II, 198~208쪽.

하는 것을 할 수 있는 힘으로 이루어지거나 해야 하는 것을 원할 수 있는 힘으로 이루어집니다. 필라레테스, 당신이 이야기하는 것은 **행위의 자유**(liberté de faire)이고, 이것은 정도를 가지며 다양한 종류가 있습니다. **일반적으로** 자신이 원하는 것을 할 수 있는 더 많은 수단을 가지고 있는 사람이 더 많은 자유를 갖습니다. 하지만 사람들은 **특별하게** 자유를 평소에 우리의 권능(pouvoir) 안에 있는 사물들의 사용으로 그리고 무엇보다 우리 신체의 자유로운 사용으로 이해합니다. 그래서 우리 신체와 우리의 사지가 우리가 원하는 운동 그리고 보통은 할 수 있는 운동을 하지 못하게 하는 감옥과 병은 우리의 자유를 빼앗습니다. 이에 따라 죄수에게는 자유가 없고 마비환자는 자신의 사지를 자유롭게 사용하지 못합니다. **의욕의 자유**(liberté de vouloir)에도 마찬가지로 두 개의 상이한 의미가 있습니다. 하나는 자유가 정념에서 나오는 것과 같이 내적이지만 강제 혹은 구속인 정신의 불완전성 혹은 예속과 반대될 때이고, 다른 의미는 자유가 필연성과 반대될 때입니다. 첫 번째 의미에서 스토아학파[55]는 현자만이 자유롭다고 말하고, 그 결과 커다란 정념에 사로잡혀 있을 때, 사람들은 자유로운 정신을 갖지 못합니다. 그러면 그들은 마땅히 필요한 숙고를 더하여 의욕할 수 없기 때문입니다. 따라서 신만이 완전하게 자유롭고, 창조된 정신은 정념을 넘어서 있는 정도에 따라서 자유를 갖습니다. 그리고 이런 자유는 본래 우리의 지성과 관계가 있습니다. 그러나 필연성과 반대되는 정신의 자유는 단순한 의지와 관계가 있습니다. 그리고 그 의지가 지성과 구별되는 한에서입니다. 이것을 우리는 **자유 의지**(franc arbitre)라고 부릅니다. 그리고 이것을 통해서 사람들이 원하는 것은, 지성이 의지에게 제시하는 가장 강한

55) Diogenes Laëtius, VII, 1; *Zenon*, 121 참조.

근거나 인상도 의지의 행위가 우연적인 것이 되는 것을 막지 못한다는 것이고, 그 행위에 절대적 필연성, 말하자면 형이상학적 필연성을 부여하지 못한다는 것입니다. 그리고 저는 이런 의미에서, 확실하고 오류 불가능한 방식일지라도, 필연적으로가 아니라 경향적으로(incline sans necessiter) 지각과 근거의 우세에 따라 지성이 의지를 결정할 수 있다고 말하고는 합니다.

§9 필라레테스 다음을 고찰하는 것도 적절합니다. "라켓으로 공을 쳐서 움직이고 있든 아니면 정지 상태에 있든 공을 **자유로운 행위자**로 간주하는 사람은 없다는 것 말입니다. 왜냐하면 우리는 공이 생각한다거나 정지보다는 운동을 선호하게 만드는 어떤 의지를 가지고 있다고 생각하지 않기 때문입니다."

테오필루스 자유가 방해 없이 행위를 하는 것이라면, 한 번 동일한 수평선상에서 운동하는 공은 자유로운 행위자일 것입니다. 하지만 아리스토텔레스는 이미 다음과 같이 제대로 지적했습니다.[56] 자유로운 행위라고 하기 위해서 우리는 그것이 **자발적**(spontanées)일 뿐만 아니라 **심사숙고한**(deliberées) 행위여야 한다는 것을 요구한다고 말입니다.

필라레테스 이런 이유에서 우리는 공의 운동 혹은 정지를 **필연적**인 것의 관념하에서 고찰합니다.

테오필루스 '필연적'이라는 명칭은 '자유'라는 명칭만큼이나 신중함을 요구합니다. 이런 조건적 진리, 즉 '**공이 방해 없이 동일한 수평선상에서 운동하고 있다면, 그것은 같은 운동을 계속할 것이다.**'라는 명제는 어떤 방식으로 필연적인 것으로 간주할 수 있습니다. 근본적으로 이 결론이 전적으로

.. ..

56) 아리스토텔레스, 『니코마코스 윤리학』, III, 4, 11116-10.

기하학적인 것은 아니지만, 말하자면 단지 추정적인 것이고 어떤 근거 없이는 자신의 영향을 바꾸지 않는 신의 지혜에 근거를 두고 있기 때문입니다.—사람들이 추정하는 변경 사유는 현재는 발견되지 않습니다. 그러나 이런 절대적 진리, 즉 '**지금 여기 있는 공은 이 평면에서 운동하고 있다.**'라는 명제는 **우연적 진리**일 뿐입니다. 그리고 이런 의미에서 공은 **자유롭지 않은 우연적 행위자**일 뿐입니다.

§10 필라레테스 "한 사람이 깊이 잠들어 있는 동안, 그를 어떤 방으로 옮겨놓았다고 가정해봅시다. 그 방에는 급히 그를 보고 이야기하기를 기다리는 사람이 있었고 그 뒤에 문은 열쇠로 잠겼습니다. 그 사람이 일어나서 다른 사람과 함께 있는 것을 기뻐해서 그 방에서 즐겁게 지냅니다. 저는 그가 그 장소에 **자발적으로** 머무른다는 것을 사람들이 의심한다고 생각하지 않습니다. 그럼에도 그는 그가 원할 때, 그곳을 벗어날 수 있는 자유를 가지고 있지 않습니다. 따라서 자유는 의지에 속하는 관념이 아닙니다."

테오필루스 저는 그 사례가 자유롭지는 않지만 자발적일 수 있는 행위나 상태가 있을 수 있다는 것을 보여주는 아주 좋은 사례라고 생각합니다. 그렇지만 철학자들과 신학자들이 자유 의지에 관해서 논쟁할 때, 그들은 전혀 다른 의미로 생각합니다.

§11 필라레테스 "마비로 인해서 다리가 정신의 결정을 따르지 못하게 방해받을 때, 자유가 결여됩니다. 비록 마비환자에게도, 그들이 장소를 바꾸는 것보다 앉아 있는 것을 선호하는 동안에, 앉아 있는 것이 자발적인 것이 될 수 있더라도 말입니다. 따라서 '**자발적**'은 '**필연적**'의 반대가 아니라 '**비자발적**'의 반대입니다."

테오필루스 저는 그 표현이 충분히 정확하다고 생각합니다. 하지만 그 표현은 그렇게 사용되지 않습니다. 그리고 자유가 필연성에 반대라고 이해하는 사람들은 외적 행위에 대해서 이야기하는 것이 아니라 의욕 행위 자체에 대해서 이야기하는 것입니다.

§12 필라레테스 "깨어 있는 사람이 자신의 신체가 어떤 다른 신체와 접촉하는 것을 막거나 막지 않을 자유를 가지는 것처럼 생각하거나 생각하지 않을 자유를 가지는 것은 아닙니다. 하지만 그의 생각을 하나의 관념에서 다른 관념으로 이동시키는 것은 종종 그의 잠재적 소질에 속해 있습니다. 그리고 이 경우에 그는 그가 의거하는 신체와 관련해서 자유를 갖는 만큼 자신의 관념과 관련해서도 자유를 가지고 있습니다. 왜냐하면 그가 환상에 빠져 있을 때, 하나의 관념에서 다른 관념으로 이동할 수 있기 때문입니다. 그렇지만 특정한 운동처럼 정신에 고정되어 있어서 특정한 상황에서 어떠한 노력을 하더라도 멀리할 수 없는 관념들도 있습니다. 고문을 당하고 있는 사람은 고통의 관념을 갖지 않을 자유가 없습니다. 그리고 때때로 가장 격렬한 바람이 우리 신체에 작용하는 것처럼 폭력적 정념이 우리 정신에 작용합니다."

테오필루스 운동에서와 마찬가지로 생각에도 순서와 연결이 있습니다. 왜냐하면 생각과 운동은 서로 완벽하게 상응하기 때문입니다. 운동에서의 결정이 짐승의 결정 같더라도, 생각하는 존재에서는 자유로운 결정이거나 선택입니다. 선과 악으로부터 강요받지 않고 단지 경향적으로 결정하는 것처럼 말입니다. 왜냐하면 영혼은 신체를 표현할 때, 자신의 완전성을 유지하고, 영혼이 비자발적 행위에서 (정확하게 보면) 신체에 의존하더라도, 다른 행위에서 영혼은 독립적이고 신체가 영혼 자신에게 의존하도록 하기 때문입니다. 하지만 이 **의존**은 단지 **형이상학적**일 뿐이며, 신이 둘 중 하나를 통제할 때, 다른 것을 고려하는 것이거나 각각의 근원적 완전성을 기준으로 둘 중 어떤 것보다는 다른 것을 더 고려하는 것입니다. 반면 **물리적**

의존은 둘 중 하나가 자신이 의존하는 다른 것으로부터 받는 직접적 영향으로 이루어질 것입니다. 그 외에 비자발적 생각들은 부분적으로 외부에서 우리의 감관을 자극하는 대상을 통해서 그리고 부분적으로 내부에서는 계속해서 작용하고 새로운 지각과 섞여 있는 이전 지각으로부터 남아 있는 (가끔은 감각 불가능한) 인상으로 인해서 우리에게 나타납니다. 이런 점에서 우리는 수동적입니다. 그리고 깨어 있을 때에도 꿈을 꿀 때처럼 명명하지 않고도 상이 (제가 이해하는 상은 단지 형태의 표상뿐만 아니라 소리와 감각 가능한 다른 성질의 표상도 포함합니다) 우리에게 나타납니다. 이것을 독일어로 '떠도는 생각'이라고 부르며, 이것은 휘날리는 생각을 의미합니다. 이런 생각에 대한 권능은 우리에게 없습니다. 그리고 그런 생각에는 불합리함이 있는 경우가 있는데, 그로 인해 양심 있는 사람들은 도덕적 불안감을 갖게 되고 결의론자들과 양심의 인도자들은 과제를 얻게 됩니다. 이것은 마치 환등기가 그 안에 어떤 것을 돌려서 벽에 형태를 보여주는 것과 같습니다. 하지만 우리 정신은 정신에 나타나는 어떤 상을 자각할 때, 이렇게 말할 수 있습니다. 거기에서 멈춰. 이를테면 그것을 중단해. 더욱이 정신은 다른 생각에 이르게 하는 특정한 **생각의 진행**에 자기 마음대로 개입합니다. 하지만 이것은 내적 인상이나 외적 인상이 지배적이지 않을 때 통용됩니다. 이 점에서 사람들은 그들의 기질에 따라 매우 다를 뿐만 아니라 그들의 지배력으로 행하는 실행의 정도에 따라서도 매우 다릅니다. 그래서 후자가 그대로 내버려두는 인상을 전자는 극복할 수 있습니다.

§13 필라레테스 "**필연성**은 어디든 생각이 없는 곳이면 자리합니다. 그리고 이 필연성이 의욕할 수 있는 행위자에게서 발견될 때, 그리고 어떤 행위의 시작과 계속이 그 행위자의 정신이 선호하는 것과 반대될 때, 저는 이것을 **강요**라고 부릅니다. 그리고 한 행위의 방해나 중단이 그 행위자의 의욕에

반대될 때, 이것을 **제지**(cohibition)라고 부르는 것이 허용될 것입니다. 생각도 의욕도 전혀 가지고 있지 않은 행위자는 모든 면에서 **필연적인 행위자**입니다."

테오필루스　제가 보기에, 정확하게 말하면, 의지 행위가 우연적일지라도, **필연성**은 의지 행위에 반대가 아니라 **우연성**에 반대라고 말해야 합니다. 이것은 제가 이미 §9에서 언급했습니다. 그리고 필연성을 결정과 혼동해서는 안 됩니다. 왜냐하면 생각들 간에 연결이나 결정이 있는 것 못지않게 운동들 간에도 연결이나 결정이 있기 때문입니다. (결정됨은 강요에 의해 강제되거나 밀리는 것과는 완전히 다른 것이기 때문입니다.) 그리고 우리를 결정하는 이유 혹은 오히려 우리가 우리를 결정하는 이유에 우리가 항상 주목하지 못한다면, 그것은 우리가 자연이 물체에서 작동하도록 한 모든 기계적 작품들을 밝히지 못하는 것처럼 우리 정신의 모든 재능과 대부분 지각 불가능하고 혼란스러운 생각들을 자각하는 능력을 가지지 못하기 때문입니다. 따라서 인간의 내외부에서 일어나는 일에 관한 모든 정황에 대한 완전한 인식이 완전한 정신에 예견될 수 있는 것처럼, 사람들이 필연성을 인간의 특정한 결정으로 이해한다면, 생각이 표현하는 운동과 마찬가지로 생각 또한 결정되는 것이 확실하고, 모든 자유로운 행위는 필연적인 것이 될 것입니다. 그러나 비록 결정된 것일지라도 필연적인 것과 우연적인 것은 구별되어야 합니다. 그리고 우연적 진리들만 필연적이 아닌 것은 아닙니다. 그 진리들 간의 연관 관계도 물론 절대적 필연성에 속하지 않습니다. 왜냐하면 필연성의 영역(matiére necessaire)에서 추론의 결론을 결정하는 방식과 우연성의 영역에서 추론의 결론을 결정하는 방식에 차이가 있다는 것을 인정해야 하기 때문입니다. 기하학적 추론의 결과와 형이상학적 추론의 결과는 필연적입니다. 하지만 물리학적 추론의 결과와 도덕학적 추론의 결과는 필연적인 것이 아니라 경향적인 것입니다.[57] 물리적인 것 자체는 신과 관련해서 도덕적이고 자발적인 어떤 것을 가지고 있으므로, 운동 법칙은 최선을 선택하는 필연성이 아닌 다른 필연성을 갖지 않기 때문입니다. 그런데 신은 최선을 선택하는 것이 결정되어 있더라도 자유롭게 선택합니다. 그리고 (신이 물체를 위해서 선택했으므로) 물체 스스로는 선택하지 못하기 때문에, 사람들은 물체를 **필연적 행위자**라고 부르려고 하는데, 저는 이런 언어 사용에 반대하지 않습니다. 다만 사람들이 필연적인 것과 결정된 것을 혼동하지 않고, 자유로운 존재가 비결정론의 방식으로 행위한다는 상상으로 향하지 않는 것을 전제로 말입니다. 이것은 특정한 정신을 지배했던 오류이며 이 오류는 가장 중요한 진리들을 파괴합니다. 심지어 '**이유 없이는 아무것도 일어나지 않는다.**'[58]라는 근본 공리도 파괴합니다. 이 공리가 없으면, 신의 현존도 다른 중대한 진리들도 제대로 증명될 수 없습니다. **강요**와 관련해서, 물리적 강요와 도덕적 강요, 두 종류를 구별하는 것이 적절합니다. 물리적 강요는 한 사람을 그의 의지에 반하여 감옥에 집어넣거나 그를 어떤 위험에 빠뜨릴 때이고, 도덕적 강요는 예를 들면 더 큰 악에 대한 두려움과 같은 것입니다. 그리고 어떤 식으로 강제되더라도 이런 행위가 의지의 행위가 아닐 수는 없습니다. 사람들은 한 사람에

57) [옮긴이 주] 라이프니츠의 '절대적 필연성'과 '가설적 필연성' 혹은 '논리적–형이상학적 필연성'과 '도덕적 필연성'에 관해서는 '새뮤얼 클라크에게 보낸 다섯 번째 서신'과 『형이상학 논고 (Discours de métaphysique)』 §13 참조.

58) [옮긴이 주] '이유 없이는 아무것도 일어나지 않는다.'는 라이프니츠가 여러 곳에서 언급한 충족이유율이다. 앞에서 말한 우연성의 영역에서 추론의 결과가 도출되는 방식이 이 충족이유율이다. 반면 필연성의 영역에서 그에 해당하는 원리는 동일률과 모순율이다. 즉 필연적 진리는 동일률과 모순율에 근거하고, 우연적 진리는 충족이유율에 근거한다. 그리고 라이프니츠에 따르면 신의 현존은 우연적 진리에 속한다. 즉 논리적으로 신의 현존을 부정해도 모순이 발생하지 않는다.

게 매우 큰 혜택을 제안하면서 부추길 때처럼 더 큰 선에 대한 고려를 통해서도 강제될 수 있습니다. 이런 것을 보통 강요라고 부르지는 않더라도 말입니다.

§14 필라레테스 "이제 매우 오래전부터 제기되었던 질문을 끝맺을 수 있을지 살펴봅시다. 그런데 제 생각에, 그 문제는 매우 비합리적입니다. 왜냐하면 이해할 수 없는 문제이기 때문이다. 즉 **'인간의 의지가 자유로운지 아닌지'** 하는 문제 말입니다."

테오필루스 잘못 이해한 문제를 다룰 때, 괴로워하는 사람들의 기이한 태도에 대해서 놀라워하는 것에는 다 이유가 있습니다. **'그들은 그들이 아는 것을 알려고 하고, 그들이 무엇을 알려고 하는지 모릅니다.'**

필라레테스 "하나의 힘(puissance)일 뿐인 자유는 오로지 행위자에게만 속하며, 그 자체가 하나의 힘과 다를 바 없는 의지의 한 속성이거나 변용일 수 없습니다."

테오필루스 단어의 본래 의미에 따르면, 필라레테스, 당신이 맞습니다. 그렇지만 사람들은 일반적으로 받아들여진 사용법을 어떠한 방식으로 변명할 수 있습니다. 그래서 그들은 습관적으로 열 혹은 다른 성질들, 즉 이런 성질들을 가지고 있는 한에서 물체에 힘을 부여합니다. 그리고 마찬가지로 여기서 의도는 인간이 의욕할 때, 자유가 있는지 묻는 것입니다.

§15 필라레테스 "**자유**는 한 사람이 자신이 원하는 것과 일치하는 특정한 행동을 하거나 하지 않을 수 있는 힘입니다."

테오필루스 사람들이 의지나 임의(arbitre)에 자유가 있는지 물을 때, 자유를 그런 것으로만 이해한다면, 그들의 질문은 정말로 불합리할 것입니다. 하지만 사람들은 곧바로 그들이 묻는 것이 무엇인지 알게 될 것입니다. 그리고 저는 그것을 이미 다루었습니다. 그러나 사실상 그들은 다른 원리에 따라서 여기서 (적어도 대부분의 경우에) 불합리성과 불가능성에 대해서 당연히 의문을 제기할 수 있습니다. 그들이 절대적으로 상상적이고 실행 불가능한 균형의 자유(liberté d'equilibre)를 원할 때처럼 말입니다. 그리고 그런 자유는 그들이 소유하는 것이 가능하더라도 그들에게 아무런 소용이 없는 것입니다. 말하자면 그것은 지성으로부터 나올 수 있는 모든 인상들에 반대하는 의욕의 자유를 가지는 것이고, 그로 인해 이성을 포함해 진정한 자유를 파괴하는 것이며 우리를 동물들 아래로 떨어뜨리는 것입니다.

§17 **필라레테스** "말하는 힘이 노래하는 힘을 지도한다거나 노래하는 힘은 말하는 힘에 복종하거나 복종하지 않거나 한다고 말하려고 한 사람은, 보통 의지가 지성을 지도하고 지성은 의지에 복종하거나 복종하지 않거나 한다고 말하는 사람처럼 적절하고도 이해 가능한 방식으로 표현한 것입니다." §18 "이런 식으로 말하는 것이 지배적이었지만, 제가 잘못 생각하는 것이 아니면, 생각하는 힘이 선택하는 힘에 더 이상 영향을 미치지 않고 또 그 반대로 노래하는 힘이 춤추는 힘에 더 이상 영향을 미치지 않더라도, 이것은 많은 혼란을 야기했습니다." §19 "저는 이러저러한 생각이 인간에게 그가 가진 선택하는 힘을 실행할 기회를 제공할 수 있는 것처럼, 그리고 현실적으로 어떤 특정한 노래를 부르는 것이 그런 특정한 춤을 추는 기회를 제공할 수 있는 것처럼, 정신의 선택은 정신이 현실적으로 이러저러한 것에 대해서 생각하게 하는 원인일 수 있다는 것을 인정합니다."

테오필루스 거기에는 어떤 특정한 의존 관계가 있기 때문에, 기회를 제공하는 것 이상의 어떤 것이 더 있습니다. 왜냐하면 사람들은 자신에게 좋아 보이는 것만을 원할 것이고 지성의 능력이 증대될수록 의지의 선택도 좋아지기 때문입니다. 그리고 다른 측면에서, 사람이 **강렬하게 원할**수록, 비자발적 지각에 이끌려 결정되는 것이 아니라 자신의 선택에 따라 생각을 결정합니다.

필라레테스　"힘은 관계이지 **행위자**가 아닙니다."

테오필루스　만약 본질적 능력이 단지 관계일 뿐이고 본질에 아무것도 더하지 않는다면, 성질들과 우연적 능력이나 변화에 종속된 능력은 어떤 다른 것이고, 이로부터 전자는 그 기능을 실행하는 데 있어서 자주 후자에 의존한다고 말할 수 있습니다.

§21 필라레테스　"제 생각에, '의지는 자유로운가?'라고 질문하는 것은 매우 부적절합니다. 차라리 '인간은 자유로운가?'라고 물어야 합니다. 그래서 저는 어떤 사람이 자기 정신의 지도나 선택에 따라 할 수 있는 행동이 현존하지 않는 것보다는 현존하는 것을 선호할 수 있는 한, 그리고 반대로 할 수 있는 한, 즉 그가 원하는 바에 따라 행한 그 행동이 현존하거나 현존하지 않게 만들 수 있는 한, 바로 거기까지만 그가 자유롭다고 말합니다. 그리고 그가 원하는 것을 할 수 있다는 것 이상 어떻게 더 자유로운 존재자에 대해서 생각할 수 있을지 말하는 것은 거의 불가능합니다. 따라서 제가 이렇게 표현해도 된다면, 자유롭게 만드는 자유가 가능한 것과 마찬가지로, 인간은 행동과 관련해서 그 행동이 의존하는 힘이 자기 자신에게 있는 한 그만큼 자유로워 보인다고 말할 수 있습니다."

테오필루스　사람들이 의지의 자유 혹은 **자유 의지**(franc arbitre)에 대해서 생각할 때, 그들은 인간이 원하는 것을 할 수 있는지 묻는 것이 아니라 자신의 의지 자체에 충분한 독립성이 있는지를 묻는 것입니다. 사람들은 그가 자유로운 다리를 가지고 있는지 혹은 자유로운 팔을 가지고 있는지 묻는 것이 아니라 자유로운 정신을 가지고 있는지 또 그것이 무엇으로 구성되는지 묻는 것입니다. 이런 관점에서 보면, 한 지성은 다른 지성보다 더 자유로울 수 있을 것이고, 최고의 지성은 피조물들에게는 불가능한 완전히 자유로운 상태에 있을 것입니다.

§22 **필라레테스** "자연적으로 호기심이 많은 인간들 그리고 자신의 정신에서 비난받아 마땅한 생각을 가능한 한 떼어 내려고 하는 인간들은, 그렇게 함으로써 운명적 필연성의 상태처럼 나쁜 상태에 이르게 되더라도 그것에 만족하지 않습니다. 자유가 더 멀리 확장되지 않는다면, 그들의 마음에 들지 않을 것입니다. 그리고 그 인간들의 견해에 따르면 이것은, 자신이 원하는 것을 행하는 자유를 갖는 정도로 의지의 자유를 갖지 않는다면, 인간이 전적으로 자유롭지 않다는 것에 대한 매우 좋은 증거입니다." §23 "그 문제에 대해서, 저는 의욕(Vouloir)의 저 개별적 행동과 관련해서, 인간의 힘 안에 있는 행동이 일단 그의 정신에 제안되었을 때, 인간은 자유로울 수 없다고 생각합니다. 그 이유는 매우 명백합니다. 행동이 그의 의지에 의존하기 때문에, 그 행동이 현존하거나 현존하지 않는 것은 전적으로 필연적이고 그것의 현존 혹은 부재가 그 의지의 결정과 선택을 정확하게 따르지 않을 수 없기 때문입니다. 따라서 그는 이 행동의 현존 혹은 부재에 대해 의욕하는 것을 피할 수 없습니다."

테오필루스 저는 사람들이 자신의 선택을 유보할 수 있다고 생각했고, 무엇보다 다른 생각들이 숙고를 방해할 때, 이런 일이 매우 자주 일어난다고 생각했습니다. 따라서 사람들이 어떤 것에 대해서 숙고하는 행동이 현존하거나 현존하지 않거나 해야 함에도 불구하고, 그로부터 현존과 부재를 필연적으로 결정해야 한다는 것이 도출되지는 않습니다. 부재는 결정 없이도 일어날 수 있기 때문입니다. 아레오파고스 회의의 재판관들이 판단하기 매우 어려운 재판을 받고 있는 사람을 실제로 무죄로 석방한 것도 재판 기일을 매우 멀리 연기하고 한 백년 간 그것에 대해서 생각했기 때문입니다.

필라레테스 "제가 말하고 싶은 것은, 의욕 행위가 자신의 의지에 의존하게 만드는 방식으로 자유로운 인간을 만든다면, 이 의지의 행동들을 결정하기 위해서 다른 의지 혹은 앞선 의욕 능력이 있어야 하고, 또 이것을 결정하기 위해서 또 다른 의지가 있어야 하며 이렇게 무한하게 진행해야 합니다. 왜냐하면 사람들이 중단하는 곳, 최후의 의지로부터 나온 행위는 자유로울 수 없기 때문입니다."

테오필루스 사실 사람들이 의욕을 의욕한다고 말하는 것은 정확하게 말하는 것이 아닙니다. 우리는 의욕을 의욕하는 것이 아니라 행위를 의욕합니다. 그리고 우리가 의욕을 의욕한다면, 우리는 의욕의 의욕을 의욕할 것이고 이렇게 무한하게 나아갈 것입니다. 그렇지만 우리가 자주 자발적 행위를 통해서 간접적으로 다른 자발적 행위에 기여한다는 것을 무시해서는 안 됩니다. 그리고 사람들이 원하는 대로 판단할 수 없는 것처럼 원하는 대로 의욕할 수 없더라도, 오늘 의욕할 수 있거나 판단할 수 있기를 바랐던 것을 시간을 갖고 판단하거나 의욕하는 방식으로 사전에 대비할 수 있을 것입니다. 사람들은 특정한 한 측에 우호적인 인물들, 읽을거리 혹은 고찰에 애착을 가지고, 반대 측에서 나온 것에 대해서는 주목하지 않습니다. 그리고 의도하지 않고 또 그것에 대해서 생각하지 않고 흔하게 사용하는 이런 재주와 수많은 다른 재주를 통해서 자신을 속이거나 적어도 변화시키는 데 성공하고, 경험했던 것에 따라 전향하거나 변질되는 데 성공합니다.

§25 필라레테스 "그래서 인간은 **의욕을 의욕하거나 의욕하지 않는** 자유를 갖지 않는 것이 명백하기 때문에, 그다음 사람들이 묻는 첫 번째 질문은 다음과 같습니다. '**예를 들어 운동 혹은 정지 둘 중에서 인간은 자신이 원하는 것을 의욕할 자유를 갖는가?**' 하지만 이 질문은 그 자체로 불합리함이 너무 분명해서 누구든 이것에 대해서 반성적으로 사고한다면, 자유가 어떤

경우에도 의지와 관련되어 있지 않다는 것을 확신하기에 충분할 것입니다. 왜냐하면 인간이 운동 혹은 정지, 말하는 것 혹은 침묵하는 것 중에서 자신이 원하는 것을 의욕할 자유를 갖는가라고 묻는 것은 인간이 원하는 것을 의욕할 수 있는가 혹은 자신이 원하는 것을 원할 수 있는가라고 묻는 것이기 때문입니다. 제 생각에, 이런 질문에는 답할 필요가 없습니다."

테오필루스 사실 이 모든 것들과 더불어 인간들은 여기서 해결할 필요가 있는 어려움들을 만들어냅니다. 그들은 모든 것이 알려지고 모든 것이 고찰되고 나서도, 단지 가장 원하는 것을 의욕하는 것뿐만 아니라 그와 정반대로 단지 그들의 자유를 보이기 위해서 의욕하는 것도 의욕하는 힘에 있다고 말합니다. 하지만 이런 일시적 기분이나 고집 혹은 적어도 다른 근거를 따르지 못하게 하는 이런 근거가 함께 고려 대상이 된다는 것, 그리고 이것이 없다면 좋아하지 않을 것을 좋아하도록 만든다는 것을 고찰할 필요가 있습니다. 따라서 선택은 항상 지각에 의해서 결정됩니다. 그러므로 사람들은 그들이 의욕했던 것을 원하는 것이 아니라 그들이 원하는 것을 원합니다. 이때 의지가 간접적으로 기여할 수 있지만, 제가 이미 언급한 것처럼, 어떤 것을 원하거나 원하지 않게 만드는 것과는 거리가 멉니다. 그리고 인간들은 이 모든 구별되는 고찰들을 거의 식별하지 못하기 때문에, 감추어진 주름이 많은 이 문제에 대해서 그렇게 정신이 혼란한 것도 놀라운 것은 아닙니다.

§29 필라레테스 "의지를 결정하는 것이 무엇이냐고 사람들이 물을 때, 그것은 정신이라고 말하는 것이 참된 답변입니다. 이 답변이 충분하지 않다면, 이 질문의 의미는 분명 다음과 같은 것이 됩니다. 즉 '운동이나 정지로 향하도록 능력을 지도하는 정신의 일반적 힘이 각각의 개별적 기회에 특정한 운동이나 특정한 정지를 결정하도록 정신을 움직이는 것이 무엇인가?'

이에 대하여 저는, 우리를 동일한 상태에 머무르게 하는 것 혹은 동일한 행동을 계속하게 하는 것은 단지 그 안에서 발견하는 현재의 만족뿐이라고 답합니다. 반면 변화를 자극하는 동기는 항상 어떤 **불안**(inquietude)입니다."

테오필루스 제가 (앞 장에서) 보인 것처럼, 이 불안이 항상 불쾌는 아닙니다. 우리의 편안함이 항상 만족이나 쾌락이 아닌 것처럼 말입니다. 대개 이것은 사람들이 구별할 수도 없고 분간할 수도 없는 감각 불가능한 지각이며, 이것은 이유를 설명할 수도 없는 상태에서 우리를 다른 편보다는 이 편으로 기울어지게 하는 것입니다.

§30 필라레테스 "**의지와 욕망**을 혼동해서는 안 됩니다. 통풍에서 벗어나기를 욕망하는 사람이 있습니다. 그러나 그는 이 통증에서 벗어남으로써 위험한 체액이 생명에 더 중대한 어떤 부분으로 이동할 수 있다는 것을 이해하기 때문에, 그의 의지는 이 통증을 해소하는 데 도움이 될 수 있는 어떤 행동도 결정할 수 없을 것입니다."

테오필루스 완전한 의지와 비교하면 이 욕망은 일종의 **의향**입니다. 예를 들어, 사람들이 원하는 것을 얻을 때, 두려워할 더 큰 악이 없다면, 혹은 사람들이 어떤 것을 묵인할 때, 더 큰 선을 기대할 수 있다면, 그것을 의욕할 것입니다. 그럼에도 인간은 어떤 특정한 정도의 의지로 통풍에서 벗어나기를 원한다고 말할 수 있습니다. 하지만 그런 의지로 항상 최종 결과에 도달하지는 못합니다. 의지가 어떤 불완전 혹은 무능을 포함하고 있을 때, 이런 의지를 의향이라고 부릅니다.

§31 필라레테스 "그럼에도 행동하는 의지를 결정하는 것은 사람들이 보통 가정하는 최고선이 아니라 어떤 현실적 불안 그리고 통상적으로 가장 절박한 것이라는 점을 고려하는 것이 좋습니다. 우리는 이것을 욕망이라는

이름으로 부를 수 있습니다. 이 욕망은 실제로 정신의 불안이며, 고통에서 벗어나려는 욕망을 제외하고 부재하는 선의 결여로 야기됩니다. 모든 선의 부재가 그 선에 있거나 우리가 그 선에 있다고 인정하는 크기에 비례하는 고통을 생산하지는 않습니다. 반면 모든 고통은 그 고통의 크기에 상응하는 욕망을 야기합니다. 고통의 현재는 항상 선의 부재이지만 선의 부재가 항상 해악인 것은 아니기 때문입니다. 이런 이유에서 사람들은 욕망 없이도[59] 부재하는 선을 고찰할 수 있고 생각할 수 있습니다. 그러나 그것도 어느 정도 욕망과 비례해서 그럴 수 있고 불안이 있는 만큼 그럴 수 있습니다."

§32 "현자가 소망에 대해서 말한 것, 즉 '지연된 소망이 가슴을 태운다.'(『잠언』 13장 12절)라는 것을 욕망에서 감지하지 못한 사람이 누구입니까? 라헬이 '저에게 아이를 주세요, 그렇지 않으면 저는 죽을 것입니다.'(『창세기』 30장 1절)라고 외칩니다." §34 "인간이 자신이 처해 있는 상태에 전적으로 만족할 때, 혹은 그가 모든 불안에서 절대적으로 자유로울 때, 인간에게 이 상태를 계속하는 것 외에 어떤 의지가 남아 있을 수 있습니까? 그래서 우리 존재의 지혜로운 창조자가 인간이 보존되고 인간종이 계속되도록 인간의 의지를 자극하고 결정하려는 목적으로 굶주림과 목마름 그리고 다른 자연적 욕망을 인간에게 주어 불편하게 한 것입니다. 성 바울은 '정욕에 불타는 것보다는 혼인하는 것이 낫다.'(『고린도전서』 7장 9절)라고 말합니다. 따라서 사실상 현재의 작은 화상에 대한 느낌이 멀리 떨어져 있는 것으로 보이는 더 큰 기쁨의 유혹보다 우리에게 더 많은 영향을 미칩니다." §35 "선 그리고 최고선이 의지를 결정한다는 것은 사실상 매우 강력하게 정립

..

59) [옮긴이 주] 원문에는 'sans douleur'로 되어 있으나 로크의 원문도 코스테의 번역문도 'sans désir'로 되어 있어 '욕망 없이도'로 옮겼다. 아카데미판의 오타로 여겨진다.

된 원칙이라서 예전에 이것을 의심할 수 없는 것으로 가정한 것이 저는 전혀 놀랍지 않습니다. 그렇지만 저는 엄격하게 탐구하고 나서, 선과 최고선을 그런 것으로 평가하고 인정한다 하더라도, 어쩔 수 없이 그것이 의지를 결정하지 않는다는 결론을 내려야 한다고 느낍니다. 우리가 그것의 탁월함에 비례하는 일종의 욕망에 이를 때, 이 욕망이 우리에게 결여된 것으로 인해 우리를 불안하게 만들지 않는 한에서 말입니다. 덕의 효용에 대해서 확신하고 있는 한 사람을 가정해봅시다. 그는 덕이 이 세상에서 어떤 위대한 것을 계획하고 있거나 다른 세상에서 행복하기를 희망하는 사람에게 필수적이라고 봅니다. 그렇지만 이 사람이 정의에 굶주리고 목말라하는 것을 느낄 때까지는 그의 의지가 이 탁월한 선의 탐구로 이끄는 어떤 행동도 결정하지 않을 것입니다. 그리고 그것을 가로막는 어떤 다른 불안은 그의 의지를 다른 것으로 이끌 것입니다. 다른 편에서, 술에 빠져 있는 한 사람을 가정해봅시다. 그는 자신이 살았던 삶으로 인해서 자신의 건강이 상하고 재산을 탕진했다고 생각합니다. 그는 세상에서 명예를 잃고 병을 얻게 되고, 결국 그에게 매우 강렬했던 술을 마시고자 하는 열정조차 만족시키지 못할 정도로 빈곤한 상태로 전락하게 됩니다. 그렇지만 방탕한 생활로 인해 동료들로부터 멀어지는 것에 대해서 그가 느끼는 불안의 반복은 습관적으로 갔던 시간대에 그를 다시 술집으로 들어가게 합니다. 비록 그가 그때 자신의 건강과 재산의 손실을, 그리고 심지어 다른 삶의 행복을 목전에 두고 있어도 말입니다. 그는 그 행복을 그 자체로 고려할 가치가 적은 것으로 여길 수 없습니다. 그는 그것이 술을 마시는 즐거움이나 한 무리 주정꾼들의 무의미한 수다보다 훨씬 더 탁월한 것이라는 것을 인정해야 하기 때문입니다. 따라서 그가 방탕한 생활을 고수하는 것이 최고선에 특별한 시선을 두지 않았기 때문은 아닙니다. 왜냐하면 그는 술에 빠져 있는 시간대 사이에는 이 최고선에 대한 탐구에 열중할 결심을 할 정도로 최고선을 고찰하고 그것의 탁월함을 인정하기 때문입니다. 하지만 그에게 익숙한 즐거움이 없어진다는 불안이 그를 동요시킬 때, 그가 술을 마시는 것보다 탁월하다고 인정하는 이 선은 그의 정신에 더 이상 영향을 줄 수 없을 것이고, 그의 의지를 그에게 익숙한 행위를 하도록 결정하는 것은 이런 현실적 불안일 것입니다. 이로써 이 현실적 불안은 그에게 가장 강력한 영향을 미치기 때문에 최초의 기회에서 더 지배적입니다. 그가 동일한 시간에 같은 일을 더 이상 하지 않겠다는 이를테면 은밀한 약속으로 그 자신에게 묶여 있고, 이것이 자신의 더 큰 이익에 반대로 행동하는 마지막일 것이라고 생각할지라도 말입니다. 그래서 그는 때때로 다음의 말을 하게 되는 자신을 보게 됩니다.

Video meliora proboque,
Deteriora sequor.[60]

나는 더 좋은 것을 보고 그것을 인정하지만 더 나쁜 것을 따른다. 사람들이 진실이라고 인정하고 경험을 통해서 지속적으로 매우 잘 확인되는 이 문장은 이런 식으로 이해되기 쉽고, 어떤 다른 의미로 이해될 수 없을 것입니다."

테오필루스 이 고찰에는 훌륭하고 견고한 어떤 것이 있습니다. 하지만 저는 사람들이 이로써 저 고대의 공리들, 즉 의지는 최고선을 따른다거나

60) Ovidius, *Metamorphoses*, 7권, 20~21. [옮긴이 주] 이 문장의 의미는 그다음 문장과 같아서 번역하지 않고 원문을 그대로 두었다.

의지가 느끼는 최고악을 피한다는 공리를 포기해야 한다고 생각하지 않기를 바랍니다. 참된 선에 대한 전념이 부족한 것은 대부분 감각이 거의 작용하지 않는 대상에서 그리고 그러한 경우에 대부분의 **우리 생각들이 비어 있다**는 것에서 기인합니다. 말하자면 (이것을 저는 라틴어로 'cogitationes caecas(맹목적 사고)'라고 부르는데) 그때 우리 생각은 지각과 감각이 비어 있고, 완전히 벌거벗은 기호(tout nû des caracteres)를 사용합니다. 이것은 가끔씩 관련된 기하학적 도형을 고려하지 않은 채 대수학으로 계산하는 사람들에게서 일어나는 것과 같습니다. 그리고 여기서 낱말들은 보통 산술학이나 대수학에서 기호와 같은 효과를 가지고 있습니다. 사람들은 가끔 정신에 거의 대상 자체를 갖지 않고 말로 추론합니다. 그런데 이런 인식은 영향을 미칠 수 없습니다. 우리를 자극하기 위해서는 살아 있는 어떤 것이 필요합니다. 그렇지만 인간들은 대부분 이런 식으로 신에 대해서, 덕에 대해서 그리고 행복에 대해서 생각합니다. 인간들은 분명한 관념 없이도 이야기하고 추론합니다. 이것은 관념이 그들의 정신에 있기 때문에, 그들이 그런 관념을 소유할 수 없어서가 아닙니다. 하지만 그들은 분석을 진행시키려는 노력을 하지 않습니다. 경우에 따라 그들은 매우 약하기는 하지만 선이나 악이 결여된 관념들을 갖기도 합니다. 그러므로 그런 관념들이 전혀 영향을 미치지 않는다는 것도 놀라운 일이 아닙니다. 따라서 우리가 더 나쁜 것을 선호한다면, 그것은 우리가 그것이 포함하고 있는 선을 감지하기 때문이며 그곳에 있는 악뿐만 아니라 그 반대편에 있는 선도 감지하지 못하기 때문입니다. 우리는 최고선이 더 좋은 편에 있고 최고악은 다른 반대편에 있다는 것을 단지 다른 사람의 믿음을 근거로 혹은 기껏해야 과거 우리의 추론에 대한 기억을 근거로 가정하고 믿으며, 더 나아가 읊조립니다. 하지만 우리가 그런 근거들을 검토하지 않을 때, 감각과 반대되는 우리의 생각과 추론은 현재 정신에 아무것도 제공하지 못하는 일종의 **앵무새 증상**(psittacisme)입니다. 그리고 우리가 이것을 개선할 방법을 찾지 못하면, 제가 이미 앞에 2장 §11에서 언급했던 것처럼, 바람과 함께 사라질 것이고, 가장 아름다운 도덕의 계율들(preceptes)은 현명한 최상의 규칙들과 함께 단지 (**직접적으로**, 아니면 이것이 항상 가능하지는 않기 때문에, 적어도 제가 방금 보인 것처럼 **간접적으로**) 그것을 **감각할 수** 있고 그것에 반대되는 것에 대해서 더 이상 감각할 수 없는 영혼에만 충격을 줄 뿐입니다. 키케로는 어느 곳에서 우리 눈이 덕의 아름다움을 볼 수 있다면, 우리가 그것을 열정적으로 사랑할 것이라고 말합니다.[61] 하지만 이와 동등한 일이 일어나지는 않기 때문에, 육신과 정신 간의 싸움에서 정신이 자신의 장점을 잘 사용하지 못해서 그렇게 자주 패하는 것에 그리 놀랄 필요는 없습니다. 이 싸움은 혼란한 생각과 구별되는 생각에서 생겨난 다양한 성향들 간의 대립 외에 다른 것이 아닙니다. 혼란한 생각은 종종 명확하게 감각됩니다. 하지만 우리의 구별되는 생각은 보통 가능적으로만 명확합니다. 우리가 낱말이나 기호의 의미를 통찰하는 데 열중했을 때, 이 생각이 현실화될 수 있습니다. 하지만 무관심해서든 시간이 부족해서든 그렇게 하지 않기 때문에, 사람들은 벌거벗은 낱말들 혹은 적어도 매우 약한 상들을 생생한 감각에 견주게 됩니다. 저는 교회에서 그리고 국가에서 주목할 만한 사람을 알게 되었는데, 그는 자신의 지병 때문에 다이어트를 결심했지만 자신의 아파트 앞에서 다른 곳으로 옮겨가는 음식 냄새를 거부할 수 없었다고 고백합니다. 이것은 의심의 여지없이 부끄러운 허약함이지만 인간들이 다 그런 법입니다. 그렇지만 정신이 자신의 장점을 잘 사용한다면, 크게 성공을

⁝

61) Cicero, *Des Fins*, II, 16, §52, Platon, *Phaidros*, 260d에서 인용.

거둘 것입니다. 이것은 교육으로 시작해야만 합니다. 그런데 이 교육은 사람들이 참된 선과 참된 악에 대해서 형성하고 있는 개념들을 그 목적에 가장 적합한 상황으로 표현함으로써 참된 선과 참된 악이 가능한 한 감각 가능한 것이 되도록 조정되어야 합니다. 이런 훌륭한 교육을 받지 못한 사람은 하지 않는 것보다는 늦더라도 시작해서, 혼란스럽지만 감각적인 감관의 쾌락과 대조하기 위해서 빛과 이성의 쾌락을 추구해야 합니다. 또한 사실상 신의 은총 자체는 빛을 유발하는 쾌락입니다. 따라서 좋은 활동을 하고 있는 사람은 미래를 위해서 법과 규칙을 만들고 그것을 엄격하게 실행하며 부패할 가능성이 있는 기회들에서 사태의 본성에 따라 급격하게 또는 조금씩 벗어나야 합니다. 매우 특별하게 시작한 여행은 연인을 치유할 것입니다. 퇴직은 나쁜 감정을 품고 있는 회사 동료들에게서 우리를 구해낼 것입니다. 예수회의 회장, 프랑수아 드 보르주아는 세속의 사람이었을 때, 술을 많이 마시는 습관이 있었는데, 퇴역에 대해서 생각할 때에는 그가 통상 비웠던 술잔에 매일 한 방울의 밀랍을 떨어뜨림으로써 조금씩 줄이게 되어 결국에는 성자의 품에 올랐습니다. 사람들은 위험한 감각 능력에 농업, 정원가꾸기 같은 어떤 다른 무고한 감각 능력으로 맞대응할 것입니다. 사람들은 게으름을 멀리할 것입니다. 자연과 인공에 대한 관심을 모을 것이고 실험을 하고 조사를 할 것입니다. 사람들은 자신들이 관여하고 있지 않다면, 피할 수 없는 어떤 활동에 관여할 것이고 또는 유용하고 유쾌한 어떤 대화나 독서를 시작할 것입니다. 한마디로 말해서, 효과적인 결정을 하기 위해서 신이 우리를 부르는 목소리를 선한 자극으로 이용해야 합니다. 그리고 우리가 참된 선과 참된 악에 대한 개념을 그것이 포함하고 있는 쾌락과 고통의 지각에 이르기까지 매번 분석할 수 있는 것은 아니기 때문에, 그로부터 영향을 받기 위해서는 이번을 마지막으로 그런 규범(loi)

을 만들 필요가 있습니다. 예를 들면, 결과적으로 그리고 통상적으로 단지 **비어 있는 생각들**(pensés sourdes) 그리고 감각 가능한 유혹들이 결여된 생각들만을 통해서 지각되더라도 그리고 이것이 결국에는 **정념들**뿐만 아니라 **감각 불가능한 경향성들** 혹은 불안에 대한 지배력을 소유하기 위한 것이라 하더라도, 덕을 유쾌하고 자연적인 것으로 만드는 이성에 따라 행동하는 습관을 얻음으로써, 앞으로는 한 번 이성의 추론으로부터 결정적으로 도출된 결론을 존중하고 따르는 것과 같은 규범 말입니다. 그러나 여기서 도덕의 계율이나 참된 신앙을 실천하기 위해서 정신 지도와 묘책을 세워 가르치는 것이 문제는 아닙니다. 우리 영혼이 작동하는 과정을 고찰함으로써 우리의 허약함의 원천을 보고 그것에 대한 인식이 동시에 대책을 인식하게 하는 것으로 충분합니다.

§36 **필라레테스** "우리를 억누르는 현재의 불안만이 의지에 작용하고, 우리 모두가 우리의 모든 행동에 있어서 목표로 하는 저 행복을 얻는 방향으로 자연적으로 의지를 결정합니다. 왜냐하면 모든 사람이 고통과 **불편**(uneasiness) (즉 불안 혹은 차라리 우리가 편안한 상태에 있지 못하게 만드는 불편함(incommodité))을 지복(felicité)과 어울릴 수 없는 것으로 간주하기 때문입니다. 약간의 고통도 우리가 즐기는 모든 쾌락을 충분히 파괴합니다. 따라서 고통을 제거하는 것이 행복으로 가는 첫 번째 단계이기 때문에, 우리가 그런 어떤 예상을 감지하는 한, 다음 행동을 하도록 우리 의지의 선택을 즉시 결정하는 것은 항상 고통의 제거일 것입니다."

테오필루스 당신이 당신의 **불편** 혹은 **불안**을 진정한 불쾌(deplaisir)로 간주한다면, 저는 그런 의미에서 그것이 유일한 자극제라는 데 동의하지 않습니다. **고통** 개념이 **자각**을 포함하지 않는다면, 더 빈번한 자극제는 사람들이 자각 불가능한(inaperceptible) 고통들이라고 명명할 수 있었던 감각 불가능한 미세 지각들입니다. 이 미세 충동들은 계속적으로 미세 장애물들에서 벗어나는 것이 목적이며, 우리가 그 장애물들에 대해서 생각하지 않아도 우리 본성은 거기서 벗어나려고 노력합니다. 우리가 인식하지 않아도 감지하는 이 **불안**을 실제로 구성하는 것이 바로 이런 것입니다. 즉 우리가 정념의 상태에 있을 때뿐만 아니라 가장 평온한 상태에 있는 것처럼 보일 때에도 우리를 활동하게 한다는 것 말입니다. 왜냐하면 우리는 결코 어떠한 활동과 운동 없이 있을 수 없는데, 이런 활동과 운동은 단지 본성이 항상 더 편안하게 되도록 노력한다는 것에서 나오기 때문입니다. 그리고 이로 인해 우리는 **우리에게 가장 무구별적으로 보이는 경우**에서도 모든 협의에 앞서 결정합니다. 우리는 두 경우 사이에서 결코 완벽하게 균형을 이루지 못하고, 정확하게 중간에 있을 수 없기 때문입니다. 이제 이 고통의 구성요소들이 (이것들이 너무 커지면, 가끔씩 정말로 고통이나 불쾌로 변질되는데) 정말로 고통이 될 때, 우리가 불안과 열정을 이용해서 찾으려고 하는 선을 추구하는 한, 우리는 계속해서 불행할 것입니다. 그러나 사실은 정반대입니다. 제가 위에서 (앞 장의 §6에서) 이미 말한 것처럼, 조금씩 편안한 상태에 놓이게 만드는 본성의 계속적인 저 작은 성과들의 축적은, 선을 지향하고 그 선의 상을 즐기거나 고통의 감각을 줄임으로써, 이미 주목할 만한 쾌락이고, 때로는 선의 향유 자체보다 더 가치가 있습니다. 그리고 **사람들은 이 불안을 지복과 양립 불가능한 것으로 간주해야 한다는 것과 매우 거리가 있습니다.** 제가 보기에, 불안은 피조물의 지복에 본질적인 것입니다. 그들의 지복은 절대 그들을 감각 불가능하고 어리석게 만드는 불안의 완전한 소유에 있는 것이 아니라 최고선을 향해 계속해서 끊임없이 나아가는 데 있습니다. 최고선을 향한 진전에 욕망이나 적어도 계속되는 불안이 동반되는 것을 피할 수는 없습니다. 그러나 제가 방금 설명한 것처럼, 그것은 불편해지는 데까지 가는 것이 아니라 그 자체로 **자각 불가능한** 고통의 구성요소나 치료책까지로 제한되며, 그럼에도 자극제 역할을 하고 의지를 자극하는 것으로 충분합니다. 이것은 우리를 초조하게 만드는 불편함 그리고 우리에게 결여된 것에 대한 관념에 과도하게 집착함으로써 괴로워하게 하는 그런 불편함에까지 이르지 않을 때, 건강한 사람이 욕구하는 것과 같습니다. 크든 작든 이 **욕구**(appétitions)는 스콜라 철학에서 '최초로 최초의 운동(motus primo primi)'이라고 부르는 것이며, 자연이 우리를 행하게 만드는 진정한 최초의 걸음입니다. 하지만 이것은 행복을 지향하지도 않고 즐거움을 지향하지도 않습니다. 왜냐하면 사람들은 그때 단지 현재만을 고려하기 때문입니다. 그러나 경험과 이성은 이 욕구를 조절하고 절제해서 행복으로 인도할 수 있도록 가르칩니다. 그 부분에 대해서 저는 이미 몇 가지를 말했습니다.(1부 2장 §3) 이 욕구는 지구 중심을 향해 가장 직선으로 움직이지만 항상 최선의 경로가 아닌 경로로 움직이는 돌의 성향과 같습니다. 왜냐하면 어디서 자신을 부술 바위를 만나게 될지 예견할 수 없기 때문입니다. 반면 그 돌이 바위를 빗겨나갈 재기와 방법을 가졌다면 자신의 목표에 이르는 데 유리할 것입니다. 따라서 우리가 현재의 쾌락을 향해서 곧바로 직진한다면, 우리는 가끔 불행의 낭떠러지에 떨어질 것입니다. 그래서 이성은 나타날 최고선이나 최고악에 대한 상에 맞서고, 행동하기에 앞서 확고하게 결정하고 생각하는 습성을 확립하며, 그러고 나서 최선으로 인정될 것을 따릅니다. 우리의 결론에 대한 감각 가능한 근거가 정신에 더 이상 현재하지 않고 거의 허약한 상들로 이루어지거나 심지어 현실적 해명을 결여하고 있는 낱말이나 기호를 제공하는 **비어 있는 생각들**로만 이루어져 있을 때라도 말입니다. 따라서 모든 것은 '**잘 생각해보라**' 그리고 '**기억하라**'는 경고에 있습니다. 첫째로 규칙을 만들기 위해서, 그리고 둘째로 그 규칙을 만들어낸 이유에 대해서 생각하지 않을 때에도 그 규칙을 지키기 위해서 말입니다. 그렇지만 영혼을 이성적 즐거움과 빛을 동반한 쾌락으로 가득 채우기 위해서 가능한 한 더 자주 그 이유에 대해서 생각하는 것이 좋습니다.

§37 필라레테스 "결여된 선의 관념은 저 선이 우리에게서 어떤 욕망을 자극할 때까지는 우리가 현실적으로 괴로워하고 있는 어떤 불안감이나 어떤 불쾌감과 대등할 수 없으므로" 의심의 여지없이 그런 예방이 필요합니다. "말로 표현할 수 없는 천국의 기쁨을 생생한 그림으로 표현하는 사람들이 얼마나 많이 있습니까? 그들은 이것이 가능하고 개연적이라고 인정하지만 이 세상에서 향유하는 지복에 기꺼이 만족할 것입니다. 현재 그들의 욕망에 대한 불안은 우세해지고 이생의 쾌락을 향해 빠르게 움직임으로써 이 쾌락을 추구하도록 그들의 의지를 결정합니다. 그리고 이 모든 시간 동안에 그들은 다른 생의 선에 대해서는 전적으로 무감각합니다."

테오필루스 이런 일은 부분적으로 인간들이 거의 대체적으로 확신하지 못하기 때문에 발생합니다. 그들이 무엇을 말하든 그들 영혼의 근저에 불가사의한 의심이 넓게 퍼져 있습니다. 왜냐하면 그들은 참된 종교의 토대인 신의 정의에 상응하고 영혼의 불멸성을 입증하는 훌륭한 근거들을 결코 이해하지 못하거나 그 근거들을 이해했다는 것을 더 이상 기억하지 못하기 때문입니다. 그러나 확신하기 위해서는 전자나 후자가 반드시 필요합니다. 게다가 소수의 사람들만 미래의 삶이 참된 종교와 참된 이성이 가르치는 것처럼 **가능하다**는 것을 이해할 뿐이고, **확실성**은 말할 것도 없고 그것의 **개연성**을 이해하는 사람은 훨씬 더 적습니다. 그들이 그것에 대해서 생각하는 모든 것은 **앵무새 증상**일 뿐이거나 회교도에 대한 대략적이고 근거 없는 상과 같은 것일 뿐입니다. 그런 상에서 그들 자신은 분명한 것을 거의 보지 못합니다. 왜냐하면 그들이 반드시 그런 상에서 영향을 받는 것은 아니기 때문입니다. (사람들의 말에 따르면,) 산의 주인, 암살자 군주의 병사들이 그러한데, 그들이 한 장소에서 깊이 잠들어 있는 동안 즐거움이 가득한 곳으로 그들을 옮겨 놓습니다. 거기서 그들은 마호메트의 낙원에 와 있다고 믿게 되고 가짜 천사들이나 가짜 성인들로부터 이 군주가 그들에게 바라는 것과 같은 의견에 물들게 되며, 이후 그들은 다시 잠들게 되고 그들을 데리고 왔던 곳으로 다시 되돌려집니다. 그러고 난 후 그 병사들은 모든 것을 감수할 정도로 대담해집니다. 심지어 그들 영주의 적인 군주도 공격할 정도로 말입니다. 저는 사람들이 산의 주인이나 노인에게 나쁜 짓을 했는지 모르겠습니다. 사람들은 암살을 사주한 큰 군주들에 대해서 그리 많이 기록하고 있지 않기 때문입니다. 하지만 영국 역사가들은 팔레스타인의 백작이나 군주의 암살에 대한 리처드 1세의 결백을 밝히는 편지를 발견합니다. 그 편지에서 이 산의 주인은 자신이 받은 피해를 갚기 위해 그를 죽게 했다는 것을 인정합니다. 그 사건이야 어찌 되었든 간에, 이 암살자 군주는 아마도 자신의 종교를 위한 큰 헌신으로 자신의 사람들에게 낙원에 대한 긍정적 관념을 주려고 했을 것입니다. 그들이 낙원에 있었다는 것을 믿어야 한다고 주장할 필요도 없이, 그 관념이 항상 생각을 동반하고 그 생각이 비어 있지 않도록 하면서 말입니다. 하지만 그가 그렇게 주장했다고 가정하더라도, 저 경건한 사기행위가 부정하게 만들어낸 진리보다 더 영향력이 있었다는 것에 놀랄 필요는 없을 것입니다. 그럼에도 사람들이 진리를 잘 인식하고 그것의 가치를 실현하는 데 몰두한다면 진리보다 더 강력한 것은 없을 것입니다. 그리고 분명히 인간들을 그렇게 하도록 만드는 강력한 방법이 있을 것입니다. 제가 감각 가능하고 현재적인 매력을 거의 대부분 결여한 그런 생활 방식에 일단 놓이게 된 모든 경우에서 열망과 탐욕이 얼마나 영향력이 있는지 생각해볼 때, 저는 절대 절망하지 않습니다. 그리고 만약 어느 날 인류의 어떤 행복한 변혁이 덕을 선호하게 하고 유행하는 것처럼 만든다면, 저는 덕이 많은 견고한 선들을 그 자체로 동반하기 때문에 무한하게 더 많은 영향을 미칠 것이라고 생각합니다. 젊은 사람들이 덕을 실행함으로써 가장 큰 쾌락을 얻는 데 익숙해지도록 할 수 있다는 것은 매우 확실합니다. 그리고 성인들도 규칙을 만들고 그 규칙을 지키는 습성을 들일 수 있습니다. 그 습성은 그들이 규칙을 지키도록 강력하게 이끌 것입니다. 그리고 술꾼이 주점에 들어가는 것을 저지당했을 때 불안을 느낄 수 있는 것처럼, 그들이 그 습성에서 벗어났을 때 마찬가지로 불안을 느낄 것입니다. 저는 어떻게 우리의 악행을 치료하는 것이 가능한지 그리고 쉽게 치료할 수 있는지에 관한 이 고찰을 덧붙이는 것이 매우 기쁩니다. 우리의 허약함을 드러내 보이기만 했다면, 인간들이 참된 선을 추구하려는 의욕을 꺾는 데 기여했을 것이기 때문입니다.

§39 **필라레테스**   모든 문제는 거의 모든 사람들이 끊임없이 참된 선을 **욕망**한다는 데 있습니다. "그리고 어떤 자발적 행동이 우리에게서 어떤 욕망을 동반하지 않은 채 일어나는 일은 드뭅니다. 따라서 **의지**와 **욕망**을 혼동하는 것은 매우 빈번합니다. 그렇지만 다른 정념들 대부분을 구성하거나 적어도 그것의 결과인 **불안**을 이 문제에서 전적으로 배제된 것으로 간주해서는 안 됩니다. 증오, 두려움, 분노, 질투, 수치심은 각각 그것들만의 불안을 가지고 있고 이를 통해서 의지에 작용합니다. 저는 이 정념들 중 어떤 것이 전적으로 단독으로 현존한다는 것에 대해서 회의적입니다. 또한 저는 욕망을 동반하지 않는 어떤 정념을 발견하는 것이 어렵다고 믿습니다. 따라서 저는 불안이 있는 곳이면 어디든 욕망이 있다고 확신합니다. 그리고 우리의 영원성이 현재 순간에 의지하지 않는 것처럼, 우리는 우리의 시각

을 현실적으로 향유하고 있는 쾌락, 그것이 무엇이든 간에 그것 너머로 옮깁니다. 미래를 예상하는 시선을 동반하는 욕망은 항상 그다음을 향한 의지를 인도합니다. 따라서 기쁨 중에도 현재 쾌락이 의존하고 있는 행동을 유지시키는 것은 이 쾌락을 계속하려는 욕망이고 이 쾌락이 부재하는 것에 대한 두려움입니다. 그리고 이보다 더 큰 불안이 정신을 지배하게 되는 경우에는 언제나 불안이 바로 정신을 하나의 새로운 행동으로 결정하고 현재의 쾌락은 무시됩니다."

테오필루스   다수의 지각들과 경향성들은 그것들 간의 대립에서 나온 결과물인 완전한 의지 작용을 위해서 협력합니다. 그것들 중에는 그 자체로 지각 불가능한 것들이 있습니다. 하지만 그것들의 축적은 우리가 그 이유를 알지도 못한 채 우리를 압박하는 불안을 만듭니다. 어떤 대상으로 이끌거나 그것에서 멀리 떨어지게 하는 서로 연결된 다수의 지각들과 경향성들이 있습니다. 그리고 그때 욕망과 두려움은 불안을 동반하기도 하지만 항상 쾌락이나 불쾌에까지 이르지는 않습니다. 결국 실제로 쾌락과 고통을 동반하는 충동(implusions)이 있고, 이 모든 지각은 새로운 감각이거나 (기억을 동반하거나 동반하지 않는) 과거의 어떤 감각에서 남은 상상입니다. 그것은 이 같은 상들이 이전 감각에서 매력적으로 느꼈던 것들을 새롭게 함으로써 상상의 선명도에 따라 이전의 충동들도 새롭게 합니다. 그리고 결국 의지를 충만하게 만드는 **지배적인** 노력이 이 모든 충동으로부터 도출됩니다. 그렇지만 사람들이 자각하는 욕망과 성향을, 비록 그것의 **온전함**이 부족하더라도 또 그것이 지배적이고 마음을 사로잡든 아니든 간에, 종종 **의지 작용**이라고도 부릅니다. 따라서 이 의지 작용이 **욕망**과 **회피**(fuite) 없이 결코 존속할 수 없다는 것은 쉽게 판단할 수 있습니다. 그렇게 사람들은 욕망의 반대를 명명할 수 있다고 저는 믿기 때문입니다. 불안은 증오,

두려움, 분노, 질투, 수치심 같은 불편한 정념에만 있는 것이 아니고 사랑, 희망, 평정심, 호의 그리고 영광 같은 그 반대의 정념에도 있습니다. 무엇보다 욕망이 있는 곳에 불안이 있을 것이라고 말할 수 있습니다. 하지만 그 반대는 항상 참이 아닙니다. 사람들은 종종 자신들이 요구하는 것이 무엇인지 알지 못하면서 불안 상태에 있기 때문입니다. 그리고 그때 형성된 욕망은 없습니다.

§40 **필라레테스** "사람들이 벗어날 수 있다고 믿는 상태인 가장 압박이 강한 불안 상태가 보통 의지를 행동으로 결정합니다."

테오필루스 균형의 결과물이 최종 결정을 만들기 때문에, 저는 압박이 가장 강한 불안이 우세하지 않은 일이 일어날 수 있다고 믿습니다. 왜냐하면 그런 불안이 각각의 반대 성향보다 개별적으로 우세하더라도, 함께 연결된 다른 성향들이 그 불안을 넘어설 수 있기 때문입니다. 심지어 정신은 어떤 때는 전자를, 또 어떤 때는 후자를 우세하게 하기 위해서 **이분법**의 술책을 사용할 수도 있습니다. 한 회의에서 사람들이 다수의 목소리로 질문의 순서를 정함으로써 어떤 편을 우세하게 할 수 있는 것처럼 말입니다. 당연히 정신은 멀리 떨어져서 그것을 대비해야 합니다. 대립의 순간에는 이 계책을 사용할 시간이 없기 때문입니다. 그때 각인된 모든 것들은 계량되며 거의 역학에서처럼 **합성된 방향**을 형성하는 데 기여합니다. 그리고 빠르게 방향 전환을 하지 않으면 사람들은 그것을 멈출 수 없습니다.

"마부는 말에 의해 이끌려가지만 마차는 고삐의 말을 듣지 않는다."[62]

∵

62) Virgilius, *Georgica*, I, v. 514. "Fertur equis auriga nec audit currus habenas."

§41 **필라레테스** "사람들이 이외에도 **욕망을 자극하는 것**이 무엇이냐고 물으면, 우리는 다른 어떤 것보다 **행복**이라고 답합니다. **행복**과 **불행**은 그 최후의 경계선이 우리에게 알려지지 않은 두 극단의 이름입니다. 이것은 눈으로 본 적이 없고 귀로 들은 적이 없으며 사람의 마음(coeur)이 결코 이해한 적이 없는 것입니다.[63] 하지만 이것은 다양한 종류의 만족과 기쁨, 고통과 비애를 통해서 행복과 불행에 대한 생생한 인상으로 우리 안에서 만들어지는 것입니다. 이것은 제가 축약하기 위해서 **쾌락**과 **고통**이라는 이름으로 이해한 것인데, 쾌락과 고통은 정신뿐만 아니라 신체에서도 인정되는 것입니다. 혹은 더 정확하게 말하면 정신에만 속하는 것입니다. 물론 때로는 특정한 생각의 경우에 정신에서 그 기원을 찾고 또 때로는 운동이 특정하게 변용되는 경우에 물체에서 그 기원을 찾기는 하지만 말입니다." §42 "따라서 가장 넓은 의미에서 행복은 우리가 누릴 수 있는 **최고의 쾌락**이고, 반면 불행은 같은 의미에서 우리를 괴롭게 할 수 있는 최고의 고통입니다. 행복이라고 부를 수 있는 것 중에서 가장 높은 단계는 모든 고통에서 벗어나 사람들이 충분하게 만족할 수 있는 정도로 현재의 쾌락을 즐기는 상태입니다. 우리는 우리 안에서 쾌락을 생산하기 적합한 것을 **선**이라고 부르고, 우리 안에서 고통을 생산하기에 적합한 것을 악이라고 부릅니다. 하지만 이 선 혹은 악으로부터 행복 혹은 불행이 더 큰 선 혹은 더 큰 악과 경합하고 있을 때에는 그렇게 부르지 않는 경우가 종종 발생합니다."
테오필루스 저는 최고의 쾌락이 가능할지 모르겠습니다. 차라리 저는 쾌락이 무한하게 증가할 수 있다고 믿을 것입니다. 왜냐하면 우리의 인식과 우리의 신체기관이 우리를 기다리는 이 모든 영원성으로 옮겨질 수 있기 전

63) 『신약』, 「고린도전서」 2장 9절.

까지 우리는 알지 못하기 때문입니다. 그래서 저는 행복이 지속가능한 쾌락, 즉 새로운 쾌락으로 계속해서 전진하지 않으면 발생할 수 없는 것이라고 생각합니다. 그래서 두 사람 중 한 사람은 다른 사람보다 비교할 수 없을 정도로 더 빠르게 그리고 더 큰 쾌락을 통해서 전진할 것이고, 각 사람은 그들의 행복이 매우 대등하지 않더라도 자기 자신에게는 그리고 **각자 자신에게는** 행복할 것입니다. 따라서 (말하자면) 행복은 쾌락을 통해서 가는 하나의 길이고, 쾌락은 단지 행복으로 가는 한 걸음이자 하나의 진척일 뿐입니다. 그것이 현재의 인상에 따라 만들어질 수 있는 가장 짧은 길이지만 제가 36절의 마지막 부분에서 말한 것처럼 항상 최선의 길은 아닙니다. 사람들은 가장 짧은 길을 따라 가려고 할 때, 참된 길을 놓칠 수 있습니다. 돌이 직선으로 떨어질 때, 지구 중심을 향해 계속 가는 것을 방해하는 매우 많은 장애물을 만날 수 있는 것처럼 말입니다. 이것은 우리를 행복으로 인도하는 것이 이성과 의지이고 감각과 욕구는 단지 우리를 쾌락으로 인도한다는 것을 알려줍니다. 쾌락이 빛이나 색처럼 명목적으로 정의될 수는 없더라도 그것들처럼 인과적으로 정의될 수는 있습니다. 그리고 저는 근본적으로 **쾌락**이 완전성에 대한 감각이고 **고통**은 불완전성에 대한 감각이라고 생각합니다. 하지만 그것은 매우 주목하기 쉬워서 사람들이 자각할 수 있습니다. 왜냐하면 어떤 완전성이나 불완전성에 대한 감각 불가능한 미세 지각들은 쾌락과 고통의 구성요소와 같은 것이고, 제가 이미 여러 차례 이야기했듯이, 정념 그 자체를 형성하지는 않지만 경향성이나 성향을 형성하기 때문입니다. 그러므로 우리가 자각하지 못하는 감각 불가능한 경향성이 있고, 우리가 그 현존과 대상을 인식하는 감각 가능한 경향성이 있습니다. 하지만 우리는 그 현존과 대상의 형성에 대해서는 감각하지 못하며, 이것은 우리가 신체에 귀속시키는 혼란스러운 경향성입니다. 비록 그때마다 정신에 상응하는 어떤 것이 항상 존재했지만 말입니다. 그리고 결국 이성이 우리에게 제공하고 우리가 그것의 효력과 형성을 감각하는 구별되는 경향성이 있습니다. 그리고 인식과 질서의 생산에서 조화로 발생하는 이런 성질을 가진 쾌락이 가장 가치가 있는 것입니다. 저자가 일반적으로 이 모든 경향성, 정념, 쾌락, 고통은 단지 정신 혹은 영혼에 속하는 것일 뿐이라고 말하는 것은 합당합니다. 저 또한 특별히 형이상학적으로 엄밀하게 사태를 고찰했을 때, 이것들 각각의 기원이 영혼 자체에 있다는 것을 추가할 것입니다. 그럼에도 사람들이 혼란스러운 생각은 신체에서 나온다고 말하는 이유가 있습니다. 왜냐하면 그것에 대한 구별되고 설명 가능한 어떤 것을 제공하는 것은 영혼에 대한 고찰이 아니라 신체에 대한 고찰이기 때문입니다. 선은 쾌락을 제공하거나 주는 것입니다. 악이 고통을 주는 것처럼 말입니다. 하지만 더 큰 선과 경합하는 경우 우리에게 결여된 선은 그로부터 생겨날 수밖에 없는 고통에 기여하는 한, 정말 악이 될 수 있습니다.

§47 필라레테스 "영혼은 이런 욕망들 중 어떤 것의 달성을 유보할 힘을 가지고 있으며, 따라서 그것들을 순차적으로 고찰하고 비교할 자유를 가지고 있습니다. 이것으로 **인간의 자유**가 이루어지며, 제 생각에는 부적절하지만 이것이 우리가 **자유 의지**라고 부르는 것입니다. 그리고 우리가 우리의 의지를 너무 빨리 혹은 너무 늦게 결정할 때, 빠지게 되는 이 모든 다양한 일탈, 실수 그리고 과오는 그것의 잘못된 사용에서 나옵니다."

테오필루스 우리 욕망이 우리를 움직이게 할 만큼 충분히 강하지 않고, 어려움이나 불편함을 극복하고 우리를 만족시켜줄 만큼 충분히 강하지 않을 때, 이 욕망의 실행은 유보되거나 중단됩니다. 그리고 이 어려움은 가끔 단지 감각 불가능한 나태 혹은 권태로 구성됩니다. 이런 어려움은 우리가 그것에 주목하지 않아도 우리를 물러서게 하는 것이며, 매우 나약한 사람들이나 기질이 굼뜬 사람들에게서, 혹은 나이로 인해서 혹은 잘못된 성과로 인해서 물러선 적이 있는 사람들에게서 더 큽니다. 하지만 욕망이 우리를 움직이게 할 만큼 그 자체로 충분히 강할 때, 만약 어느 것도 방해하지 않는다면, 반대되는 경향성으로 인해서 중단될 수 있습니다. 그 경향성이 욕망의 구성요소나 시작 같은 단순한 성향으로 구성되어 있든 아니면 욕망 자체에까지 가든 간에 상관없이 말입니다. 그러나 이 반대되는 경향성과 성향 그리고 욕망은 이미 영혼에 있어야 하기 때문에, 영혼은 그것들에 대해서 아무런 힘도 가지고 있지 못하고, 따라서 영혼이 또 다른 방도, 즉 정신을 다른 방향으로 돌리는 다른 방도를 가지고 있지만 않다면, 이성이 일부를 구성할 수 있는, 자유롭고 자발적인 방식으로 저항할 수 없을 것입니다. 하지만 필요할 때 그런 일이 생긴다는 것을 어떻게 알까요? 왜냐하면 무엇보다도 사람들이 강력한 정념에 사로잡혀 있을 때, 바로 그때가 결정적인 지점이기 때문입니다. 따라서 정신은 미끄러지기 쉽고 위험한 과정에서 너무 자주 멈추지 않기 위해서, 미래를 준비해야 하고 생각에서 생각으로 넘어가는 대열에 미리 있어야 합니다. 이와 관련하여 정신의 자유를 더 잘 보존하기 위해서 특정한 사안에 대해서 단지 일반적으로 지나가듯이 생각하는 습관을 들이는 것이 좋습니다. 그러나 가장 좋은 것은 체계적으로 진행하는 습관을 들이고, 우연이 (즉 감각 불가능하고 우발적인 인상들이) 아니라 이성이 생각들을 연결시키는 일련의 생각들에 열중하는 습관을 들이는 것입니다. 이 점과 관련해서 때때로 정신을 집중하고 인상들의 현재 동요를 뛰어넘는 습관을 들이는 것이 좋습니다. 말하자면 사람들이 있는 자리를 벗어나 자신에게 다음과 같이 말하기 위해서 말입니다. '나는 왜 여기에 있는가? 최종점이 어디인지 보라.', '우리는 어디에 있는가?', '그건 그렇고 우리는 주제로 돌아오자. 우리의 본론으로 돌아오자.' 인간들에게는 때때로 (알렉산더 대왕의 아버지, 필리포스 아래서 일했던 사람처럼) 공직을 그만두게 하고 그들에게 그들의 의무를 다시 상기시키는 공직을 가진 누군가가 필요합니다. 그러나 그런 공직자가 없다면, 우리가 직접 그 일을 수행하는 것에 숙달되는 것이 좋습니다. 우리가 한 번 우리의 욕망과 정념에서 비롯되는 결과를 멈추는 상태에 있을 때, 즉 행동을 유보하는 상태에 있을 때, 우리는 그 욕망과 정념이 어떤 수단으로 싸우는지, 즉 반대되는 욕망이나 경향성으로 싸우는지 아니면 주의의 전환, 즉 다른 종류의 욕망이나 경향성에 전념해서 싸우는지 알 수 있습니다. 우리는 이런 방법과 기법을 통해서 우리 자신의 주인이 되고, 우리 스스로 생각할 수 있으며, 시간이 지남에 따라 우리가 의욕하기를 원하는 것 그리고 이성이 순서를 부여한 것을 행할 수 있게 됩니다. 하지만 이것은 항상 일정한 방식으로 일어나며, 결코 아무런 근거 없이 혹은 완전한 무구별(indifference parfaite)이나 균형(equilibre)에서 나온 상상적 원리를 통해서 일어나지 않습니다. 어떤 이들은 자유의 본질이 이런 상태로 구성되기를 바랄 것입니다. 마치 사람들이 아무런 근거도 없이 또 모든 근거에 반대로 정해질 수 있고, 인상들과 성향들의 **지배**에 모두 직접적으로 반대로 갈 수 있는 것처럼 말입니다. 제가 말하는 '**아무런 근거 없이**'라는 것은 말하자면 '다른 경향성의 반대 없이', 혹은 '사전에 정신을 다른 곳으로 돌리는 과정 없이', 혹은 '이와 같은 어떤 다른 설명 가능한 방법 없이'를 말합니다. 그렇지 않으면 이것은 아무런 의미도 없는 스콜라 철학의 벌거벗은 능력이나 기이한 성질 같은 키메라로 회귀하는 것입니다.

§48 필라레테스 저 또한 지각과 지성에 포함되어 있는 것을 통해서 의지를 이렇게 지성적으로 결정하는 것에 찬성합니다. "진지한 검토에서 나온 최종 결과에 따라 의욕하고 행동하는 것은 우리 본성의 결점이라기보다는 완성

입니다. [§47의 끝 부분] 그리고 이로 인해서 자유가 억눌리거나 줄어드는 것이 아니라 더없이 완전해지고 더 유리해집니다. 그리고 우리가 이런 방식으로 결정하는 것에서 멀어지면 멀어질수록 우리는 더 불행해지고 노예 상태에 더 가까워집니다. 당신이 정말 정신의 완전하고 절대적인 **무구별** 상태, 즉 선이나 악을 행하는 최종 판단을 통해서 결정될 수 없는 상태를 가정한다면, 당신은 정신을 매우 불완전한 상태에 놓는 것입니다."

테오필루스 이 모든 것은 완전히 저의 생각과 같고, 또한 정신이 자신의 욕망을 멈출 수 있는 힘을 전적으로 그리고 직접적으로 가지고 있지 않다는 것을 보여줍니다. 그렇지 않다면 정신이 어떠한 검토를 하더라도 그리고 어떠한 선한 근거 혹은 효력 있는 감각을 가지든 간에, 정신은 결코 결정되지 않을 것입니다. 그러면 정신은 언제나 미결정 상태로 있을 것이고 두려움과 희망 사이에서 영원히 흔들릴 것입니다. 그러므로 정신은 결국 결정되어야 하고, 제가 방금 설명한 것처럼, 그에 따라 필요할 때 자신의 욕망과 싸우는 군대를 사전에 준비함으로써 정신의 욕망에 간접적으로만 반대할 수 있습니다.

필라레테스 "그렇지만 한 인간은 자신의 손을 머리 위로 올리거나 정지 상태로 둘 자유가 있습니다. 그는 이 두 행동의 관점에서 완전하게 무구별적입니다. 그리고 그에게 이런 힘이 없는 것은, 그에게 있어서 불완전함일 것입니다."

테오필루스 정확하게 말해서, 사람들이 제안할 수 있는 것이 어떤 것이든 간에 사람들은 양쪽 편에 대해서 결코 무구별적이지 않습니다. 예를 들어 왼쪽으로 돌 것인지 오른쪽으로 돌 것인지, (트리말키오의 저녁 식사에서 요구되는 것처럼) 오른발을 앞에 놓을 것인지 왼발을 앞에 놓을 것인지에 있어서 결코 무구별적이지 않습니다. 왜냐하면 우리는 그것에 대해서 생각하지 않고도 전자나 후자를 행하기 때문이며, (양자 모두가 감각 불가능하더라도) 이것이 우리가 원하는 편으로 결정하도록 하는 내부의 잠재적 소질과 외부의 인상들 간의 **경쟁**을 나타내는 표시이기 때문입니다. 어떤 것의 우세가 매우 작더라도, 필요한 경우 그 점에서 우리가 마치 무구별적인 것 같더라도, 우리에게 제공되는 최소한의 감각 가능한 근거는 우리가 아무런 어려움 없이 후자보다는 전자 쪽으로 결정하도록 할 수 있기 때문입니다. 그리고 손을 머리 위로 올리기 위해서 팔을 들어 올리는 것이 다소 수고스럽더라도, 그것은 매우 미미하기 때문에 우리는 그것을 어려움 없이 극복합니다. 그렇지 않다면, 저는 그 사람이 그것에 대해서 덜 무구별적일 때, 그리고 그에게 팔을 올리거나 올리지 않는 것을 쉽게 결정할 수 있는 힘이 결여되어 있을 때, 그것이 커다란 불완전함일 것이라고 생각합니다.

필라레테스 "하지만 예를 들어 그가 막 타격당하는 것을 보게 된, 그 충격으로부터 자기 머리나 눈을 보호하려고 할 때처럼, 그가 모든 상황에서 동일한 무구별성을 갖는다면, 이것이 그리 큰 불완전함은 아닐 것입니다." 즉 우리가 곧 이야기하려고 하는 다른 경우처럼 거의 무구별적인 경우에 그가 이 움직임을 쉽게 멈출 수 있다면 말입니다. 왜냐하면 이것은 필요한 때에 충분히 강하고 빠르게 움직이지 못한다는 것을 의미하기 때문입니다. 따라서 결정은 우리에게 유용하고 대개의 경우 필연적입니다. 그리고 우리가 모든 종류의 상황에서 잘 결정되지 않는다면, 또 선 혹은 악에 대한 지각에서 가져온 근거에 대해서 감각 불가능하다면, 우리는 효과적인 선택을 하지 못할 것입니다. "그리고 우리가 하나의 특정한 행위의 선 혹은 악에 대해서 판단하는 우리의 고유한 정신에서 형성한 최종 결과를 통해서가 아니라 다른 것을 통해서 결정된다면, 우리는 자유롭지 않을 것입니다."

테오필루스 그보다 더 참된 것은 없을 것입니다. 그리고 또 다른 자유를 추구하지 않는 사람들은 자신들이 무엇을 원하는지 알지 못합니다.

§49 필라레테스 "완전한 지복을 향유하는 이 고등한 존재는 선의 선택에서 우리보다는 더 강력하게 결정합니다. 그럼에도 그 존재가 우리보다 덜 자유롭다고 생각할 근거를 우리가 가지고 있지 않습니다."

테오필루스 그래서 신학자들은 매우 행복한 이 실체들은 선을 견지하고 있고 모든 타락의 위험으로부터 벗어나 있다고 말합니다.

필라레테스 제 생각도 마찬가지입니다. "만약 무한한 지혜와 선이 무엇을 할 수 있을 것인지 판단하는 것이 우리 같이 불쌍하고 유한한 피조물에게 적절한 것이라면, 우리는 신 자신은 선이 아닌 것을 선택할 수 없다는 것, 그리고 전능한 이 존재의 자유는 최선에 의해서 결정되는 것을 막지 않는다고 말할 수 있을 것입니다."

테오필루스 저도 이 진리를 확신합니다. 그래서 저는 우리가 매우 초라하고 유한한 피조물이라는 것을 단호하게 확신할 수 있고, 또 우리가 그것을 의심하는 것은 큰 잘못을 범하는 것이리라고 생각합니다. 그러면 우리는 심지어 그의 지혜와 그의 선, 그리고 그의 다른 무한한 완전성을 위반하는 것이기 때문입니다. 의지가 결정하는 선택이 무엇이든 간에, 그것을 절대적으로 필연적이라고 해서는 안 되고 엄격한 의미에서 필연적이라고 해야 합니다. 지각된 선의 지배적 영향은 그 선택을 필연적이게 하는 것이 아니라 경향적이게 하는 것입니다. 모든 것을 고려해보더라도, 이 경향성이 결정하는 것이고 이 경향성은 결코 자신의 효력을 저버리지 않습니다.

§50 필라레테스 이성에 의해서 최선으로 결정되는 것이 가장 자유로운 것입니다. "어리석은 사람은 양식이 있는 사람보다 지혜로운 반성적 성찰을 통해서 결정하는 일이 덜 할 텐데, 이런 이유에서 보면, 어떤 사람이 어리석기를 원하겠습니까? 자유가 이성의 굴레에서 벗어나는 것이라면, 미치

광이와 무분별한 사람들만이 자유로울 것입니다. 그렇지만 저는 그런 자유를 사랑하기 위해서 미치광이가 되기를 원하는 사람은 없다고 생각합니다. 그가 이미 미치광이인 경우는 제외하고 말입니다."

테오필루스   요즘에는 이성을 맹렬히 비난하고 불편한 장신구로 취급하는 사람이 재능이 있는 것이라고 믿는 사람들이 있습니다. 저는 아무것도 논하지 않고 환대를 받는 작은 책자를 읽고 또 가끔씩 매우 잘못된 생각들을 전하기에는 너무 아름다운 시를 읽기도 합니다. 실제로 이성을 조롱하는 사람들은 이성이 지난 세기에 알려지지 않았던 새로운 종류의 괴상한 생각이라고 진지하게 이야기합니다. **이성**에 반대해서 이야기하는 것은, 곧 진리에 반대해서 이야기하는 것입니다. 왜냐하면 이성은 진리들의 연쇄이기 때문입니다. 즉 이것은 자기 자신에게 반대해서 그리고 자신의 선에 반대해서 이야기하는 것입니다. 이성의 주요점은 선을 인식하고 선을 따르는 것이기 때문입니다.

§51 필라레테스   "따라서 지성적 존재의 최고 완전성이 세밀하게 또 지속적으로 참된 행복의 탐구에 전념하는 것처럼, 우리가 또 조심해야 할 것은 상상적일 뿐인 행복을 우리 자유의 토대인 실재적 지복으로 간주하지 말아야 한다는 것입니다. 우리가 **우리 욕망의 대상이 아니었던 적이 없는 행복 일반**에 대한 변함없는 탐구와 더 많이 연결되면 될수록 우리의 의지는 우리를 어떤 특정한 선으로 이끄는 욕망에 따라 결정되는 필연성으로부터 더 잘 벗어나 있게 됩니다. 그 선이 우리의 참된 행복과 관련되는지 아니면 반대되는지 우리가 검토하기 전까지는 말입니다."

테오필루스   참된 행복은 언제나 우리 욕망의 대상이어야 합니다. 하지만 그것이 실제로 그런지 의심할 만한 근거가 있습니다. 사람들은 대부분 이 참된 행복에 대해서 거의 생각하지 않기 때문입니다. 그리고 저는 여기서 욕구가 이성에 의해 인도되지 않는 한, 그것은 행복, 즉 지속적 쾌락이 아니라 현재의 쾌락으로 향한다고 한 차례 이상 지적했습니다. 욕구가 쾌락을 지속적이게 만들려고 노력하더라도 말입니다. §36과 §41을 보세요.

§53 필라레테스 "잔학한 고문의 고통같이 어떤 과도한 방해가 우리 영혼을 전적으로 지배한다면, 우리는 더 이상 우리 정신의 주인이 아닙니다. 그렇지만 우리의 정념을 가능한 한 많이 완화하기 위해서, 우리는 우리 정신에게 실재로 또 효과적으로 선과 악의 맛을 보게 해야 하고, 탁월하고 주목할 만한 선이, 우리가 그 탁월함에 상응하는 욕망을 우리 안에서 자극하기 전까지는 어떠한 맛도 남기지 않고 우리 정신에서 빠져나가는 것을 허용하지 말아야 합니다. 따라서 그런 선의 결여가 우리를 불안하게 만들 뿐만 아니라 우리가 그것을 즐기고 있을 때 상실의 두려움 또한 우리를 불안하게 만듭니다."

테오필루스 이것은 제가 방금 §31에서 §35까지에서 언급했던 것과 거의 일치합니다. 그리고 이와 더불어 저는 빛나는 쾌락에 대해서도 한 차례 이상 말했습니다. 거기서 사람들은 이 빛나는 쾌락이 어떻게 우리를 완전하게 하는지 이해합니다. 감각의 혼란스러운 쾌락이 하는 것처럼 우리를 더 큰 불완전성의 위험에 놓이게 하지 않고 말입니다. 무엇보다 사람들이 그것을 확실하게 사용할 수 있으리라는 것을 경험을 통해서 알지 못했을 때, 감각의 혼란스러운 쾌락을 주의해야 합니다.

필라레테스 "여기서 누구도 그가 그의 정념을 통제할 수 없다고 말하는 사람은 없으며, 더욱이 정념의 속박에서 벗어나지 못하고 정념이 그의 행동을 강제하는 것을 막을 수 없다고 말하는 사람은 없습니다. 왜냐하면 그가 군주나 어떤 위인 앞에서 할 수 있는 일은, 그가 원한다면, 그가 홀로 있을 때나 신이 현재하고 있을 때도 할 수 있기 때문입니다."

테오필루스 이런 고찰은 매우 훌륭하고 사람들이 자주 성찰할 만한 가치가 있습니다.

§54 필라레테스 "하지만 이 세상에서 인간들이 하는 다양한 선택은, 같은 것이라도 각각의 사람들에게 똑같이 선하지 않다는 것을 증명합니다. 그리고 인간의 이해가 이생을 넘어 그 이상으로 확장되지 않는다면, 예를 들어 호사와 방탕에 빠져 있는 이런 사람들 그리고 쾌감의 절제를 선호하는 저런 사람들을 만들어내는 이 다양성의 원인은 단지 그들이 자신의 행복을 다양한 것들에서 찾는다는 것으로부터만 설명됩니다."

테오필루스 그 원인은 지금도 그것으로 설명됩니다. 비록 그들 모두가 미래 삶의 이 공통 목적을 목전에 두거나 두어야 하겠지만 말입니다. 사실 이생에서 참된 행복의 고찰은 쾌감의 미덕을 선호하는 것만으로 충분합니다. 이 쾌감이 참된 행복과는 거리가 멀고, 의무가 그리 강하거나 결정적이지는 않더라도 말입니다. 또한 인간들의 입맛(goût)이 다양한 것은 사실입니다. 그리고 사람들은 그 입맛에 대해 논쟁할 필요가 없다고 말합니다. 하지만 이 입맛은 혼란스러운 지각에 불과하기 때문에, 그 대상이 무구별적이고 해를 끼칠 수 없는 것으로 검토된 경우에만 결부되어야 합니다. 그렇지 않고 만약 어떤 사람이 그 자신을 해치거나 불행하게 만들 수 있는 독에 입맛을 들이게 되면, 그의 입맛에 맞는 것에 대해서 이의를 제기해서는 안 된다고 말하는 것은 우스운 일일 것입니다.

§55 필라레테스 "무덤을 넘어 아무것도 기대할 것이 없다면, 다음의 추론은 의심할 여지없이 매우 정당합니다. **먹고 마시자. 내일이면 우리는 죽을 테니,** 우리에게 쾌락을 주는 모든 것을 즐깁시다."

테오필루스 이 결론에 대한 제 생각을 몇 가지 말하겠습니다. 아리스토텔레스와 스토아, 그리고 다수의 다른 고대 철학자들의 의견은 다릅니다.

그리고 사실 저는 그들의 의견이 합당하다고 생각합니다. 이생 다음에 아무것도 없다 하더라도, 영혼의 평안과 신체의 건강은 여전히 이와 반대되는 쾌락보다 선호될 만합니다. 그리고 선이 언제나 지속적이지 않다는 것이 선을 무시할 이유가 되지는 않습니다. 하지만 저는 가장 정직한 것이 가장 유용하다는 것을 증명할 방법이 없는 경우가 있다는 것을 인정합니다. 따라서 덕과 정의에 대한 의무를 절대적으로 피할 수 없는 것으로 만드는 것은 오직 신과 불멸성에 대한 고찰뿐입니다.[64]

§58 필라레테스 "우리가 선과 악에 대해서 내리는 현재의 판단은 제게는 항상 옳은 것으로 보입니다. 그리고 현재의 행복과 불행에 관해서, 반성적 성찰이 멀리까지 나아가지 못할 때 그리고 모든 결과가 전적으로 고려되지 못할 때, 인간은 결코 악을 선택하지 않습니다."

테오필루스 말하자면, 모든 것이 현재 순간에 제한된다면, 제공되는 쾌락을 거부할 이유가 없을 것입니다. 실제로 저는 앞에서 모든 쾌락은 완전성에 대한 감각이라고 언급한 적이 있습니다. 하지만 어떤 특정한 완전성은 그와 더불어 더 큰 불완전성을 이끌어냅니다. 만약 어떤 사람이 완두콩을 찌르는 데 실패하지 않는 법을 배우기 위해서 자신의 전 생애 동안 완두콩에 바늘을 던지는 일에 전념했다고 예를 들어봅시다. 이 사람에게 알렉산더 대왕은 한 부아소의 완두콩을 보상으로 주게 했는데, 그는 특정한 완전성에 도달한 것입니다. 하지만 이런 완전성은 매우 보잘것없고, 그가 무시하지 않았을 매우 필수적인 다른 완전성과 비교할 가치도 없는 것입니다.

• •

64) [옮긴이 주] 이와 관련해서 Leibniz, Praefatio Codicis Juris Gentium Diplomatici: A IV, 5, 48~79 참조; 이전에는 Codex juris gentium diplomaticus(1693), 서문 I, §13: Dutens, IV, 3, 296쪽부터.

이런 식으로 특정한 현재적 쾌락에서 발견되는 완전성은 무엇보다 불행에 빠지지 않기 위해 필요한 완전성에 임무를 넘겨주어야 합니다. 이 불행은 불완전성에서 불완전성으로, 고통에서 고통으로 가는 상태일 뿐입니다. 하지만 단지 현재적 쾌락만 있다면, 현재 제공된 완전성, 즉 현재적 쾌락의 완전성에 만족해야 할 것입니다.

§62 **필라레테스** "**잘못된 판단**에 이끌리지 않는다면, 그 누구도 자신의 처지를 의도적으로 불행하게 만들지는 않습니다. 저는 극복할 수 없는 오류의 결과인 실수에 대해 이야기하는 것이 아닙니다. 그리고 이 실수에 잘못된 판단이라는 이름은 잘 어울리지 않습니다. 제가 이야기하는 것은 인간들 각자가 스스로 잘못된 판단이라고 인정할 수밖에 없는 그런 판단입니다."

§63 "따라서 첫째로 우리가 현재의 쾌락이나 고통을 우리의 관점에서 그 거리가 다양하게 측정되는 미래의 쾌락이나 고통과 비교할 때, 영혼은 실수를 합니다. 이것은 낭비가 심한 상속자가 자신에게 상속될 큰 유산을 현재 사소한 것을 소유하는 문제 때문에 포기하는 것과 유사합니다. 모든 사람들은 이 잘못된 판단을 인정해야 합니다. 왜냐하면 미래는 현재가 될 것이고, 그러면 동일한 이익이 가까워질 것이기 때문입니다. 사람이 술잔을 잡는 순간, 술을 마시는 쾌락은 두통과 위장 장애를 동반하고 이런 고통이 짧은 시간 안에 그에게 발생한다면, 그는 포도주를 입에 대려고도 하지 않을 것입니다. 만약 짧은 시간차가 그런 착각을 만들어낸다면, 훨씬 더 강한 근거에서 더 큰 간격은 동일한 결과를 만들 것입니다."

테오필루스 여기서 장소의 간격과 시간의 간격은 서로 일치합니다. 하지만 이런 차이도 있습니다. 즉 가시적 대상들은 거리에 비례해서 눈에 대한 작용이 다소 감소합니다. 그러나 상상력과 정신에 작용하는 미래의 대상에 대해서는 그렇지 않습니다. 가시광선은 일정한 비율로 서로 떨어져 있는 직선입니다. 하지만 어느 정도 거리를 지나 직선과 만나고 더 이상 감각 가능하지 않도록 멀리 떨어지는 곡선이 있습니다. 그래서 이 곡선은 실재로는 영원히 서로 떨어져 있더라도 외견상 직선과의 간격이 사라지는 점근선이 됩니다. 또한 우리는 떨어져 있는 거리가 무한하지 않더라도 외형이 오래지 않아 전적으로 사라지기 때문에, 대상의 외형이 거리의 증가에 비례하는 식으로 줄어들지 않는 것을 발견하기도 합니다. 따라서 대상이 사라지는 것과 마찬가지로 미세한 시간 간격이 우리에게 완전하게 미래를 감추기도 합니다. 때로는 이름과 제가 방금 이야기한 종류의 생각들 외에는 정신에 남아 있는 것이 없습니다. 이것은 방법을 통해서 그리고 습성을 통해서 마련되지 않으면, 들리지 않고 만질 수도 없는 것입니다.

필라레테스 "제가 여기서 이야기하는 것은, 그들이 현재 얻을 수 있는 모든 것을 향유하고 그 향유에서 어떠한 해도 발생하지 않을 것이라고 결론지을 때, 결여된 것이 인간의 정신에서 줄어들 뿐만 아니라 완전하게 사라지게 되는 그런 종류의 잘못된 판단이 아닙니다."

테오필루스 미래의 선과 악에 대한 기대가 사라질 때는 다른 종류의 잘못된 판단입니다. 현재에서 나온 결론을 부정하거나 의심하기 때문입니다. 하지만 이것을 넘어 미래에 대한 감각을 사라지게 하는 오류는 제가 방금 이야기한 잘못된 판단과 같은 것입니다. 이것은 사람들이 조금밖에 고찰하지 않거나 전혀 고찰하지 않은 미래에 대한 매우 허약한 표상에서 발생합니다. 그 외에 여기서 사람들은 아마도 나쁜 취향(mauvais goût)과 잘못된 판단을 구별할 수 있을 것입니다. 왜냐하면 사람들은 종종 미래의 선을 선호해야 하는지 질문하지 않고 검토해볼 생각도 하지 않은 채, 인상에 따라서만 행동하기 때문입니다. 그러나 사람들이 미래의 선에 대해서 생각할 때, 다음 둘 중 한 가지가 일어납니다. 사람들이 미래의 선에 대해서 생각하는 것을 충분히 계속하지 않고 자신이 시작했던 질문을 진전시키지 않은 채 지나쳐 가거나 검토를 속행하고 결론을 도출하는 것 말입니다. 전자의 경우나 후자의 경우에서 이따금 더 크거나 더 적은 후회가 남기도 하고, 또 어떤 때는 **반대에 대한 두려움**(*formido oppositi*)도 전혀 없고 아무런 자책을 하지 않을 때도 있습니다. 이것이 정신이 사안에서 완전히 벗어났기 때문이든 선입견에 의해서 잘못 생각했기 때문이든 관계없이 말입니다.

§64 필라레테스 "우리 정신의 부족한 역량은 우리가 선과 악을 비교하면서 만들어내는 잘못된 판단의 원인이 됩니다. 우리는 두 가지 쾌락을 동시에 잘 향유할 수 없습니다. 그뿐만 아니라 우리가 고통에 사로잡혀 있는 동안에는 어떠한 쾌락도 향유할 수가 없습니다. 잔 속에 섞여 있는 약간의 쓴맛도 우리로 하여금 단맛을 느끼지 못하게 합니다. 우리가 현재 순간 느끼는 고통은 언제나 모든 것 중에 가장 힘든 것입니다. 그들은 다음과 같이 외칩니다. 아! 차라리 뭐든지 이것과 다른 고통을!"

테오필루스　이 모든 것은 사람들의 기질에 따라, 사람들이 느끼는 것의 강도에 따라, 그리고 사람들이 받아들이는 습성에 따라 다양합니다. 통풍이 있는 한 사람은 그에게 더 큰 행운이 생기기 때문에, 즐거운 상태로 있을 수 있습니다. 그리고 환희에 빠져 있고 자신의 땅에서 마음대로 살 수 있는 사람은 궁정으로부터 총애를 잃음으로써 슬픔에 빠집니다. 즐거움과 슬픔은 쾌락이나 고통의 결과물에서 발생하거나, 이것들이 섞여 있을 때 쾌락의 **우세**나 고통의 우세에서 발생합니다. 레이안드로스는 아름다운 헤로의 매력에 사로잡혀 밤에 바다를 헤엄쳐 건너는 것의 불편함과 위험을 대수롭지 않게 여겼습니다. 어떤 신체장애나 불편으로 인해 상당한 고통이 없이는 먹고 마실 수 없거나 다른 욕구를 만족시킬 수 없는 사람들이 있습니다. 그럼에도 그들은 필요성과 제한된 정당성 이상으로 그 정도 욕구충족에도 만족합니다. 다른 사람들은 너무나 허약하고 예민해서 어떤 고통, 어떤 거부감 혹은 어떤 불편함이 섞여 있는 쾌락을 거부합니다. 현재 중간 정도의 고통이나 쾌락 그 이상에 강건하게 놓여 있고 거의 두려움과 희망으로만 행동하는 사람이 있습니다. 어떤 다른 사람들은 너무 연약한 나머지 최소한의 불편함에도 불평을 하거나, 거의 어린아이들처럼 현재하는 최소한의 감각 가능한 쾌락을 추구합니다. 이런 사람들에게는 현재의 고통과 쾌감이 항상 가장 커 보입니다. 이들은 판단력이 부족한 설교자나 찬양자 같은 사람들이며, 그들에게는 오늘의 성인이 언제나 천국에서 최고의 성인이라는 속담이 있습니다. 사람들 간에 어떤 다양성이 존재하지만, 사실상 그들은 항상 현재의 지각들에 따라서만 행동합니다. 그리고 미래가 그 현재의 지각들에 영향을 미치는 것은 그들이 가지고 있는 상을 통해서이거나 아니면 그들이 내린 결정과 받아들인 습성을 통해서입니다. 그때 그들은 어떠한 상이나 자연적 신호도 없이 단순한 이름이나 다른 임의의 기호에 따라 행동합니다. 왜냐하면 불안함 없이 그리고 어떤 괴로움의 감정 없이 이미 내린 강력한 결정에 반대하지 못하고 무엇보다 습성에 반대하지 못할 것이기 때문입니다.

§65 **필라레테스** "인간은 미래의 쾌락을 감소시키고 자기 스스로 다음과 같이 결론을 내리는 성향이 강합니다. 미래의 쾌락을 시험해보면, 아마도 그것은 사람들이 거는 기대나 일반적으로 갖는 의견에 상응하지 않을 것이라고 말입니다. 왜냐하면 그들은 다른 사람들이 열광하는 쾌락이 그들에게는 매우 흥미 없어 보였다는 것뿐만 아니라 한때 그들 자신에게 많은 쾌락을 야기했던 것이 다른 때에는 감정을 상하게 하고 그들의 마음에 들지 않았다는 것도 그들 자신의 경험을 통해서 알기 때문입니다."

테오필루스 이것은 주로 향락주의자들이 하는 추론입니다. 하지만 사람들은 보통 야심가들과 수전노들이 명예와 부를 완전히 다르게 판단한다는 것을 알고 있습니다. 물론 그들이 그 재산을 소유하고 있을 때도 항상 더 많은 재산을 모으는 데 전념하기 때문에, 이 재산을 보통으로 향유하거나 때로는 매우 적게 향유하기는 하지만 말입니다. 저는 감관을 아주 조금 자극하는 것에 대해서 인간이 매우 감각적이도록 만든 것이 자연 건축가의 아름다운 발명이라고 생각합니다. 그리고 인간이 야심을 품거나 탐욕스러워질 수 없다면, 현재의 쾌락이 그들을 완전성에서 벗어나게 하는데도 불구하고, 그들이 완전해지려고 노력하기 위한 덕과 이성을 충분히 가질 수 있으리라는 것은 인간 본성의 현재 상태에서 어려운 일일 것입니다.

§66 **필라레테스** "사물의 **결과**에서 그리고 우리에게 선이나 악을 제공해주는 사물이 가진 적성에 따라 우리는 좋은 사물과 나쁜 사물을 다양한 방식으로 판단합니다. 사물이 실제로 만드는 만큼의 악을 그 사물이 진정으로 우리에게 만들어줄 수 없다고 우리가 판단하는 경우, 또는 결과가 상당히 중요하지만 사태가 그리 확실하지 않아서 결과가 다르게 일어날 수 있다고 판단하거나 적어도 재치, 재주, 행실의 변화, 참회와 같은 다른 수단을 통해서 피할 수 있다고 판단하는 경우."

테오필루스 사람들이 결과의 중요성으로 이해하는 것이 추론의 중요성일 때, 즉 뒤따를 수 있는 선이나 악의 크기일 때, 제가 보기에, 이것은 미래의 선이나 악이 나쁘게 표상되는 첫 번째 종류의 잘못된 판단입니다. 그러면 두 번째 종류의 잘못된 판단만 남는데, 이것은 지금 다루고 있는 것, 즉 그 추론이 의심스러운 상태에 있는 것입니다.

필라레테스 "제가 방금 다루었던 핑계거리들이 전적으로 비이성적 판단이라는 것을 상세하게 보이는 것은 쉬울 것입니다. 하지만 저는 다음을 일반적으로 언급하는 것에 만족할 것입니다. 더 작은 선을 위해서 더 큰 선을 위협하거나 작은 선을 얻기 위해서 그리고 작은 악을 피하기 위해서 자신을 불행에 처하게 하는 것은 직접적으로 이성에 반하는 행동입니다. 그것도 불확실한 추측을 근거로 그리고 정확한 검토에 들어가기도 전에 그렇게 하는 것 말입니다."

테오필루스 결과의 크기에 대한 고찰과 추론의 크기에 대한 고찰은 **이질적인** (서로 비교할 수 없는) 두 고찰이기에, 이 둘을 비교하려고 했던 도덕가들은 개연성에 대해서 논했던 사람들에게서 나타났던 것처럼 상당한 혼란에 빠졌습니다. 여기서 진실은, 어울리지 않고 이질적인 다른 평가에서처럼, 말하자면 한 차원 이상의 평가에서처럼, 다루는 것의 크기가 서로 다른 두 평가의 합성에 비례한다는 것입니다. 길이에 따라 보는 것과 넓이에 따라 보는 것과 같은 두 가지 고찰 방법이 있는 직사각형처럼 말입니다. 그리고 결과의 크기와 개연성의 정도와 관련해서, 우리에게는 그것들을 평가해야 하는 **논리학의 저런 부분**이 결여되어 있기도 합니다. 그리고 **개연성**에 관해서 글을 썼던 대부분의 결의론자들(Casuistes)은, 그것들이 그렇게 되어야만 할 것 같은 **진실인 듯함**(vraisemblance)에 근거를 두는 것이 아니라 아리스토텔레스와 더불어 권위에 근거를 두면서 그 본성조차 이해하지 못하고 있습니다. 왜냐하면 권위는 그럴듯함을 만드는 근거의 일부일 뿐이기 때문입니다.

§67 필라레테스 "여기서 이 잘못된 판단의 통상적 원인들 중 몇 가지를 제시합니다. [§66의 끝 부분] 사람이 자신이 알고 있는 것에 대해서조차 아무런 반성적 성찰을 하지 않을 때, 첫 번째 원인은 **무지**이고, 두 번째는 **부주의**(inadvertance)입니다. 판단뿐만 아니라 의지도 잘못 인도하는 것은 현재의 위장된 무지입니다."

테오필루스 무지가 항상 현재적이기는 하지만 항상 위장되는 것은 아님니다. 왜냐하면 사람들이 알고 있는 것을 필요할 때 항상 생각한다는 것을 알지 못하고, 자신들이 기억의 통제자일 때, 그것에 대한 기억을 다시 불러내야만 하는 것이 아니기 때문입니다. **위장된 무지**는 사람들이 그것을 위장할 때 어떤 주의와 항상 연결되어 있습니다. 하지만 결과에서는 보통 부주의가 있을 수 있다는 것은 사실입니다. 알고 있는 것을 **필요할 때 생각해 내는 기술**이 발견된다면 가장 중요한 기술 중 하나가 될 것입니다. 하지만 저는 지금까지도 그런 기술의 원리를 구축할 생각을 한 사람들을 알지 못합니다. 많은 저자들이 서술한 기억의 기술은 전혀 다른 것이기 때문입니다.

필라레테스 "따라서 사람들이 혼란스럽게 또 급하게 한쪽 편의 항목만 계산하고, 계산에 넣어야 하는 다수의 합계를 실수로 빼버리면, 이런 조급함은 완전한 무지가 하는 것과 다름없이 잘못된 판단을 만들어냅니다."

테오필루스 실제로 이유의 균형이 문제일 때, 정당하게 처신하기 위해서는 많은 것들이 필요합니다. 그리고 이것은 상인의 회계 장부와 거의 유사합니다. 왜냐하면 거기서는 어떤 합계도 무시해서는 안 되고, 각각의 합계를 따로 잘 평가해야 하며, 그 합계들을 제대로 정리하고 끝으로 정확하게 수집해야 하기 때문입니다. 하지만 사람들은 많은 항목들을 소홀히 합니다. 그것들에 대해서 생각하는 것을 알아차리지 못하거나 경솔하게 그것을 지나쳐버리기 때문입니다. 그리고 각각은 그것의 정당한 가치를 부여받지 못합니다. 회계 장부 담당자가 각 페이지의 열은 잘 계산하려고 주의하지만 그 합계를 열에 넣기 전에 각 줄이나 항목의 개별 합계를 잘못 계산하는 것처럼 말입니다. 이것은 주로 열에 있는 것에 주목하는 검사관을 속이기 위해서 하는 것입니다. 결국에는 모든 것을 잘 기록한 후에, 열의 합계를 합산할 때, 그리고 또 합계들의 합계가 있는 최종 합계를 계산할 때, 실수할 수 있습니다. 그래서 추론의 기술을 더 잘 사용하기 위해서는 우리에게도 생각해내는 기술과 개연성을 평가하는 기술, 그리고 이에 더해 이익과 손해의 가치에 대한 지식이 필요합니다. 그리고 결론에 이르기 위해서는 이 모든 것 외에 주의력과 인내도 있어야 합니다. 끝으로, 결단을 내리게 해주는 고찰이 더 이상 정신에 현재하지 않을 때, 결론을 계속해서 유지하기 위해서는 결론 내린 것을 실행하기 위한 확고하고 지속적인 결단 그리고 재능과 방법, 개별 규칙들과 완전하게 형성된 습관이 있어야 합니다. 다행스럽게도 가장 중요한 것 그리고 **최상의 것**(summam rerum), 즉 행복과 불행에 관한 것에서 우리는 국가회의나 군법회의, 법원, 병원 진료, 신학이나 역사의 몇몇 논쟁이나 수학과 역학의 몇몇 문제에서 잘 판단하기 위해 필요한 것만큼 그렇게 많은 지식과 도움, 재능이 필요하지 않습니다. 반면에 지복과 덕의 중대한 문제에 관한 것에서 항상 좋은 결단을 내리고 그 결단을 따르기 위해서는 더 확고함과 더 좋은 습관이 필요합니다. 한마디로 참된 지복을 위해서는 지식이 적어도 충분하지만 선한 의지는 더 많아야 합니다. 따라서 최고의 바보도 최고의 박사와 최고로 영리한 사람들처럼 쉽게 참된 지복에 이를 수 있습니다.

필라레테스 "따라서 사람들은 자유 없는 지성이 아무런 소용이 없을 것이고, 지성이 없는 자유도 아무런 의미가 없으리라는 것을 압니다. 한 사람이 선에 더 다가가기 위해서 혹은 악으로부터 멀어지기 위해서 한 걸음 나아가는 것이 불가능한 상태에서 그가 무엇이 선을 행할 수 있고 무엇이 악을 행할 수 있는지 알 수 있다면, 그런 통찰력을 사용하는 것이 그에게 더 좋은 일입니까?" 그로 인해 그 사람은 더 불행할 수 있습니다. 그가 쓸데없이 선을 애타게 기대하고, 피할 수 없어 보이는 악을 두려워할 것이기 때문입니다. "완전한 어둠의 한가운데에서 이리저리 뛰어다니는 자유를 가지고 있는 사람이 바람이 부는 대로 이리저리 흔들릴 때보다 어째서 더 좋은 것입니까?"

테오필루스 그의 일시적 기분은 약간은 더 만족스러울 수 있을 것입니다. 그렇지만 그가 선을 마주하고 악을 피하는 더 나은 상태에 있는 것은 아닐 것입니다.

§68 필라레테스 잘못된 판단의 또 다른 원천이 있습니다. "우리가 우리 수중에 들어오는 최초의 쾌락이나 관습에 의해 마음에 들어하는 최초의 쾌락에 만족한다면, 우리는 그보다 더한 쾌락을 고려하지 않습니다. 그래서 인간들이 자신의 행복에 실제로 필수적인 것을 필수적인 것으로 여기지 않을 때, 이 또한 인간에게는 잘못 판단하는 계기가 됩니다."

테오필루스 제가 보기에 이 잘못된 판단은 앞서 언급한, 즉 결과에 대해서 기만당하는 종류에 포함됩니다.

§69 필라레테스 "이제 남은 것은, 어떤 개별적 행동을 동반하는 유쾌함 혹은 불쾌감을 변화시키는 것이 인간의 능력에 속하는지를 검토하는 것인가요? 많은 경우에 그럴 수 있습니다. 인간은 자신의 미각을 개선할 수 있고 또 개선해야 하며 자신에게 입맛을 들게 할 수 있고 또 입맛을 들여야 합니다. 사람들은 영혼의 취향도 바꿀 수 있습니다. 정당한 검토, 실천, 적용, 관습이 이런 효과를 만들 것입니다. 그래서 사람들은 담배에 익숙해집니다. 사용 혹은 관습은 결국 그것을 마음에 들게 합니다. 이것은 덕에 대해서도 마찬가지입니다. 습성은 큰 매력을 가지고 있으며, 사람들은 불안을 느끼지 않으면 그 매력을 포기할 수 없습니다. 사람들은 인간이 사태나 행동을 그들에게 더 마음에 들거나 덜 마음에 들게 만들 수 있다는 것을 아마도 하나의 역설같이 바라볼 것입니다. 그래서 사람들은 이 의무를 매우 소홀히 합니다."

테오필루스 이것은 제가 이미 앞에 §37의 끝부분과 §47의 끝부분에서 언급한 것입니다. 사람들은 스스로 어떤 것을 원하게 할 수 있고 스스로 입맛을 들일 수 있습니다.

§70 필라레테스 "진정한 토대 위에 정립된 도덕은 덕으로 결정할 수밖에 없습니다. 즉 이생 다음에 무한한 행복과 불행이 가능할 것이라고 결정하는 것으로 충분합니다. 가능한 영원한 지복에 대한 기대와 연결된 훌륭한 삶이 끔찍한 불행에 대한 두려움을 동반하거나 적어도 소멸에 대한 무섭고 불확실한 기대를 동반하는 나쁜 삶보다는 선호될 만하다는 것을 인정해야 합니다. 이 모든 것은 이 세상에서 선한 사람들도 해악을 당할 수 있고, 보통의 경우는 완전히 다르겠지만, 악한 사람들도 영속적인 지복을 누릴 수 있다는 것의 결정적 증거입니다. 왜냐하면 모든 것을 잘 고찰해보면, 제 생각에, 이 악한 사람들은 이생에서도 가장 나쁜 부분을 가지고 있기 때문입니다."

테오필루스 그러므로 무덤을 넘어서는 아무것도 없더라도, 에피쿠로스적인 삶이 가장 이성적인 것은 아닐 것입니다. 그리고 저는 필라레테스, 당신이 앞의 §55에서 반론을 제기했던 것을 여기서 수정하셔서 매우 기쁩니다.

필라레테스 "자기 스스로 가능한 위험을 무릅쓰고 무한하게 불행해지는, 그래서 그에게는 순수한 소멸을 얻는 것과 다를 바 없는 결단을 (이것에 대해서 충분히 생각할 때) 내릴 정도로 미친 사람이 있을 수 있을까요? 그 반대는 소멸을 두려워할 뿐이고 영원한 지복을 희망하는 선한 사람의 상태로 있는 것인데 말입니다. 저는 미래 상태에 대한 확실성이나 개연성에 대해서 이야기하는 것을 피했습니다. 이 국면에서 잘못된 판단을 보여주는 것 외에 다른 목적은 없었기 때문입니다. 각각의 잘못된 판단은 자신의 고유한 원리들에 따라 잘못을 저지른 것으로 인정되어야 합니다."

테오필루스 악한 사람들은 다른 삶이 불가능하다고 믿는 경향이 매우 강합니다. 그러나 그 믿음은 감관을 통해서 알게 된 것에 제한되어야 한다는 것, 그리고 그들의 지식에 따르면 다른 세상에서 되돌아온 사람이 아무도 없다는 것 외에 그들은 그 믿음에 대한 아무런 근거도 가지고 있지 않습니다. 사람들이 대중적 개념들에 수학적인 것을 더하는 것을 원하지 않았을 때, 같은 원리로 정반대 주장들을 거부할 수 있었던 때가 있었습니다. 그리고 사람들이 상상력에서 나온 개념들에 참된 형이상학을 더하는 것을 원하지 않을 때, 지금 다른 삶을 거부할 수 있는 많은 근거들을 가질 수 있었습니다. 왜냐하면 개념 혹은 관념에는 세 가지 등급이 있기 때문입니다. 즉 대중적 개념, 수학적 개념, 형이상학적 개념이 그것입니다. 첫 번째 대중적 개념은 정반대 주장을 믿게 만들기에는 충분하지 않습니다. 첫 번째와 두 번째는 다른 세계를 믿게 만들기에 충분하지 않습니다. 그것들이 이미 우호적인 추측을 제공하는 것은 사실이지만 두 번째 수학적 개념이 우리가 지금 하고 있는 경험 이전에 정반대 주장을 확실하게 정립할 때, (저는 거주자에 대해서 이야기하는 것이 아니라 장소에 대해서 이야기하는 것입니다. 적어도 지리학자와 천문학자가 주는 지구가 둥글다는 지식에 대해서 이야기하는 것입니다) 마지막 형이상학적 개념은 현재부터 그리고 우리가 그것을 보게 되기 전까지 다른 삶에 대해서 적지 않은 확실성을 제공합니다.

§72 **필라레테스** 자유가 가장 중요한 것이기는 하지만 단지 그것의 일종일 뿐이니 이제 원래 이 장의 일반적 주제인 **힘**으로 돌아갑시다. "**힘**에 대해서 더 분명한 관념을 얻기 위해 우리가 **활동**이라고 부르는 것에 대한 더 정확한 인식을 마련하는 것이 부적절하거나 무용하지는 않을 것입니다. 힘에 관한 우리의 논의를 시작하면서 저는 우리가 두 종류의 활동, 즉 운동과 생각에 대한 관념을 가지고 있다고 말했습니다."

테오필루스 저는 사람들이 '**생각**'이라는 낱말보다 더 일반적인 낱말, 즉

'**지각**'이라는 낱말을 사용할 수 있다고 믿었습니다. 생각은 정신에만 속하지만 지각은 모든 엔텔레키에 속하기 때문입니다. 그렇지만 저는 생각이라는 용어를 같은 정도의 일반성을 갖는 것으로 받아들이는 자유에 대해서 어떤 사람에게도 이의를 제기하지 않을 것입니다. 저 또한 아마도 그 점에 주의하지 않고 몇 차례 그렇게 사용했을 것입니다.

필라레테스 "이제 이 두 가지에 활동이라는 이름을 부여하더라도, 사람들은 그것이 항상 완벽하게 어울리는 것은 아니라고 볼 것입니다. 그리고 사람들이 '**수동**(passions)'이라고 인정할 사례들이 있습니다. 왜냐하면 저 사례에서, 운동이나 생각이 발견되는 실체는 순수하게 외부에서 인상을 받아들이고, 이 인상을 통해서 실체에게 활동이 전달되며, 실체는 오로지 이 인상을 받아들이는 수용 역량(capacité)을 통해서만 활동하는데, 이것이 곧 **수동적 힘**(puissance passive)일 뿐이기 때문입니다. 실체 혹은 행위자가 자신의 고유한 힘으로 활동하는 상태에 놓이게 되는 때가 있는데, 이때가 정말 **능동적 힘**(puissance active)입니다."

테오필루스 형이상학적으로 엄밀한 의미에서 능동은 실체에서 **자발적으로** 그리고 자신의 고유한 토대에서 일어나는 것이라고 저는 이미 말했습니다. 본래 모든 실체는 능동적으로 활동하게 됩니다. 창조된 실체가 다른 실체에게 영향을 미치는 것은 불가능하기 때문에, 실체에게 모든 것은 신 다음에 자기 자신에서 나오기 때문입니다. 하지만 **능동**을 **완전성**의 실행으로 간주하고 **수동**을 그 반대로 간주한다면, 진정한 실체에서 능동은 단지 그것의 지각이 (저는 모든 것에 지각이라는 이름을 부여하기 때문에) 전개되고 더 분명해질 때에만 존재하게 됩니다. 지각이 더 혼란스러워질 때에만 **수동**이 존재하는 것처럼 말입니다. 따라서 쾌락과 고통의 역량을 가지고 있는 실체들에게서 모든 능동은 쾌락으로 나아가는 것이고, 모든 수동은 고통으로 나아가는 것입니다. 운동에 대해서 말하자면, 운동은 실재적 현상에 불과합니다. 운동이 속해 있는 물질 혹은 물질 덩어리는 정확하게 말해서 실체가 아니기 때문입니다. 그럼에도 물질 덩어리에 실체의 상이 있는 것처럼 운동에 능동의 상이 있습니다. 그리고 이런 관점에서 물체의 변화에 자발성이 있을 때, 물체가 **능동적으로 작용한다**(agit)고 말할 수 있고, 다른 물체에 의해서 밀리거나 방해받을 때, **수동적으로 작용한다**(patit)고 말할 수 있습니다. 진정한 실체의 진정한 능동이나 수동에 대해서, 그 실체의 완전성을 지향하는 변화를 그 실체 자체에 귀속시킬 수 있는 **능동**으로 간주할 수 있는 것처럼, 같은 방식으로 그와 반대로 발생하는 변화를 **수동**으로 간주하고 기이한 원인에 귀속시킬 수 있습니다. 그 원인이 직접적인 것은 아닐지라도 말입니다. 왜냐하면 첫 번째 경우에서는 실체 자체가 그리고 두 번째 경우에서는 기이한 것들이 이 변화를 이해할 수 있는 방식으로 설명하는 데 사용되기 때문입니다. 저는 물체에 단지 실체의 상과 능동의 상만을 부여합니다. 정확하게 말해서 부분들로 합성된 것은 하나의 실체로 간주할 수 없고 단지 한 무리로 간주할 수 있을 뿐이기 때문입니다. 그럼에도 사람들은 물체에 실체적인 어떤 것이 있다고 말할 수 있습니다. 물체를 하나의 존재인 것처럼 만들어주는 그것의 일체성은 생각에서 나옵니다.

필라레테스 영혼에 있는 표현은 살아 있는 거울의 표현 같은 것이기 때문에, 항상 수용된 상을 동반하는 내적 변화와 반성을 빼고 보면, "어떤 기이한 실체의 작용으로 인해서 관념이나 생각을 수용하는 힘은, 근본적으로 이것이 단지 수동적 힘이거나 단순한 수용 역량일지라도, 생각하는 힘이라고 불린다."라고 저는 믿었습니다. "하지만 우리의 선택으로 결여된 관념을 다시 기억하고 우리가 적절한 것으로 판단하는 것들을 함께 비교하는 우리의 힘은 진정으로 **능동적인 능력**입니다."

테오필루스 이 또한 제가 방금 제안한 개념들과 일치합니다. 여기에 더 완전한 상태로 가는 과정이 있기 때문입니다. 그렇지만 저는 감각이 더 구별된 지각을 우리에게 제공하는 한에서, 그리고 결과적으로 주목할 기회, 말하자면 우리를 계발할 기회를 주는 한에서, 감각에도 능동이 있다고 믿습니다.

§73 필라레테스 "이제 저는 사람들이 근원적이고 원천적인 관념들을 **연장, 고체성, 운동성**(즉 수동적 힘 혹은 움직여질 수 있는 수용 역량)이라는 적은 수의 개념으로 환원할 수 있을 것이라고 믿습니다. 이것은 감관을 통해서 우리에게 나타납니다. 그리고 **지각력**(perceptivité)과 **원동력**(motivité)(혹은 능동적 힘 혹은 움직이게 하는 능력)은 반성적 사고를 통해서 우리의 정신에 나타나고, 끝으로 **현존, 지속** 그리고 수는 감각과 반성 이 두 경로를 통해서 우리에게 나타납니다. 우리가 이 감각을 생산하는 미세 물체들의 다양한 운동을 **지각하는 데** 충분히 세밀한 능력을 가지고 있었다면, 또한 제가 실수하지 않는다면, 여기 이 관념들을 통해서 우리는 색, 소리, 맛, 냄새 그리고 우리가 가지고 있는 다른 모든 관념들의 본성을 설명할 수 있기 때문입니다."

테오필루스 진실을 말하자면, 저는 여기서 원천적이고 근원적이라고 불리는 관념들이 대부분 전적으로 그런 것은 아니라고 생각합니다. 제 견해에 따르면, 그 관념들은 계속해서 분해될 수 있기 때문입니다. 하지만 저는 필라레테스, 당신이 거기까지 제한하고 분석을 더 이상 진행하지 않은 것을 비난하지는 않습니다. 더욱이 이 방법으로 그 수가 줄어들 수 있다는 것이 사실이라면, 저는 더 원천적인 다른 관념이나 그만큼 원천적인 다른 관념을 추가함으로써 그 수를 늘릴 수도 있을 것이라고 생각합니다. 관념들의 배열과 관련해서, 저는 분석의 순서에 따르면 현존은 다른 것들보다 앞서며 수는 연장에 지속은 **원동력**이나 운동성에 앞선다고 생각합니다. 이 분석적 순서가 보통 우리가 그 관념들을 생각하게 되는 계기의 순서와 다르기는 하지만 말입니다. 감관은 우리에게 반성할 재료를 제공하고, 우리가 어떤 다른 것, 즉 감관이 제공하는 개별적인 것들에 대해서 생각하지 않을 때, 우리는 생각에 대해서도 생각하지 않습니다. 그리고 저는 영혼과 창조된 정신은 결코 기관 없이 있을 수 없고 결코 감각 없이 있을 수 없다고 확신합니다. 그것들이 기호 없이 이성적 추론을 할 수 없는 것처럼 말입니다. 어떤 사람들은 영혼과 신체의 완전한 분리와 분리된 영혼에서 생각하는 방식을 옹호하려고 했습니다. 하지만 이것은 우리가 알고 있는 모든 것을 통해서 설명될 수 없는 것이고 우리의 현재 경험과 거리가 멀 뿐만 아니라 사물의 일반적 질서와는 더 거리가 먼 것입니다. 그들은 자칭 자유사상가라는 사람들에게 너무 많은 전리품을 제공했고, 많은 사람들이 가장 훌륭하고 가장 위대한 진리들을 의심하도록 만들었습니다. 왜냐하면 그들은 그로 인해 이 질서가 우리에게 제공하는, 그런 진리들을 증명할 어떤 좋은 방법을 **빼앗았기** 때문입니다.

22장
혼합 양태에 관하여

§1 필라레테스   **혼합 양태**로 넘어갑시다. "저는 이것을 단지 같은 종류의 단순 관념들로 구성된 **더 단순한 양태**와 구별합니다. 게다가 혼합 양태는 단순 관념들의 특정한 조합으로, 확고한 현존을 가지고 있는 어떤 실재하는 존재의 특징적 표지로 간주되는 것이 아니라 정신이 함께 연결되어 있는, 분리되고 독립적인 관념으로 간주됩니다. 그리고 이 점에서 **실체의 복합 관념**과 구별됩니다."

테오필루스   이것을 제대로 이해하기 위해서 당신의 이전 구분을 상기할 필요가 있습니다. 당신에 따르면, 관념은 단순 관념이거나 복합 관념입니다. 복합 관념은 실체의 관념이거나 양태의 관념 혹은 관계의 관념입니다. 양태는 (같은 종류의 단순 관념으로 구성되어 있는) 단순 양태이거나 혼합 양태입니다. 그래서 당신에 따르면, 단순 관념, 단순 양태의 관념과 혼합 양태의 관념, 실체의 관념, 그리고 관계의 관념이 있습니다. 아마도 용어들이나 관념의 대상들은 추상적인 것과 구체적인 것으로 구분될 수 있습니다. 추상적인 것은 절대적인 것과 관계를 표현하는 것으로, 절대적인 것은 다시 속성과 변용으로 그리고 이 양자는 다시 단순한 것과 합성된 것으로 구분될 수 있습니다. 구체적인 것은 실체와 참되고 단순한 실체들로 합성되거나 그것들의 결과물인 실체적인 것으로 구분될 수 있습니다.

§2 필라레테스 "단순 관념에 대해서 정신은 순수하게 수동적이고 감각과 반성이 정신에게 제공한 것에 따라 단순 관념을 수용합니다. 그러나 혼합 양태에 대해서는 가끔씩 자기 자신을 통해서 활동합니다. 왜냐하면 정신은 복합 관념을 형성할 때, 그 복합 관념이 자연에서 그렇게 결합된 채 현존하는지 고찰하지 않아도 단순 관념을 결합할 수 있기 때문입니다. 이런 종류의 관념에 **개념**(notion)이라는 이름을 붙이는 것도 이런 이유에서입니다."

테오필루스 하지만 단순 관념을 생각하게 만드는 반성은 종종 의도적이기도 하고 더욱이 자연이 만들지 않은 조합이 우리 안에서 만들어질 수도 있습니다. 정신이 단순 관념에서보다 더 활동하지 않아도, 꿈과 환상에서 오로지 기억을 통해서 그 조합이 만들어지는 것처럼 말입니다. **개념**이라는 단어와 관련해서, 그것이 근원적이든 파생적이든, 다수의 사람들은 그것을 모든 종류의 관념이나 개념 작용에 적용합니다.

§4 필라레테스 "오직 하나로 결합되는, 다수의 관념들을 위한 표지가 이름입니다."

테오필루스 종종 실패하기는 하지만 관념들이 서로 결합될 수 있을 때, 그것이 통용됩니다.

필라레테스 "한 노인을 죽이는 범죄는 부친 살해 같은 이름을 갖지 않기 때문에, 사람들은 그 범죄를 복합 관념으로 간주하지 않습니다."

테오필루스　한 노인을 살해한 것이 이름을 갖지 못하게 된 이유는 법이 그것에 특정한 처벌을 지정하지 않았기 때문입니다. 그래서 이 이름은 거의 사용되지 않을 것입니다. 그렇지만 관념은 이름에 의존하지 않습니다. 도덕가인 한 작가가 그 범죄에 이름을 명명하고 '**노인 살해**(Gerontophonie)'라고 표현한 한 장에서 그것을 다루었으며, 노인에 대한 의무와 노인을 친절하게 대하지 않는 것이 얼마나 야만적 행동인지 보여주었습니다. 하지만 이로써 우리에게 새로운 관념을 주지는 않습니다.

§6 필라레테스　"한 민족의 풍습과 관례가 그들에게 친숙한 조합을 만든다는 것은 항상 참입니다. 이로 인해 각각의 언어는 특정한 용어들을 가지게 되고, 항상 낱말 대 낱말로 번역될 수 있는 것은 아닙니다. 그래서 그리스어 중 'l'ostracisme(도편 추방)'과 로마어 중 'la proscription(공고 추방)'은 다른 언어들이 등가의 낱말로 표현할 수 없는 낱말입니다." 이런 이유에서 관습의 변화는 새로운 말을 만들기도 합니다.

테오필루스　여기에 우연도 자기 역할이 있습니다. 프랑스인들은 인접한 다른 민족들만큼이나 말을 많이 사용하기 때문입니다. 하지만 그들은 이탈리아어 'cavalcar(말 타다)'에 해당하는 그들의 오래된 낱말을 포기하고 '말을 타고 가다(aller à cheval)'라고 에둘러 말하게 되었습니다.

§9 필라레테스　"두 사람이 싸우고 있는 것을 볼 때, 싸움의 관념을 얻는 것처럼 우리는 혼합 양태의 관념을 관찰을 통해서 획득합니다. 또한 우리는 발명을 통해서 (혹은 단순 관념의 의도적 결합을 통해서) 혼합 양태의 관념을 얻기도 합니다. 예를 들면 인쇄술이 현존하기 전에 그 기술을 발명한 사람이 그것에 대한 관념을 가지고 있었던 것처럼 말입니다. 결국 우리는 우리가 결코 본 적이 없는 행동에 할당되어 있는 용어들에 대한 설명을 통해서 혼합 양태의 관념을 획득합니다."

테오필루스　관념의 조합을 의도하지 않은 채, 꿈을 꾸거나 공상에 잠길 때에도 혼합 양태의 관념을 획득합니다. 예를 들어 이전에는 생각하지도 않았던 금으로 된 궁전을 꿈에서 보았을 때처럼 말입니다.

§10 필라레테스　"가장 많이 변양되었던 단순 관념들은 생각, 운동 그리고 힘에 대한 단순 관념입니다. 그리고 사람들은 이 힘으로부터 활동이 유래한다고 이해합니다. 인류의 중대한 일은 활동으로 이루어지기 때문입니다. 모든 활동은 모두 생각이거나 운동입니다. 한 인간에게서 발견되는, 어떤 일을 하는 힘 혹은 적성은, 같은 일을 자주 함으로써 이런 힘을 얻었을 때, 우리가 **습성**이라고 부르는 관념을 구성합니다. 그리고 사람들이 제공되는 모든 기회마다 그것을 현실태로 만들 수 있을 때, 우리는 그것을 **잠재적 소질**이라고 부릅니다. 따라서 **다정함**은 우정이나 사랑에 대한 하나의 잠재적 소질입니다."

테오필루스　제 생각에, 여기서 당신은 다정함을 다정한 마음으로 이해합니다. 하지만 다른 곳에서는 다정함을 사랑할 때 가지는 성질로 그리고 사랑하는 사람이 사랑하는 대상의 유익과 피해에 매우 민감하도록 만드는 성질로 간주하는 것 같습니다. 저에게 이것은 훌륭한 소설『클레리』에 나온 '사랑의 지도'와 관련이 있는 것처럼 보입니다.[65] 그리고 인정 많은 사람들이 그들의 이웃을 어느 정도의 다정함을 가지고 사랑하듯이 그들은 다른 사람들의 유익과 피해에 민감합니다. 그리고 일반적으로 다정한 마음을 가지고 있는 사람들은 다정하게 사랑하는 어떤 잠재적 소질을 가지고 있습니다.

필라레테스　"대담함은 다른 사람들보다 앞서 당황하지 않고 원하는 것을

⋮

65) Madeleine de Scudéry(1607~1701), *Clélie, histoire romaine*(1656~1660).

행하거나 말하는 힘입니다. 이야기하는 것에 관한 이 후자의 경우와 관련된 확신에 대해서 그리스인들은 특정한 이름을 붙였습니다."

테오필루스　여기서 **대담함**에 부여한 이 개념에 하나의 낱말을 할당하는 것이 좋을 것입니다. 하지만 사람들은 '샤를 르 아르디'[66]라고 말할 때처럼 종종 전혀 다르게 사용하기도 합니다. 당황하지 않는 것, 이것이 정신력입니다. 하지만 악한 사람들이 파렴치함에 이르게 되면 그것을 악용합니다. 수치심이 약점이기는 하지만 어떤 특정한 상황에서는 용서될 수 있고 또 칭찬할 만한 것일 수 있는 것처럼 말입니다. 아마도 당신이 그리스어 낱말로 이해할 'parrhesie'[67]와 관련해서, 사람들은 이것을 두려움 없이 진리를 말하는 작가들에게도 사용합니다. 그들은 사람들보다 앞서 이야기하지 않기 때문에, 당황할 일이 없을 때라도 말입니다.

§11 필라레테스　"**힘**은 모든 **활동**을 생산하는 원천이기 때문에, 이 힘이 거주하고 있는 실체가 자신의 힘을 **현실화**(Acte)할 때, 그 실체에게 **원인**이라는 이름을 붙입니다. **결과**라는 이름은 이런 방식으로 생산된 실체에게, 혹은 그보다는 힘의 **실행**으로 주체에 도입된 단순 관념에게 (즉 단순 관념의 대상에게) 붙입니다. 따라서 새로운 실체나 관념(성질)을 생산해내는 **효능**은 이 능력을 행사하는 주체 안에 있는 **능동**이라고 불리고, 그 주체 안에서 어떤 단순 관념(성질)이 변경되거나 산출될 때, **수동**이라고 불립니다."

테오필루스　힘을 활동의 원천으로 본다면, 힘은 앞 장에서 힘을 설명하는

∵

---

66) [옮긴이 주] Charles le Hardi(1433~1477): 'Charles le Téméraire'라고 불리기도 한다. 1467년부터 1477년까지 실질적으로 부르고뉴 공국을 다스렸던 마지막 공작. 1477년 낭시 전쟁에서 사망했고 그의 죽음으로 부르고뉴 공국은 프랑스 왕국에 합병된다. 여기서는 대담함이라는 낱말이 인명에 고유명사로 사용되는 경우를 들어 '대담함'의 개념에 사용된 낱말과 전혀 다르게 사용되는 것을 보여주려는 것이다.
67) [옮긴이 주] parrheisa: '숨김없이 진실을 말하기'라는 의미의 그리스어.

데 사용되었던 적성이나 능란함 이상의 어떤 것을 의미합니다. 제가 이미 여러 번 언급했던 것처럼, 힘은 성향도 포함하기 때문입니다. 그래서 저는 이런 의미에서 보통 힘에 **엔텔레키**라는 용어를 관련시키고는 했습니다. 엔텔레키는 **근원적**(primitive)이거나 **파생적**(dérivative)입니다. 근원적 엔텔레키는 추상적인 어떤 것으로 간주되는 영혼에 해당되고, 파생적 엔텔레키는 '코나투스'에서 그리고 기운과 충동성에서 사람들이 이해하는 그런 것입니다. 여기서 **원인**이라는 용어는 단지 **작용인**으로만 이해됩니다. 스콜라 철학에서 원인이라고 부르기도 하는 질료와 형상에 대해서 이야기하지 않기 위해서, 이것을 **목적인** 혹은 **운동인**으로 이해할 수도 있습니다. 동일한 존재자가 능동자에서 능동으로 그리고 수동자에서 수동으로 불릴 수 있는지, 그래서 두 주체에 동시에 연관이 있는 것처럼 있을 수 있는지, 그리고 이것이 두 존재자라고, 즉 능동자에서 하나의 존재자가 있고 수동자에서 다른 하나의 존재자가 있다고 말하는 것이 더 좋은지, 저는 모르겠습니다.

필라레테스 "어떤 활동을 표현하는 것으로 보이는 다수의 낱말들은 단지 **원인**과 **결과**를 표시할 뿐입니다. 창조와 파괴가 활동 혹은 방식에 대한 어떠한 관념도 포함하지 않고 단순히 원인의 관념과 생산된 것의 관념을 포함하는 것처럼 말입니다."

테오필루스 창조에 대해서 생각한다고 해서, 일어날 수 없는 세밀한 어떤 것을 행할 수 있는 활동 방식을 이해하는 것은 아니라는 것을 인정합니다. 하지만 사람들은 신이 원인이고 세계가 결과라고 생각하기 때문에, 혹은 그에 더해서 신이 세계를 만들었다고 생각하기 때문에, 신과 세계 이상의 어떤 것을 표현하는 것이므로 분명히 활동에 대해서도 생각하는 것입니다.

23장
실체에 대한 우리의
복합 관념에 관하여

§1 **필라레테스** "특정수의 **단순 관념들**은 하나의 유일한 사물에 속한다고 간주되기 때문에, 그것들이 **그렇게 하나의 유일한 주체에 통합되어 있을 때,** 하나의 유일한 이름으로 지칭되어 항상 함께 나타난다고 정신은 말합니다. …… 이로부터 다음이 따라 나옵니다. 이것이 실제로 다수의 관념들이 함께 연결되어 있는 한 무더기임에도, 우리는 **부주의**로 인해서 그것들이 하나의 유일한 단순 관념인 것처럼 말하게 됩니다."

테오필루스 저는 관용적 표현에서 **부주의**하다고 책임 지울 만한 어떤 것도 보지 못했습니다. 그리고 사람들이 하나의 유일한 주체와 하나의 유일한 관념을 인정하더라도, 하나의 유일한 단순 관념을 인정하지는 않습니다.

필라레테스 "이 단순 관념들이 어떻게 자기 스스로 존속할 수 있는지 상상할 수 없기 때문에, 우리는 보통 그것들을 받치고 있는 어떤 것(기체, substratum)을 가정합니다. 즉 단순 관념들을 존속시키고 산출하는 그리고 그 결과 사람들이 **실체**라는 이름을 붙이는 것 말입니다."

테오필루스   저는 사람들이 그렇게 생각하는 이유가 있다고 생각합니다. 그리고 단지 우리 자신이 그것에 익숙해지거나 우리가 그것을 가정했을 뿐입니다. 왜냐하면 우리는 먼저 하나의 동일한 주어에서 다수의 술어를 생각하기 때문이고, '지지체' 혹은 '**기체**'라는 이 은유적인 낱말만이 그것을 표시하기 때문입니다. 그래서 저는 왜 사람들이 이것을 어려워하는지 모르겠습니다. 반면 우리 정신에 나타나는 것은 지식, 열, 빛 등과 같이 훨씬 더 이해하기 어려운 **추상적인 것들** 혹은 성질들이라기보다는 (왜냐하면 성질들은 실체적 대상에 있는 것이지 관념이 아니기 때문에) 박식한, 따뜻한, 빛나는 것과 같은 **구체적인 것**입니다. 심지어 사람들은 이 우연적 속성들이 진정한 존재자인지 의심할 수도 있습니다. 이것들 대부분은 사실 관계일 뿐이기 때문입니다. 그리고 사람들은 그것들을 면밀히 조사하려고 할 때, 추상적인 것들이 가장 큰 어려움을 만들어낸다는 것을 알고 있습니다. 스콜라 철학의 세밀성에 대해서 들은 사람들이, 추상적 존재자들을 추방하려고 하고, 보통 이야기할 때 오직 구체적인 것만을 사용해서 이야기하며 학문의 증명에서 실체적 대상들을 나타내는 용어들 외에 다른 용어들을 허용하지 않기로 결심하면, 골치 아픈 문제들을 단 한 번에 사라지게 할 수 있다고 알고 있는 것처럼 말입니다. 그러므로 성질들 혹은 다른 추상적 용어들을 가장 쉬운 것으로 보고, 구체적인 것을 가장 어려운 것으로 여기는 것은 '사초에서 마디를 찾는 것'[68], 제가 이렇게 말해도 된다면, 사태를 뒤

⋮

68) [옮긴이 주] T. M. Plautus(BC 254~BC 184), *Menaechimi*, v. 247. "nodum quaerere in scirpo." 고대 로마의 희극 작가 플라우투스가 쓴 글에서 유래한 말로, 어렵지 않은 일에서 어려움을 찾는다는 것을 나타낼 때, 비유적으로 사용된다.

집어놓는 일입니다.

§2 필라레테스 "사람들이 가지고 있는 순수한 **실체** 일반의 개념은 제가 알지 못하는, 우리에게 전혀 알려지지 않은 어떤 주체에 대한 개념 이외에 다른 것이 아니며, 사람들이 성질들의 지지체라고 가정하는 개념일 뿐입니다. 우리는 어린아이들처럼 이야기합니다. 사람들은 이 어린아이들이 모르는 것에 대해서 그것이 무엇인지 그들에게 묻지 않지만 어린아이들은 자신들의 생각에 따라 매우 만족스럽게 '그것은 어떤 것'이라고 답합니다. 하지만 이런 방식을 사용하는 것은 그들은 그것이 무엇인지 모른다는 것을 표시하는 것입니다."

테오필루스   실체에서 속성 혹은 술어와 이 술어의 공통 주어, 이 둘을 구별할 때, 이 주어에서 어떤 특별한 것도 파악하지 못하는 것은 놀라운 일이 아닙니다. 사람들은 어떤 세밀한 것을 파악할 수 있었던 속성들을 이미 모두 분리했기 때문에, 그것은 당연합니다. 그래서 (예를 들어, 이해하고 원하고 상상하고 추론하는) 주어가 같은 것이라는 것을 파악하기 위해서 이 **순수한 주어 일반**에게서 필요한 것 이상으로 어떤 것을 더 요구하는 것은 불가능한 것을 요구하는 것이고, 우리가 추상적으로 생각하고 주어와 그것의 성질들이나 우연적 속성들을 분리해서 파악하면서 우리가 세웠던 이 주어 일반의 고유한 가정을 위반하는 것입니다. 이른바 같은 어려움을 **존재** 개념에 그리고 가장 명확하고 가장 근원적인 모든 개념에 적용할 수 있습니다. 사람들은 철학자들이 **순수한 존재 일반**을 파악할 때, 파악한 것이 무엇인지 그들에게 물을 수 있기 때문입니다. 그로 인해 세밀한 것은 모두 배제될 것이므로 사람들은 **순수한 실체 일반**이 무엇이냐고 물을 때처럼 말할 수도 있을 것이기 때문입니다. 그래서 저는 그 철학자들을 인도의 한 철학자[69]와 비교하며 사람들이 한 것처럼 그들을 조롱할 필요는 없다고 생각합니다. 인도의 그 철학자는 지구를 떠받치고 있는 것이 무엇이냐고 물은 그 질문에 그것은 커다란 코끼리라고 답했습니다. 그다음 사람들은 코끼리를 지지하는 것이 무엇이냐고 물었고, 그는 커다란 거북이라고 답했습니다. 그리고 결국 사람들이 무엇이 그 거북이를 받치고 있는지를 말하라고 압박했을 때, 그는 그것을 **내가 무엇인지 알지 못하는 어떤 것**이라고 말하게 되었습니다. 실체에 대한 이 고찰이 매우 보잘것없어 보이기는 하지만 사람들이 생각하는 것처럼 그렇게 무의미하거나 무익한 것은 아닙니다. 이로부터 철학에서 가장 중요하고 새로운 국면을 제공할 수 있는 다수의 결론들이 도출됩니다.

§4 필라레테스 "우리는 실체 일반에 대해서 어떠한 명확한 관념도 가지고 있지 않습니다." 그리고 **§5** "우리는 물체에 대한 관념만큼이나 명확한 정신에 대한 관념을 가집니다. 왜냐하면 물질에서 물체적 실체에 대한 관념은 정신적 실체에 대한 관념만큼이나 우리의 개념 작용으로부터 멀리 떨어져 있기 때문입니다." 이것은 마치 축하연에서 '두 개의 학위를'이라고 외치는 저 젊은 법학 박사에게 지도교수가 '당신이 옳습니다. 왜냐하면 당신은 이 법뿐만 아니라 다른 법도 알고 있기 때문입니다.'라고 말하는 것과 거의 마찬가지입니다.

테오필루스 제 입장에서, 저는 우리의 무지에 대한 이 의견이 대상이 허용하지 않는 인식 방식을 요구하는 데에서 나온다고 생각합니다. 한 대상에 대한 명확하고 구별되는 개념의 참된 표지는 선험적 증명을 통해서 그 대상에 관한 많은 진리를 인식하는 방법을 사람들이 가지고 있다는 것입니다. 저는 이것을 1684년 **라이프치히의 저널**에 발표한 진리와 관념에 대한

∙∙
69) 인도의 한 철학자 이야기는 로크의 책 『인간지성론』, 2권, 13장 19절에서 언급된 것이다.

논고에서 보였습니다.[70]

§12 **필라레테스** "우리의 감관이 충분히 날카롭다면, 금의 노란색과 같은 감각 가능한 성질들은 사라지고 그 대신에 우리는 부분들의 놀라운 조직을 보게 될 것입니다. 이것은 현미경을 통해서 명백하게 나타나는 것입니다. 이런 현재의 인식은 우리 자신이 처해 있는 상태에 맞습니다. 우리를 둘러싸고 있는 사물들에 대한 완전한 인식은 아마도 모든 유한한 존재의 이해 범위를 넘어서 있을 것입니다. 우리의 능력은 우리가 창조자를 인식하고 우리의 의무를 깨우치는 것으로 충분합니다. 만약 우리의 감관이 훨씬 더 민감하다면, 그러한 변화는 우리의 본성과 양립 불가능할 것입니다."

테오필루스 이 모든 것은 사실입니다. 그리고 저는 앞에서 이것에 대해서 이야기했습니다. 그럼에도 노란색은 무지개와 마찬가지로 당연히 실재하는 것입니다. 그리고 우리는 분명히 현재 상태보다 더 나은 상태에 이르게 되고 이렇게 계속해서 무한하게 진행될 것입니다. 왜냐하면 물체적 자연계에 원소는 존재하지 않기 때문입니다. 만약 원자가 존재한다면, 저자가 다른 곳[71]에서 원자가 있다고 믿은 것처럼, 물체에 대한 완전한 인식은 모든 유한한 존재의 이해 범위를 넘어설 수 없을 것입니다. 게다가 어떤 색이나 성질들이 더 잘 무장하고 더 날카로워진 우리의 눈에서 사라진다면, 분명 거기에는 다른 것들이 생겨날 것입니다. 그리고 이 다른 것들도 사라지게 하기 위해서는 우리의 통찰력이 새롭게 증대될 필요가 있습니다. 물질의 현실적 분할이 실제로 일어나는 것처럼, 그것은 계속해서 무한하게 진행될

..

70) 이것은 「인식, 진리 그리고 관념에 관한 성찰(Meditationes de cognitione, veritate et ideis)」, in: *Acta Eruditorum*(1684. 11), A VI, 4, 585~592쪽을 가리킨다.
71) 로크, 『인간지성론』, 2부, 27장, 3절.

것입니다.

§13 **필라레테스** "어떤 정신들이 우리에 비해서 갖는 큰 장점 중 하나가 현재의 목적에 정확하게 일치하는 감각 기관을 스스로 만들 수 있다는 것인지 저는 알지 못합니다."

테오필루스 우리가 현미경을 만들 때, 그렇게 합니다. 그러나 다른 피조물들은 그보다 더 할 것입니다. 그리고 우리가 실제로 멀리 있는 것이나 가까이 있는 것을 보려고 할 때 특정한 방식으로 하는 것처럼 우리 자신이 우리의 눈을 변화시킬 수 있다면, 그 방법으로 그런 변화를 만들어내기 위해서 우리는 그들보다는 우리에게 더 고유한 어떤 것을 가지고 있어야만 할 것입니다. 왜냐하면 정신은 신체들에 직접 작용할 수 없으므로, 적어도 모든 것이 기계적으로 일어나야 하기 때문입니다. 그 밖에 저는 **정령들**이 우리와 관련이 있는 방식으로 사물들을 지각한다는 의견도 가지고 있습니다. 그 정령들이 상상력이 풍부한 시라노[72]가 태양에 있는 어떤 영혼을 지닌 존재자에게 부여한 재미있는 장점을 가지고 있더라도 말입니다.—시라노는 태양이 무한하게 많은 작은 조류들로 합성되어 있고, 그 조류들은 지배적인 영혼의 명령에 따라 이동하면서 모든 종류의 물체를 형성한다고 했습니다. 자연의 메커니즘이 생산할 수 없을 정도로 그렇게 경이로운 것은 존재하지 않습니다. 그리고 저는 학식 높은 교부들이 천사들에게 신체를 부여한 것이 옳았다고 생각합니다.

§15 **필라레테스** "우리가 정신의 관념에서 발견하는 생각과 물체의 운동에 대한 관념은 우리가 물질에서 발견하는 연장, 고체성 그리고 운동성에 대한

..
72) Cyrano de Bergerac(1619~1655), *Historie comique des Etats et Empires de Soleil*, *Oeuvres*(1699), II, 144~155쪽.

관념만큼 명확하게 파악될 뿐만 아니라 구별되게도 파악될 수 있습니다."

테오필루스   생각의 관념에 대해서는 저도 동의합니다. 하지만 물체의 운동에 대한 관념에 대해서는 동의하지 않습니다. 저의 예정 조화의 체계에 따르면, 한 번 운동 상태에 놓인 물체는 정신의 작용이 요구하는 대로 자기 스스로 운동을 계속하도록 만들어졌기 때문입니다. 이 가설은 이해 가능하지만, 다른 가설들은 그렇지 않습니다.

필라레테스   "모든 감각 행위는 물체적인 것들과 정신적인 것들을 똑같이 생각하게 만듭니다. 왜냐하면 눈과 귀가 저 자신 외에 어떤 물체적 존재가 있다는 것을 인식하게 할 때, 저는 제 자신 안에서 보고 듣는 어떤 정신적 존재가 있다는 것을 더 확실하게 알기 때문입니다."

테오필루스   말씀 잘 하셨습니다. 그리고 정신의 현존이 감각 가능한 대상의 현존보다 **더 확실하다는** 것은 사실입니다.

§19 필라레테스   "물체와 마찬가지로 정신도 단지 자신이 있는 장소에서 그리고 다양한 시간에, 다양한 장소에서 작용할 수 있습니다. 따라서 저는 장소 변화를 모든 유한한 정신에게도 귀속시킬 수 있습니다."

테오필루스   저는 그것이 합당하고 생각합니다. 왜냐하면 장소는 단지 공존의 질서이기 때문입니다.

§20 필라레테스   "영혼의 운동을 확신하기 위해서는 죽음을 통해서 영혼과 신체의 분리를 고찰하는 것이 필요할 뿐입니다."

테오필루스   영혼은 이 가시적인 신체에 작용하는 것을 중단할 수 없을 것입니다. 그리고 저자가 위에서 주장한 것처럼, 만약 영혼이 생각하는 것을 완전하게 중단할 수 있다면, 영혼은 하나의 다른 신체와 합일하지 않은 채, 신체와 분리될 수 있습니다. 따라서 그것들의 분리는 운동 없이 일어날 것입니다. 하지만 제 견해에 따르면, 영혼은 항상 생각하고 항상 감각합니다. 그리고 항상 어떤 신체와 합일되어 있으며, 자신이 합일되어 있는 신체를 결코 전적으로 그리고 갑자기 떠나지 않습니다.

§21 필라레테스 "누군가 정신은 **한 장소가 아니라 어느 곳에든**(in loco sed in aliquo ubi) 있다고 말한다면, 저는 오늘날 사람들이 그렇게 말하는 방식을 크게 중시할 것이라고 생각하지 않습니다. 하지만 누군가 그것이 합리적인 의미를 얻을 수 있다고 상상한다면, 저는 그것을 이해 가능한 통상적 언어로 표현하고 그로부터 정신에게는 운동 능력이 없다는 것을 보여주는 근거를 도출하기를 바랍니다."

테오필루스 스콜라 철학자들은 **장소지정** 혹은 어떤 곳에 현존하는 방식을 세 종류로 구별합니다. 첫째는 **경계를 정하는** 방식으로, 이것은 공간 안에 있는 물체들에 부여되는데, 물체는 공간 안에서 **점과 같이** 있어서 공간의 점에 상응하는 위치에 사물의 점을 지정할 수 있음을 통해서 측정됩니다. 둘째는 **정의적** 방식인데, 사람들은 이 방식으로 정의할 수 있습니다. 즉 위치한 사물이 있는 곳에 정확한 점이나 고유한 장소를 지정할 수는 없어도, 그것이 이러저러한 공간에 있다고 결정할 수 있습니다. 이런 식으로 사람들은 영혼이 신체 안에 있다고 판단했습니다. 영혼이나 영혼의 어떤 부분이 어떤 다른 점에 있지 않아도, 그것이 있는 정확한 점을 지정하는 것이 가능하다고 생각하지 못했기 때문입니다. 많은 학식 있는 사람들도 그렇게 판단했습니다. 데카르트가 영혼의 본래적 자리를 솔방울샘에 위치시킴으로써 영혼에 더 좁은 경계선을 그리려고 했던 것은 사실입니다.[73] 하지만 그는 영혼이 정확하게 이 솔방울샘의 어떤 특정한 점에 있다고는 감히 말하지 못했습니다. 사태가 그렇지 않았기 때문에, 그가 얻은 것은 아무것도

∴

73) Descartes, *Les passions de l'âme*, 1부, 31~35절.

없으며, 그것은 모든 물체들을 감옥에 집어넣거나 자리에 위치시키는 것과 다를 바 없는 것입니다. 저는 영혼에 대해서 말할 수 있는 것은 거의 천사에 대해서도 말할 수 있어야 한다고 생각합니다. 아퀴노 출신의 위대한 학자는 천사는 오직 작용을 통해서만 자리에 있을 수 있다고 믿었습니다.[74] 제 견해에 따르면, 그 작용은 직접적인 것이 아니고, 결국 예정 조화로 귀착되는 것입니다. 세 번째 장소지정은 **가득 채우는** 방식으로 신에게 부여되는 것입니다. 신은 정신이 신체 안에 있는 것보다 더 본질적으로 전 우주를 가득 채웁니다. 신이 모든 피조물들을 계속해서 창조할 때, 신은 그들에게 직접적으로 작용하기 때문입니다. 반면 유한한 정신은 직접적으로 어떤 영향을 행사하거나 작용하지 못합니다. 사람들은 스콜라 철학자들의 이 이론을 조롱거리로 만들려고 하는 것 같은데, 저는 이 이론이 그럴 만한 것인지 잘 모르겠습니다. 그렇지만 사람들은 항상 영혼과 합일하고 있는 신체와 관련해서 혹은 영혼의 지각 방식과 관련해서 영혼에 일종의 운동을 부여할 수 있을 것입니다.

§23 필라레테스 "만약 누군가 그는 어떻게 생각하는지 모른다고 말한다면, 저는 그가 물체가 하나의 연장된 전체를 만들기 위해서 물체의 고체 부분들이 어떻게 서로 붙어 있는지도 모른다고 답할 것입니다."

테오필루스 응집에 대해서 설명하는 데 상당한 어려움이 있습니다. 하지만 부분들의 응집은 하나의 연장된 전체를 만들기 위해서 필수적인 것은 아닌 것처럼 보입니다. 왜냐하면 완전하게 미세한 물질이나 완전한 액상의 물질은 부분들이 서로 붙어 있지 않아도 하나의 연장된 것을 합성한다

• •

74) Thomas Aquinas, *Summa theologiae* I, qu. 52, a. 1~3. *De comparatione angelorum ad locum.*

고 말할 수 있기 때문입니다. 하지만 진실을 말하자면, 저는 완전한 액체성은 **제1물질**(matiére premiere), 즉 추상적인 것으로 정지와 같은 근원적 성질에만 적합하고 파생적 성질들로 채워져 있는 실제로 존재하는 **제2물질**(matiére seconde)에는 적합하지 않다고 생각합니다. 왜냐하면 저는 최후의 미세성을 가지고 있는 물질 덩어리는 없다고 생각하고 어디든 운동에서 나오는 다소 간의 연결이 있다고 믿기 때문입니다. 그 운동이 서로 협력하고, 어떠한 폭력이나 저항 없이는 일어날 수 없는 분리에 의해서 흔들리지 않는 한에서 말입니다. 게다가 지각의 본성과 그에 따른 생각의 본성은 더 근원적인 것에 대한 개념을 제공합니다. 그렇지만 저는 실체적 일체 이론이나 모나드 이론은 이것을 더 잘 밝혀줄 것이라고 생각합니다.

필라레테스 "응집과 관련해서, 많은 사람들은 이것을 두 물체가 서로 접하고 있는 표면이 주변에 있는 것에 의해서 (예를 들어 주변 공기에 의해서) 서로서로 압박하는 것이라고 설명합니다."[75] §24 "주변에 있는 것의 압박이 매끄러운 두 표면이 수직선에 의해서 서로 분리되는 것을 막을 수 있다는 것은 분명합니다. 하지만 그 압박이 그 표면과 평행하는 운동에 의해서 분리되는 것을 막을 수는 없습니다. 그러므로 물체의 응집에 다른 원인이 없다면, 어떤 특정한 평면을 선택하든 간에, 물질의 어떤 덩어리를 절단하는 쪽으로 미끄러지게 함으로써 모든 부분들은 쉽게 분리될 것입니다."

테오필루스 네, 만약 서로 붙어 있는 모든 평평한 부분들이 하나의 동일한 평면이나 평행한 평면에 있다면, 쉽게 분리되는 것을 의심할 여지가 없습니다. 하지만 그런 일은 없고 또 있을 수도 없기 때문에, 한쪽 부분을 미끄

75) 예를 들면, Malebranche, *Recherche de la verité*, VI(1675), II, IX, 그리고 Jacques Bernoulli, *De gravitate aetheris*(1683).

러지게 하려고 할 때, 그것의 평면이 그 한쪽 부분과 각을 만드는 무한하게 많은 다른 쪽 부분에 분명히 완전하게 다른 방식으로 작용을 가할 것입니다. 합동인 두 표면은 분리하는 운동의 방향이 수직일 때뿐만 아니라 표면에 대각선 방향일 때에도 분리되려 한다는 것을 알아야 합니다. 따라서 자연이 광산들과 다른 곳에 형성한 다면체에는 모든 방향으로 서로 붙어 있는 나뭇잎들이 있다고 판단할 수 있습니다. 그렇지만 저는 주변에 있는 것이 서로서로 붙어 있는 평평한 표면에 가하는 압박이 모든 **응집**의 근거를 설명하는 데 충분하지 않다는 것을 인정합니다. 왜냐하면 사람들은 서로 붙어 있는 이 책상이 이미 응집을 가지고 있다는 것을 묵시적으로 가정하기 때문입니다.

§27 **필라레테스** "저는 물체의 연장이 고체 부분들의 응집 이외에 다른 것이 아니라고 생각했습니다."

테오필루스 이것은 당신이 앞에서 설명한 것과 일치하지 않는 것으로 보입니다. 제가 보기에, 물체가 자신 안에 내적인 운동을 가지고 있거나 자신의 부분들이 서로 떨어지는 활동을 하고 있더라도, (저는 이런 활동이 항상 일어난다고 믿기 때문에) 그 물체는 당연히 연장되어 있습니다. 따라서 제게 연장 개념은 응집 개념과 전혀 다른 것으로 보입니다.

§28 **필라레테스** "우리가 물체에 대해서 가지고 있는 다른 관념은 **충돌을 통해서 운동을 전달하는 힘**이고, 우리가 영혼에 대해서 가지고 있는 다른 관념은 **생각을 통해서 운동을 생산하는 힘**입니다. 우리는 매일 이 두 관념을 명증적인 방식으로 경험합니다. 하지만 우리가 좀 더 탐구하려고 하면, 그렇듯이 우리는 똑같이 암흑 속에 있게 됩니다. 운동의 전달과 관련해서 한 물체는 다른 물체가 수용하는 만큼의 운동을 잃는 것이 가장 통상적인 경우이기 때문에, 그로 인해 우리는 한 물체에서 다른 물체로 넘어가는

운동 외에 어떤 다른 것도 파악하지 못합니다. 이것은 제가 우리의 정신이 생각을 통해서 우리의 신체를 운동하게 하거나 정지하게 하는 방식만큼이나 모호하고 이해 불가능하다고 믿는 것입니다. 사람들이 특정한 경우에 관찰하거나 일어났다고 믿는 충돌을 이용해서 운동의 증가를 설명하는 것은 더 어렵습니다."

테오필루스 한 우연적 성질이 한 주체에서 다른 주체로 이동하는 것을 마치 이해할 수 없는 것으로 가정할 때, 극복할 수 없는 어려움을 만나는 것은 놀랄 일이 아닙니다. 하지만 저는 그런 가정을 하도록 우리를 강제하는 것은 전혀 없다고 봅니다. 그것은 단지 스콜라 철학자들이 주체 없이 우연적 성질을 가정하는 것과 마찬가지로 기이한 것입니다. 그럼에도 그들은 그것을 신의 전능함에서 나온 기적적 활동에 귀속시키는 데에만 신경을 씁니다. 그와 반대로 여기 이 이동은 통상적인 일입니다. 저는 이미 앞에서 (21장, §4) 이에 관해서 몇 가지를 언급했습니다. 거기서 저는 물체가 다른 물체에게 준 만큼의 운동을 잃는다는 것은 사실이 아니라는 것도 지적했습니다. 사람들은 운동을 마치 실체적인 어떤 것처럼 이해하고 물에 녹은 소금과 유사한 것으로 이해하는 것 같습니다. 제가 잘못 알고 있는 것이 아니라면, 사실 이 비교는 로오(Rohault) 씨[76]가 사용한 것입니다. 여기에 저는 이것이 **가장 통상적인 경우**는 아니라는 것을 추가합니다. 왜냐하면 저는 다른 곳에서[77] 동일한 운동량이 보존되는 것은 충돌하는 두 물체가

••

76) [옮긴이 주] Jacques Rohault(1620~1675): 데카르트 물리학 이론을 대중화시키는 데 기여한 프랑스 철학자, 물리학자. 여기서 말하는 내용은 *Traité de Physique*(Paris, 1671), 1권 4장 참조.

77) "Eclaircissement du nouveau systeme", *Journal des Sçavans*(1696, 4); *Specimen Dynamicum*(1695) 참조.

충돌하기 전에 하나의 동일한 방향으로 운동하고 충돌한 후에도 동일한 방향으로 운동할 때라는 것을 증명했기 때문입니다. 사실상 진정한 운동 법칙은 물질보다 상위인 원인에서 유래합니다. **생각을 통해서 운동을 생산하는 힘**과 관련해서, 저는 우리가 그것에 대한 어떤 경험도 가지고 있지 않은 것처럼 그것에 대한 어떤 관념도 가지고 있지 않다고 생각합니다. 데카르트주의자 자신들은 영혼이 물질에 새로운 힘을 줄 수 없다는 것을 인정합니다. 하지만 그들은 영혼이 물질이 이미 소유하고 있는 힘을 새롭게 결정하거나 새로운 방향을 줄 수는 있다고 주장합니다. 하지만 저는 영혼이 물체의 힘이든 물체의 방향이든 어떤 것도 변경하지 못한다는 견해를 지지합니다. 이 견해들 중 하나는 다른 하나와 마찬가지로 이해 불가능하고 비합리적일 것입니다. 그래서 영혼과 신체의 합일을 설명하기 위해서는 예정조화를 사용해야 합니다.

필라레테스 "능동적 힘이 정신의 고유한 속성이고 수동적 힘은 신체의 고유한 속성인지 탐구해볼 가치가 있지 않을까요? 이로부터 창조된 정신은 능동적이기도 하고 수동적이기도 하기 때문에, 물질로부터 완전하게 분리되지 않는다고 추측할 수 있습니다. 순수한 정신, 즉 신만이 오로지 능동적이고 순수한 물질은 단지 수동적일 뿐이기 때문에, 능동적이기도 하고 수동적이기도 한 이 다른 존재는 전자의 성질과 후자의 성질을 완전히 함께 가지고 있다고 생각할 수 있기 때문입니다."

테오필루스 사람들이 정신이라는 단어를 매우 일반적으로, 즉 모든 영혼을 포함하는 것으로 설명하거나 더 나아가 (더 일반적으로 말해서) 정신과 유사성이 있는 모든 엔텔레키 혹은 실체적 일체를 포함하는 것으로 설명한다는 것을 전제한다면, 이 생각들은 대단히 제 마음에 들고 저의 견해와 전적으로 같습니다.

§31 **필라레테스** "우리가 가지고 있는 정신에 대한 개념에서 물체 개념 자체가 포함하고 있는 것보다 더 혼란스러운 것 혹은 모순에 더 가까운 것이 있는지 저에게 보여주기를 희망합니다. 저는 무한 분할 가능성에 대해서 이야기하고 싶습니다."

테오필루스 우리가 정신의 본성을 물체의 본성만큼 혹은 그보다 더 잘 이해한다는 것을 보이기 위해서 당신이 여기서 또다시 말한 것은 정말로 참입니다. 『연속 합성에 관하여』라는 책을 썼던 프로몬두스는 **미로**라는 제목을 붙일 만한 이유가 있었습니다.[78] 하지만 이 미로는 사람들이 공간뿐만이 아니라 물체적 본성에 대해서도 잘못된 관념을 가지고 있는 것에 기인합니다.

§33 **필라레테스** "**신의 관념**도 다른 관념들처럼 우리에게 나타납니다. 우리가 가지고 있는 신에 대한 복합 관념은 우리가 반성으로부터 얻고 우리가 가진 무한에 대한 관념을 이용해서 확장한 단순 관념들을 합성한 것이기 때문입니다."

테오필루스 그것은 제가 여러 곳에서 말했던 것과 관련이 있는데, 저는 거기서 이 모든 관념들, 특별히 신의 관념이 근원적으로 우리 안에 있다는 것, 그리고 우리는 단지 그것을 주목하기만 한다는 것, 또한 무엇보다 무한의 관념은 유한한 관념의 확장으로 만들어질 수 없다는 것을 보이려고 했습니다.

§37 **필라레테스** "실체에 대한 우리의 복합 관념을 구성하는 대부분의 단순 관념들은, 비록 우리가 그것들을 **적극적 성질들**(qualités positives)로 간주하는 경향이 있지만, 단지 힘으로 간주되는 것이 적절합니다."

∴

78) Libertus Fromondus(1587~1653), *Labyrinthus, sive de compositione continui*(1631).

테오필루스 저는 실체에 본질적이지 않은, 그리고 단지 **적성**(aptitude)뿐만 아니라 특정한 **성향**도 포함하고 있는 **힘**을 **실재적 성질**로 이해하거나 이해해야 하는 것이 정당하다고 생각합니다.

24장
실체의 집합 관념에 관하여

§1 **필라레테스** 단순 실체에 대한 논의를 끝내고 **집적체**(Aggregés)로 넘어갑시다. "한 군대를 구성하는 사람들의 축적(amas)에 대한 관념도 한 사람의 관념과 마찬가지로 단 하나의 관념이라는" 것은 사실 아닙니까?

테오필루스 정확하게 말하면 실체들의 이 축적이 하나의 진정한 실체를 형성하지는 못하지만, 사람들이 (스콜라 철학에서 **집적에 의한 존재**(Ens per Aggregationem)라고 말하는) 이 **집적체**가 단 하나의 관념을 형성한다고 말하는 것은 합당합니다. 그것은 영혼이 자신의 지각과 자신의 생각을 통해서 최종적으로 자신의 일체성을 실현한 결과물입니다. 그럼에도 그런 집적체가 실체들을 포함하고 있는 것인 한에서, 실체적인 어떤 것이라고 특정한 방식으로 말할 수 있습니다.

25장
관계에 관하여

§1 **필라레테스** 실재성이 가장 박약한 관계의 관념을 고찰하는 것이 남았습니다. "정신이 한 사물을 다른 사물 옆에서 고찰할 때, 이것이 관계 혹은 관련입니다. 그리고 사람들이 그때 만드는 명명이나 **관계적 용어들**은 우리의 생각을 주체를 넘어 주체와 구별되는 어떤 것으로 이끌어주는 역할을 하는 표지입니다. 그리고 이 둘을 **관계의 주체**(Relata)라고 부릅니다."

테오필루스 관계와 질서는 사물에 근거를 두고 있을지라도, **이성의 존재** 중 어떤 것입니다. 그것의 실재성이 영원한 진리와 가능성의 실재성처럼 최고의 이성으로부터 나온다고 말할 수 있기 때문입니다.

§5 **필라레테스** "그러나 주체에 아무런 변화가 일어나지 않아도 관계의 변화는 있을 수 있습니다. 제가 오늘 아버지라고 여기는 티티우스는 그 자신에게 아무런 변화가 발생하지 않은 상태에서도 그의 아들이 방금 죽었다는 이유로 내일은 아버지로 존재하지 못합니다."

테오필루스 사람들이 자각하고 있는 것들에 따라서, 다음과 같이 말하는 것은 매우 적절합니다. 형이상학적 엄밀한 의미에서 보더라도 모든 사물들은 실재적으로 연결되어 있기 때문에, 전적으로 외적인 명명(순수하게 외적인 명명, 'denominatio pur extrinseca')이 없다는 것은 사실입니다.

§6 필라레테스 저는 관계가 두 사물 간에만 있다고 생각합니다.

테오필루스 그렇지만 동시에 다수의 사물들 간의 관계를 나타내는 사례도 있습니다. 예를 들면 모든 구성원과 하급직원들의 서열과 연결을 표현하는 질서의 관계나 가계도의 관계가 있습니다. 그리고 모든 면들의 관계를 포함하는 다각형과 같은 도형도 있습니다.

§8 필라레테스 또 고려할 필요가 있는 것은 "관계의 주체인 사물들의 관념들보다 관계의 관념들이 때로는 더 명확하다는 것입니다. 따라서 아버지의 관념은 인간의 관념보다 더 명확합니다."

테오필루스 그것은 그 관계가 매우 일반적이어서 다른 실체들에게도 맞을 수 있기 때문입니다. 게다가 한 주체는 명확한 것을 가질 수도 있고 모호한 것을 가질 수도 있는 데 비해서 관계는 명확한 것에 기초할 수 있기 때문입니다. 하지만 관계의 형식 자체가 주체에게 모호한 것에 대한 인식을 포함하고 있으면, 관계는 이 모호함을 공유할 것입니다.

§10 필라레테스 "용어나 낱말이 적용되는 사물에 실재로 현존한다고 가정하는 관념들보다는 정신을 **필연적으로** 다른 관념들로 인도하는 **용어들**은 **관계적**이고 다른 것들은 **절대적**입니다."

테오필루스 이 '**필연적으로**'라는 말을 추가한 것은 적절합니다. 그리고 '**분명하게**'나 '**즉시**'라는 말을 추가할 수 있을 것입니다. 예를 들어, 우리는 검은색의 원인을 생각하지 않아도 검은색에 대해서 생각할 수 있기 때문입니다. 하지만 이것은 즉시 제공되는 인식 그리고 혼란스러운 인식 혹은 그보다는 구별되더라도 불완전한 인식의 한계에 머무르는 것입니다. 전자의 인식은 관념의 분해가 없을 때이고 후자의 인식은 그 분해가 제한될 때입니다. 그렇지 않으면 더 이상 관계를 포함하지 않을 정도로 절대적이거나 분리된 용어는 없을 것이고, 개념의 분석이 다른 사물들에게로 심지어 다른 모든 사물들에게로 진행되지 않을 정도로 완전한 분석도 없을 것입니다. 따라서 **관계적 용어들**은 그것이 포함하고 있는 연관을 **분명하게** 나타낸다고 말할 수 있습니다. 여기서 저는 '**절대적**'을 '**관계적**'의 반대로 봅니다. 제가 앞에서 그것을 '**제한적**'의 반대로 본 것은 다른 의미에서입니다.

26장
원인과 결과 그리고 어떤 다른 관계에 관하여

§1, 2 필라레테스 "**원인**은 어떤 단순 관념이나 복합 관념을 생산하는 것이고 **결과**는 생산된 것이다."

테오필루스 제가 보기에, 필라레테스, 당신은 종종 관념을 관념의 표상적 실재성(la realité objective)으로 혹은 관념이 표상하는 성질로 이해합니다. 당신은 **작용인**을 제가 이미 앞에서 언급했던 것처럼 정의합니다. **작용인**은 생산하는 것이고 **결과**는 생산된 것이라고 말할 때, 사람들은 단지 동의어를 사용하는 것일 뿐임을 인정해야 합니다. 물론 저는 당신이 **원인**은 다른 것이 현존하기 시작하도록 만드는 것이라고 좀 더 구별되게 말하는 것을 들었습니다. 그럼에도 이 '만든다'라는 말은 통째로 주요한 어려움을 남겨 놓습니다. 하지만 이것은 다른 곳에서 더 잘 해명될 것입니다.

[§4] 필라레테스 "몇몇 다른 관계들도 다루기 위해서, 저는 시간을 가리키기 위해서 사용되는 용어들이 있다는 것을 지적합니다. 사람들은 이것을

보통 단지 실제적 관념을 가리키는 것으로 여깁니다. 그렇지만 이것은 '젊은', '늙은' 등과 같이 관계적 용어입니다. 왜냐하면 그 용어는 사람들이 그 용어를 붙이는 실체의 통상적 지속과의 관계를 포함하기 때문입니다. 그래서 한 인간은 20세에 젊다고 하고 7세에는 아주 젊다고 합니다. 하지만 우리는 20년 된 말이나 7년 된 개는 늙었다고 합니다. 그러나 우리는 해나 별, 루비나 다이아몬드가 늙거나 젊다고 말하지 않습니다. 우리가 그것들이 지속하는 통상적 기간을 알지 못하기 때문입니다." §5 "장소나 연장과 관련해서도 이것은 동일합니다. 우리가 단지 한 사물이 '높다' 혹은 '낮다', '크다' 혹은 '작다'라고 말할 때처럼 말입니다. 따라서 웨일스 사람의 생각에 큰 말이 플랑드르 사람에게는 아주 작아 보입니다. 각각의 사람들은 자기 나라에서 키우는 말에 대해서 생각하기 때문입니다."

테오필루스   이 지적은 매우 훌륭합니다. 우리가 이따금 이런 감각에서 어느 정도 벗어나는 것은 사실입니다. 우리가 한 사물을 같은 종류의 것들과 비교하지 않고 다른 종류의 것들과 비교하면서 오래되었다고 말할 때처럼 말입니다. 예를 들어 우리는 달이나 해가 매우 오래되었다고 말합니다. 누군가 갈릴레이에게 태양이 영원할 것이라고 믿느냐고 물었을 때, 그는 "영원하지는 않지만 매우 오래되었다."라고 답했습니다.

27장
동일성 혹은
상이성이 무엇인지

§1 필라레테스 "가장 중요한 관계 관념(idée relative)은 **동일성**(Identité) 혹은 상이성(diversité)의 관념입니다. 동일한 종류의 두 사물이 같은 시간에 같은 장소에 현존하는 것이 가능하다는 것을 우리는 결코 발견하지 못하고 결코 이해할 수 없습니다. 그래서 우리가 한 사물이 동일한 것인지 아닌지 물을 때, 이것은 항상 특정한 시간에 특정한 장소에 현존하는 한 사물과 관계합니다. 이로부터 시간과 장소와 관련해서, 한 사물이 두 번 현존을 시작할 수 없다는 것, 그리고 두 사물이 단 하나의 시작을 가질 수 없다는 것이 도출됩니다."

테오필루스 시간과 장소의 차이 외에도 항상 내적인 **구별 원리**가 있어야 합니다. 그리고 같은 종류의 다수의 사물이 존재하더라도 완전히 유사한 것들은 결코 있을 수 없습니다. 따라서 시간과 장소가 (즉 외적인 관계가) 우리가 그 자체로 잘 구별하지 못하는 사물을 구별하는 데 사용되더라도,

사물들은 당연히 자체적으로 구별가능하게 됩니다. 시간과 장소의 차이가 사물에게 다른 영향을 초래하기 때문에, 사물의 상이성이 시간이나 장소의 상이성을 동반하는 것이 사실이기는 하지만 **동일성**과 **상이성**의 핵심이 시간과 장소에 있는 것은 아닙니다. 오히려 사물들을 통해서 하나의 장소나 시간을 다른 장소나 시간과 구분해야 한다고 말하지 않기 위해서는 말입니다. 왜냐하면 시간과 장소는 그 자체로 완전하게 유사하지만 실체도 완전한 실재성도 아니기 때문입니다. 당신이 여기서 같은 종류의 사물에서 유일한 것처럼 제안하는 구별 방법은 투과가 사물의 본성에 어긋난다는 이 가정에 근거를 두고 있습니다. 이 가정은 합리적입니다. 하지만 구별하는 것이 문제일 때, 경험은 그것이 결부되어 있지 않다는 것을 보여줍니다. 예를 들어, 우리가 두 그림자 혹은 서로 투과되는 두 광선을 보면서 우리는 물체들이 같은 것을 하고 있는 상상의 세계를 고안해낼 수 있습니다. 그럼에도 우리는 당연히 그 빛이 통과하는 진행 상태를 통해서 하나의 광선을 다른 광선과 구별할 수 있습니다. 그 광선이 서로 교차하더라도 말입니다.

§3 **필라레테스** "스콜라 철학에서 **개체화의 원리**라고 부르는 것이 있는데, 그들은 그것이 도대체 무엇인지 알기 위해서 과도하게 고민을 했습니다. 그것은 각각의 존재자를 개별적인 시간에 고정시키고 같은 종류의 두 존재에게 공유될 수 없는 장소에 고정시키는 현존 그 자체로 구성됩니다."

테오필루스 개체에게 있어서 **개체화의 원리**는 결국 제가 방금 말한 구별의 원리로 소급됩니다. 만약 두 개체가 완전히 유사하고 똑같다면, (한마디로 말해서) 그 자체로 **구별불가능**하다면, 이들에게 개체화의 원리는 없을 것입니다. 그리고 저는 감히 이런 조건에서는 어떠한 개체적 구별도 없거나 상이한 개체도 없을 것이라고 주장합니다. 이런 의미에서 원자 개념은 공상적이며 단지 인간의 불완전한 개념 작용에서 유래할 뿐입니다. 만약 원자가 존재한다면, 즉 완전하게 단단하고 완전히 변경 불가능하거나 내적으로 변화 불가능하고 그들 간에 서로 크기와 형태로만 구별 가능한 물체가 있다면, 그것들은 같은 형태와 같은 크기를 가지는 것이 가능하기 때문에, 분명 그 자체로 구별 불가능한 것이고, 내적 근거 없이 단지 외적인 명명으로만 구분될 수 있는데, 그것은 이성의 가장 중대한 원리에 반하는 것입니다. 그러나 진실은 모든 물체는 변경 가능하고 심지어 현실적으로 항상 변경된다는 것입니다. 따라서 그것은 그 자체로 다른 모든 것과 구별됩니다. 숭고한 지성을 소유하신 위대한 왕비[79]께서 어느 날 정원을 산책하시면서 완전하게 똑같은 두 개의 나뭇잎이 있다고 믿지 않는다고 말씀하신 것을 저는 기억합니다. 그 산책길에 있었던 영리한 시종은 그런 것을 찾는 것이 쉽다고 생각했습니다. 그러나 그는 그러한 것을 열심히 찾아보았음에도 불구하고 언제나 차이가 발견될 수 있다는 것을 자신의 눈으로 확인할 수밖에 없었습니다. 지금까지 경시되었던 이 고찰을 통해서 철학에서 사람들이 가장 자연스러운 개념에서 얼마나 멀리 떨어져 있었는지 그리고 진정한 형이상학의 가장 중대한 원리에서도 얼마나 멀리 떨어져 있었는지 알게 될 것입니다.

§4 필라레테스 "하나의 동일한 식물의 **일체성**(동일성)을 구성하는 것은 단하나의 물체에서 부분들이 어떤 특정한 조직을 갖는 것입니다. 그런 물체

⋮

79) [옮긴이 주] 하노버의 조피 샤를로테(Electrice Sophie Charlotte von Hannover): 프로이센 공국의 초대 왕, 프리드리히 1세의 왕비, 라이프니츠와 학술적으로 긴밀한 관계를 가졌고 이후 프로이센 왕립 과학아카데미(Königlich-Preußische Akademie der Wissenschaften)의 건립을 주도했다. 라이프니츠가 초대 회장을 맡았다. 라이프니츠의 개체화의 원리에 관해서는 라이프니츠가 클라크에게 보낸 서신 중 네 번째 서신 §3; 다섯 번째 서신 §26 참조.

는 식물의 부분들이 변하더라도 그 식물이 존속하는 동안 지속하는 하나의 공통적인 생명을 공유하고 있는 것입니다."

테오필루스   제가 모나드라고 부르는 존속하는 생명 원리가 없는 조직이나 외형적 배치만으로는 '수적으로 동일한(idem numero)' 상태를 유지하거나 동일한 개체를 유지하게 하는 데 충분하지 않습니다. 외형적 배치는 종적으로 동일한 개체를 유지시킬 수 있지만 개체적으로 유지시키지 못하기 때문입니다. 편자가 헝가리에서 온 광천수 속에서 구리로 변할 때, 종적으로는 동일한 형태가 유지되지만 **개체적으로는** 그렇지 않습니다. 왜냐하면 철은 녹고 물에 젖은 구리는 침전되어 부지불식간에 그것의 자리에 들어가기 때문입니다. 그때 형태는 한 주체에서 다른 주체로(de subjecto in subjectum) 넘어가지 않는 우연적 속성입니다. 따라서 다른 물체들과 마찬가지로 유기 조직을 갖춘 물체도 외형상으로만 동일함을 유지할 뿐이지 엄격하게 말하면 그렇지 않다고 말해야 합니다. 이것은 물이 거의 계속해서 변하는 강과 같고 아테네인들이 계속해서 수리하는 테세우스의 배와 같은 것입니다.[80] 하지만 정확하게 말해서 **살아 있는** 활동이 귀속될 수 있는, 참되고 실재적인 실체적 일체성을 자기 자신 안에 가지고 있는 실체와 관련해서, 그리고 하나의 특정한 분할불가능한 정신이 영혼을 불어넣는다고 고대의 한 법률가[81]가 이야기한 것처럼, **하나의 정신을 포함하고 있는** (quae uno spiritu continentur) 실체적 존재자와 관련해서, 실체들은 생각하는 존재자에게서 자아를 만드는 이 영혼이나 정신에 의해서 완전하게 **동일한 개체**를 유지한다고 말하는 것이 합당합니다.

••

80) 플루타르코스(Plutarch), 『영웅전』, 「테세우스」, XXVII.
81) Sextus Pomponius, *Digesten*, 41, 3 l.30pr.

§5 **필라레테스** "상황은 동물과 식물에서 크게 다르지 않습니다."

테오필루스 만약 식물과 동물이 영혼을 가지고 있지 않다면, 그것들은 외견상으로만 동일할 뿐입니다. 하지만 그것들이 영혼을 가지고 있다면, 그것들의 유기적 신체가 동일성을 보존하지 않더라도, 엄밀한 의미에서 실제적인 개체적 동일성을 갖습니다.

§6 **필라레테스** "이것은 또한 동일한 인간의 동일성이 무엇으로 이루어져 있는지도 보여줍니다. 즉 그것은 오로지 그가 동일한 삶을 살고 있다는 것으로 이루어집니다. 이 삶은 영속적 흐름 속에 있는 물질의 입자들에 의해서 계속되지만 이런 연속 중에 동일한 유기적 신체와 **생명 유지를 위하여** 합일되어 있습니다."

테오필루스 이것은 제 생각에 따라 이해할 수 있습니다. 사실 유기적 신체는 한순간 이상 동일하지 않습니다. 그것은 단지 등가일 뿐입니다. 그리고 영혼과 관련시키지 않으면, 동일한 생명도 **생명을 위한** 합일도 더 이상 없을 것입니다. 그러면 이런 동일성은 단지 가상일 뿐입니다.

필라레테스 "어떤 사람이 **인간의 동일성**을 어떤 특정한 순간에 유기 조직을 잘 갖추고 있는 신체와 결부시키지 않고, 또 합일되어 있는 물질의 다양한 입자들의 연속에 의해서 그때부터 이러한 생명적 조직화로 계속 이어가는 신체와 결부시키지 않고 다른 것과 결부시키려고 한다면, 그는 하나의 배아, 하나의 노인, 하나의 광인, 하나의 현자가 동일한 사람이 되도록 만들기 어려울 것입니다. 셋, 이스마엘, 소크라테스, 빌라도, 성 아우구스티누스가 단 하나의 동일한 인물일 가능성이 있다는 가정에서 그것을 도출하지 않는다면 말입니다. …… 이것은 영혼 전이를 인정하고 인간의 영혼이 그것의 방탕함에 대한 처벌로 동물의 신체로 보내질 수 있다고 믿는 철학자들의 개념과는 더욱더 잘 맞지 않는 것입니다. 왜냐하면 저는 헬리

오가발루스의 영혼이 한 돼지에게 있다고 확신하는 사람이 이 돼지가 사람이라고 또 헬리오가발루스와 같은 사람이라고 말할 것이라고 생각하지 않기 때문입니다."

테오필루스 여기에는 이름에 관한 문제와 사물에 관한 문제가 있습니다. 사물과 관련해서, 하나의 동일한 개체적 실체의 동일성은 단지 동일한 영혼의 보존으로만 유지될 수 있습니다. 왜냐하면 물체는 연속적 흐름 속에 있고, 영혼은 자신에게 할당된 특정한 원자에도 그리고 제사장의 루즈처럼 불멸하는 작은 뼈에도 거주하지 않기 때문입니다. 그렇지만 영혼이 자신의 신체를 완전히 떠나서 다른 신체로 옮겨가는 **영혼 전이**(transmigration)는 없습니다. 영혼이 보존하는 것이 항상 부지불식간에 흩어지고 다시 회복하고 심지어 특정한 때에 큰 변화를 겪는 주체일지라도, 영혼은 항상, 심지어 죽었을 때에도 앞선 것의 일부인 자신의 유기적 신체를 보존합니다. 따라서 영혼 전이 대신에 이 영혼이 속한 신체의 변형(transformation), 접힘(enveloppement) 혹은 펼침(developpement), 그리고 끝으로 흐름이 있습니다. 반 헬몬트 씨의 아들[82]은 영혼이 물체에서 물체로 옮겨가지만 항상 같은 유에 있다고 믿습니다. 따라서 항상 하나의 동일한 유에 동일한 수의 영혼이 있을 것이고 결과적으로 동일한 수의 인간과 늑대가 있을 것입니다. 따라서 영국에서 늑대의 수가 줄거나 절멸한다면, 그만큼 다른 곳에서 증가해야 합니다. 프랑스에서 출간된 어떤 성찰들[83]도 마찬가지로 이와 같은 방향인 것으로 보입니다. 영혼 전이가 엄밀하게 받아들여지지 않는다

··

82) [옮긴이 주] 반 헬몬트의 아들은 저명한 의사인 Johann Baptist van Helmont의 아들 Franz Mercurius van Helmont를 가리킨다. 이 이야기는 다음 책을 참조. Anne Connaway, *Opuscula philosophica*(London, 1690), 1부, 6장, 7~8절; 7장, 4절.

83) Lanion, *Méditiations sur métaphysique*(1678), II, 1.

면, 즉 어떤 사람이 영혼들은 동일한 미세 물체에 머물고 단지 거친 물체만 변화시킨다고 믿는다면, 브라만과 피타고라스주의자들의 방식으로 동일한 영혼이 다른 유의 물체로 이동하는 것까지도 가능할 것입니다. 하지만 이로써 이 모든 가능한 것들이 사물의 질서와 맞지 않습니다. 그렇지만 그런 영혼 전이가 실제로 일어난다면, 카인, 함, 이스마엘이 제사장을 따라 동일한 영혼을 가지고 있다는 가정하에서 동일한 인물로 불릴 자격이 있는지 하는 문제는 단지 이름의 문제가 아닙니다. 당신이 그 의견을 지지하는 저명한 저자는 이것을 인정하며 (이 장의 마지막 문단에서) 이것을 매우 훌륭하게 설명합니다. 동일한 영혼이 만드는 상이한 인격체 간에 기억의 연결이 없을 경우, 실체의 동일성은 있겠지만, **동일한 인격**(personne)이라고 말하기에 충분한 **도덕적 동일성**은 없을 것입니다. 그리고 만약 신이 인간의 영혼이 돼지의 몸으로 들어가기를 원한다면, 그 영혼은 인간을 망각하고 이성적으로 행동하지 않으면서 인간을 구성하지 않을 것입니다. 그러나 영혼이 동물의 몸에서 인간의 생각들을 가지고 있다면, 아풀레이우스의 황금 당나귀처럼 변화되기 전에 영혼을 불어넣은 인간의 생각들을 가지고 있다면, 자신의 친구를 만나기 위해 테살리아로 온 동일한 루키우스가 당나귀 가죽 속에 머무른다고 말하는 것을 어느 누구도 아마 어려워하지 않을 것입니다. 그곳은 포티스가 그의 뜻에 반하여 그를 몰아넣었던 곳이며 그가 먹은 장미꽃이 자연적 형태로 되돌아올 때까지 이 주인에서 저 주인에게로 돌아다녔던 곳입니다.[84]

§8 필라레테스 "제 생각에, 우리 중에서 우리 자신처럼 창조되고 만들어진 피조물을 본 사람은, 그것이 비록 고양이나 앵무새보다 더 이성적인 것으

..

84) Apuleius, *Metamorphoseon sive de asino aureo libri XI*, 참조.

로 보이지 않더라도, 당연하게 그 피조물을 인간이라고 부를 수 있다고 저는 단호하게 주장할 수 있습니다. 앵무새가 이성적으로 그리고 철학적으로 논쟁하는 것을 듣더라도, 그는 단지 그것을 앵무새라고 부르고 앵무새라고 믿을 것입니다. 그리고 그는 고양이가 거칠고 아둔하며 이성을 결여한 인간이라고 말할 것이고, 앵무새를 지성과 건전한 양식으로 충만한 앵무새라고 말할 것입니다."

테오필루스 저는 몇 가지 더 말할 것이 있기는 한데, 전자의 경우보다는 후자의 경우에서 더 같은 견해를 가지고 있습니다. 숲속에서 인간의 형태를 가지고 있지만 외견상 이성을 결여한 작은 동물을 만났을 때, 그 동물에게 즉시 그리고 절대적으로 세례를 받도록 결정할 정도로 무모한 신학자들은 극소수일 것입니다. 그리고 로마 교회의 신부는 "만약 당신이 인간이라면, 당신에게 세례를 줍니다."라는 말을 아마도 조건적으로 할 것입니다. 왜냐하면 그것이 이성적 영혼이 있는지 모르는 인간종인지, 또 **오랑우탄**, 외모상으로 인간과 매우 유사한 원숭이일 수도 있기 때문입니다. 그러한 것들은 툴피우스[85]가 보았다고 이야기한 것이고 박식한 의사[86]가 발간한 해부학 책에 나오는 것입니다. 저는 인간도 오랑우탄처럼 멍청할 수 있다는 것을 확실히 인정합니다. 하지만 앞에서 제가 설명했던 것처럼, 이성적 영혼의 내부는 이성의 사용이 중지되더라도 그대로 남아 있을 것입니다. 따라서 이것은 외형을 통해서 판단할 수 없는 지점입니다. 두 번째 경우와 관련해서, 그 무엇도 우리와 다른 종류의 이성적 동물이 존재하는 것을 막지 못합니다. 예를 들면, 태양에 있는 시적인 새 왕국의 거주자처럼 말입니다.

∴

85) Tulpius, *Observationes medicae*(1652), 3부.
86) Tyson, *Orang-Outang, sive homo sylvestris*(1699).

사후에 이 세상에서 태양으로 온 앵무새는 그곳에서 자신에게 친절했던 여행자의 생명을 구했습니다.[87] 그럼에도 **요정**의 나라나 **어미 거위**의 이야기[88]에서 일어나는 것처럼, 앵무새가 어떤 왕의 변신한 딸이고, 대화를 나눔으로써 그러한 사정을 알아차리게 될 때, 아버지와 어머니는 의심하지 않고 그 앵무새를 그들의 딸처럼 어루만지며 이 기이한 형태 속에 숨겨져 있더라도 딸을 얻었다고 믿을 것입니다. 그렇지만 저는 비물질적 정신의 동일성을 이유로 여전히 황금 당나귀 속에 자아나 개체가 거주하고 있다고 주장하고 이 자아에 대한 자각을 이유로 루키우스나 인격이 거주하고 있다고 주장하는 사람들에게 반대하지 않을 것입니다. 하지만 그것은 더 이상 인간이 아닙니다. 사람들이 그것이 이성적 동물이라고 말할 때, 그것은 사실상 인간의 정의에 형태와 신체의 구성에 관한 어떤 것을 더 추가해야 할 것 같기 때문입니다. 그렇지 않으면 그것은 제 견해에 따르면 정령들(genies) 또한 인간일 것입니다.

§9 필라레테스 "인격(personne)이라는 단어는 생각하는 지성적 존재자, 이성과 반성의 능력을 갖춘 존재자를 내포합니다. 인격은 다양한 시간과 장소에서 생각하는 하나의 동일한 것처럼 자기 자신을 **동일자**(le même)로 간주할 수 있는 것입니다. 이런 것은 오직 자신의 고유한 활동에 대해서 인격이 갖는 의식(sentiment)을 통해서만 일어납니다." 그리고 제가 앞에서 여러 번 언급했던 것처럼, 감각과 지각이 충분히 구별될 때, "이러한 인식[89]"

..

87) Cyrano de Bergerac, *Histoire comique*, *Oeuvres*(1699).
88) Edmund Spenser, *The Faerie Queene*(1590~1596); Charles Perrault, *Contes de ma mère l'oye*(1697).
89) [옮긴이 주] 앞의 '의식'과 여기 '인식'이라는 낱말은 'sentiment'과 'connaissance'를 옮긴 것이다. 로크는 이 두 부분에서 'consciousness'라고 썼는데, 코스테가 이를 각각 'sentiment'과 'connaissance'로 옮겼다. 'sentiment'을 감정이 아니라 의식으로 번역한 것은 로크

은 항상 우리의 현재 감각과 지각을 동반합니다. 그리고 이로 인해서 모든 사람은 자기 자신에 대해서 **나 자신**(soi-même)이라고 부르게 됩니다. 이 경우 사람들은 동일한 자아가 동일한 실체에서 계속되는지 상이한 실체들에서 계속되는지는 고려하지 않습니다. 왜냐하면 의식(conscience) (consciousness 혹은 consciosité)[90]은 항상 생각을 동반하기에 그것을 통해서 모든 사람이 **나 자신**이라고 부르는 것이 되도록 하고, 그로 인해서 그가 다른 모든 생각하는 것과 구별되기 때문입니다. 인격적 동일성을 구성하거나 이성적 존재자가 항상 동일자가 되도록 하는 것도 오로지 여기에 있습니다. 또한 이 **의식**은 이미 지나간 활동이나 생각에 대해서도 확대 적용될 수 있고, 또 이 인격의 동일성에까지도 확대될 수 있습니다. 그리고 **자아**(le soi)는 그 당시 있었던 것과 동일한 현재의 자아입니다."

테오필루스 저도 의식(consciosité) 혹은 **자아**의 의식(sentiment du moi)이 도덕적 혹은 인격적 동일성을 입증한다는 견해에 동의합니다. 그리고 저는 이것으로 동물 영혼의 **중단 불가능성**을 인간 영혼의 **불멸성**과 구별합니다. 양자 모두 물리적 동일성과 실재적 동일성을 보존합니다. 하지만 인간과 관련해서는, 결과적으로 처벌과 보상을 감각하는 능력을 갖춘 동일한 인격체를 구성하기 위해서 영혼이 우리 자신에게 명백한, 도덕적 동일성도 보존하는 것이 신적 섭리의 규칙에 부합합니다. 필라레테스, 당신은 실재적 동일성이 없을 때에도 이 외견상의 동일성이 보존될 수 있다고 주장하

∴∵

의 의도를 따른 것이다. 의미맥락상으로도 여기서는 감정보다는 의식이 더 적합하다. 'connaissance'는 인식으로 번역했지만 로크에 따르면 모두 의식을 가리킨다.

90) [옮긴이 주] 이 괄호 속의 'consciousness 혹은 consciosité'는 라이프니츠가 이후 추가한 것이다. 코스테는 로크의 'consciousness'를 'conscience'로 번역했는데, 라이프니츠는 이 부분에서 괄호 안의 단어를 추가했다. 이후 몇 군데 'conscience'가 쓰일 곳에서 'consciosité' 라는 단어를 사용하고 있지만 모두 '의식'으로 번역했다.

는 것 같습니다. 저는 이것이 신의 절대적 힘에 의해서 있을 수 있다고 믿을 것입니다. 하지만 사물의 질서에 따르면, 자신을 동일자라고 느끼는 인격 자신에게 외견상의 동일성은 각각의 **다음 단계**에서는 반성 혹은 자아의 의식을 동반하는 실재적 동일성을 가정합니다. 내면적이고 직접적인 지각은 자연적으로 속일 수 없기 때문입니다. 만약 인간이 단지 기계일 뿐이고 그것에 더해 의식을 가질 수 있다면, 필라레테스, 당신의 견해에 동의해야 합니다. 하지만 저는 그런 경우가 적어도 자연적으로는 가능하지 않다고 주장합니다. 저는 **인격적 동일성**뿐만 아니라 **자아**도 우리 안에 머물지 않는다고 주장하고 싶지 않습니다. 그리고 저는 제가 요람에 있었던 당시에 했던 모든 일을 더 이상 아무것도 기억하지 못한다는 것을 구실로 요람에 있었던 것이 나 자신이 아니라고 주장하고 싶지도 않습니다. 나 자신을 통해서 도덕적 동일성을 얻기 위해서는, 어떤 비약이나 잊었던 시간 간격이 그곳에서 서로 섞이더라도, 인접해 있거나 약간 떨어져 있는 한 상태와 다른 상태를 중개하는 **의식의 중간 연결**(moyenne liaison de consciosité)이 있는 것으로 충분합니다. 따라서 병이 의식 연결의 연속성을 중단시켰을 때, 그래서 제가 어떻게 현재 상태에 이르게 되었는지 알지 못할 때, 더 멀리 떨어져 있는 것들을 기억하지 못하더라도 다른 사람들의 증언이 제 기억의 빈 부분을 채울 수 있을 것입니다. 제가 이 병 때문에 잠시 잊고 있었던 사이에 일부러 어떤 악행을 저지르게 되었다면, 저는 그 증언으로 인해 처벌을 받을 수도 있습니다. 그리고 제가 과거의 모든 일들을 잊어버리게 되었다면, 그래서 제 이름까지도 그리고 읽고 쓰는 법까지도 새로 배워야 한다면, 항상 다른 사람들로부터 저의 이전 상태에서 과거의 삶에 대해 들어서 알 수 있을 것입니다. 제가 두 인격체를 분유할 필요 없이, 또 제가 제 자신의 상속자가 될 필요도 없이, 마치 제가 저의 권리를 유지하고 있었던 것처럼 말입니다. 동일한 인격을 만드는 것은 도덕적 동일성이라고 주장하기에 이 모든 것으로 충분합니다. (저 스스로, 환영에 의해서, 꿈이나 병에 의해서 속을 수 있는 것처럼, 그래서 제가 꿈꾸었던 것이 저에게 일어났다고 믿는 것처럼) 만일 다른 사람들이 저를 속이려고 협력한다면, 사실상 외관은 거짓일 것입니다. 하지만 다른 사람들의 보고에 근거해서 진리를 도덕적으로 확신할 수 있는 경우도 있습니다. 우리와 사회의 연결이 도덕성의 주요점을 구성하는 신에게 실수는 일어날 수 없습니다. **자아**(soi)와 관련해서 **자아의 외관**과 의식을 구별하는 것이 좋습니다. **자아**는 실재적 동일성과 물리적 동일성을 구성하고, 진리를 동반한 **자아의 외관**은 거기에 인격적 동일성을 추가합니다. 따라서 인격적 동일성이 기억보다 더 멀리 확장되지 않는다고 주장하지 않는다면, 저 또한 **자아** 혹은 물리적 동일성이 기억에 의존한다고 주장하지 않을 것입니다. 실재적 동일성과 인격적 동일성은 현재하고 직접적인 반성을 통해서 사실의 문제에 있어서 할 수 있는 것을 가장 확실하게 확인합니다. 그것은 시간 간격에 대한 우리의 기억을 통해서 혹은 다른 이들이 협력하는 증거에 의해서 일반적으로 충분하게 확인합니다. 하지만 신이 예외적으로 실재적 동일성을 변경한다면, 사람이 동일성의 외관을 보존하기만 한다면, 내부에서도(즉 의식에서), 또 다른 이들에게 보이는 것으로 이루어지는 것과 같은 외부에서도 인격적 동일성은 유지될 것입니다. 따라서 의식은 인격적 동일성을 구성하는 유일한 방법이 아니고 다른 이의 보고나 다른 표지들도 그것을 대신할 수 있습니다. 그러나 이런 다양한 외관들에 모순이 발견되면, 문제가 발생합니다. 의식은 기억을 잃었을 때처럼 침묵할 수 있습니다. 하지만 다른 외관들과 반대로 일어난 것을 매우 명확하게 말한다면, 사람들은 결정에 혼란을 겪을 것이고 이따금 우리의 기억이 착오를 일으킬 가능성과 외적인 외관에서 어떤 기만

이 있을 가능성 사이에서 판단을 유보할 것입니다.

§11 필라레테스 "모든 인간의 신체 부위는 그 자신의 일부이며" 따라서 신체는 영속적 흐름 속에 있기 때문에, 사람들은 인간이 동일한 상태에 있을 수 없다고 말할 것입니다.

테오필루스 사람들은 동일한 실체 혹은 동일한 물리적 자신이 실재적으로 보존된다고 합당하게 말하기 때문에, 차라리 저는 저 자신과 그 자신은 부분이 없다고 말할 것입니다. 하지만 사물의 진리에 관해서 정확하게 말하자면, 일부가 소멸될 때, 동일한 전체가 보존된다고 말할 수 없습니다. 그리고 물체적 부분들을 가지고 있는 것은 매 순간 그 일부가 소멸되는 것을 피할 수 없습니다.

§13 필라레테스 "과거의 활동에 대한 의식은 하나의 생각하는 실체에서 다른 실체로 전달될 수 없습니다." 그리고 "만일 이 의식이 하나의 유일하고 동일한 개체적 활동이라면," 즉 반성하는 활동이 자각하고 있는 동안 그 활동에 대해서 반성하는 것과 동일하다면, 우리가 우리 자신을 동일한 것으로 감각하기 때문에, 동일한 실체가 유지되는 것은 확실할 것입니다. "그러나 이것은 과거 활동에 대한 현실적 표상에 불과하기 때문에, 결코 실재적으로 존재하지 않았던 것이 실제로 있었던 것처럼 정신에 표상될 수 있다는 것이 어떻게 가능하지 않은지 입증하는 것이 남습니다."

테오필루스 어떤 시간 간격에 대한 기억은 속일 수 있습니다. 사람들은 이것을 종종 경험합니다. 그리고 이런 오류의 자연적 원인을 이해하는 방법이 있습니다. 하지만 현재 기억이나 직접적 기억 혹은 전에 직접적으로 발생한 것에 대한 기억, 즉 내적인 활동을 동반하는 의식이나 반성은 자연적으로 속일 수 없습니다. 그렇지 않다면 우리가 이러저러한 것에 대해서 생각한다는 것은 결코 확실할 수 없을 것입니다. 사람들 자신은 과거 활동에 대해서 말하는 것일 뿐 그것을 말하는 활동 자체에 대해서 말하는 것이 아니기 때문입니다. 만약 내적이고 직접적인 경험이 확실하지 않다면, 사람들이 확신할 수 있는 사실의 진리는 없을 것입니다. 그리고 제가 이미 언급했듯이, 간접적이고 외적인 지각에서 저질러진 오류에는 이해 가능한 근거가 있을 수 있지만, 직접적이고 내적인 지각에서는 신의 전능함에 호소하지 않는 한 그러한 것을 발견할 수 없습니다.

§14 필라레테스 "동일한 비물질적 실체가 남아 있을 때, 구별되는 두 인격이 있을 수 있는가라는 문제와 관련해서, 이 문제는 다음에 토대를 두고 있습니다. 즉 **비물질적 존재자가 그것의 과거 현존에 대한 모든 의식에서 벗어날 수 있는지**, 그리고 결코 더 이상 회복하지 못할 정도로 그것들을 완전하게 잃을 수 있는지, 그래서 말하자면 새로운 시기부터는 새로운 계정을 시작하고, 이 새로운 상태를 넘어서까지 확장될 수 없는 의식을 가질 수 있는지. **영혼의 선재**(préexistence)를 믿는 모든 사람들은 분명하게 이런 생각들을 가지고 있습니다. 저는 자신의 영혼이 소크라테스의 영혼이었다고 확신하는 사람을 본 적이 있습니다. 그리고 그가 수행한, 적잖게 중요했던 지위에서 그는 매우 합리적인 사람으로 여겨졌고 그는 자신이 발간했던 작품을 통해서 자신이 정신을 결여하지도 지식을 결여하지도 않았다는 것을 보였다고 저는 확신할 수 있습니다. 이제 우리가 영혼을 본성을 통해서 따라 인식할 수 있는 한, 영혼은 **물질의 어떤 부분이든 그 부분에 대해서 무구별적으로** 관계하기 때문에, (하나의 동일한 영혼이 여러 다른 물체를 옮겨 다닌다는) 이 가정은 어떠한 명백한 불합리함도 포함하지 않습니다. 그렇지만 네스토르[91]나 소크라테스가 이미 행한 것이나 생각한 것에

..

91) [옮긴이 주] 고대 그리스 문학 『일리아드』에 등장하는 현명한 참모.

대해서 현재 아무런 의식도 가지고 있지 않은 사람이 자신이 네스토르나 소크라테스와 동일한 인격이라고 생각할까요? 혹은 그렇게 생각할 수 있을까요? 그가 이 두 고대 그리스인의 행동에 참여할 수 있을까요? 그가 그 행동을 자신에게 귀속시키거나 그 행동이 이미 현존했던 어떤 다른 사람의 행동이 아니라 자기 자신의 행동이라고 생각할 수 있을까요? 영혼이 현재 소유하고 있는 신체에 혼을 불어넣기 시작할 때, 그는 현재 그에게 있는 영혼이 창조되었을 때처럼 더 이상 그들 중 하나와 동일한 인격이 아닙니다. 한번 네스토르의 일부를 구성했던 물질 입자들 중 어떤 것이 현재는 저기 저 사람의 일부가 될 때와 마찬가지로 이것은 그를 네스토르와 동일한 인격으로 만드는 데 기여하지 않습니다. 왜냐하면 공통적인 의식 없이 어떤 신체와 합일되어 있는 동일한 물질 입자들이 동일한 인격을 만들 수 없는 것과 마찬가지로 동일한 의식 없이 동일한 비물질적 실체는 더 이상 이러저러한 신체와 합일함으로써 동일한 인격을 만들지 않기 때문입니다."

테오필루스 비물질적 존재자 혹은 정신은 그것의 과거 현존에 대한 모든 지각에서 **벗어날 수 없습니다.** 그에게는 예전에 그에게 일어났던 모든 일에 대한 인상이 남아 있고, 심지어 그는 앞으로 그에게 일어날 모든 일에 대한 예감(presentiments)도 가지고 있습니다. 하지만 이 감각들이 아마도 어느 날 펼쳐지더라도, 구별하거나 자각하기에는 대부분 너무 미세합니다. **지각**의 이 연속과 연결이 실재적으로 동일한 개체를 만듭니다. 하지만 **자각**은 (즉 과거 감각을 자각할 때) 또한 도덕적 동일성을 입증하고 실재적 동일성이 나타나게 합니다. 영혼의 선재(preexistence)는 우리의 지각을 통해서 우리에게 나타나지 않지만, 그런 것이 실제로 있다면, 어느 날 인식될 수 있습니다. 따라서 기억의 회복이 절대 불가능하다는 것은 합리적이지 않습니다. 왜냐하면 감각 불가능한 지각이 (이것의 효용에 대해서는 다른 중요한 기회에 많이 보였습니다) 기억의 씨앗을 보존하는 데 사용되기도 하기 때문입니다. 영국 국교회의 신학자, 고 헨리 무어[92] 씨는 영혼의 선재를 확신했고 그것을 지지하는 글을 썼습니다. 고 반 헬몬트 씨의 아들[93]은 제가 방금 말한 것처럼 한 발 더 나아가서 영혼 전이를 믿었지만 항상 하나의 동일한 유의 물체 내에서의 영혼 전이를 믿었습니다. 따라서 그에 따르면 인간의 영혼은 항상 인간에게 혼을 불어넣습니다. 그는 몇몇 제사상들과 함께 아담의 영혼이 새로운 아담 같은 메시아에게로 이동한다고 믿었습니다. 그리고 하기야 그가 매우 똑똑한 사람이었으니 자신이 고대의 어떤 사람이었다고 믿었을 수도 있을 것 같습니다. 그런데 이 영혼의 이동이 진실이라면, 적어도 제가 앞에서 설명했던 (진실인 듯하게 보이지는 않지만) 가능한 방법은, 즉 미세한 물체를 보존하는 영혼이 단 한 번에 다른 거친 물체로 이동하고, 동일한 개체가 네스토르와 소크라테스 그리고 어떤 근대인에 계속 존속하는 것입니다. 그리고 그것의 본성을 충분히 잘 알고 있는 사람은 네스토르나 소크라테스가 했던 모든 일에 대해서 그에게 남아 있는 인상들 혹은 기호들을 근거로 그것의 동일성을 인식할 수 있을 것입니다. 그리고 충분한 통찰력을 갖춘 몇몇 사람은 그것을 읽을 수 있을 것입니다. 그럼에도 만일 근대인이 과거의 자신에 대해서 인식하는 내적 방법이나 외적 방법을 가지고 있지 않다면, 이것은 그가 도덕의 세계와 관련해서 과거에 있어본 적이 없는 것과 마찬가지일 것입니다. 그러나 도덕의 세계와 관련해서 신은 그곳의 통치자이고 그의 통치는 완전하기 때문에, 외견상으

••

92) Henry Moore, *Opera omnia*(1679), I, 750~754쪽; II, 15쪽, 365~371쪽.
93) F. M. van Helmont, *De revolutione animarum humanarum*(1690). 1695년 2월 10(20)일, 라이프니츠가 Th. Smith에게 보낸 서신(Grua, Textes, I, 1948, 94쪽) 참조.

로는 어떤 것도 그 세계에서 무시되지 않습니다. 저의 가설에 따르면 영혼은, 당신에게 보이는 것처럼 물질의 어떤 부분이든 그 부분에 대해서 **무구별적**이지 않습니다. 반대로 영혼은 근원적으로 질서에 따라 자신과 합일되어 있는 그리고 합일되어야 하는 물질의 부분을 표현합니다. 따라서 영혼이 새로운 거친 물체나 새로운 감각 가능한 물체로 이동했을 때, 이전 물체에서 지각했던 것들 모두에 대한 표현을 계속 보존할 것이고, 새로운 물체도 이것을 느껴야 합니다. 따라서 개체적 연속은 항상 그것의 실재적 표지를 가질 것입니다. 우리의 과거 상태가 어떠했든 간에, 그것이 남긴 결과를 우리가 항상 **자각할 수 있는** 것은 아닙니다. 필라레테스, 당신이 신봉하는 『지성론』의 박식한 저자의 견해는, (2부 27장 동일성에 관하여) 영혼의 이동에 대한 가정이나 허구의 일부는, 그것이 가능하다고 했을 때, 사람들이 공통적으로 정신을 단지 물질과 독립적인 것으로 간주할 뿐만 아니라 모든 종류의 물질과 무구별적인 것으로 간주하기도 한 것에 기초한다는 것입니다. 그러나 저는 희망합니다. 제가 이 주제에 대해서 여기저기에서 필라레테스 당신에게 말했던 것이 이런 의심을 해소하고 자연적으로 일어날 수 있는 일을 더 잘 인식하게 만들기를 말입니다. 이를 통해서 사람들은 어떻게 한 고대인의 행동이 그가 자각하지 못하더라도 동일한 영혼을 소유할 근대인에게 속하는지 압니다. 하지만 사람들이 그것을 인식하게 되면, 또 그에 더해 인격적 동일성에도 도달하게 됩니다. 그 외에도 한 물체에서 다른 물체로 이동하는 **물질의 한 부분**은 동일한 인간 개체도 자아라고 부르는 것도 구성하지도 않습니다. 그것들을 구성하는 것은 바로 영혼입니다.

§16 필라레테스 그렇지만 사실상, "저는 제 자신이 했기 때문에, 저의 의식(자기의식)에 의해서 현재 저의 몫으로 되어 있는 것만큼 수천 년 전에 했던

행동에도 관심을 가지고 있고 정당한 책임을 갖습니다. 앞선 순간에 제가 방금 했던 것에 제가 그런 것처럼 말입니다."

테오필루스　어떤 것을 행했다는 이 의견은 멀리 떨어져 있는 행동의 경우에서는 잘못 생각하게 할 수 있습니다. 많은 사람들이 자신들이 꿈꾸었던 것이나 자신들이 고안해낸 것을 반복함으로써 진실로 간주합니다. 이런 잘못된 견해는 혼란을 일으킬 수 있지만 다른 견해들이 그것과 일치하지 않을 때, 처벌받도록 할 수는 없습니다. 다른 측면에서 사람들은 행했던 것을 망각했을 때 그것에 대해서 책임을 질 수 있습니다. 그 행동이 다른 곳에서 검증된다는 전제하에서 말입니다.

§17 필라레테스　"모든 사람들은 자신의 작은 손가락이 이 의식에 포함되어 있는 한, 다른 모든 부분들과 마찬가지로 **자기 자아의** (그의) **일부**를 이룬다는 것을 매일같이 경험합니다."

테오필루스　저는 (§11) 저의 손가락이 자아의 일부라고 왜 주장하지 않으려고 했는지 말했습니다. 하지만 그것이 제 신체에 속하고 제 신체의 일부를 이룬다는 것은 사실입니다.

필라레테스　다른 의견을 가진 사람들은 말할 것입니다. "이 작은 손가락이 신체의 나머지 부분들에서 분리될 때, 그리고 이 의식이 작은 손가락과 동반하고, 신체의 나머지 부분들을 포기할 때, 작은 손가락이 그 **인격, 동일한 인격**이라는 것, 그래서 자아는 신체의 나머지 부분들과 아무런 관계도 없으리라는 것은 명백합니다."

테오필루스　자연은 이런 허구를 허용하지 않습니다. 이 허구는 조화의 체계 혹은 영혼과 신체의 완전한 일치의 체계에 의해서 깨질 것입니다.

§18 필라레테스　그렇지만 "신체가 계속해서 살아 있고, 그 신체가 자신의 작은 손가락은 어떠한 부분도 차지하지 않는 특정한 의식을 가지고 있을

때, 또 그럼에도 영혼이 손가락에 있을 때, 손가락은 신체의 나머지 부분들의 행동을 인정할 수 없을 것이고 사람들은 더 이상 그 손가락에 그 행동의 책임을 부여할 수 없을 것"으로 보입니다.

테오필루스 또한 손가락에 있는 영혼은 그 신체에 속하지 않을 것입니다. 만약 신이 의식을 다른 영혼으로 이동하도록 만들었다면, 저는 의식을 동일자처럼 도덕적 개념에 따라 다루어야 한다는 것을 인정합니다. 하지만 이것은 이유 없이 사물의 질서를 깨트리고 자각 가능한 것과 감각할 수 없는 지각에 의해서 보존되는 진리를 갈라놓는 것입니다. 현재 감각할 수 없는 지각이 어느 날 펼쳐질 수 있기 때문에, 이것은 합리적이지 않습니다. 왜냐하면 무용한 것은 없고 영원성은 변화에 커다란 장을 제공하기 때문입니다.

§20 필라레테스 "인간의 법은 사려 깊은 양식을 가진 인간이 한 행동 때문에 광인을 벌하지 않고 광인이 한 행동 때문에 사려 깊은 양식을 가진 인간을 벌하지 않습니다. 인간의 법은 이를 통해서 두 인격을 만듭니다. 그래서 사람들은 그는 그 자신 밖에 있다고 말합니다."

테오필루스 법은 악한 행동을 방지하고 선한 행동을 장려하기 위해서 처벌로 위협하고 보상을 약속합니다. 그러나 광인의 경우에 이성이 그를 지배하지 않기 때문에 위협과 약속이 그에게 충분히 작동하지 않을 수 있습니다. 따라서 징벌의 엄격함은 결함의 정도에 따라서 멈추어야 합니다. 다른 측면에서 사람들이 범죄를 저지르는 것을 점점 더 두려워하도록 하기 위해서 범죄자가 자신이 행한 악행의 결과를 알기를 원합니다. 하지만 광인은 그것을 충분히 감지하지 못하기 때문에, 그가 사려 깊은 양식에서 행했던 것을 처벌하는 판결을 집행하기 위해 적당한 때를 기다리는 것이 좋습니다. 따라서 이런 경우에 법이나 판사가 했던 것은 거기에 두 인격이 있다는 생각에서 근거하지 않습니다.

§22 필라레테스   제가 당신에게 제시한 견해를 가지고 있는 편에서는 실제로 다음의 반론이 제기됩니다. "술에 취한 어떤 사람이 나중에 술이 깼었을 때, 이 둘이 동일한 인격이 아니라면, 그가 술에 취했을 때 행했던 것에 대해서 그를 벌해서는 안 됩니다. 왜냐하면 그는 그것에 대해서 더 이상 어떤 의식도 가지고 있지 않기 때문입니다. 하지만 사람들은 이 문제에 대해서, 그가 자고 있는 동안 걷고 다른 많은 일을 행하는 사람과 마찬가지로 동일한 인격인 만큼 그 상태에서 행했던 모든 악행에 책임이 있다고 답합니다."

테오필루스   술 취한 사람의 행동과 실제로 몽유병자로 인정된 사람의 행동 간에는 차이가 많습니다. 사람들은 술 취한 자들이 술에 취하는 것을 피할 수 있었기 때문에 그들을 벌합니다. 더욱이 그들은 술에 취하는 동안 징벌에 대한 어떤 기억을 할 수도 있기 때문입니다. 하지만 몽유병자가 밤에 걸어 다니는 것과 그러면서 하는 행동을 하지 않는 것은 그들의 힘으로 되지 않는 것입니다. 그럼에도 실제로 그 행동에 매를 들어 그를 침대에 머물게 할 수 있다면, 사람들은 당연히 그렇게 할 것이고 그것이 처벌이라기보다 치료법이어도 그것을 안 하지는 않을 것입니다. 실제로 이 치료법은 효과가 있다고 보고되었습니다.

필라레테스   "인간의 법은 인간들이 사물을 인식하는 방식에 부합하는 정의(justice)에 따라서 그 둘을 처벌합니다. 왜냐하면 이런 경우에 인간들은 실재하는 것과 왜곡된 것을 확실하게 구별할 수 없기 때문입니다. 따라서 무지는 취한 상태나 잠자는 상태에서 행한 것에 대한 변명으로 인정되지 않습니다. 사실은 행했던 자에 반대로 입증하고, 그들을 위한 의식의 결여를 입증할 수 없습니다."

테오필루스 그런 일이 일어날 수 있듯이 술 취한 자나 몽유병자가 그들 자신 밖에 있었다는 것이 제대로 검증되었을 때, 사람들이 무엇을 해야 하는지는 문제가 되지 않습니다. 이런 경우에 몽유병자는 단지 정신병자처럼 여겨질 테지만 술 취한 자는 자발적이고 그것이 병이 아니기 때문에 사람들은 몽유병자보다는 술 취한 자를 처벌합니다.

필라레테스 "하지만 모든 마음의 비밀이 드러날 대단하고 두려운 심판의 날에, 사람들은 당연히 그 누구도 자신이 완전히 알지 못하는 것에 대해서 책임을 지지 않을 것이라고 믿고, 또 모든 이들이 자기의 고유한 의식을 통해서 비난받거나 용서받기 때문에 자신에게 주어진 빚을 되돌려 받을 것이라고 믿습니다."

테오필루스 저는 심판의 날에 인간의 기억력이 망각했던 모든 것을 기억할 정도로 향상되는 것이 필요한지 그리고 다른 이들의 인식과, 무엇보다 속을 수 없는 정당한 판사의 인식으로 충분하지 않을지 의문입니다. 사람들은 진실에 덜 부합하더라도 적어도 가능한 허구를 꾸며낼 수 있습니다. 그래서 심판의 날에 한 사람이 자기가 나빴다고 믿도록 그리고 그것이 진실이 아닐지라도 그것을 판단할 위치에 있었던 모든 창조된 다른 정신들에게도 그렇게 진실로 보이도록 말입니다. 그러면 그 반대를 유일하게 알고 있는 최고의 공정한 판사가 이 인격을 비난하고 그가 알았던 것과 반대로 판결할 수 있을 것이라고 말할 수 있을까요? 그렇지만 이것은 당신이 도덕적 인격성으로부터 얻은 개념을 따를 것처럼 보입니다. 만약 신이 겉으로 보이는 것과 반대로 판결한다면, 사람들은 아마도 신이 영광을 받기에 충분하지 않고 다른 것들을 위해 수고하지 않을 것이라고 말할 것입니다. 그러나 사람들은 신 자신이 유일한 최고의 법이고 이 경우에 다른 이들은 그들 자신이 잘못 생각했다고 판결해야 한다고 답할 것입니다.

§23 **필라레테스** "우리가 구별되고 상호 소통 불가능한 **두 의식**, 즉 서로 번 갈아가며 하나는 낮 동안 다른 하나는 밤 동안 지속적으로 동일한 신체에 서 활동하는 두 의식을 가정할 수 있다면, 또 반대로 상이한 두 신체에서 시간 간격을 두고 **동일한 의식**이 활동한다고 가정할 수 있다면, 저는 첫 번째 경우에서 낮의 인간과 밤의 인간, 제가 이렇게 표현해도 된다면, 그 들은 소크라테스와 플라톤처럼 구별되는 두 인격이 아닌지 그리고 두 번 째 경우에서 그것은 구별되는 두 신체에 있는 하나의 유일한 인격이 아닌 지 물을 것입니다. 상이한 두 신체에 작용하는 이 동일한 의식과 상이한 시간에 동일한 신체에 작용하는 이 의식들이 동일한 비물질적 실체에 속한 다고 말하고, 다른 두 의식들이 이 신체에 상이한 이 의식을 도입하는, 구 별되는 두 비물질적 실체에 속한다고 말하는 것은 아무것도 중요하지 않 습니다. 인격적 동일성은, 이 의식이 어떤 비물질적 개체적 실체와 연결되 든 그렇지 않든 간에, 똑같이 의식에 의해서 결정될 것이기 때문입니다. 더 욱이 생각하는 비물질적인 것은 가끔씩 자기의 과거 의식을 시야에서 놓치 고 새롭게 그것을 다시 회복해야 할 때가 있습니다. 기억과 망각의 간격이 매일 낮과 매일 밤마다 되돌아온다고 가정하면, 이를 통해서 당신은 동일 한 비물질적 정신을 가진 두 인격을 갖는 것입니다. 따라서 **자아**는 우리가 확신할 수 없는 실체의 동일성이나 상이성에 의해서 결정되는 것이 아니라 오로지 의식의 동일성에 의해서만 결정됩니다."

테오필루스 모든 외관들이 변화하고 하나의 정신에서 다른 정신으로 옮겨 진다면, 혹은 신이 한 정신의 가시적 신체와 외관, 그리고 의식을 다른 정 신에게 줌으로써 두 정신 간에 교환을 만들었다면, 저는 인격적 동일성이 실체의 동일성과 연결되지 않고 인간의 도덕이 고려해야 하는 변함없는 외 관을 따른다는 것을 인정합니다. 하지만 이 외관은 단지 의식으로만 구성되지 않습니다. 그리고 신은 관련된 개체의 자각이나 의식만 교환하게 하는 것이 아니라 이 인격과 관련해서 다른 개체들에게 제공되는 외관도 교환하게 할 필요가 있습니다. 그렇지 않으면 한 개체의 의식과 다른 개체의 증언 간에 모순이 있을 것이고 이것은 도덕적인 것들의 질서를 깨트리는 것입니다. 그렇지만 감각 불가능한 세계와 감각 가능한 세계 간의 대립, 즉 동일한 실체에 머무르는 감각 불가능한 지각들과 교환되는 자각들 간의 대립이, 신이 빈 공간을 만들었다고 가정하는 것과 마찬가지로 기적이라는 것에 대해서 저에게 동의해야 합니다. 저는 앞에서 왜 이것이 자연적 질서에 적합하지 않은지 설명했습니다. 여기 더 적합한 다른 가정이 있습니다. 우주의 다른 장소에 혹은 다른 시간에 우리가 거주하는 지구와 감각적으로 느끼기에 다르지 않은 천체가 있을 수 있고, 그곳에 거주하는 각각의 인간은 그들에 상응하는 각각의 우리와 감각적으로 다르지 않습니다. 따라서 그곳에는 수억 쌍 이상의 유사한 인격, 즉 동일한 외관과 의식을 가지고 있는 두 인격이 있을 것입니다. 그리고 신은 정신이 자각하지 못한 채, 오로지 정신들만을 혹은 그것의 신체들도 함께한 천체에서 다른 천체로 이동시킬 수 있습니다. 하지만 정신이 옮겨지든 아니면 남아 있든 간에 당신의 저자에 따르면 그것의 인격이나 그것의 자아에 대해서 무엇을 말할 수 있습니까? 이들은 두 개의 인격입니까? 아니면 동일한 인격입니까? 왜냐하면 이 두 천체에 있는 인간들의 의식과 내적, 외적 외관은 구별을 만들 수 없기 때문입니다. 그 시간 간격들과 시간과 장소의 외적 연관을 고찰할 수 있고 또한 두 천체에 있는 인간들에게는 감각 불가능하겠지만, 내적 구성을 고찰할 수 있는 신과 정신은 사실 그것들을 구분할 수 있습니다. 하지만 당신의 가설에 따르면, 실체의 실재적 동일성이나 상이성에 대해서 또는 다른 사람들에게 보이는 것에 대해서 고심할 필요도 없이 오직 의식만이 인격을 구분합니다. 동일한 시간에 이 두 유사한 천체에 있지만 표현할 수 없을 정도로 서로 멀리 떨어져 있는 두 인격이 하나의 유일하고 동일한 인격일 뿐이라고 말하는 것을 어떻게 막을까요? 하지만 이것은 명백하게 불합리합니다. 그 외에도 자연적으로 일어날 수 있는 것에 대해서 말하자면, 유사한 두 천체와 두 천체에 있는 유사한 두 영혼은 단지 한 동안만 유사하게 머물러 있습니다. 왜냐하면 개체적 상이성이 있기 때문에, 이 차이는 적어도 시간이 지남에 따라 펼쳐져야 하는, 감각 불가능한 구성에 있어야 하기 때문입니다.

§26 필라레테스 "전생에 행했던 것 때문에 지금 처벌을 받는 인간을 가정해 봅시다. 그리고 그가 전생에 대해서 어떠한 의식도 절대로 가질 수 없게 할 수 있다고 하면, 그러한 대우와 그를 불행하게 창조되도록 하는 대우 간에 어떤 차이가 있습니까?"

테오필루스 플라톤주의자들, 오리게네스주의자들, 몇몇 히브리 사람들, 그리고 영혼의 선재를 옹호하는 다른 자들은 이 세계의 영혼이 이전 세계에서 저지른 범죄에 대한 처벌로 불완전한 신체로 들어가게 되었다고 믿었습니다. 그러나 사람들이 자신의 기억을 통해서도, 어떠한 흔적을 통해서도, 다른 사람들의 지식을 통해서도 진실을 결코 듣지 못하고 경험하지도 못했을 때, 통상적 개념에 따라서 그것을 처벌이라고 부를 수 없으리라는 것은 사실입니다. 그렇지만 일반적으로 처벌에 대해서 이야기할 때, 고통받는 사람이 어느 날 그 스스로 그 이유를 듣게 되는 것이 절대적으로 필요한지에 대해서 그리고 더 잘 알고 있는 다른 정신이 신의 정의를 영광스럽게 하는 소재를 발견하는 것이 대부분의 경우 충분했던 것은 아닌지에 대해서 의심스러운 것이 있습니다. 그렇지만 고통받는 자들이 적어도 일반적으로라도 그 이유를 아는 것이 더 그럴듯합니다.

§29[94] **필라레테스** 아마도 숙고 끝에 당신은 저의 저자와 의견을 일치시킬 수 있을 것입니다. 그는 동일성에 관한 장을 다음의 문제를 언급하면서 끝 냅니다. 동일한 인간을 유지하는 것이 이름의 문제인가라는 문제 말입니 다. 이것에 따르면 인간은 오로지 이성적 정신으로만 이해되든지 아니면 인간이라고 불리는 이 형상에 있는 신체로만 이해되든지, 혹은 마지막으 로 이러저러한 신체와 합일된 정신으로 이해됩니다. 첫 번째 경우 (적어도 거친 신체에서) 분리된 정신도 인간일 것입니다. 두 번째 경우 이성을 결여 하고 있지만 우리와 완전하게 유사한 오랑우탄은 인간일 것입니다. 그리 고 그 인간이 자신의 이성적 영혼을 빼앗기면 동물의 영혼을 얻어서 동일 한 인간으로 남아 있을 것입니다. 세 번째 경우 정신과 신체가 합일해서, 즉 동일한 정신과 부분적으로 동일한 신체의 합일로 혹은 감각가능한 물 체적 형상과 관련된다면, 적어도 그와 동등한 것이 합일해서 동일한 인간 으로 있어야 합니다. 이렇게 사람들은 이 형태를 마지막 의미에서 인간에 게 본질적인 것으로 간주하는 경우에, 물리적으로 혹은 도덕적으로 동일 한 존재자, 즉 동일한 실체로 그리고 인간으로 남아 있을 필요 없이, 동일 한 인격으로 남아 있을 것입니다.

테오필루스 저는 여기에 이름의 문제가 있다는 것을 인정합니다. 그리고 세 번째 경우에 동일한 동물이 한때는 애벌레이거나 누에였다가 다른 때 에는 나비가 되는 것, 그리고 몇몇 사람들이 이 세상의 천사들이 과거 세 상에서는 사람이었다고 상상하는 것과 같은 문제가 있다는 것을 인정합니 다. 하지만 우리는 이 대화에서 낱말의 의미보다 더 중요한 논의에 몰두했

··
94) [옮긴이 주] 이 절은 로크의 저작에 기반을 둔 정도가 약한 부분이다. 그래서 원문에서도 인용 체인 이탤릭체로 되어 있지 않다.

습니다. 저는 당신에게 참된 물리적 동일성의 원천을 보여주었습니다. 그리고 도덕이 더 이상 기억과 대립하지 않는다는 것을 보여주었습니다. 더욱이 저는 도덕과 기억은 문제가 되고 있는 인격 자체에 또 그것과 교류하고 있는 인격들에게 항상 물리적 동일성을 표명해줄 수 없다는 것, 하지만 도덕과 기억은 물리적 동일성과 결코 대립하지 않으며 물리적 동일성과 결코 전적으로 결별하지도 않는다는 것, 그리고 그것이 어떤 상태에 있는지 알고 있고 또 알 수 있는 창조된 정신이 항상 있다는 것, 하지만 인격 자체에 대해서 무구별적인 것은 단지 일시적일 뿐이라고 판단하는 데는 이유가 있다는 것을 보여주었습니다.

28장
어떤 다른 관계들,
특히 도덕적 관계에 관하여

§1 **필라레테스** "지금까지 우리가 논의했던 시간, 장소 그리고 인과성에 근거를 둔 관계들 외에 무한하게 많은 다른 관계들이 있습니다. 저는 그중 몇 가지를 제안하려고 합니다. 분할 가능하고 등급을 나눌 수 있는 모든 단순 관념은 더 (혹은 덜 혹은 똑같이) 하얀 것의 관념처럼, 그것이 발견되는 대상들을 비교할 기회를 제공합니다. 이것을 **비례적**(proportionelle) 관계라고 부를 수 있습니다."

테오필루스 하지만 비례 관계가 없어도 더 큰 것이 있습니다. 반지름이 원호와 이루는 각은 직각보다 작다고 말할 때처럼, 제가 **불완전 크기**라고 일컫는 것과 관련해서 말입니다. 왜냐하면 이 두 각들 간에 혹은 이 각들 중 하나와 이 각들의 차이, 즉 접속각 간에 비율이 있을 가능성이 없기 때문입니다.

§2 **필라레테스** "아버지와 아들, 형제, 사촌, 동포 관계에 기초한 태생 상황

은 또 다른 비교 기회를 제공합니다. 우리는 이 황소가 저 송아지의 할아버지라거나 이 두 비둘기는 사촌이라고 말하는 일이 거의 없습니다. 언어는 사용에 비례하기 때문입니다. 하지만 어떤 나라에서, 자신들의 계보보다는 그들이 가진 말들의 계보에 더 관심이 있는 사람들은 각각의 말에 개별적으로 이름을 붙일 뿐만 아니라 그 말들의 상이한 항렬에도 이름을 붙입니다."

테오필루스 친족 관계에도 가족의 관념과 가족의 이름을 덧붙일 수 있습니다. 사실 사람들은 샤를마뉴의 통치하에서 그리고 상당히 오랜 시간 전과 후에 독일과 프랑스 그리고 롬바르디아 지방에 가족의 이름이 있었다는 것을 알아차리지 못했습니다. 이름을 가지고 있지 않았던 북쪽 지역에 (귀족에게조차) 가족의 이름이 생긴 것도 그리 오래되지 않았습니다. 그곳에서는 그들의 이름과 자기 아버지의 이름을 부르면서 그리고 (이주했을 때) 다른 곳에서는 그가 온 곳의 이름을 자기 이름에 추가해서 그들의 출생지로 사람을 식별했습니다. (제 생각에) 아라비아인들과 투르크메니스탄 사람들도 그러합니다. 그들도 특정한 가족의 이름을 가지고 있지 않고 누군가의 아버지, 할아버지 등의 이름으로 불리는 것에 만족하기 때문입니다. 그리고 그들은 그들의 값비싼 말들에게 같은 명예를 주고, 고유한 이름을 붙이고 아버지의 이름을 붙이고 그 이상의 이름을 붙입니다. 그래서 사람들은 터키인들의 군주가 칼로위츠의 평화 이후에 황제에게 보낸 말에 대해서 이런 식으로 이야기합니다. 그리고 자기 종족의 최후 인물이자 매우 오래 살았던, 돌아가신 올덴부르크의 영주[95]는 유명한 종마사육장을 가지고 있었고 자기 말의 족보를 가지고 있어서 **귀족 신분**을 입증할 수 있었으며 자

∴

95) Anton Günther, 1667년 6월 10일 후손 없이 사망했다.

기 조상의 초상화(imagines majorum)[96]를 가질 정도에 이르렀습니다. 로마인들에게 이것은 매우 귀한 것이었습니다. 다시 사람으로 돌아와서, 아라비아인들과 타타르족들에게는 시간이 지남에 따라 크게 확대되는 대가족들과 같은 **부족**의 이름이 있습니다. 그리고 그 이름들은 모세 시대처럼 자손의 이름이나 거주지의 이름 혹은 다른 어떤 상황의 이름이 됩니다. 한동안 자신이 머물렀던 아라비아 사막의 현재 상태에 정통한 탐험여행가 워즐리 씨는 모세가 이동했던 이집트와 팔레스타인 사이에 있는 모든 나라들에 있는 사람을 합치면 대략 5,000명에 이르지만 부족은 현재 단지 세 개뿐이라고 확신합니다. 그리고 이 부족들 중 하나는 (제가 생각한 것처럼) 살리의 자손이라고 부르는데, 후손들은 그의 묘를 성인의 묘처럼 숭배합니다. 아라비아인들이 그들의 머리와 그들의 낙타 머리 위에 쌓인 먼지를 모으면서 예를 표하는 것처럼 말입니다. 그 밖에 사람들이 고려하는 관계가 공통 기원일 때는 **혈족관계**입니다. 하지만 두 인격체가 하나의 동일한 인격체와 혈족관계일 때, 그로 인해 혼인 중재에 의해서 만들어지는 일이 그 둘 사이에 없을 때, 이 두 인격체 사이를 **결속** 혹은 인척관계라고 말할 수 있습니다. 하지만 비록 그들의 혼인이 다른 인격체들에게 인척관계를 만들더라도, 사람들이 보통 남편과 부인 사이를 인척관계라고 말하지 않기 때문에, 남편과 부인이 하나의 동일한 인격체로 간주될 때, 인척관계는 그들의 관계가 혈족관계인 사람들 간에서 있을 수 있다고 말하는 편이 더 나을 것입니다.

§3 필라레테스 "군대 장군의 관계나 시민의 관계와 같은 **관계**(Rapport)는 경

..

96) [옮긴이 주] 'imagines majorum'은 로마 시대 가족의 초상화 혹은 조각상의 일종으로 자기 조상의 얼굴을 그려서 모셔 놓거나 머리 조각상을 들고 있는 모습의 조각상을 가리킨다.

우에 따라 도덕적 권리에 근거를 둡니다. 이 **관계**(Relations)는 사람들 간의 합의에 기초하기 때문에 **의도적**(volontaire) 관계이거나 **제도적**(d'institution) 관계이고 이것은 **자연적**(naturelles) 관계와 구별될 수 있습니다. 가끔씩 두 상관관계는 귀족과 노예, 장군과 병사처럼 각각 자신의 이름을 갖습니다. 그러나 항상 그런 것은 아닙니다. 예를 들어 수상과 관계가 있는 것들은 그렇지 않습니다."

테오필루스   가끔은 사람들이 **도덕적** 관계로 포장하거나 보강한 **자연적 관계**가 있습니다. 예를 들어 자식은 아버지나 어머니 유산의 일부를 상속받는 합법적 권리를 가지고 있습니다. 젊은 사람들은 특정한 예속 상태에 있지만 노인들은 특정한 면제를 받습니다. 그렇지만 자연적 관계가 아닌 것을 자연적 관계로 간주하는 일도 일어납니다. 예를 들어 아버지는 자식이 그에게 귀속될 수 있는 시간 동안, 어머니와 혼인을 한 사람이라고 법이 규정할 때처럼 말입니다. 때때로 이런 **자연적** 관계를 **제도적** 관계로 대체하는 것은 **추정**일 뿐입니다. 즉 아마도 참이 아닌 것을 그것이 거짓이라고 증명되지 않는 한, 참으로 간주하는 판단일 뿐입니다. 그래서 '아버지는 결혼이 증명하는 것이다.'라는 격률은 로마법에서 그리고 그것을 수용한 대부분의 민족들에게서 인정되는 것입니다. 그러나 사람들은 세 왕국 중 하나에 있었다는 것이 영국에서는 자신의 알리바이를 입증하는 데 아무런 소용이 없다고 제게 말했습니다. 따라서 그때 추정은 **허구**로 변하거나 몇몇 학자들이 '법적 추정과 법률상의 추정(praesumtionem juris et de jure)'[97]이라고 부르는 것으로 변합니다.

∴

97) [옮긴이 주] "juris et de jure"는 증거에 의해서도 논박되지 않는 결정적인 법률상의 추정을 의미한다.

§4 **필라레테스** "**도덕적 관계**는 사람들의 의도적 행동과 사람들이 어떤 것을 **도덕적 선 혹은 도덕적 악**으로 판단하게 하는 규범 간의 일치 혹은 불일치 입니다." §5 "**도덕적 선 혹은 도덕적 악**은 의도적 행동과 특정한 법칙 간의 일치 혹은 반대입니다. 이 법칙은 입법자(혹은 법칙을 준수하기를 바라는 자) 의 의지와 힘에 따라 (물리적) 선 혹은 악으로 우리를 이끄는 것입니다. 그 리고 이것이 우리가 **보상**과 **처벌**이라고 부르는 것입니다."

테오필루스 필라레테스, 당신이 의견을 대신하고 있는 저자만큼이나 탁월 한 저자들에게도 그들이 적절하다고 판단하는 대로 용어를 선택하는 것이 허용됩니다. 하지만 사용하는 개념에 따라서 하나의 동일한 행동이 동시 에 상이한 입법자 아래서 도덕적으로 선하고 도덕적으로 악한 것이 된다는 것 또한 사실입니다. 마치 앞부분에서 우리의 탁월한 저자가 칭송받는 것 을 덕으로 간주한 것처럼, 그 결과 하나의 동일한 행동이 사람들의 의견에 따라 덕이거나 덕이 아니거나 하는 것처럼 말입니다. 그런데 이것이 도덕 적으로 선한 행동과 덕행에 부여하는 통상적 의미는 아니기 때문에, 차라 리 저는 신에게 보존의 책임이 있는 이성의 변함없는 규칙을 도덕적 선과 덕의 기준으로 간주합니다. 또한 신의 중재로 모든 도덕적 선은 물리적 선 이 된다거나 고대인들이 이야기한 것처럼 모든 명예는 유용하다고 확신할 수 있습니다. 반면에 저자의 개념에 따라 표현하면, 도덕적 선 혹은 악은 부과된 **선 혹은 악**이거나 **인위적** 선 혹은 악이라고 말해야 합니다. 이것은 권력을 손에 쥐고 있는 사람들이 처벌과 보상을 통해서 따르게 하거나 피 하게 할 수 있는 것입니다. 선이란 신의 일반적 제정으로 설립된 것이 자연 혹은 이성과 일치하는 것입니다.

§7 **필라레테스** "**법**에는 세 종류가 있습니다. 신법, 시민법 그리고 세평 (opinion)이나 평판(réputation)에 의한 법입니다. 첫 번째는 죄(péché) 혹은

의무에 관한 규칙이고, 두 번째는 범죄 행위 혹은 무고한 행위에 관한 규칙이며, 세 번째는 덕 혹은 악덕에 관한 규칙입니다."

테오필루스 용어들의 통상적 의미에 따르면, 덕과 악덕은 **습성**이 **행동**과 구별되는 것처럼만 **의무, 죄와** 구별됩니다. 그리고 사람들은 덕과 악덕을 세평에 의존하는 어떤 것으로 간주하지 않습니다. 큰 죄는 범죄라고 불리며, 무죄는 범죄의 반대가 아니라 유죄의 반대입니다. 신법에는 자연법과 실정법 두 종류가 있습니다. 시민법은 실정법입니다. 평판에 의한 법은 단지 부적절하게만 법의 이름을 받을 자격이 있거나 자연법에 포함됩니다. 행동이 자연적으로 타인의 동의, 건강, 이익과 같은 어떤 선이나 악에 속할 때, 제가 건강의 법, 경영의 법에 대해서 말했을 때처럼 말입니다.

§10 **필라레테스** "세상의 모든 사람들이 사실상 주장하는 것은, 덕과 악덕이라는 말이 본성상 선한 행동과 악한 행동을 의미한다는 것, 그리고 그 말이 실재로 이런 의미로 적용되는 한, 덕은 완전하게 (자연적) 신법과 일치한다는 것입니다. 그러나 사람들이 무엇을 주장하든 간에, 개별적인 적용에서 고려되는 이 이름들은 각 나라에서 혹은 각 사회에서 존경할 만하다거나 불명예스럽다고 평가되는 행동들 그래서 그렇지 않을 경우 사람들이 **자기 스스로 자책하는** 행동들에 지속적으로 그리고 독특하게 부여된다는 것을 볼 수 있습니다. 따라서 덕과 악덕이라고 부르는 것의 기준은 비밀스럽거나 암묵적인 승인에 의해 형성되는 이러한 동의나 경멸, 존중이나 비난입니다. 왜냐하면 정치 공동체에 결속된 사람들이 자신들의 모든 힘에 대한 재량권을 공공의 손에 맡기더라도, 따라서 법으로 허용된 범위를 넘어 시민들에 반대해서 그 힘을 사용할 수 없더라도, 그들은 여전히 잘 생각하거나 잘못 생각하는 힘, 승인하거나 비난하는 힘을 보유하기 때문입니다."

테오필루스 필라레테스, 당신과 같이 이렇게 설명하는 탁월한 저자가 덕과 악덕의 이름에 이런 자의적이고 명목적인 현재의 정의를 지정하는 것이 마음에 들었다고 선언했다면, 사람들은 오직 그것이 그에게 아마도 다른 용어가 없음을 편하게 표현하기 위해서 이론적으로 허용된다고 말할 수 있을 것입니다. 하지만 이러한 의미가 용례에도 부합하지 않을 뿐만 아니라 의미의 구축에도 유용하지 않다는 것, 그리고 어떤 사람이 이것을 일상의 생활과 대화에 도입하려고 하면, 많은 사람들의 귀에 나쁘게 들리리라는 것을 덧붙여야 할 것입니다. 이 저자가 서문에서 스스로 인정한 것처럼 말입니다. 하지만 이것은 그보다 더 나아갑니다. 그리고 당신은 사람들이 변함없는 법에 따라서 자연적으로 덕인 것과 악덕인 것에 대해서 이야기하기를 원한다고 인정하지만, 당신이 주장하는 것은, 사실 그들은 세평에 의존하는 것에 대해서 이야기한 것을 이해한 것일 뿐입니다. 하지만 제게는 같은 이유로 사람들이 진리와 이성, 가장 실재적인 것이라고 부를 수 있는 모든 것이 세평에 의존한다는 것을 지지할 수도 있을 것으로 보입니다. 사람들은 그것에 대해서 판단할 때, 잘못 생각하기 때문입니다. 따라서 사람들은 진리와 마찬가지로 덕을 적용할 때, 때때로 잘못 생각하는 것이 아니라 자연과 일치하는 것으로 덕을 이해한다고 말하는 것이 모든 면에서 더 낫습니다. 더욱이 **그들은 사람들이 생각하는 것만큼 많이 잘못 생각하는 것이 아닙니다.** 왜냐하면 그들이 칭송하는 것은 보통 특정한 관점에서 그런 칭송을 받을 만하기 때문입니다. 음주의 덕, 즉 술이 센 것은 보노수스[98]가 야만인들의 환심을 사는 데 사용해서 그들로부터 그들의 비밀을 얻어내는 데 유용한 장점입니다. 바로 그 보노수스가 자기와 닮았다고 주장하는 헤

∴

98) 3세기 로마 황제 아우렐리우스 때의 교구장.

라클레스가 가진 밤의 힘은 부족함이 없었습니다. 도둑의 섬세함은 라케다이몬 사람들에게 칭송받는 것입니다. 비난받는 것은 재주가 아니라 그것을 잘못 사용하는 것입니다. 그리고 매우 평화로운 시기에 마차에 치인 사람들이 때로는 전시에 뛰어난 당원의 역할을 할 수 있습니다. 따라서 모든 것은 적용하기 나름이며 사람들이 소유한 장점을 잘 사용할지 잘못 사용할지에 달려 있습니다. 사실 이런 일은 매우 흔한 일이며 사람들이 **자기 스스로 자책하는 것**을 아주 기이한 일로 간주해서는 안 됩니다. 예를 들어, 그들이 다른 사람들을 비난하는 일을 자신들이 행할 때처럼 말입니다. 그리고 행정관이나 설교가가 행한 것과 금지한 것이 모든 사람들의 눈에 명명백백하게 보일 때, 종종 대중을 분노하게 하는 행동과 말 사이에는 모순이 있습니다.

§11 필라레테스 "모든 곳에서 덕으로 간주하는 것은 사람들이 칭송받을 만하다고 판단하는 것입니다. 덕과 칭송은 종종 같은 이름으로 표기됩니다. '여기에도 칭송받을 만한 행동에 대한 보상이 있다.'라고 베르길리우스가 말합니다.(『아이네이스』 I, 461) 그리고 키케로는 '자연에는 정직, 칭송, 존엄, 영광보다 탁월한 것은 없다.'라고 말합니다.(『투스쿨룸 논쟁』 2권, 20장) 그리고 잠시 후 다음을 추가합니다. '나는 이 다수의 이름들로 한 가지를 가리키려고 한다.'"

테오필루스 고대인들이 '관대한 정직으로 고취된 마음'[99]을 칭송했을 때처럼, 그들이 **덕**을 **정직**(honnête)이라는 이름으로 지칭했던 것은 사실입니다. 그리고 정직이 명예 혹은 칭송으로 불리는 것도 사실입니다. 하지만 이것은 덕이 사람들이 칭송하는 것임을 말하는 것이 아니라 덕이 칭송받을 만

..

99) Persius, *Satires*, II, 74. "incoctum generoso pectus honesto."

한 것임을 말하는 것입니다. 그리고 이것은 진리에 의존하는 것이지 세평에 의존하는 것이 아닙니다.

필라레테스 "많은 사람들이 **신법**에 대해서 진지하게 생각하지 않거나 어느 날 그것의 작자와 화해할 것이라고 기대하고 **국가법**의 관점에서 처벌받지 않을 것이라고 자신합니다. 하지만 그가 교제하는 사람의 의견에 반하는 어떤 것, 그리고 자신을 추천하는 사람의 의견에 반하는 어떤 것을 행하는 사람은 그들의 검열과 경멸의 고통을 피할 수 있을 것이라고 생각하지 않습니다. 자신의 고유한 본성에서 어떤 의식을 유지할 수 있는 사람은 공동체에서 지속적으로 멸시를 받으며 살 수 없습니다. 이것이 **평판에 의한 법**의 힘입니다."

테오필루스 저는 이미 이것이 행동 그 자체가 초래한 법의 처벌일 뿐만 아니라 자연적 처벌이라고 말했습니다. 그렇지만 사실 많은 사람들은 그것을 걱정하지 않습니다. 왜냐하면 보통 그들은 비난받는 어떤 행동 때문에 어느 누구로부터 멸시를 받으면, 그들이 어떤 다른 측면에서는 그래도 약간은 추천받을 만할 때, 공범자 혹은 적어도 그들을 멸시하지 않는 동조자를 찾기 때문입니다. 또한 사람들은 가장 불명예스러운 행동들은 잊고, 저 테렌스의 포르미온처럼 모든 것이 지나간다는 이유로 무례하고 파렴치해지는 것에 만족하는 경우가 있습니다. **파문**이 지속적이고 일반적인 진정한 경멸을 만들어낸다면, 우리의 저자가 이야기하는 이 법의 힘을 가질 것입니다. 그리고 파문은 실제로 초대 기독교인들에게 그러한 힘을 가지고 있었습니다. 그들에게 죄지은 자를 벌하기 위한 재판은 없었지만 이 파문이 재판의 역할을 했습니다. 이것은 장인들이 규칙이 있음에도 불구하고, 그 규칙을 준수하지 않는 사람들을 위해 규칙의 무시를 보여줌으로써 그들 간에 있는 어떤 특정한 습관을 고수하는 것과 거의 마찬가지입니다. 그리고 법령에 반대하는 투쟁들을 이런 식으로 주장하였습니다. 대중은 칭송과 비난에 있어서 그들 자신들과 일치하고 이성과 일치하는 것이 바람직할 것입니다. 그리고 무엇보다 성인은 악한 행동들에 대해 웃으면서 악한 사람들을 비호하지 말아야 합니다. 그럴 때 가장 빈번하게 나타나는 것이 나쁜 행동을 했던 사람이 아니라 그로 인해 고통받았던 사람이 멸시당하는 벌을 받고 조롱거리가 되는 것입니다. 또한 인간들은 허약함과 불행뿐만 아니라 악덕도 경멸하는 것이 일반적이라는 것을 알게 될 것입니다. 따라서 평판에 의한 법은 올바르게 개혁될 필요가 있고, 또 더 잘 준수될 필요가 있습니다.

§19 **필라레테스** 관계에 대한 고찰을 끝마치기 전에, 저는 "우리가 보통 **관계**에 대해서뿐만 아니라 그것의 **토대**에 대해서도 명확한 개념 혹은 더 명확한 개념을 가지고 있다는 것을 언급하고 싶습니다. 만약 제가 사람들이 어린아이들에게 말하듯이, 셈프로니아가 티투스를 양배추 밑에서 얻었고, [이로 인해 그의 엄마가 되었고] 그 후 그녀가 동일한 방식으로 가이우스를 얻었다는 것을 믿는다면, 저는 산파의 모든 지식을 알고 있을 때와 마찬가지로 티투스와 가이우스 간의 **형제 관계**에 대한 명확한 개념도 가지고 있을 것입니다."

테오필루스 그렇지만 사람들이 어느 날 한 아이에게 갓 태어난 너의 어린 동생은 우물에서 길어 올렸다고 말했을 때, (독일에서 이 문제에 관한 아이들의 호기심을 충족시키기 위해서 사용하는 답변) 그 아이는 답했습니다. 그 어린 동생이 크게 울부짖고 엄마를 괴롭힐 때, 사람들이 그 동생을 같은 우물에 다시 던져버리지 않는 것이 놀랍다고 말입니다. 이 이야기는 엄마가 아이에게 보여주는 사랑의 어떠한 이유도 알게 하지 못합니다. 그래서 관계의 토대를 알지 못하는 사람은 제가 부분적으로 비어 있고 불충분한 생각이라고 부르는 것만을 소유하고 있다고 말할 수 있습니다. 이 생각이 특정한 관점에서 그리고 특정한 경우에는 충분할 수 있더라도 말입니다.

29장
명확한 관념과 모호한 관념, 구별되는 관념과 혼란스러운 관념

§2 필라레테스 이제 관념들의 어떤 차이에 대해서 살펴봅시다. "**우리의 단순 관념**이 그것이 유래하는 대상 자체와 같은 것이고 질서 정연한 감각이나 지각에 모든 필요한 정황과 함께 그 대상 자체가 표상되거나 표상될 수 있을 때, 그것은 **명확**합니다. 기억이 이런 식으로 단순 관념을 보존할 때. 그런 경우 그것은 명확한 관념이고, 기억이 저 원초적 정확성을 결여하거나 단순 관념이 말하자면 최초의 신선함을 잃고 시간이 지남에 따라 흐려지고 퇴색하는 한, 그 정도까지 그것은 모호한 관념입니다. **복합 관념**은 그것을 구성하는 단순 관념들이 명확할 때 그리고 이 단순 관념의 수와 순서가 고정될 때, **명확**합니다."

테오필루스 1684년 라이프치히의 학술 저널에 게재된 참인 관념 혹은 거짓 관념, 명확한 관념 혹은 모호한 관념, 구별되는 관념 혹은 혼란스러운 관념에 대한 소논고[100]에서 저는 **명확한 관념**을 정의했습니다. 그 정의는 단순 관념과 합성 관념에 공통적이며, 사람들이 여기서 그 관념들에 대해서 말하는 것을 설명합니다. 그래서 저는 관념이 사물을 재인식하고 구별하기에 충분할 때 관념이 명확하다고 말합니다. 제가 어떤 한 색에 대해서 아주 명확한 관념을 가지고 있을 때, 제가 구하는 색이 아닌 다른 색을 받아들이지 않는 것처럼, 그리고 제가 식물에 대한 명확한 관념을 가지고 있을 때, 다른 유사한 것들 중에서도 그것을 구분하는 것처럼 말입니다. 그것이 없으면, **모호한 관념**입니다. 저는 우리가 감각 가능한 것들에 대해서 결코 완전하게 명확한 관념을 가질 수 없다고 생각합니다. 기억을 통해서는 구분할 수 없을 정도로 서로 비슷한 색들이 있습니다. 그럼에도 사람들은 하나가 다른 것의 주위에 놓여 있을 때 종종 그것들을 구분할 것입니다. 그리고 우리가 한 식물을 잘 묘사했다고 믿을 때, 사람들은 우리가 묘사한 모든 특징을 지니고 있을 그리고 당연히 다른 종도 알게 할 수 있는, 인도에서 온 한 식물을 가져올 수 있을 것입니다. 따라서 우리는 결코 **최하위의 종**(species infimas)을 완전하게 결정할 수 없을 것입니다.

§4 필라레테스 "**명확한 관념**이, 정신이 잘 배치된 신체 기관에 제대로 작용하는 외부 대상으로부터 관념을 받아들일 때처럼 충만하고 명증적으로 지각할 때 정신이 갖는 그런 관념인 것처럼, **구별되는** 관념은 정신이 다른 모든 관념과 그 관념을 구별해주는 차이를 지각할 때의 관념입니다. 그리고 혼란스러운 관념은 다른 관념과 달라야 하는 관념이 충분히 구별될 수 없는 관념입니다."

테오필루스 당신이 제안한 **구별되는** 관념의 개념에 따르면, 제게는 **명확한** 개념과 그것을 구별할 방법이 보이지 않습니다. 그래서 저는 보통 이 문제

∴

100) "Meditatione de cognitione, veritate et ideis", *Acta Eruditorum*(1684. 11).

에서 데카르트의 언어를 따라왔습니다. 그에 따르면 관념은 명확하고 동시에 혼란스러울 수 있습니다. 그러한 것에는 색이나 열의 관념과 같이 감각 기관을 자극하는 감각 가능한 성질에 대한 관념이 있습니다. 그 관념은 사람들이 그것을 재인식하고 서로서로 쉽게 구분하기 때문에 명확합니다. 하지만 사람들이 그 관념이 포함하고 있는 것을 구별하지 못하기 때문에 그 관념은 구별되지 않습니다. 그래서 사람들은 그 관념을 정의하지 못합니다. 사람들은 그 관념을 단지 예시를 통해서만 인식할 수 있을 뿐이며, 그 밖에 사람들이 그 구조를 알아내기 전까지는 '나는 그것이 무엇인지 모르겠다.'라고 말해야 합니다. 그러므로 우리의 정의에 따르면, 구별되는 관념이 한 대상과 다른 대상을 구별하더라도, 명확하지만 그 자체로 혼란스러운 관념도 그런 것처럼, 우리는 잘 구별된 관념들 혹은 대상을 구별하는 관념들 모두를 **구별되는** 관념이라고 하지 않습니다. 하지만 잘 구별된 관념들, 즉 그 자체로 구별되는 관념들과 대상에서 그것을 인식하게 하는 표지들(marques)을 구별하는 관념들은 분석이나 정의를 제공하는 것입니다. 그렇지 않으면 우리는 그런 관념을 **혼란스러운** 관념이라고 부릅니다. 그리고 이런 의미에서 관념을 지배하는 혼란은 우리 본성의 불완전함 때문에 비난을 면할 수 있을 것입니다. 예를 들어 우리는 냄새와 맛의 원인을 구분할 수 없고, 또 이 성질들에 포함된 것을 구분할 수 없기 때문입니다. 그렇지만 이 혼란은 중요한 경우 그리고 구별되는 관념을 갖는 것이 저의 능력에 있을 때는 비난받을 것입니다. 예를 들어 제가 참된 금의 표시를 보여주는 필수 검사를 하지 않은 채 불순물이 섞인 금을 진짜 금으로 여길 때처럼 말입니다.

§5 필라레테스 "그러나 사람들은 그 자체로 혼란스러운 관념은 (혹은 당신의 견해에 따르면 모호한 관념은) 없다고 말할 것입니다. 왜냐하면 그 관념은

단지 정신에 의해서 지각되는 그런 관념일 수 있고 이것이 그 관념을 다른 모든 관념들과 충분하게 구별하기 때문입니다." §6 "이런 어려움을 제거하기 위해서는 관념의 결함이 이름과 관련이 있다는 것을 알아야 하고, 관념을 표현하기 위해 사용하는 이름으로 표시되는 것만큼 다른 이름으로도 잘 표시될 수 있는 그런 관념일 때, 관념에 결함이 생긴다는 것을 알아야 합니다."

테오필루스 제 생각에, 사람들은 이것이 이름에 종속되도록 만들어서는 안 됩니다. (사람들이 말하기를) 알렉산더 대왕은 꿈에서 리시마쿠스를 치료하기에 좋은 식물을 보았다고 합니다. 그 이후 이 식물은 이 왕의 친구를 효과적으로 치료했기 때문에 '리시마키아'라고 불린다고 합니다.[101] 알렉산더가 여러 식물들을 가져오게 했을 때, 그는 그중에서 어떤 것이 자신이 꿈에서 보았던 것인지 알아보았습니다. 그가 만약 불행하게도 그것을 알아보는 데 충분한 관념을 가지고 있지 않았다면, 그리고 자신의 꿈 자체를 회상하기 위해서 느부갓네살처럼 다니엘이 필요했다면, 그가 소유했던 관념은 **모호하**고 불완전한 관념이었음이 명백합니다. (그래서 저는 이것을 오히려 **혼란스러운** 관념이라고 부르고 싶기 때문에,) 그것은 특정한 이름이 없었으니 정확하게 어떤 이름에 주의하지 못해서가 아니라 사물, 즉 치료를 해야 하는 식물에 주의하지 못했기 때문입니다. 이 경우에 알렉산더는 특정한 상황을 기억했지만 다른 것들에 대해서는 의심했습니다. 그리고 우리는 어떤 사물을 지칭하기 위해서 이름을 사용하므로, 보통 이름에 대한 주의 집중의 결여는 사람들이 이 이름이라고 예상했던 사물에 대한 주의 집중의 결여인 것입니다.

⁝

101) Plinius, *Naturalis historia*, 25권, 72장.

§7 **필라레테스** "합성 관념들이 대부분 이런 불완전성에 종속되기 때문에, 이 불완전성은 관념이 너무 적은 수의 단순 관념들로 합성되는 것에서 기인할 수 있습니다. 예를 들어 동물은 반점이 있는 가죽을 가지고 있다는 관념이 너무 일반적인 것처럼 말입니다. 그리고 사람들은 스라소니, 표범 혹은 검은 표범을 개별 이름으로 구별하는데, 그 관념은 이것들을 구별하기에 충분하지 않습니다."

테오필루스 아담처럼 동물들에게 이름을 지어주기 전 상태에 우리가 있었더라도 당연히 이런 결함이 발생했을 것입니다.[102] 반점이 있는 동물 중에 특별히 날카로운 눈을 가진 것이 있다는 것을 알지만 그것이 호랑이인지 스라소니인지 혹은 다른 종류인지는 알지 못한다고 가정할 때, 이것이 그것을 구별할 수 없는 불완전함입니다. 따라서 이것은 이름에 관한 문제가 아닐 뿐만 아니라 이유를 제공하는 문제도 아니고 동물에게 특정한 명칭을 가질 만하게 하는 것입니다. 또한 이로써 반점이 있는 동물의 관념은, 그것이 단지 유를 표시하는 데 사용되어야 할 때, 그 자체로 적절하고 혼란과 모호성이 없어 보입니다. 그러나 그 관념이 사람들이 잘 기억하지 못하는 어떤 다른 관념과 연결될 때, 그것은 종을 가리켜야 하는데, 그때 합성된 관념은 모호하고 불완전합니다.

§8 **필라레테스** "합성 관념을 구성하는 단순 관념이 수적으로 충분하지만 너무 혼란스럽고 심하게 얽혀 있을 때, 반대의 결여가 나타납니다. 마치 단지 구름으로 뒤덮인 하늘을 표현한 것일 뿐이어야 할 때처럼 너무나 혼란스러워 보이는 그림이 있는 것처럼 말입니다. 어떤 경우에는 이것이 앞의 그림을 모방해서 만든 다른 그림일 때조차 거기에 혼동이 있다는 것을

••

102) 『구약』, 「창세기」 2장, 19~20절.

말하지 못할 것입니다. 그러나 사람들이 이 그림은 초상화로 보여야 한다고 말할 때, 그것이 사람의 초상화인지, 원숭이의 초상화인지, 물고기의 초상화인지 말할 수 없을 것이기 때문에, 그것은 혼란스럽다고 말하는 것이 합당할 것입니다. 그렇지만 그것을 원통형 거울로 볼 때 혼란은 사라지고 그것이 율리우스 카이사르라는 것을 보게 됩니다. 따라서 (제가 이렇게 표현해도 된다면,) 어떠한 **심적 그림**도 그것의 부분들이 어떤 방식으로 결합되어 있든 간에 혼란스럽다고 할 수 없습니다. 왜냐하면 그 그림이 어떤 것이든, 그것이 어떤 일반적 이름으로 분류되기 전까지는 다른 모든 것과 분명하게 구별될 것이기 때문입니다. 우리는 그것이 상이한 의미를 가진 특정한 다른 이름에 속하는 것을 알아낼 수 없는 것과 마찬가지로 어떤 일반적 이름에 속하는 것도 알아낼 수 없습니다."

테오필루스　사람들이 결과물에 주목하지 않고 부분들을 특정한 방식으로 바라볼 때, 그 부분들을 분명하게 보는 이 그림은 당신의 관점에서뿐만 아니라 저의 관점에서도 진정으로 혼란스러운 돌무더기의 관념과 유사합니다. 사람들이 그 돌의 수와 다른 속성들을 **분명하게** 파악하기 전까지는 말입니다. (예를 들어) 거기에 서른여섯 개의 돌이 있었다면, (그것들이 정돈되지 않은 채 모두 쌓아놓은 것으로 보일 때) 그것들이 삼각형인지 사각형인지 인식하지 못할 것입니다. 실제로 36은 사각수이기도 하면서 삼각수이기도 하기 때문에 그런 일이 있을 수 있습니다. 이런 식으로 천 개의 면을 가진 도형을 바라보면, 사람들이 10의 세제곱인 면의 수를 알기 전까지는 혼란스러운 관념만을 가질 것입니다. 따라서 이것은 이름의 문제가 아니라 사람들이 혼란스러움을 해결했을 때 관념에서 발견되어야 하는 **구별되는 속성**의 문제입니다. 그리고 그 혼란의 열쇠나 이해 가능한 속성을 인식하게 하는 대상을 바라보는 방법을 발견하는 것은 어려운 경우가 있습니다.

예를 들어 니케론[103) 신부가 가르쳐주었던 저 그림들을 인식하게 하는 기법처럼 말입니다. 그 기법은 사물을 만들었던 이의 목적을 알기 위해서 특정한 관점에서 혹은 특정한 거울이나 렌즈의 도움을 받아 바라보아야 합니다.

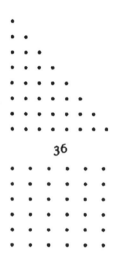

§9 필라레테스 "그렇지만 실제로 이름의 잘못된 사용에서 비롯된 관념의 경우에, 즉 우리의 관념이 불확실하고 불확정적일 때에는 세 번째 결점도 있다는 것을 부정할 수 없을 것입니다. 그래서 자신의 모국어에서 사용되는 낱말들을 그것의 정확한 의미를 배우기도 전에 어려움 없이 사용하는 사람들을 매일같이 볼 수 있습니다. 그들은 그 낱말들과 연결되어 있는 관념을 매우 빈번하게, 그 말들이 그들의 대화에서 사용되는 빈도만큼 자주 바꿉니다." **§10** "이로써 사람들은 이름이 얼마만큼 구별되는 관념과 혼란

103) J. F. Niceron, *La perspective curieuse*(1683), 2~4부.

스러운 관념의 명명에 기여하는지 압니다. 그리고 구별되는 이름을 구별되는 사물의 표시로 간주하는 고찰을 하지 않으면, 무엇이 혼란스러운 관념인지 말하기 매우 어려울 것입니다."

테오필루스　하지만 저는 그것을 방금 설명했습니다. 당신의 견해에서 **혼란**이 제가 모호하다고 부르는 것으로 간주되는 경우이든, 그것이 저의 견해에서 사람들이 소유한 개념의 분석이 결여된 것으로 간주되는 경우이든, 이름을 고려하지 않고 설명했습니다. 그리고 저는 사람들이 보았던 반점이 있는 동물의 사례에서 모든 모호한 관념은 실제로 불확정적이거나 불확실하다는 것도 보았습니다. 그 사례에서 사람들은 명확하게 기억하지 못해도 이 일반 개념에 어떤 것을 추가해야 한다는 것을 압니다. 따라서 당신이 특정했던 첫 번째 결점과 세 번째 결점은 결국 하나의 동일한 것이 됩니다. 그렇지만 낱말의 남용이 오류의 커다란 원천이라는 것도 분명한 사실입니다. 예를 들어 사람들이 계산할 때, 숫자 표를 제자리에 놓지 못한다든가 숫자의 표기를 2와 7을 구분하지 못할 정도로 잘못 쓴다든가 실수로 표기를 지우거나 변경하거나 하는 식으로 일종의 계산 실수가 이런 낱말의 남용에서 발생하기 때문입니다. 이런 낱말의 남용은 그 낱말을 관념과 전혀 연결시키지 못한다든지, 부분이 비어 있는, 말하자면 백지인 채로 남아 있는 불완전한 관념과 연결시키든지 하는 것입니다. 그리고 이 두 경우, 이름으로만 채워져 있는 생각에는 공허하게 어떤 것이 비어 있습니다. 혹은 결국 결점은 상이한 관념들을 낱말과 연결시키는 것으로 이루어지는 것입니다. 사람들은 부분이 비어 있을 때와 마찬가지로 무엇이 관념을 모호하게 만드는 것으로 선택되어야 하는지 불확실하기도 하고 또 관념들을 번갈아가며 선택하고 하나의 동일한 추론에 동일한 낱말의 의미를 한 번은 이렇게 또 한 번은 저렇게 오류를 야기하는 방식으로, 이 관념들이 서로 일치하는지는 고려하지 않은 채 사용하기도 하기 때문입니다. 따라서 불확실한 생각은 비어 있는 것이고 관념이 없는 것이거나 하나 이상의 관념 사이를 떠돌아다닌 것입니다. 사람들이 결정된 어떤 것을 표기하려고 하는 것이든, 상응하는 특정한 의미를 하나의 낱말에 부여하거나 우리가 이미 사용했던 것 혹은 다른 사람들이 사용했던 것에 부여하는 것이든 이것은 해가 됩니다. 특히 모든 사람들에게 공통적이거나 특정 직종의 사람들에게 공통적인 일상 언어에서 말입니다. 이로부터 대화에서, 강의실에서, 그리고 책에서 무한하게 많은 막연하고 무익한 논쟁이 생겨납니다. 사람들은 때때로 **구별**을 통해서 논쟁을 종결짓기를 원하지만 대부분의 경우 더 혼란스러워질 뿐입니다. 막연하고 모호한 용어의 자리에 더 막연하고 더 모호한 다른 용어들이 놓이기 때문입니다. 이것은 철학자들이 용어를 잘 정의하지 못한 채 그들의 구별에 사용하는 것과 같이 빈번한 일입니다.

§12 필라레테스 "만약 관념에 이름과 관련된 비밀스러운 관계 외에 다른 종류의 혼란이 있다면, 그것은 적어도 사람들의 생각과 대화에서 다른 어떤 것보다 더 큰 혼란을 퍼뜨릴 것입니다."

테오필루스 동의합니다. 하지만 사람들이 이름을 사용할 때 사물의 어떤 개념과 사람들의 목적은 대부분 섞여 있습니다. 예를 들어 사람들이 교회에 대해서 이야기할 때, 많은 이들이 정부를 생각하는 반면 다른 이들은 학설의 진리에 대해서 생각합니다.

필라레테스 "이런 혼란을 방지하는 방법은 일정한 수와 정해진 순서로 연합된 단순 관념들의 어떤 특정한 결합에 동일한 이름을 지속적으로 사용하는 것입니다. 하지만 이것은 인간의 안일함과 자만에 어울리지 않기 때문에, 그리고 항상 목표로 하는 것이 아닌 진리의 발견과 옹호에만 사용될 수 있기 때문에, 저런 정확성은 사람들이 기대하는 것이라기보다 소망하는 것 중의 하나입니다. 가변적이고 불확정적인 관념에 그리고 (비어 있는 (sourd) 생각에서는) 거의 순수한 무에 가까운 관념에 막연하게 이름을 적용하는 것은 한편으로는 우리의 무지를 가리고 또 다른 편으로는 다른 사람들을 혼란스럽게 하고 당황하게 하는 역할을 합니다. 이것은 인식에 있어서 진정한 지식으로 그리고 우월성의 표지로 간주됩니다."

테오필루스 세련되고 훌륭한 표현에 대한 열망도 이 언어의 혼란에 상당한 영향을 미쳤습니다. 사람들은 생각을 아름답고 매력적으로 표현하기 위해서 주저하지 않고 **전의**(Trope, 轉義)의 방식으로 낱말에 통상적 의미와 다소 다른 어떤 의미를 부여합니다. 이 다른 의미는 때로는 **제유**라고 불리는, 통상적 의미보다 더 일반적인 의미이거나 더 제한적인 의미이고 때로는 사람들이 그 이름을 바꾸는 사물들 간의 관계에 따라서 전이된 의미입니다. 그 관계란 다른 이름의 자리에 반대말을 사용하는 **반어법**에 대해서는 이야기할 것도 없이, **환유**에서 일치의 관계이거나 **은유**에서 비교의 관계입니다. 따라서 사람들이 잘 알아차리지 못하기는 하지만 알아차렸을 때, 변화라고 부르는 것은 바로 이런 의미변화입니다. 그리고 낱말의 의미를 통제하는 일종의 법칙이 결여된 이런 언어의 불확정성에서 가장 판단력 있는 사람들은, 로마법의 **개요** 제목에 어떤 것, 즉 '용어의 의미에 관하여 (De Verborum significationibus)'가 있는 것처럼, 그들이 보통 독자들을 위해서 글을 쓸 때, 용어의 의미가 엄격하게 고정되기를 원한다면, 그들의 표현에 멋을 부리거나 힘을 주지 않을 것입니다. 그들은 단지 그들의 변이가 오류도 잘못된 추론도 야기하지 않도록 주의해야 할 뿐입니다. 고대인들이 구별하는 **대중적으로**(exoterique), 즉 일반 대중이 좋아하도록 쓰는 방식과 **난해하게**(acroamatique), 즉 진리를 발견하는 일에 전념하는 이들을 위해 쓰는 방식 간의 차이가 바로 이것입니다. 그리고 만약 어떤 사람들이 형이상학이나 도덕학에서 수학자들처럼 글쓰기를 원한다면, 그가 그렇게 엄밀하게 하는 것을 방해하는 것은 없을 것입니다. 어떤 사람들은 이것을 업으로 삼고 수학의 영역 밖에서도 수학적 증명을 약속했습니다. 하지만 이것을 성공적으로 이루어낸 사람은 매우 드뭅니다. 저는 사람들이 소수의 독자들을 위해서 그런 증명을 해야 한다는 어려움에 싫증이 났다고 생각합니다. 페르시우스의 다음과 같은 질문과 대답처럼 말입니다. "누가 이것을 읽겠습니까?", "한두 명이 읽거나 아니면 아무도 읽지 않을 것 같습니다."[104] 그렇지만 저는 사람들이 제대로 이것에 착수한다면, 그것을 후회하지는 않을 것입니다. 저는 그것을 시도해본 적이 있습니다.

§13 필라레테스 그럼에도 "합성 관념 중 일부는 매우 명확하고 매우 구별될 수 있고 다른 일부는 매우 모호하고 매우 혼란스러울 수 있다."라는 당신의 견해는 저의 견해와 일치합니다.

테오필루스 그것은 의심할 여지가 없습니다. 예를 들면, 우리는 인간 신체 중 대부분의 가시적이고 고체인 부분에 대해서 매우 구별되는 관념을 가지고 있지만 인간 신체에 포함된 액체 부분에 대해서는 전혀 그런 관념을 가지고 있지 않습니다.

필라레테스 "한 사람이 천 개의 면을 가진 도형에 대해서 이야기할 때, 그 수의 관념이 그에게 매우 구별되더라도, 이 도형의 관념은 그의 정신 안에서 매우 모호할 것입니다."

테오필루스 그 사례는 여기에 적합하지 않습니다. 천 개의 면을 가지고 있는 정다각형도 천의 수처럼 분명하게 인식됩니다. 그것으로 모든 종류의 진리를 발견하고 증명할 수 있기 때문입니다.

••
104) Persius, *Satires*, I, v. 2~3.

필라레테스 "하지만 사람들은 천 개의 면을 가진 도형에 대한 정확한 관념을 가지고 있지 않습니다. 따라서 구백구십구 개의 면만 가지고 있는 다른 도형과 구별할 수 없습니다."

테오필루스 이 사례가 보여주는 것은 사람들이 여기서 관념과 상을 혼동하고 있다는 것입니다. 어떤 사람이 저에게 정다각형을 제시할 때, 시각과 상상은 그 안에 있는 천이라는 수를 저에게 이해시킬 수 없습니다. 제가 수를 세어서 **구별하기** 전까지는 도형과 그 수에 대해서 단지 **혼란스러운** 관념만 가질 뿐입니다. 하지만 저는 그것을 발견했기 때문에, 제시된 다각형의 본성과 속성을 매우 잘 압니다. 알아야 할 것이 천각형의 본성과 속성인 것에 한해서 말입니다. 결과적으로 저는 천각형의 관념을 가지고 있지만 천각형의 상을 가질 수 없습니다. 그리고 한 면이 더 적은 다각형과 천각형을 구별하기 위해서 사람들은 더 섬세하고 더 숙련된 감각과 상상력을 가지고 있어야 합니다. 그러나 도형의 인식은 수의 인식과 마찬가지로 상상력의 도움을 받을 수는 있지만 상상력에 의존하지는 않습니다. 수학자는 구각형과 십각형의 본성을 정확하게 인식할 수 있습니다. 왜냐하면 그가 그것들을 시각적으로 구분하지 못하더라도, 그것을 만들어내고 검사할 방법을 가지고 있기 때문입니다. 사실 그 본성을 아마도 충분히 알지 못할 제작자와 기술자는 위대한 기하학자보다 이런 장점을 가질 것입니다. 즉 그것들을 측정하지 않고 단지 눈으로 보면서 구분할 수 있는 장점 말입니다. 일 파운드의 오차도 없이 옮겨야 하는 짐의 무게를 말하는 짐꾼이나 도붓장수처럼 말입니다. 그들은 그 점에 있어서는 세상에서 가장 유능한 정역학 전문가를 능가합니다. 이런 오랜 연습을 통해서 얻은 경험적 지식이 신속하게 행동하는 데 매우 유용한 것은 사실입니다. 이것은 마치 기술자가 자신이 멈추어서 직면한 위험을 벗어나기 위해서 매우 자주

해야 하는 것과 같습니다. 그렇지만 정구각형 혹은 99파운드의 무게에 대해서 사람들이 가질 수 있는 **명확한** 상이나 (정확한) 감각은 **혼란스러운** 관념으로만 이루어져 있습니다. 왜냐하면 그것은 이 무게나 정구각형의 본성과 속성을 알아내는 데 소용이 없기 때문입니다. 이것은 **구별되는 관념**을 요구합니다. 그리고 이 사례는 관념들 간의 차이 혹은 그보다는 관념과 상의 차이를 이해하는 데 더 도움이 됩니다.

§15 **필라레테스** "다른 사례를 들겠습니다. 우리는 우리가 영원에 대한 긍정적이고 완전한 관념을 가지고 있다고 믿게 됩니다. 이것은 우리의 관념에 명확하게 인식되지 않는 그런 지속의 부분은 없다고 말하는 때와 마찬가지입니다. 경계 없는 연장이 문제이기 때문에, 사람들이 표상하는 지속의 크기가 얼마나 크든 간에, 그것은 사람들이 모호하고 불확정적이라고 표상하는 것을 넘어 항상 관념의 일부로 남아 있습니다. 따라서 영원이나 어떤 다른 무한에 관해서 논쟁하고 추론할 때, 우리는 명백한 불합리함에서 혼란에 빠지게 됩니다."

테오필루스 저에게는 이 사례가 당신의 의도에 잘 맞지 않는 것으로 보입니다. 하지만 이 지점에 관한 당신의 개념에서 당신을 각성시키려고 하는 저의 의도에는 매우 적절합니다. 왜냐하면 여기에도 똑같이 상과 관념의 혼동이 지배하고 있기 때문입니다. 우리는 영원에 대한 완전하거나 정확한 관념을 가지고 있습니다. 우리가 그것에 대한 어떤 상을 가지고 있지 않더라도 그것의 정의를 가지고 있기 때문입니다. 하지만 부분의 합성을 통해서 무한의 관념을 형성하지 못합니다. 그리고 무한에 대해서 추론할 때 사람들이 저지르는 오류는 그것에 대한 상의 결여에서 나오지 않습니다.

§16 **필라레테스** 하지만 "우리가 물질의 무한 분할 가능성에 대해서 이야기할 때, 우리가 비록 분할에 대한 명확한 관념을 가지고 있더라도, 입자에

대해서는 단지 매우 모호하고 매우 혼란스러운 관념만을 가진다."는 것은 사실 아닙니까? "왜냐하면 저는 한 사람이 전에 본 적이 있는 먼지의 가장 작은 원자를 얻었을 때, 그가 이 원자의 십만 번째 입자와 백만 번째 입자를 구별하는 어떤 관념을 가질지 의문이기 때문입니다."

테오필루스   이것이 바로 **상을 관념으로 혼동하는 것**입니다. 저는 그것을 그렇게 혼동해서 보는 것이 놀랍습니다. 그렇게 대단히 작음에 대한 상을 소유하는 것을 다루는 것이 전혀 아닙니다. 이것은 우리 신체의 현재 구성에 따르면 불가능합니다. 그리고 우리가 그런 상을 가질 수 있다면, 그것은 현재 우리에게 **지각 가능한 것**으로 보이는 것의 상과 거의 같을 것입니다. 그러나 반면에 우리 상상력의 대상인 것은 우리를 벗어날 것이고 또 상상되기에는 너무 커질 것입니다. 크기는 그 자체로 상을 가지고 있지 않으며, 사람들이 가지고 있는 상은 단지 신체 기관 그리고 다른 대상들과 비교에만 의존합니다. 그래서 여기서 상상력을 사용하는 것은 쓸모없는 일입니다. 그러므로 여기서 필라레테스, 당신이 저에게 말한 모든 것으로 보아 사람들은 필요한 것 이상을 요구함으로써 근거 없이 스스로 어려움을 만드는 기질이 있다는 것이 분명하게 나타납니다.

30장
실재 관념과
공상 관념에 관하여

§1 **필라레테스** "사물과 관련된 관념은 실재적(réelles) 관념이거나 공상적(chimériques) 관념, 완전 관념이거나 불완전 관념[105], 참인 관념이거나 거짓인 관념입니다. 저는 **실재적 관념**을 자연에 토대를 가지고 있는 것 그리고 실재적 존재자와 일치하고, 사물의 현존 혹은 원형(archétypes)과 일치하는 것으로 이해합니다. 그렇지 않으면 그것은 환상적(fantastiques) 관념이거나 공상적 관념입니다."

테오필루스 이 설명에 약간의 모호함이 있습니다. 관념은 그 토대와 일치하지 않아도 자연에 토대를 가질 수 있습니다. 우리가 색이나 열에 대해서 가지고 있는 감각이 본래의 실물이나 원형과 유사하지 않다고 주장할 때

..

105) [옮긴이 주] 로크는 이 부분에서 'adequate or inadequate'라고 썼는데, 코스테가 'completes ou incompletes'라고 바꾸었다.

처럼 말입니다. 관념은 그에 상응하는 것이 현존하지 않더라도 가능하기만 하다면 실재적일 것입니다. 그렇지 않으면 한 종의 모든 개체들이 사라지면 종의 관념도 공상적 관념이 될 것입니다.

§2 필라레테스 "단순 관념은 모두 실재적 관념입니다. 왜냐하면 (다수의 견해에 따르면,) 고통과 마찬가지로 힘과 차가움이 더 이상 눈에서 발견되지 않더라도, 우리 안에 있는 그것의 관념은 외부 사물과 결부되어 있는 힘의 결과이기 때문이고, 또한 우리는 이 변함없는 결과의 도움으로 그것이 마치 사물들 자체에 현존하는 것에 대한 정확한 상일 때처럼, 사물들을 구별하는 데 사용하기 때문입니다."

테오필루스 저는 이 주제를 앞에서 이미 검토했습니다. 그것에 따르면 원형과의 일치가 항상 요구되는 것은 아닌 것 같습니다. 그리고 (저는 인정하지 않지만) 유사성도 없고 자연적 연관 관계조차 없이 대상의 성질을 표기하는 것으로 결정된 관념을 신이 우리에게 임의적으로 지정했다고 생각하는 사람들의 견해에 따르면, 사람들이 언어에서 관례적으로 사용하는 말들과 관념이나 사물 자체가 서로 일치하지 않는 것처럼 우리의 관념과 원형은 거의 일치하지 않습니다.

§3 필라레테스 "정신은 그것의 단순 관념들에 대해서는 **수동적**이지만 다수의 단순 관념이 하나의 이름으로 합성되어 있는 합성 관념을 형성하기 위해서 정신이 만든 조합은 의도적인 어떤 것입니다. 전자는 금의 복합 관념이나 정의의 복합 관념에서 단순 관념들을 허용하지만 후자는 그렇지 않기 때문입니다."

테오필루스 정신이 단순 관념들을 분리해서 고찰하기 위해 그것들을 서로 떼어놓을 때, 정신도 단순 관념들에 대해서 능동적입니다. 결과물인 합성 관념에 주목하기 위해서 그 조합을 만들었든, 아니면 그 조합에 붙인 이름으로 그 관념들을 이해하려는 목적이든, 다수 관념의 조합도 마찬가지로 의도적입니다. 그리고 정신은 다음의 조건에서는 이 일에서 잘못을 범하지 않습니다. 즉 정신이 양립 불가능한 관념들을 연결시키지 않고, 그 이름이 여전히 처녀작일 때, 말하자면 사람들이 아직 거기에 어떤 개념을 연결하지 않았을 경우에 말입니다. 만약 그럴 경우, 새롭게 연결된 이름과 혼란을 야기할 수 있고, 함께 공존할 수 없는 것을 연결함으로써 불가능한 개념을 만들어내거나 잉여의 개념을 만들어낼 수 있습니다. 그리고 그런 개념은 한 관념이 다른 관념에서 증명에 의해 도출될 수 있고 또 도출되어야 하는 관념들을 연결함으로써 어떤 드러나지 않는 기망을 포함합니다.

§4 **필라레테스** "혼합 양태와 관계는 **인간의 정신** 안에 가지고 있는 실재성 외에 다른 실재성을 갖지 않기 때문에, 이런 종류의 관념을 실재 관념으로 만들기 위해서 요구되는 것은 단지 현존의 가능성 혹은 상호 양립 가능성 뿐입니다."

테오필루스 **관계**는 **진리**와 마찬가지로 정신에 의존하는 실재성을 갖습니다. 그러나 인간의 정신에 의존하는 것은 아닙니다. 모든 때에 그 모든 것을 결정하는 최고의 지성이 있기 때문입니다. 관계와 구별되는 **혼합 양태**는 실재하는 우연적 속성일 수 있습니다. 하지만 혼합 양태가 정신에 의존하든 의존하지 않든, 혼합 양태에 대한 관념의 실재성을 위해서는 이 양태가 가능하거나 그와 동일한 것이 구별되게 이해될 수 있는 것으로 충분합니다. 그리고 이를 위해서 그 구성부분들이 **양립 가능**해야 합니다. 즉 함께 있을 수 있어야 합니다.

§5 **필라레테스** "그러나 실체의 합성 관념은 모두 우리 외부에 있는 사물들과 관계를 통해서 형성되기 때문에, 그리고 실체를 실재적으로 현존하는 그런 것으로 표상하기 위해서, 그 관념은 우리 외부에 공존하는 사물들에

실재적으로 합일되어 있고 또 공존하는 단순 관념들의 조합인 경우에만 실재 관념입니다. 반면 결코 실재적으로 합일되지 않고 실체에서 결코 함께 발견되지 않는 그런 단순 관념들의 결합으로 합성된 관념은 공상 관념입니다. 예를 들면, 켄타우로스의 관념이나 무게가 물보다 가볍다는 것을 제외하고는 금과 유사한 물체의 관념, 혹은 감각에는 비슷해 보이지만 지각 능력과 자의적 운동 능력 등을 갖춘 물체의 관념 같은 것입니다."

테오필루스 이런 식으로 실재와 공상이라는 용어를 실체적인 것의 관념에 대해서 그리고 양태의 관념에 대해서 다르게 적용한다면, 당신이 이 두 경우에 모두 공통적인 어떠한 개념을 실재 관념이나 공상 관념에 부여할지 저는 모르겠습니다. 왜냐하면 당신에게 양태는 그것이 가능할 때 실재적이고, 실체적인 것은 그것이 현존할 때에만 실재 관념이기 때문입니다. 하지만 현존과 관련시키려고 하면, 한 관념이 공상 관념인지 아닌지 결코 결정할 수 없습니다. 왜냐하면 가능한 것은, 우리가 있는 때와 장소에서 발견되지 않더라도, 예전에 현존했을 수 있거나 아마도 어느 날 현존하게 될 수 있고, 아니면 다른 세계에 이미 지금 발견될 수도 있거나 우리가 사는 세계에서도 사람들이 알지 못한 채 발견될 수도 있기 때문입니다. 예를 들면 망원경으로 검증되는, 데모크리토스가 가지고 있는 우리 은하에 대한 관념 같은 것입니다.[106] 따라서 가능한 관념은 실제적 현존의 관념을 근거 없이 연결시킬 때에만 공상 관념이 된다고 말하는 것이 최선으로 보입니다. 지혜의 돌을 약속하는 사람들이 하는 것처럼 그리고 켄타우로스의 나라가 있었다고 믿은 사람들이 했던 것처럼 말입니다. 반면에 사람들이 현존만을 지향한다면, 관용적 언어사용에서 필요 없이 멀어지게 될 것입니다.

∴

106) Aristoteles, *Méterologie* I, 8, 345a 25~31 참조.

이것은 겨울에 장미와 카네이션에 대한 이야기는 하나의 공상에 대한 이야기라고 말하는 것을 허용하지 않는 것입니다. 그들의 정원에서 그 꽃들을 발견할 수 있다고 상상하지 않는 한에서 말입니다. 사람들이 알베르투스 마그누스나 마술사라고 자칭하는 사람에 대해서 떠들어댈 때처럼 말입니다.[107]

..

107) P. Bayle, *Dictionnaire*, 알베르투스 마그누스 항 참조.

31장
완전 관념과
불완전 관념에 관하여

§1 필라레테스 "**실재적 관념**은 원본을 완벽하게 표상할 때 **완전**합니다. 그래서 정신은 실재적 관념이 원본에서 나오고 원본을 표상하며 실재적 관념을 이 원본에 관련시킨다고 상정합니다. 불완전 관념은 원본의 일부만을 표상합니다." **§2** "우리의 모든 단순 관념은 완전합니다. 우리가 설탕에서 주목하는 힘과 단맛의 관념은 완전합니다. 왜냐하면 이것은 신이 이런 감각을 만들어내기 위해서 이 물체에 놓아둔 힘에 전적으로 상응하는 데 충분하기 때문입니다."

테오필루스 제가 보기에, 필라레테스 당신은 당신이 좋아하는 작가가 '적합한 관념과 부적합한 관념(ideas adaequatas aut inadaequatas)'이라고 부른 것을 **완전** 관념과 **불완전** 관념이라고 부릅니다.[108] 사람들은 이것을 **완성**

:.

108) [옮긴이 주] 이런 혼란은 코스테의 프랑스어 번역에서 비롯된 것이다. 로크의 우리말 번역

⟨accomplies⟩ 관념과 **미완성**(inaccomplies) 관념이라고 부를 수 있을 것입니다. 저는 다른 곳[109]에서 '적합한 관념(**완성 관념**)'을 그 모든 구성요소들이 구별될 정도로 구별되는 관념이라고 정의했습니다. 그리고 수의 관념이 거의 그런 관념입니다. 그러나 한 관념이 구별되더라도, 정의 혹은 대상에 상호적인 표지를 포함하고 있을 때, 그럼에도 이 표지나 이 구성요소들까지 모두 구별되게 인식되지 않을 때, 그것은 '불충분'하거나 **미완성**일 것입니다. 예를 들어 금은 골회 도가니와 질산에 저항하는 금속입니다. 이것은 구별되는 관념입니다. 이것은 금에 대한 표지나 정의를 제공하기 때문입니다. 하지만 완성 관념은 아닙니다. 왜냐하면 골회 도가니의 본성과 질산의 작용이 우리에게 충분히 알려지지 않았기 때문입니다. 이로부터 다음이 따라 나옵니다. 관념이 미완성일 때, 동일한 대상이 상호 간에 독립적인 다수의 정의들을 용인합니다. 그래서 사람들은 항상 하나를 다른 하나에서 도출할 수 없고, 그 정의들이 하나의 동일한 대상에 속해야 한다는 것을 예견할 수도 없습니다. 그때 그 정의들이 모두 한 번에 그 대상에 속한다는 것을 우리에게 알려주는 것은 오직 경험뿐입니다. 따라서 금은 차라리 꾸며낼 수 있는 다른 정의를 말할 것도 없이 우리가 알고 있는 물체 중 가장 무거운 물체거나 가장 전연성이 높은 물체로 정의될 수 있을 것입니다. 그러나 이것은 사람들이 사물의 본성을 더 잘 통찰했을 때에만 왜 그것이 검사원들의 두 실험에 저항하는 가장 무거운 금속에 속하는지 알 수 있을 것입니다. 반면 우리가 완성 관념을 가지고 있는 기하학에서 이것은 물론 다른 문제입니다. 왜냐하면 우리는 원뿔과 원기둥의 평면으로 잘린

∴

에서는 'adequate', 'inadequate'를 '적절한', '부적절한'으로 번역했다.

109) "Meditatione de cognitione, veritate et ideis", *Acta Eruditorum*(1684. 11).

절단면이 같다는 것, 즉 타원이라는 것을 증명할 수 있고, 우리가 그것에 주의를 집중하면, 그것에 대해서 가지고 있는 개념은 완성된 것이기 때문에 우리가 알 수 없는 것은 아니라는 것을 증명할 수 있기 때문입니다. 저에게 완성 관념이든 미완성 관념이든 관념의 분할은 구별되는 관념의 하위 분할일 뿐이며, 필라레테스, 당신이 말한 우리가 가지고 있는 단맛의 관념과 같은 혼란스러운 관념은, 제가 보기에는 이 이름을 가질 자격이 없는 것 같습니다. 왜냐하면 그 관념이 감각을 만들어내는 힘을 표현하더라도 그것을 전적으로 표현하지 못하기 때문이거나 아니면 적어도 우리가 그런 표현을 알 수 없기 때문입니다. 우리가 가지고 있는 단맛의 관념에 있는 것을 이해하지 못한다면, 경험이 보여주는 모든 것들을 설명하는 데 그 관념이 충분한지 판단할 수 없기 때문입니다.

§3 필라레테스 "단순 관념에서 복합 관념으로 넘어갑시다. 복합 관념은 양태에 대한 것이거나 실체에 대한 것입니다. 양태의 복합 관념은 정신이 현실적으로 현존하는 실재 모델이나 **특정한 원형에 대해서 고려하지 않은 채** 모두 합친 단순 관념의 자의적 결합입니다. 이 관념은 모사가 아니라 정신이 특정한 명명하에 사물들을 분류하는 데 사용하기 위해서 형성한 원형이므로 어떤 것도 결여할 수 없기 때문에, 완전한 관념이고 다르게 될 수 없습니다. 그 관념들 각각은 정신이 형성하기 **원했던** 그런 관념의 조합을 포함하고 있고, 따라서 정신이 그 관념에 부여하려고 했던 그런 완전성을 포함하기 때문입니다. 그리고 사람들은 지성이 세 면과 세 각의 관념보다 더 완전하거나 더 완벽한 삼각형의 관념을 가질 수 있다는 것을 이해하지 못합니다. 위험의 관념, 실행의 관념, 근심이 만들어내는 혼란의 관념, 지성이 이성적으로 행할 것에 대한 고요한 고찰의 관념, 그리고 (위험으로 인해 공포에 사로잡히지 않은 채) 실행에 대한 현실적 적용에 대한 관념을 조합

했던 사람이 **용기**의 관념을 형성했고, 그가 원했던 것, 즉 그의 마음에 드는 것에 부합하는 완전 관념을 가졌습니다. 이것은 실체의 관념에서는 다릅니다. 거기서 우리는 실재적으로 현존하는 것을 제안합니다."

테오필루스 **삼각형**이나 **용기**의 관념은 금의 관념과 마찬가지로 사물의 가능성에 그것의 원형이 있습니다. 관념의 본성과 관련해서 사람들이 경험에 앞서 관념을 발견했든, 혹은 자연이 만들어놓은 조합을 지각한 후에 그것을 받아들이든, 다르지 않습니다. 또한 양태를 만드는 조합은 전혀 **자의적**이거나 임의적이지 않습니다. 영구 운동 기계를 고안하는 사람들이 하는 것처럼 양립 불가능한 것을 함께 합칠 수 있기 때문입니다. 반면에 다른 이들은 우리 세계에서는 발명자의 관념 외에 다른 어떤 원형도 가지고 있지 않은 훌륭하고 실행 가능한 기계를 발명할 수 있습니다. 발명자의 관념 자체가 사물의 가능성이나 신적 관념을 원형으로 가지는 그런 기계 말입니다. 이제 이 기계는 어떤 실체적인 것입니다. 또한 사람들은 두 개의 직선이나 두 개의 원처럼 서로서로 평행한 두 개의 포물선을 발견할 수 있다고 상상함으로써 포물선의 평행 관계를 제안할 때처럼 불가능한 양태들을 꾸며낼 수도 있습니다. 한 관념은 그것이 양태의 관념이든 실체적인 것의 관념이든 사람들이 전체 관념을 구성하는 부분 관념을 잘 이해하는지 아니면 잘못 이해하는지에 따라 완전하거나 불완전할 수 있습니다. 그리고 그 관념이 대상의 가능성을 완전하게 인식하도록 할 때가 완성 관념의 표지입니다.

32장
참인 관념과
거짓인 관념에 관하여

§1 필라레테스 "참 혹은 거짓은 명제에만 속하기 때문에, 이로부터 관념이 참이나 거짓으로 일컬어질 때에는 어떤 암묵적 명제나 긍정이 있다는 것이 따라 나옵니다." **§3** "이것은 곧 관념이 어떤 사물과 일치한다는 것을 암묵적으로 상정하는 것입니다."[110] **§5** "무엇보다 (정의에 대해서 이야기할 때처럼) 다른 사람들이 그 이름으로 가리키는 것과 일치하고, (켄타우로스가 아니라 인간처럼) 실재적으로 현존하는 것과 일치하며, 또한 사물의 속성이 의존하는 본질과 일치한다고 상정하는 것입니다. 그리고 이런 의미에서 실체에 대한 우리의 통상적 관념은, 우리가 특정한 실체적 형상을 상상할 때, 거짓입니다. 그 밖에 관념을 참이나 거짓이라고 하기보다는 정당한 관념이나 잘못된 관념이라고 부르는 것이 더 좋습니다."

⁞

110) [옮긴이 주] 이 문장은 실제 로크의 『인간지성론』에서는 4절에 해당한다.

테오필루스 저는 사람들이 그렇게 참인 관념이나 거짓인 관념을 이해할 수 있었을 것이라고 생각합니다. 하지만 이런 상이한 의미는 서로 일치하지 않고, 간단하게 하나의 공통 개념으로 분류될 수 없습니다. 그보다 저는 관념이 모든 것, 즉 가능성에 대한 긍정을 포함하고 있다는 또 다른 암묵적 **긍정**의 관점에서 **참인 관념** 혹은 **거짓인 관념**이라고 부르는 편이 낫다고 봅니다. 그러면 가능한 관념은 **참**이고 불가능한 관념은 **거짓**입니다.

33장
관념의 연합에 관하여

§1 필라레테스 "사람들의 추론에는 종종 어떤 기묘한 것이 목격되고, 온 세상 사람들이 그것에 종속되어 있습니다." **§2** "이것은 단지 고집스러움이나 자기애가 아닙니다. 왜냐하면 선한 마음을 가지고 있는 사람들도 종종 이런 실수를 저지를 수 있기 때문입니다. 더욱이 이런 실수를 항상 교육이나 선입견 탓으로 돌리는 것은 충분하지 않습니다." **§4** "그보다 이것은 일종의 광기이고, 사람들이 항상 그렇게 행동하면, 광인이 될 것입니다." **§5** "이 실수는 우연이나 습관에 기원이 있는 관념들의 자연스럽지 못한 연결에서 비롯됩니다." **§6** "경향성과 관심도 거기에 들어갑니다. 정기의 잦은 통행으로 생긴 특정한 흔적들이 닦인 길이 됩니다. 사람들이 특정한 곡조를 알고 있을 때, 그 곡조를 시작하기만 하면 그들은 그것을 알아차립니다." **§7** "이로부터 공감과 반감이 나오는데, 이것은 우리와 함께 태어난 것이 아닙니다. 한 어린아이가 꿀을 너무 많이 먹고 그것에 거북함을 느꼈고 그 아

이가 어른이 되면 꿀이라는 이름을 들을 때마다 메스꺼움을 느끼게 됩니다." §8 "어린아이들은 이런 인상을 매우 잘 수용합니다. 그래서 그런 것에 주의하는 것이 좋습니다." §9 "이 불규칙적인 관념의 연합은 우리의 모든 자연적이고 도덕적인 능동과 수동에 큰 영향을 미칩니다." §10 "어둠은 어린아이들에게 귀신의 관념을 불러일으킵니다. 이것은 사람들이 그 아이들에게 그런 이야기를 해주었기 때문입니다." §11 "사람들은 자신이 미워하는 한 사람, 그가 우리에게 행하거나 행할 수 있는 악에 대해서 생각하지 않고는 그 미워하는 사람에 대해서 생각하지 않습니다." §12 "사람들은 자신의 친구가 죽음을 맞은 방을 피합니다." §13 "매우 사랑한 자식을 잃은 어머니는 그와 더불어 모든 즐거움을 잃는 경우가 있습니다. 시간이 이 관념의 인상을 지울 때까지는 말입니다. 이런 일이 절대 일어나지 않는 경우도 있습니다." §14 "극도로 민감한 수술을 통해서 극심한 고통에서 완전히 치료된 사람은 자신이 이 수술을 행한 사람에게 자신의 전 생애에 걸쳐 빚을 지고 있다고 생각합니다. 하지만 그 사람의 시각을 견지하는 것은 불가능했습니다." §15 "어떤 사람들은 학교에서 받았던 나쁜 대우 때문에 평생토록 책을 싫어합니다. 어떤 사람이 어떤 경우에 다른 사람에 대해서 한번 지배력을 갖게 되면, 그는 계속해서 그것을 지킵니다." §16 "춤을 배우기는 잘 배웠지만 그가 춤을 배운 방에 있던 트렁크와 똑같은 트렁크가 없는 방에서는 춤을 잘 추지 못하는 사람이 있습니다." §17 "동일한 자연적이지 않은 연결이 지성적 습성에서 발견됩니다. 사람들은 마치 어떠한 비물질적인 것도 존재하지 않는 것처럼 물질과 존재를 연결합니다." §18 "사람들은 철학에서, 종교에서 그리고 국가에서 분파의 입장을 자신의 의견과 연결합니다."

테오필루스   이 고찰은 중요하고 저의 생각과 전적으로 같으며 무수히 많은 사례를 통해서 강화될 수 있었습니다. 데카르트는 젊었을 때 사팔눈인 사람에게 애착을 가졌기 때문에, 자신의 전 생애 동안 이런 결점을 가진 사람에게 호감을 갖는 것을 자제했습니다.[111] 다른 위대한 철학자인 홉스는 (사람들이 말하기를) 귀신을 믿지 않았지만 어두운 곳에 홀로 있을 때마다 귀신의 이미지 때문에 겁을 먹었습니다.[112] 그가 그것을 믿지 않더라도, 어린아이들에게 해주는 것과 같은 이야기의 인상이 그에게 남아 있기 때문입니다. 학식 있고 매우 건전한 양식을 가지고 있는 다수의 사람들, 그리고 미신에서 상당히 초월한 사람들이 몹시 당황하지 않고는 13명이 함께 식사하도록 결정할 수 없을 것입니다. 그 사람들은 예전에 그들 중 한 명이 올해 안에 죽어야 한다는 상상에 사로잡힌 적이 있기 때문입니다. 아마도 유년기에 잘못 묶인 바늘에 상처를 입었던 한 신사가 있었습니다. 그는 기절하기 직전이 아니고는 그 상태를 더 이상 볼 수 없을 것입니다. 자기 주인의 궁정에서 의장이라는 이름을 가지고 있던 수상은 오타비오 피사니가 쓴 『리쿠르구스』[113]라는 책의 제목에서 불쾌감을 느꼈고, 이 책을 반박하는 책을 쓰게 했습니다. 왜냐하면 그 저자는 그가 쓸데없다고 생각했던 법무관에 대해서 이야기할 때에도 의장이라는 이름으로 칭했기 때문입니다. 그리고 이 명칭이 그 관료의 인격에 있어서 전혀 다른 것을 의미하더라도, 이 낱말을 그 사람과 연결함으로써 이 말에서 상처를 받게 됩니다. 그리고 이것이 자연스럽지 못한 연합의 가장 통상적인 경우 중 하나이고, 또 애매함에도 이렇게 낱말과 사물을 연결하는 실수를 저지를 수 있는 경우

••

111) 1647년 6월 6일, 데카르트가 Chanut에게 보낸 편지: A.T. V, 57쪽 참조.

112) P. Bayle, *Dictionnaire*, 홉스 항 참조.

113) Ottavio Pisani, *Lycurgus Italicus*(1666).

입니다. 관념들의 자연스럽지 못한 연결의 원천을 더 잘 이해하기 위해서는 제가 앞에서(11장 §11) 동물의 추론에 대해서 이야기할 때 지적했던 것을 고찰할 필요가 있습니다. 즉 동물과 마찬가지로 인간도 자신의 지각과 경험에서 연결된 것으로 알아본 것을 자기의 기억을 통해서 그리고 자신의 상상력을 통해서 결합하는 수밖에 없다는 것입니다. 이것을 동물의 추론 과정이라고 부르는 것이 허용된다면, 모든 동물의 추론은 이렇게 구성됩니다. 그리고 종종 인간의 추론도, 그것이 경험적인 것인 한에서 그리고 동일한 원인이 또 발생하는지 검토하지 않고, 단지 감관과 사례의 지배를 받는 한에서 마찬가지로 그렇게 구성됩니다. 그리고 원인이 우리에게 알려지지 않는 경우도 있기 때문에, 얼마나 빈번한지 측정하기 위해서 사례에 주목할 필요가 있습니다. 왜냐하면 그때 어떤 한 지각과 통상적으로 연결되어 있는 다른 지각이 나타날 때, 그 어떤 한 지각을 기대하거나 기억하는 것은 합리적이기 때문입니다. 특히 주의를 요할 때 말입니다. 하지만 매우 강한 인상의 격렬함이 때로는 다수의 중간 정도 되는 인상들의 빈번함과 반복이 오랫동안 만들었던 결과와 같은 결과를 단 한 번에 만들기도 합니다. 그래서 이 격렬함이 오랜 경험만큼 깊고 생생한 상을 환상 속에 새기는 일이 있습니다. 이로써 우연적이지만 강렬한 인상이 우리의 상상에서 그리고 우리의 기억에서 이미 연결되어 있는 두 관념을 매우 강하고 지속적으로 연결하고, 똑같이 그 관념들을 연결하는 성향과 한 관념 다음에 다른 관념을 기대하는 똑같은 성향을 우리에게 줍니다. 오랜 관행이 그 연결을 검증했던 것처럼 말입니다. 따라서 동일한 원인이 주어지지 않더라도 관념 연합에서는 동일한 결과가 발견됩니다. 권위, 분파, 습관도 경험, 이성과 같은 결과를 만듭니다. 그리고 이런 성향에서 벗어나는 것은 쉽지 않습니다. 그러나 만약 사람들이 진리의 탐구에 충분히 진지하게 열중하거나 진리를 발견하는 것이 그들에게 중요하다는 것을 인식할 때, 방법적으로 접근한다면, 이런 판단에서 잘못 생각하지 않도록 자신을 보호하는 것은 그리 어렵지 않을 것입니다.

찾아보기

용어

ㄱ

가능성 41, 74, 119, 121, 141, 144, 164, 192, 218~219, 246, 301, 304, 313, 320~321, 335, 358, 362, 368, 370

가능태 219

감각/감각 (불)가능한 21~35, 40, 45~48, 59~60, 69, 78, 111, 117, 119~120, 122~123, 127, 129, 131~137, 140~ 141, 148, 150~154, 157, 161, 164~ 165, 171, 203, 205~206, 208, 212~ 214, 216~217, 220, 224, 231, 240, 244~253, 256~258, 260~261, 264, 266, 268, 270~271, 280~281, 283, 292~294, 308, 317~318, 321, 323, 325, 327, 331~333, 346~348, 357~ 358, 360, 363, 367

감관 59, 63~64, 69, 73~78, 83, 95, 103, 108, 120, 123, 131, 135, 140~142, 146~148, 166, 171~172, 189, 199~ 200, 203~204, 220, 231, 246, 271, 277, 280~281, 292, 374

감정 94, 119, 130, 171, 209~210, 215~ 217, 246, 270

개념 21, 34, 37, 43, 61, 63, 70, 78, 83, 99~100, 111, 118, 120, 125, 140~141, 145, 172, 176, 186, 189, 197, 199, 201, 205, 215, 217, 226, 246~247, 277, 280, 283, 286, 290~291, 297~298, 301, 306, 310~311, 313, 327, 329, 332, 347, 353~354, 358, 362~363, 367

　공통 개념 21, 44, 65, 99, 370

　구별되는 개념 140, 145, 291

　명확한 개념 344, 347

　일반 개념 106, 353

개연성 42, 50, 250, 272, 274, 276

개체(적) 31, 34~35, 125, 310, 312~314, 317, 321, 323~325, 330~332, 361

　개체화의 원리 310

견고함 139, 141~142

견밀함 141

견인력 38, 139, 141

경도 38, 139, 141~142, 150, 154

경향(성) 27, 88, 93, 164, 214, 228, 230, 233, 247, 253, 256~259, 262, 276, 301, 371

경험 21~22, 24~25, 28, 42, 64, 69, 72~73, 81, 86, 94, 102, 118~119, 122, 129~130, 134, 136, 142, 160, 199, 238, 243, 249, 264, 270, 277, 281, 298, 300, 310, 321~322, 326, 332, 366~368, 374

계시 49~50, 67

고체(성) 41~44, 121, 135~137, 140, 142, 144, 150, 280, 293, 296, 298, 356

고통 32, 93, 95, 123, 148, 151~153, 208~210, 212~213, 215, 230, 241, 246~249, 253, 255~257, 264, 267, 269~270, 278, 332, 343~344, 361, 372

공리 61, 64~66, 78, 98, 104, 106, 114, 119, 220, 224, 233, 243~244

공조 79

공존 181, 362~363

공준 33, 76~78, 80, 84, 86~87, 114

관념 26~27, 39, 41~43, 60~64, 66~69, 74~80, 82, 90, 97, 104~111, 113, 117~120, 129, 131~137, 144~154, 156~157, 161~162, 166~172, 176, 178~180, 186, 189~191, 194~196, 198~201, 203, 208, 211, 213~214, 218, 220~222, 224~226, 228~230, 244, 249~251, 277, 279~289, 291, 293~294, 298, 300, 303~309, 335~ 336, 346~361

개별 관념 171

구별되는 관념 118, 131, 144, 196, 220, 225, 346~348, 352, 356, 358, 366~ 367

단순 관념 42~43, 132~135, 146~149, 170, 175~176, 202, 218, 220, 282~ 286, 288, 301, 307, 335, 346~347, 350, 354, 361, 363, 365, 367

명확한 관념 162, 222, 291, 346~347, 358

모호한 관념 346~348, 353

복합 관념 42, 132, 174~175, 282~283, 288, 301, 307, 346, 361, 367

일반 관념 42~43, 78, 171

적합한 관념 365~366

지성적 관념 26, 75, 82

합성 관념 220, 347, 350, 356, 361~362

혼란스러운 관념 133, 150, 162, 213, 346~349, 353, 357, 359, 367

기계(적) 46, 48~49, 59, 142~143, 164, 171, 214, 293, 319, 368

기계론(적) 47, 164

기억(력) 25, 27, 29, 31, 36, 62, 68, 70~ 71, 111~114, 122, 125~128, 130, 165~ 167, 172, 181, 195~196, 204~205, 244, 249~250, 253, 273, 279, 283, 315, 319~321, 323~324, 328~330, 332, 334, 346~347, 349~350, 353, 374

기호(법) 69, 83, 89, 92, 96, 100, 102, 118, 224~225, 244~245, 249, 270, 281, 324

ㄴ

논리적 43~44

논리학 23, 70, 90, 272

능동(적) 73, 111, 132, 138~139, 174~ 175, 219~222, 278~280, 286~287, 300, 361, 372

능력 24~25, 31, 39~43, 46, 49~50, 62, 71~74, 80, 85, 112, 119, 128, 150, 154, 156, 165~168, 170, 172, 219, 222, 224~226, 232, 235~236, 238~239, 246, 275, 280, 286, 292, 295, 317~318, 363

벌거벗은 능력 74, 119, 167, 259

ㄷ

다양성 28, 34, 118, 265, 270

도덕(적) 42~43, 50, 86~87, 90, 92, 94,

96, 100~101, 127, 231, 233, 245, 247,
276, 315, 318~320, 323~324, 327,
329~331, 333~334, 338~339, 372
도덕적 관계 335, 338~339
도덕적 선/악 339
도덕학 23, 58, 91, 232, 356
동물 14, 24~25, 31, 36, 45~46, 48, 59~
61, 83, 92~93, 101, 123~124, 156,
164~165, 170~171, 216, 225, 235,
313, 315~316, 318, 333, 350, 353, 374
이성적 동물 316~317
동의 65, 67, 86, 100, 340
동일성 77, 105~106, 125, 309~311, 313~
315, 319, 324, 330, 333
도덕적 동일성 319~320, 323
물리적 동일성 318, 320, 334
실재적 동일성 318~320, 331
인격적 동일성 318~320, 325, 330

ㅁ

모나드 31, 106, 175, 297, 312
모순율 67, 77~79, 98
무구별(적) 26, 100, 127, 208, 211, 214,
248, 259~261, 265, 322, 325, 334
평형의 무구별 32, 34~35
무한(성) 30, 184, 189, 197~201, 301, 358
현실적 무한 33
무한 분할 (불)가능성 37, 301, 358
물질 34, 37~39, 41~49, 51, 58~61, 128,
137~142, 144, 175, 184, 191, 219, 223,
279, 291~293, 296~297, 300, 313,
322~323, 325, 358, 372
물질 덩어리 38, 44, 141, 149, 175,
279, 297
제1물질 118~119, 297

제2물질 149, 297
물체 28, 30, 32~33, 36~41, 44, 47, 60,
76, 118~122, 125, 128, 137~144,
149~150, 152, 157~158, 161, 163~
164, 177, 179, 181, 183~185, 187~188,
192~193, 213, 220~222, 232~234,
255, 279~280, 291~301, 310~315,
321~325, 363, 365~366
명명 214, 247, 253, 284, 304, 353, 367
내재적 명명 118
외적인 명명 305, 311
명사 64, 77, 82
명제 24, 65, 67, 76~79, 81~82, 99, 110,
122, 168~169, 228~229, 369
동일(성) 명제 76
특칭 명제 68, 78
명증성/명증적 72, 75, 78, 86~87, 98~99,
106, 168, 171, 298, 347
미결정 73, 260

ㅂ

반성(적) 26, 28~29, 35, 41, 74~75, 82,
109, 111, 120, 130~132, 135, 147~148,
156~157, 164~166, 203~204, 220~
221, 224~225, 238, 262, 266, 272,
278~281, 283, 301, 317, 319~321
보유 166, 205
본능 66, 80, 87~94, 99~100, 104, 114,
212
본성 43, 47, 67, 75, 117~118, 120, 132,
149, 164, 181, 183, 189, 212, 246, 248,
259, 272, 280, 292, 297, 301, 322, 324,
340, 343, 348, 357~358, 366, 368
물체적 본성 41, 47, 301
사물의 본성 34~35, 79~80, 82, 94,

117, 125, 189, 310, 366
인간의 본성 67, 171, 271
본유적 26~27, 63, 68~72, 74, 77~78,
81~84, 86~91, 96~98, 105~107,
110~111, 117, 165~166
본유 개념 80
본유 관념 57, 63~64, 77~78, 80, 97,
102, 107, 110~111, 130
본유 원리 24, 63~65, 67, 78, 86~90,
95, 98~100, 104~105
본유 진리 70, 72, 74, 77~78, 80~81,
83~84, 87, 107, 111, 113, 168
본질(적) 32, 37, 45~46, 105, 123, 137,
140, 149, 176, 192, 206, 212, 236, 248,
259, 296, 302, 333, 369
불가능성 37, 100, 105, 131, 138, 140,
192, 200, 235, 318
불안 32, 210~211, 214~217, 231, 240~
243, 247~248, 250, 252~254, 264, 270
비물질적 42~43, 45~46, 48~50, 60, 317,
322~323, 330
비물질적인 것 330
비물질적 영혼 48~49
비물체적인 것 128
비투과성/비투과적 137~140, 143, 219
빈 공간 37~38, 57, 60, 118, 141, 184~
185, 189, 192~193, 331
빈 서판 21, 34, 57, 73, 111, 118~119

ㅅ
삼단논법
생략 삼단논법 67, 78
상기 27, 68, 71, 84, 111, 113, 204~205,
259, 282
상상(력) 24~25, 37~39, 44, 61, 144,

150~151, 168, 171~172, 191, 199,
233, 253, 259, 267, 277, 290, 310, 357,
359, 373~374
상이성 309~310, 330~332
생각 28, 34, 39, 41~43, 45, 48~49, 57,
63, 69, 79, 83~84, 105, 112, 117,
120~132, 143, 156, 162, 167, 169, 171,
175, 203, 206, 208~209, 215~217, 221,
223, 225~226, 230~232, 234, 237,
244~245, 247, 255, 258, 277~279,
281, 285, 290, 293~294, 297~300,
304, 318
구별되는 생각 245
비어 있는 생각 251, 353~355
혼란한(혼란스러운) 생각 245, 257
생명 45, 59~60, 124, 240, 312~313, 317
성질 32, 45, 47~48, 50, 86, 109, 117,
135~136, 140, 148~150, 153~154, 175,
200, 226, 234, 236, 257, 259, 285~286,
289~290, 292, 297, 299~302, 307,
348, 361
감각 가능한 성질 32, 153, 213, 220,
292, 348
제1성질 150, 152~153
제2성질 150~152
성향 62, 67, 89, 102, 119, 122, 127, 212~
213, 216, 219~220, 222, 224, 245, 249,
253~254, 256, 258~259, 270, 287,
302, 374
수동(적) 73, 111, 132, 138, 156, 211, 219,
221~222, 231, 278~280, 283, 286~
287, 300, 361, 372
수용 역량 219, 278~280
순서 83, 97, 123, 165, 182, 192, 195, 254,
259, 281, 346, 354

순서와 연결 170, 230
자연적 순서 75
습관 29, 84, 145, 170, 234, 242, 246~
247, 258, 274, 343, 371, 374
습성 27, 83~84, 99~100, 111, 127, 249,
252, 268~270, 275, 285, 340, 372
식별 41, 134, 145 161, 163~164, 168,
239, 336
신/신성/신적 22, 31, 35, 37, 46, 48, 66,
182~184, 199, 206, 262, 278, 318, 321,
329, 368
신의 속성 199
신의 의지 99, 192, 236
신의 현존 50, 88, 93, 107, 192, 201,
233
신앙(심) 39, 41, 98, 247
신체 29, 34~36, 43, 49, 60, 63, 84, 102,
106, 124~125, 128~129, 137, 141,
151~154, 159, 164, 192, 206, 208, 214,
217, 223~224, 227, 230, 255~257,
266, 281, 293~296, 299~300, 313~
314, 317, 321, 323, 326~327, 330~333,
347, 356, 359
영혼과 신체의 합일(조화) 29, 31, 58,
69, 128~130, 224, 300
유기적 신체 36, 192, 313~314
실재성 175~176, 182, 192, 219, 226, 304,
307, 310, 362
실체 26, 28, 30, 34, 41~43, 45~49, 51,
58, 61, 71, 108, 111, 118~121, 125,
175~176, 181~183, 206, 226, 262,
278~279, 282~283, 286, 288~291,
301~303, 305, 308, 310, 312, 314~315,
318, 330~331, 333, 362~363, 367~369
개체적 실체 314, 330

단순 실체 31, 35, 165, 176, 303
물체적 실체 291
비물질적 실체 42~43, 45~46, 50, 60,
322~323, 330

ㅇ

양립 불가능성 138, 140
양태 42, 47, 175, 195, 197, 202~203,
207, 282~283, 362~363, 367~368
단순 양태 175, 177, 180, 186, 202, 282
복합 양태 202
혼합 양태 175~176, 282~285, 362
엔텔레키 59, 219~220, 223, 278, 287, 300
역학 92, 254, 274, 357
연속 186, 194, 313, 323, 325
연속성의 법칙 33, 38
영혼 21, 24, 26, 28~29, 31~32, 34~37,
40~43, 45, 48~50, 58~60, 63~64,
66~72, 74, 79, 87, 89, 96, 99, 101,
106~107, 109, 111, 117~130, 133,
152~154, 156~157, 159, 164, 167, 175,
206~207, 211, 214~217, 220, 223,
225~226, 230, 245, 247, 250, 257~
258, 264, 266~267, 275, 279, 281, 287,
293~296, 298, 300, 303, 312~316,
318, 322~327, 332
동물의 영혼 48, 60, 316, 333
영혼 재생 36
영혼 전이 60, 106, 313~315, 324
영혼의 불멸성 35, 46, 49, 60, 88, 250,
318
이성적 영혼 36, 128
예정 조화 31, 58, 69, 294, 296, 300
욕구 32, 88, 131, 164, 212~213, 224,
249, 256, 264, 269

욕망 210~212, 216~217, 240~242, 248, 250, 252~255, 257~260, 263~264

우연성/우연적 44, 228~229, 232~233, 236, 299, 374
    우연적 속성 181, 183, 289~290, 312, 362

운동 28, 32~34, 37~38, 43, 45, 47~48, 60, 63, 120, 122, 125, 127~129, 138~139, 146~155, 164, 172, 181, 184~189, 202, 213, 219~224, 226~230, 232, 238~239, 248~249, 255, 277~281, 285, 287, 293~295, 297~300, 363, 368
    운동 법칙 33, 300

원리 21, 23~25, 34, 55, 57~58, 60, 63, 65, 67, 70, 77~79, 86~90, 97~100, 102, 104~105, 113~114, 129, 161, 172, 199, 209, 234, 259, 273, 276~277, 309~311
    일반 원리 79

원자 29, 38, 48, 57, 60, 118, 141~142, 150, 185, 292, 310~311, 314, 359

유사성 151~152, 164, 170, 174, 199, 213, 361

응집력 38, 142

의식 46, 92, 317~332, 343

의욕 43, 224, 227, 230~232, 234~235, 237~240, 252, 259

의지 (작용) 25, 41, 89, 91, 99, 103, 147, 192, 223~225, 227~229, 232~244, 247, 249~250, 252~254, 256~257, 259, 262~263, 272, 274, 339

이성 20, 23~25, 27~29, 35, 45~47, 50, 58, 69, 86~90, 92, 94, 97, 99~103, 109~110, 130, 134, 140~141, 148, 161, 168~169, 172, 235, 246~247, 249~

250, 256, 258~259, 262~264, 271~272, 304, 311, 315~316, 333, 339, 341, 344

이성적 추론 25, 61, 89, 92, 95, 120, 140, 181, 281

인력 39~40, 45, 141, 150~151

인식 22, 24, 28, 30~31, 34~35, 46, 61~62, 64, 66, 71~75, 80, 85, 87, 108~111, 119, 124, 132, 161, 163, 166, 170~171, 176, 205~206, 232, 244, 247, 255, 257, 277, 291~292, 305~306, 317, 329, 348, 355, 357
    구별되는 인식 80, 200
    본유적 인식 26, 83
    완전한 인식 232, 292
    혼란스러운 인식 86, 90, 200, 305

일체(성) 26, 58, 148, 153, 279, 311, 355
    실체적 일체 297, 300, 312
    자기 자신에 의한 일체 303

일치/불일치 60, 65, 128, 170, 224, 339

잇달음 35

ㅈ

자각 27, 29, 31, 34, 64, 68, 70~71, 78~79, 83, 90, 92, 97, 120, 122~123, 127~131, 147~148, 156~157, 165, 167, 188, 205~206, 212~213, 224~225, 231~232, 247, 249, 253, 256, 305, 317, 321, 323, 325, 327, 331

자아 312, 317~320, 326, 330~331

자연 신학 23

자연적 빛 80, 87, 90, 94, 100

자유 (의지) 42, 77, 127, 218, 225~230, 232~241, 257~263, 274, 277~278

작용 24~25, 35, 38~42, 45, 61, 64, 74,

79, 89, 117, 120, 124, 134, 139, 150~
151, 156, 169~170, 172, 174, 191~192,
203, 214, 217, 220, 223~226, 230~231,
247, 252~253, 267, 279, 283, 287, 291,
293~294, 296, 298, 307, 311, 330, 347,
366

잠재적 소질 27, 72~74, 80, 83, 112, 119,
127, 167, 230, 261, 285

적성 74, 84, 271, 285, 287, 302

정념 95~96, 100, 209, 214, 216~217,
227, 230, 247~248, 252, 254, 256~
259, 264

정신
유한한 정신 183, 192, 294, 296
인간의 정신 97, 102, 268, 362
창조된 정신 40, 227, 281, 300, 334

정의(定議) 64, 76, 104, 146, 161, 180,
186, 188, 208~209, 215, 224, 250, 295,
307, 317, 328, 341, 346, 348, 354, 358,
361, 366, 369
명목적 정의 208, 256
인과적 정의 256

정의(正義) 87~88, 92, 217, 242, 266, 332

정지 28, 118, 121, 146, 149~150, 164,
228, 238~239, 260, 297, 299

종 43, 93~94, 174, 347, 350, 361
하나의 동일한 종 35, 175

종교 36, 42~43, 50, 250~251, 372

주름 174, 239

증거 20, 23, 67, 73~74, 76, 90~91, 100,
237, 276, 320

증명 23~24, 39, 42~43, 45, 50, 64~65,
67, 74, 81, 86, 88, 90~91, 96, 99, 104,
106~107, 113~114, 118, 122, 128,
146, 185, 197, 220, 233, 265~266, 281,

289, 300, 338, 362, 367
선험적 증명 291
수학적 증명 356
증명적 학문 24, 83, 87

지각(작용) 26~33, 42~43, 64, 67, 70,
72, 74, 79, 89, 94, 111, 113, 120~123,
126~129, 132, 134~135, 146, 148,
150, 154, 156~157, 163~167, 171,
175~176, 179, 186~187, 206, 208,
212~214, 220~221, 224~225, 228,
231, 235, 239~240, 244, 246~248,
253, 256, 259, 270, 278, 280, 293,
296~297, 303, 317~318, 322~323,
325, 327, 346~347, 349, 359, 368, 374
감각 불가능한 지각 31, 35, 224, 240,
323, 331
구별되는 지각 225
미세 지각 29~30, 32, 127, 156~157,
248
혼란한(혼란스러운) 지각 64, 103, 212,
225, 265

지성 74, 78, 119, 146, 225
지성 작용 225
지성적 존재자 317

지속 26, 191, 220, 280

지식 35, 56, 63, 65, 67~68, 70~71, 73,
82~83, 106, 166, 174, 213, 274, 277,
289, 322, 332, 344, 355, 357

진리 22~23, 27, 49, 57, 61, 63~65, 67~
90, 94, 96, 98~100, 103~105, 107,
110~111, 114, 130, 144, 165, 168~
169, 171, 181~182, 189, 199, 228~
229, 232~233, 251, 262~263, 281,
286, 291, 304, 320~321, 341, 343,
354~356, 374~375

근원적 진리 61, 220
사실의 진리 61, 64, 69, 72, 322
우연적 진리 229, 232
이성의 진리 69, 86
파생적 진리 88~90
필연적 진리 22~23, 25, 61, 65, 69~70,
  72~74, 82~83, 99, 199, 201, 225
진실인 듯함/듯한 272, 324
질서 61, 144, 151, 174, 182, 225, 257,
  281, 294, 304~305, 325, 331
  사물의 질서 129, 315, 319, 327
  자연의 질서 38, 47, 79, 140
  자연적 질서 41, 46, 331
집적체 176, 303
  집적에 의한 존재 176, 303

ㅊ

추상(적) 20, 34, 46, 69, 78, 108, 118~
  119, 143~144, 170, 176, 181, 183, 226,
  283, 287, 289~290, 297
추정(적) 159, 229, 338
축적 101, 213, 248, 253, 303
충동(성) 43, 139, 213~214, 248, 253, 287

ㅋ

코나투스 224, 287
쾌락 26, 32, 148, 205, 208~217, 240,
  246~257, 264~271, 275, 278

ㅍ

표기 107, 163, 178~179, 189, 342, 353~
  354, 361
표지 29, 109, 282~283, 291, 304, 320,
  355, 366, 368
피조물 36, 46, 51, 100, 106, 181, 236,
248, 293, 296, 315~316
  유한한 피조물 262
  이성적 피조물 100, 109~110
필연성 22, 62, 73, 96, 113, 227, 229,
  231~233, 237, 263
  절대적 필연성 228, 232
  형이상학적 필연성 228

ㅎ

행동 90~92, 97, 99~100, 119, 127, 205,
  217, 219, 223~224, 234, 236~238,
  240, 242, 247, 252~254, 259~260,
  264, 275, 284, 323, 325~328, 339~344
현상 37, 50, 140, 152, 164, 176, 279
현실태 124, 219, 285
형상 117, 167, 287, 312, 333
  실체적 형상 369
형태 23, 26, 38, 43, 47~48, 74, 77, 118,
  141, 146~147, 150, 157, 161~162, 177,
  179, 195~196, 220, 231, 311~312,
  315~317, 333
확실성 50, 65, 67, 94, 98, 168, 250, 276~
  277
환영 206, 210, 320
  감각적 환영 69
활동 26~27, 34, 42~43, 46, 121, 125,
  277, 287, 322
희박화/응축과 희박화 140
힘 148, 166~167, 198, 218~220, 223~
  224, 226, 234, 237, 285, 340
  능동적 힘 174, 278, 280
  수동적 힘 278, 280

인명 및 학파

가상디 48, 56~58
갈릴레이 308
결의론자 231, 272

뉴턴 39, 45

데모크리토스 48, 58~59, 363
데카르트(주의자) 48, 56~60, 63, 124,
    138, 142, 144~145, 152~153, 184,
    221, 295, 348, 373

로베르발 114

모어, 헨리 59
몰리뉴 159~160

바울 21, 92, 182, 241
베르길리우스 342
벨 58
보일 28

소요학파 ⇒ 아리스토텔레스
소크라테스 69, 213, 313, 322~324, 330
스칼리거, 요셉 96, 112~113
스칼리거, 율리우스 22, 112~113
스콜라 철학(자) 21, 36, 40, 49, 58, 119,
    140, 167, 197, 200, 222, 226, 249, 259,
    287, 295~296, 299, 303, 310
스토아학파 21, 216, 227, 265
스피노자 62
시라노 293

아르키메데스 96
아리스토텔레스 20, 36, 57, 76, 188, 219,
    272
아우구스티누스 313
아폴로니우스 114
에피쿠로스 38, 142, 150, 276
유클리드 23, 96, 104, 114

카르다노 59
카이사르 351
케플러 138
코페르니쿠스 63
키케로 342

프로클로스 114
플라톤 20~21, 27, 58~59, 69, 71, 84, 93,
    112, 213, 330, 332
피타고라스 106, 315

하위헌스 178
홉스 96 373
히포크라테스 30

지은이

:: 고트프리트 빌헬름 라이프니츠 Gottfried Wilhelm Leibniz, 1646-1716

1646년 독일 라이프치히에서 태어났다. 아버지는 법률가이자 라이프치히 대학의 도덕 철학 교수였으나 라이프니츠가 6세 때 돌아가신다. 어린 라이프니츠는 아버지가 남긴 장서와 서재를 놀이 공간 삼아 독학으로 그리스어와 라틴어를 익히고, 아리스토텔레스의 논리학 서적 등 많은 고전을 읽고 논리학과 형이상학의 문제에 관심을 가졌다고 한다. 1661년 15세 때 라이프치히 대학에서 철학 공부를 시작했고, 이후 에나 대학에서 수학 강의를 들었으며 다시 라이프치히로 돌아와 법학을 공부했다. 1666년 라이프치히 대학에 박사학위를 신청하였으나 어리다는 이유로 거절당하자 뉘른베르크의 알트도르프 대학으로 옮겨 1667년 『법학에서 복잡한 사례들에 관하여(De casibus perplexis in jure)』라는 논문으로 탁월한 능력을 인정받으며 법학박사 학위를 받았다.

라이프니츠는 믿을 수 없을 정도로 많은 양의 독서와 공부를 통해서 철학뿐만 아니라 수학, 법학, 논리학, 신학, 역사학, 언어학, 자연과학, 공학 등에서 수많은 기여를 한 인류 최고의 지성이다. 미적분 계산법의 발견과 사칙연산이 가능한 계산기의 발명 그리고 현대 디지털 컴퓨터의 기반이 되는 이진법 수 체계는 수학자로서의 업적이고, 에너지 보존 법칙의 발견과 뉴턴의 물리학에 대적할 만한 새로운 운동이론인 동역학을 고안한 것은 물리학자로서의 업적이다. 뉴턴과 달리 시공간의 상대성을 주장한 것은 아인슈타인의 상대성 이론을 예견한 것이라 할 수 있으며, 자연의 프랙털(fractal) 구조에 대한 아이디어는 오늘날 프랙털 우주론의 시초로 알려져 있다. 논리학자로서 라이프니츠는 일반학 기획과 보편기호법에 대한 연구 그리고 논리 계산법을 통해 현대 기호논리학의 시작을 알리는 업적을 남기기도 했다. 그 외에도 신구교의 통합, 광산 개발, 학술원 설립, 중국 선교사와의 서신 교환 등 많은 분야에서 지대한 흔적을 남겼다. 라이프니츠는 철학, 역사, 수학, 정치학, 자연과학의 영역에서 매우 많은 저작과 서신을 남겼고, 아직까지 출판되지 않은 저작들도 많다. 미발간 저작들이 모두 출판되고 연구된다면, 그가 인류 지성사에 남긴 업적과 영향도 더 많아질 것이다.

1703년에서 1705년 사이에 집필된 것으로 알려진 『신인간지성론』은 로크의 『인간지성론』에 대한 비판서이자 자신의 철학을 대중에게 알리려는 목적으로 쓴 저작이다. 이 책에서 라이프니츠는 로크의 경험론적 인식론을 비판적으로 고찰하면서 합리론적 인식론의 주요 원리와 이론을 제시하고 그 인식론을 떠받치고 있는 그의 형이상학 체계를 소개한다. 독자들은 본유 관념 혹은 본유 원리의 존재에 대한 인정과 미세 지각 이론, 논리적 추론과 증명에 의한 지식, 무한 개념과 연속성의 법칙 등을 통해서 그것을 확인할 수 있을 것이다.

옮긴이

∷ 이상명

독일 뮌스터 대학교에서 철학, 라틴어, 프랑스어를 공부하고 베를린 자유대학(FU-Berlin)과 공학대학(TU-Berlin)에서 철학을 공부한 후 베를린 공학대학교에서 『라이프니츠의 물체의 형이상학(*Die Metaphysik des Körpers bei G. W. Leibniz*)』(Berlin, 2008)으로 박사학위를 받았다. 2006년 8회 국제 라이프니츠 학회(VIII. Internationaler Leibniz-Kongress: Einheit in der Vielheit)에 참여한 바 있다. 현재 숭실대학교 베어드교양대학 교수로 재직하고 있다. 서양근대철학회에서 활동하며 『서양근대 윤리학』(2010)과 『서양근대 종교철학』(2015)을 함께 집필했고, 『자유와 운명에 관한 대화 외』(2011), 『라이프니츠와 아르노의 서신』(2015)을 우리말로 옮겼다. 주요 논문으로 「라이프니츠: 변신론과 인간의 자유」(2011), 「연속합성의 미로: 아리스토텔레스와 라이프니츠에 있어 무한 분할의 문제」(2012), 「라이프니츠 철학에서 기호와 인식」(2016), 「홉스와 라이프니츠: 기호의 기능」(2016), 「라이프니츠의 정의에 관한 두 저작: 1. '필연적 진리로서 정의'에 대한 고찰」(2017), 「라이프니츠의 「새로운 체계」와 기계 형이상학」(2018) 등이 있다.

한국연구재단총서 학술명저번역 서양편 **626**

신인간지성론 1

1판 1쇄 펴냄 | 2020년 11월 30일
1판 2쇄 펴냄 | 2021년 10월 18일

지은이 | 고트프리트 빌헬름 라이프니츠
옮긴이 | 이상명
펴낸이 | 김정호
펴낸곳 | 아카넷

출판등록 2000년 1월 24일(제406-2000-000012호)
10881 경기도 파주시 회동길 445-3
전화 | 031-955-9511(편집)·031-955-9514(주문)
팩시밀리 | 031-955-9519
책임편집 | 박수용
www.acanet.co.kr

ⓒ 한국연구재단, 2020

Printed in Paju, Korea.

ISBN 978-89-5733-711-0 94160
ISBN 978-89-5733-214-6 (세트)

이 도서의 국립중앙도서관 출판시도서목록(CIP)은
서지정보유통지원시스템 홈페이지(http://seoji.nl.go.kr)와
국가자료공공목록시스템(http://www.nl.go.kr/kolisnet)에서 이용하실 수 있습니다.
(CIP 제어번호: CIP2020046826)